策展哲学

◎海蔚蓝　著

广西美术出版社

作者简介

海蔚蓝（Willow Weilan Hai），美国纽约华美协进社中国美术馆（China Institute Gallery）馆长、研究员，为《纽约时报》推赞的知名策展人，华美协进社（China Institute in America）高级副社长。南京大学1977级历史学与考古学硕士，曾任教于南京师范大学历史系，曾被聘为西安美术学院客座教授、中国艺术研究院艺术人类学研究中心客座研究员。1987年赴美，曾在美国宾夕法尼亚大学沃顿商学院讲授中国艺术史及中国民俗学；并在华盛顿国家美术馆、华美协进社以及美国各地博物馆讲授陶瓷、书画、民间艺术等课题。自1989年任职于华美协进社中国美术馆，至今已参与、策划、制作60多个中国艺术和文物展览，并撰写及主编出版相关的展览图录。其中，自2003年为南京博物院策展“故山青：南京博物院藏十七世纪山水画”以来，继续为中国各博物馆策划组展了十多个主题或专题性展览，博得业界和世界权威媒体《纽约时报》的高度评价，使华美协进社中国美术馆跻身美国博物馆的版图而闻名遐迩。作为策展人，获得《纽约时报》的独家专访和整版报道，为迄今为止唯一获此殊荣的来自中国的艺术策展人。

序

周晓陆

为人们写序，或者被人们客气地称作“赐序”，往往是一件很尴尬的事情。因为这要求你对别人的心血之作有全面的了解和客观的评价，要求自己应当是这个方面的专家。这会儿如我，要为了海蔚蓝先生的新作《策展哲学》作序，显然是难以达到这样的要求的，缺乏学术的准备、文字的通览，缺乏新鲜的意见，真是难容置喙。面对她出的命题，首先是基于四十多年的老同学情谊；其次我又在博物馆待过，在藏品管理、展陈考量方面算半个同行；又同样在一些高校，进行过艺术考古学、文物美学、博物馆学的讲学……但这些还不是最为主要的，最重要的是三十余年来，眼看着她的辛苦、她的勤奋，在大洋两岸推出一个又一个精品的展陈，每每为其展出内涵的丰硕新颖而赞叹震撼，每每为她的策展形式风采而心仪倾倒。她是一个闲不住的人，这部大作是在奔波和策展中挤时间拟稿，在纽约抗疫的关键时刻完成，对此，不能不报以极大的敬意……粗粗拜读了这篇大作之后，对其实践的丰富性、内容的充实性、学理的总结性、理论的前瞻性，我感到了一种“策展”和“策展人”的学术的诱惑，感到了行、知、思、论之无涯。也罢！结合回忆她的多次成功策展，权当作一次再学习的作业，请海蔚蓝先生和读者们批评吧。

所谓展览、展陈，源自人类一种非常久远的社会行为，即把自己所觉得有历史感的、美好精绝的、新奇罕见的物件，组织起来，摊布开来，展示给其他人欣赏。到了现当代，无论是商品的展陈，还是艺术作品的美术馆展陈，还是历史文物或者自然标本的博物馆展陈，本质上都是“原始展陈”的延续。原始物质资料展陈越来越向科学的、艺术的，物质性、精神性、历史性立体全息结合的展陈方向发展，其间核心的一点，在于渐渐出现了为“展”而“策”，在这一点上实现了由“原始展陈”向“现当代展陈”的质变和飞跃。海蔚蓝先生的著作，清晰地表达了这一点。通过拜读她的著述，我想浅近谈几点学习心得，首先是关于策展人的知识储备。

策展人的知识储备

作为一名合格的“策展人”，最基本的素质之一是科学而饱满的知识储备。策划一个历史的、艺术的大型或者专题的展览，虽说是定位明确，但其中涉及的方方面面极为宽广，所以策展人的知识储备决定了策展水平的高低、展示内涵的深度和广度，甚至波及展览内容和主题的“故事性”“话题性”，以及展陈面貌的“新锐度”。

海蔚蓝同学作为中国改革开放之后第一代考古学硕士，她勤奋努力的学习，使她具备了作为历史、考古、文物、艺术“策展人”必须具备的史学和艺术学理论，她对国内近年来的考古学、文物学收获非常熟悉，有时其熟知的程度甚至超过了国内的博物馆人。她专门研修、自修或向同行讨教有关考古学、文物学、博物馆学、艺术史学、艺术管理学、哲学与美学、社会学、人类学等学科方面知识，使自己具有多方面的学科背景和学术储备，这些人文学科科目都是策展专业所需要的“硬性知识”。这一切，帮助她在纽约这样一个国际现代历史与艺术展陈中心稳健地站住了脚跟，办出了有自己语言、自身特色的成功展览。例如著作中提及的、有重大影响的展览：“故山青：南京博物院藏十七世纪山水画”（2003年），这是华美协进社中国美术馆的第一个来自中国的原创性国际展览，被《纽约时报》赞为“引领了博物馆未来的策展方向”；“孔子：他的生活及文化遗产”（2010年），被《纽约时报》赞为展览使孔子“变成一个活生生的人了”；“乱世绝响：六朝艺术”（2016年），《纽约时报》加以整版的评论，赞为“将历史书之于石”。这些都反映出“策展人”宽博厚重的知识储备。

这种跨多学科的知识储备，需要不断地调整自己原有的学术基盘，使她从一个考古学家成为一个博物馆学家，又成为一个现代艺术与传播意义上的“策展人”。策展人（Curator）是个外来词。在罗马时代大约指的是“照顾者（caretaker）”，指称政府中管理运输、卫生、食物或燃料的物质资料的官员。到了中世纪，“curator”这个词被挪用于神职领域，指代具有精神疗愈职能的牧师。在现代，当“curator”这个词被博物馆学、美术馆学领域使用，“策展人”的身份恰好实现了由物质性展陈资料的组织管理者到社会精神美学层面的披露者的升华。这反映了现代展陈的特点，不再是以前摆摊式、亮宝式的陈列，而是联系了古代和今天的技术与艺术，体现了物质藏品的精神内涵表达，体现了从个别存在到全社会的文化文明意义上的接受。这样，“策展”和“策展人”成为社会现实的一部分，实现了这两个词在流变中逐渐生成的物质和精神层面的双重属性。具备这样素质的“策展人”，当然会敏锐地面对、关注展示的材料。

展示的材料

考古、文物、艺术类的策展，是针对文明史、艺术史来策划一部展览，“策展人”是对艺术展品进行选择和解释的专业工作者。“策展人”需要掌握和熟识大量的藏品，这是不言而喻的。可是同样的一件藏品，策展人A和策展人B会有不同的解释。例如针对一件陶俑，他们会做出历史的还是艺术的，艺术手法的还是技术手段的，性别的还是年龄的民族的，自然人身的还是社会职官的种种不同解释。物件还是那个物件，可是由于科学和艺术的策展，出现了A、B甚至更多的不同。

尤其在组成一部展陈群体时，精准选择和佳良解释非常重要。例如，一件藏品被安放在博物馆或展览厅里，作品只是被“建立”了。但是，个别的“建立”与一件群体艺术“建筑”的“确立”，是有着本质区别的。于此，“策展人”是展陈空间话语权的执掌者，“策展人”必须面对展陈空间做出由实物、文本向空间叙事的转换，而这方面的挑战非常大。策展人手中的兵卒（展品）是有限的，战场空间则是无限的。因为实物的存在具有偶然性和独特性，必须从领悟到体悟全部贯通，才可以把实物的力量和文本的语言紧密地结合起来。策展人要有发掘、变换兵卒（展品）内涵的力量，利用自己的话语权，变换一个新的场景。例如由她策展的“老故事：陕西皮影艺术”（2008年）、“沿着长江：湖南的古代青铜器文化”（2011年）、“生死同乐：山西金代戏曲砖雕艺术”（2012年）中，那些普通的文物藏品，被她调动组合得生拙猛烈、浓艳华滋，使得原收藏单位也击节赞叹。

“策展人”既要洞察从自己到其他人的阅读意向（即简单地和藏品发生直读的关系），又要掌控群体的、外部的阅读行为（群体展陈过程及展陈结果）；既要熟悉社会或集体层面的历史文化遗产的来源，又要理解客观现实的社会系统的复杂反应。就像一位厨艺家，面对丰富的食材，思考可能的盛宴，必须提供新颖的展陈策展思路。

展陈策展思路

“策展人”所扮演的角色，是对所展出的历史文物艺术品进行必要的“二次创作（secondary creation）”。策展实际起到一种新型的组织中介作用，是艺术再造的工作，它涉及更高程度的管理思路，把对历史文化艺术的兴趣打造成一种好看的、能懂的、可信的社会的策展消费。应当指出，这种打造是预设的，在做展陈之前，要看准社会乃至当地的人们想要得到什么。这样的“策展”，很适合后工业时代、国际化地球村的时代，在这个时代，人类的任务之一就是积极消费文明史、艺术史。要知道事实上，展陈实践与观众的审美、预期之间存在差距，这在任何国家、任何地区、任何展陈中，都会存在的问题。

我以为，海蔚蓝先生的策展始终掌握了人类历史感和东方艺术性这个“牛鼻子”，这就是她展陈策展思路的“底色”。在“末帝宝鉴：辽宁省博物馆藏清宫散佚明清书画”（2008年）、“马王堆汉墓：古长沙国的艺术和生活，公元前3世纪至公元前1世纪”（2009年）、“敦煌：丝路佛光”（2013年）、“楚王梦：玉衣与永生——徐州博物馆汉代珍藏”（2017年）等优秀的展陈中，充分凸显了这样的底色。在观众们欢呼雀跃之时，他们恐怕很少知晓这背后艰苦的“策展”过程。

所有展陈实践都是在创造新的路径、新的法则，固定化、格式化可能会造成未来展陈的“萎缩”。于是，超前的、积极的、鲜活的展陈“策展”思路使展陈更加贴近观众，其内涵为更多人群所接受、理解。在一部展陈中，“策展人”的主要任务就是给观众讲好一个“故事”，为了完成这个任务，策展人必须有稔熟的综合策展能力。

综合策展能力

在现代“策展”工作中，“策展人”的协作和社交能力非常重要，这是由现代展陈的社会性所决定的，这也是与古代、近代展览的不同之处。策展是“理解的艺术”，策展人对文物和艺术展品的“理解”首先要能够影响、动员收藏方、领导方、协作方、友邻方，这是必要的“展陈外”客观条件；通过这样的协作，才可能达到完美的策展，最终将“策展人”的理解次第推播给观众，这也是“策展”的中心功能和工作之一。

在策展之初，“策展人”必须要明确为何要策划这场展览，以及参观者目标群体预期、学术的和艺术的预期。要考虑展品的质地、尺寸、最佳展示面，考虑展品的装箱、运输、开箱、安置。要妥善利用展厅的空间关系，小到展厅的颜色气氛、声光电设备，大到展品的租借、保险、人事岗位安排等。每一件展品、辅助展品、图表如何放置表现，才能达到展陈最佳效果和最丰满的内涵披露……都是策展人所要考虑的。

这里，我提出展陈中应当考虑的几个双向关系：1.展陈由两个部分构成，展品和辅助物品（文字说明和图表），如何突出展品和利用辅助物品进一步突出展品的价值。2.观众走进展厅时，既要遵循行进的“展线”，又要接受展品逻辑的“时间线”，这两条线的有机关系。3.两种“化缘”，即文物、艺术类展品的借展组织，以及筹集展陈资金，这两方面的完满落实。4.观众们的扩大宣传和媒体的专题宣传，它们彼此的作用关系。5.策展人和展品（包括展品的作者和保有者）的具体关系，他们的相互认知和理解非常重要，这些涉及展陈内容的主体。这几个双向关系，每一点都必须非常重视。

策展，当然包括了上述这种种技术层面的努力，她成功策划制作的所有展览，都是与社会和各团队集体协作而成的精品。例如“敦煌：丝路佛光”展陈（2013年），将中唐时期原大的典型石窟（复制品）由敦煌完好地运到万里之外的纽约，在现场环境灯光配合下，宛如在原地；“乱世绝响：六朝艺术”展陈（2016年），更是搬用了数以吨计的石刻和墓砖，使人们恍惚回到千余年之前。在这些艰难的工作和璀璨的展陈效果面前，人们都为海蔚蓝先生的组织管理能力以及强大的人格魅力所折服。

以上谈到的这些，都要求策展人具有成熟的协调、管理和运筹展陈的能力。这要求策展人除了自身具备巨大的知识储备和执行能力，还需要有广博卓越的“人脉”，以及对展陈资源等各项社会助力的良好把控。我以为，优秀的策展也好，成功的展陈也好，只不过是服务于当代人类的文化交流。

文化交流

策展为了什么，展陈为了什么，是为了人类社会的文化交流。就展陈的主客体而言：第一波是考古发掘、文物研究或艺术家创作的现场及产物，这种现场感几乎是“先天”的，是后来的观众“刨根问底”之所在。第二波是在“同文化”空间的展陈、研究，这赋予了展品和展陈体系的科学的“时间线”与“逻辑线”。第三波，则推播向“异文化”的时空；显然，第三波的展陈运动更有意义，这拓宽了文物展品和艺术创作领域的边界。当然，第三波的圆心，还是在第一波的产出，继而是第二波的阐释。

不同时空的文化是有差异的，但在全球化的今天，人们起码在认识上要理解这种差异，于是科学的、艺术的展陈就是人类文化交流的最好方式之一。科学的、艺术的展陈需要积极的、开放的思考，任何当代展览，绝不是国际语境中的当地艺术展览，而是当地语境中的国际艺术展览，国际文物、艺术展览的语境必须由“策展人”构建。成功的展览不再是纯粹的展示行为，而是展开了有力的文化交流。在这样的展陈中，不仅在观众面前展示某些文物、图像，还展示了异域文化的技术、艺术、政治、社会的诸多方面。成功的展陈，对于观众会有两种不同的感悟，即对于展品的正面凝视，与自身的积极内省，这对于不同地域人们的相互理解、友好相处，对于促进人类文明的进步都是有着积极意义的。

海蔚蓝先生几十年来担任了自觉的“文化使者”的工作，体现在她所策划和制作的一系列来自中国博物馆和艺术界的展览，如2013年的“敦煌：丝路佛光”和同年的“敦煌灵感：当代中国艺术的再创”。在纽约她完成了中国古今艺术的交流：自2003年的“故山青：南京博物院藏十七世纪山水画”到最近的2018年的“山艺术：中国摄影家的镜像”，以及正在策展日程上的其他展览，都是跨越太平洋的，历史的、艺术的介绍文化的杰出展览，在万里之遥产生了很好的影响。她策划成功的展览一个又一个，归根结底，是基于她作为策展人的热情。

策展人的热情

对于普遍见到的博物馆、美术馆展陈，人们到底在传布历史、艺术，还是在制造社会垃圾？这是需要严肃对待的问题。海蔚蓝先生在数十年的展陈策划中，一直饱含着对考古发现的、文物研究的、艺术欣赏的热情。大洋两边历史的、美的载体，都不断激起她学习记录和宣传推介的冲动，这种学术和艺术的冲动在当今的展陈界，已是非常罕见的了。

为了一个成功的展览，她经年万里奔波，从考察文物、考察艺术、查阅资料、构思推敲，到清点展品、包装运输、布置展场、编辑出版、艺术教育……所有的细节琢磨，无不灌注了她极大的热情，这是中外展陈界所一致公认的。学识基础使她成为成功的“策展人”，职业使她有了叙事的话语权。展陈叙事的结构不仅带有强有力的历史、艺术的理性逻辑，还有很强的技巧性，策展工作是具有艺术性的、社会实践性的工作。她在独特的叙事方式中展现了自己的才华，成为艺术创造和大众传播的典型。

策展是有趣的，在于它是一个开放的过程。每每在一个展览执行完毕之后，即闭幕之后，海蔚蓝先生的反思便开始发生。我见过她对于一事、一物的反复再考量，对自己的严谨“复盘”，对成功经验的毫无保留告知。真是办不好展陈、不获取赞誉都难呀。通过海蔚蓝先生的这部著作，人们可以看到围绕着展陈和“策展人”的哲理的反思。

哲理的反思

艺术考古、文物策展在20世纪后期，才引起了普遍的学科的重视，形成对“策展人”和策展学说理论的重视。就中国而言，起步相对要晚于西方。中国在很长时间以来，有着多种多样丰富的博物馆陈列、艺术陈列，但是把这些展陈上升到“策展”层面，还是比较晚的事情。这里有大量的经验需要总结，有大量的实践活动要上升到理性的理论思考的层面。因此，海蔚蓝先生的这部著作真是恰逢其时，可以从多方面给人们以参照、启发。且看她是如何界定“什么是策展人？什么是策展？”，且看她是如何介绍“我怎么策展”和丰富的例证，且看她对于策展的分类和逻辑梳理，且看她“打造经典”的基本思路和技术手段，且看她精彩的策展艺术展示，且看她对于策展美学和策展教育的深入思考，更不待说图表之清晰美观，图文并茂……满满的“干货”，实在是博物馆、美术馆策展工作和“策展人”培养的“及时雨”，真是可以作为策展的基本教材使用的。

海蔚蓝先生把这本书命名为《策展哲学》，是非常允当的，它是丰富的策展实践的经验升华和学理抽象。谈到哲学的语言，一般人们都认为是佶屈聱牙的，非常难读的思维语言。可是这本书写得通晓流畅，非常生动，这反映了她丰富的实践经验和扎实的文学语言基本功。其实哲学是真理的抽象，哲学应当是鲜活而充满着生活的气息的，所以在这篇序言的最后，我对她的文字提出称赞。我相信读者们会通过这本书，不仅走进精美的博物馆展览，而且走进了“策展人”的脑海，随着策展人的思路徜徉在人类物质文化、精神艺术的殿堂。我想这也是这本书最有价值的地方吧！

2020年7月于遵义草稿，8月修改于南京

目录

前言

21世纪，是前所未有的艺术的世纪。这艺术世纪里的一颗明星，就是“博物馆”。

博物馆业将是21世纪最欣欣向荣的事业。据美国博物馆和图书馆服务学会2014年的统计，美国有各类博物馆35000家，数据显示博物馆的增长速度比快餐连锁店还迅猛，其中将近半数与历史、艺术有关，即至少有17000家。（注1）据高德地图2018年的统计，中国有5400家博物馆，更遑论难以计数的私人画廊和各种展示的场合。自20世纪以来，且不管因为什么，人类到了一个离开艺术，就活得不那么好的时代了。不要说任何一个充满幻想和热忱的文艺青年了，就是曾任两届英国首相的丘吉尔先生亦孜孜不倦地绘画，政事之余，一辈子画了500多幅画。他曾说是艺术拯救了自己：“不绘画，我几乎活不下去！”当今，艺术便是生活，生活便是艺术，这已经成为21世纪许多人的新的生活观念。

博物馆是展现艺术的最佳平台。艺术是艺术家创造的，没有艺术家，便没有艺术，因此从本质上来说，艺术就是人的生命本身，艺术史就是人的历史。人们曾经怎样地活过？那些记载于案的历史是真实的吗？滚滚的历史黄尘，浓浓的人生硝烟，已经灰飞烟灭，无影无踪了，历史还存在那上万年前的岩画、几千年前的陶罐，以及同样是历经年代洗礼的金石、书画、建筑等物件中吗？在如今的多少博物馆里，它们依然活脱脱地说着、笑着、哭着、叹息着、欢呼着？！人们正在怎样地活着？看吧，不说车水马龙、假面舞会、觥筹交错，且看每天有多少艺术品诞生，不管真的假的，好的孬的，那些难以计数的个展、群展、年展、双年展、三年展、特展、交流展，博物馆内外，都是它们亮相的舞台，证明我们的血还热，我们的梦还新，我们一任生命扑腾，以艺术的种种手势和身段向世界和宇宙呐喊：我们存在！

自古以来，人类不断地问天问地问自己，探求世界的真相和生命的真谛。自不必说古代中西多少思想家，如中国的诸子百家，古希腊的苏格拉底、柏拉图、亚里士多德，或印度的乔达摩·悉达多（释迦牟尼）等的学说，近代以来的某些哲学，结合了科学上的某些研究，便已促进人们从不同的层面去看待世界和人本身，启示人们对艺术品的深层认识，例如德国哲学家弗里德里希·威廉·尼采（1844—1900），在探讨艺术哲学时提出的“如何从艺术家的观点去看学术和从生命的观点去看艺术”[注2]；奥地利心理学家西格蒙德·弗洛伊德（1856—1939）提出的人格理论学说和精神分析学说。艺术作为人类表达和倾诉自己真实内心的载体，从无数个体的绵延不绝的表现中，活生生地再现了人类满怀艰辛走来的各个历程，映现着人性与精神的光辉。艺术将物化的生活上升至精神，这精神又反馈给当代，对个体和社会产生无形的影响，如此循环往复，无止无休，人类社会就在如此物质和精神世界的搅和中前行。艺术的显而易见的形式，艺术的潜移默化的功能，使其成为人类生存的必需，它就像镜子，让人类照见了自己的脸面与心灵。艺术，有如宗教和哲学，是通向观察世界、了解自我的路途，最终探索人类存在的终极价值，成为人类超越自我的一种审美形式。当艺术具有这种神圣性，这艺术便将成为永恒，而博物馆正是这永恒留驻的殿堂。

于是，那个对人类具有挑战性的问题，那个永恒的问题：我们从哪里来，我们到哪里去？并且，在这从哪里来到哪里去的路途上，我们曾经做了什么？我们正在做什么？我们将要做什么？或许都能在博物馆中找到答案或受到启迪。

博物馆收集着以往，博物馆面对着当代，博物馆映现着未来，博物馆创造着历史。博物馆证明自己存在的最佳手段之一，便是“展览”，而诞生“展览”者，便是“策展人”。历史的浪潮，就这样在21世纪，把“策展人”推到了一个文明的风口浪尖的位置。我有幸从事博物馆艺术展览事业三十年，按中国文化以三十年为“一世”的说法，在经历此“一世”之时，我愿以《策展哲学》这一本小书，来初步总结我感悟到的展览原理，来说说我多年策划和制作艺术展览的心得，抛砖引玉，以飨同好。并且，正因为如此严肃地经过了这“一世”的展览，展望艺术对人类的作用，目睹众多的展览日日在世界各地勃发，这里面应该担负的责任，这里面所需要的学问和实践，足以成就一门专业学科，而必然通向建立或完善“策展学”的时刻。因此，我也将在这本小书中絮言几句，提出自己对创建这一学科的初步构想。

我，谦卑而热忱地在艺术的海边漫步，喜欢捡捡好看的贝壳和石子。艺术之海浩渺无涯，深邃叵测，孕育万物。（注3）我深感有幸，能够在此“一世”间持之以恒地信奉“天下兴亡，匹夫有责”的理念，而在表现人类神情的艺术世界中，以一个个艺术展览，来努力寻求和揭示我们千百年来对自然、对世界、对人本身的认识，探讨生命的真谛与虚幻、艰难与美妙，力图在烟尘皮囊的外壳里，输入更大更持久的力量，有如心灯不灭，为寻找作为人所应该有的崇高追求和清雅生活，勤勤恳恳地、排除万难地劳作。这是一条孤独而崎岖的路，回首来路，荆棘鲜花；瞻望前程，风雨阳光。漫漫长途，我将与同好，上下求索，膜拜自然，礼赞生命，鼓吹和平，于九天四海间，追寻真善美的永恒。斗转星移，绝不妥协。

第一章 说“策展”

1.策展的故事

人类的文明，经历了近万年的光阴。被认为是人类文明一部分的博物馆，虽然最早或可追溯到公元前290年左右在埃及亚历山大城创建的博学园里的“缪斯神庙”，但是，现代意义上的博物馆则不过只有三四百年历史，而且在近百年才得到突飞猛进的发展。博物馆是保存古代文明的殿堂，它将人类数千上万年的历史浓缩成各种艺术品和物品，形象地聚集于一个屋檐之下，令人徜徉其间，一如与历史比肩漫步。博物馆也是现代文明的象征，同时在创造着现代文明。展览，作为博物馆面向公众的平台，其策展的故事自然而然地随博物馆的产生而发生。现以目前世界上公认的五大博物馆：大英博物馆、法国卢浮宫博物馆、纽约大都会艺术博物馆、俄罗斯艾尔米塔什博物馆、北京故宫博物院为例，来简要地追溯之。

大英博物馆（British Museum），位于英国伦敦牛津大街的罗素广场，其创建源于一个私人收藏。（图1）医生、收藏家汉斯·斯隆（1660—1753）爵士去世后，家人按照其遗嘱，将遗留下来的71000多件个人藏品、大批植物标本及书籍、手稿全部捐赠给国家。1753年，英国议会批准建立博物馆——一座位于伦敦中心、规模壮观的希腊复兴式建筑。1759年博物馆对公众开放，当时对“好学求知者”免费。这座世界上

图1 英国伦敦大英博物馆。刘志义拍摄，2018

历史最久、规模最大的综合性博物馆，拥有历史文物、各国艺术品和图书藏品800多万件，其中不少是仅存的珍本，藏品丰富、种类繁多，为全世界博物馆所罕见而久负盛名。虽然其藏品仅有百分之一能够得到展示，但是那些精彩而重要的文物，都是解读世界艺术之锁钥。例如古埃及馆作为其中最大的陈列馆，藏有10多万件文物，代表着古埃及的高度文明，其中著名的罗塞塔石碑使破译失传的埃及古文字成为可能，并由此奠定了现代埃及学的基础。古希腊古罗马艺术馆，有著名的帕提侬神庙——这座两千多年前雅典城邦守护神雅典娜祭殿里的雕塑，代表着古希腊艺术的精彩。令人惊叹的是，两千多年过去了，其建筑师的名字——伊克梯诺和卡里克利特还留着。东方艺术馆的大量文物，例如中国部分有著名的珀瑟维尔·戴维德收藏的历代瓷器，有中国古代著名画家顾恺之（约345—409）的《女史箴图》卷，皆为其镇馆之宝。担任大英博物馆馆长长达13年的尼尔·麦格雷戈（2002—2015年在任）曾说道：“两百多年前，英国议会批准建立大英博物馆的宗旨，是让世界上所有好学和好奇的人来到这，发现他们自己的历史，找回那些没有书面记载的历史佐证，让幸存下来的物品讲述故事。”他主持并亲自操刀出版的《大英博物馆世界简史》（*A History of the World in 100 Objects*）一书，历时4年，经过上百人的协助，从其馆藏的几百万件藏品中，精心

图2 法国巴黎卢浮宫博物馆。海浪拍摄，2019

挑选出100件，从“人之所以为人”开始，直至“我们制造的世界”，分为20个部分，从各个角度来阐述人类的文明史。

卢浮宫博物馆（Musée du Louvre），位于法国巴黎市中心的塞纳河北岸，位居世界五大博物馆之首。（图2）卢浮宫始建于1204年，原是法国的王宫，居住过50位法国国王和王后，是法国文艺复兴时期最珍贵的建筑物之一，并以其约40万件的古典绘画和雕刻收藏，成为举世瞩目的万宝之宫。其收藏史是典型的皇家行为。法国历史上著名的国王路易十四（1638—1715），5岁登基，在卢浮宫做了72年3个月18天的国王，是法国历史上在位时间最长的国王，也是欧洲历史上在位最久的独立主权君主，因而被称为“太阳王”。路易十四把卢浮宫建成了正方形的庭院，并绕以富丽堂皇的画廊。他一生迷恋艺术和建筑，耗尽国库以购买欧洲各派的绘画作品。1768年卢浮宫转型为皇家博物馆。1789年血腥的法国大革命爆发，国民议会于1792年5月27日宣布，卢浮宫将属于人民大众。1793年8月10日，卢浮宫艺术博物馆正式对外开放，成为公共博物馆。直到1799年左右，拿破仑一世搬进卢浮宫，他在卢浮宫外围修建了更多的房子，并增强了宫殿的两翼，还在竞技场院里修建了拱门，拱门上的第一批雕刻马群是从威尼斯的圣马可教堂上取下来的。拿破仑以前所未有的方式装饰卢浮宫，在他不断向外扩张称雄于欧洲之时，他把欧洲最好的成千吨的艺术品，从所有被征服的国家的殿堂、图书馆和天主教堂运到了巴黎。1803年，卢浮宫拿破仑博物馆成立。1815年，拿破仑在滑铁卢战役惨败，反法同盟要求法国归还其掠夺的艺术品，同时，欧洲其他国家都开始意识到保护自己文化遗产的重要性，最后约有5000件艺术品物归原主。之后的拿破仑三世是一位野心勃勃的皇帝，他在卢浮宫5年内修建的建筑比所有的前辈在几百年内修建的还要多，在他手上完成了3个世纪以前设想到的卢浮宫的宏伟蓝图，富丽堂皇是其建筑的特点。至此，前后将近600年，卢浮宫才告竣工，从此变成了皇家庆祝活动的场所。

整个19世纪，卢浮宫逐渐完成了自我的更新重生。1826年，第一代埃及文物研究人员商博良整理拿破仑之埃及收藏品，破译了埃及的象形文字而奠定埃及学的基础，埃及博物馆率先成立，共有23个展厅，收藏的珍贵文物达350件，包括古埃及神庙的断墙、基础门楣、木乃伊和公元前2600年的人头塑像，以及古代尼罗河西岸居民使用的服饰、装饰物、玩具、乐器等。现在卢浮宫有六大展馆：东方艺术馆、古希腊古罗马艺术馆（以法国王室的收藏品为基础）、古埃及馆、珍宝馆、绘画馆和雕塑馆。著名的“卢浮宫三宝”：《断臂的维纳斯》，来自爱琴海边希腊米洛斯岛的大理石雕像，距今两千多年，是爱与美的象征；《萨莫特拉斯的胜利女神像》，这件纯白色的雪花岩雕像，约为公元前200年的作品，据说是为纪念国王德米特里在公元前306年战胜埃及托勒密舰队而作，其原来矗立在爱琴海北岸的萨莫特拉斯的悬崖上，面对着滔滔大海，象征着胜利女神所到之处，胜利便会到来；《蒙娜丽莎》，是文艺复兴三杰之一的达·芬奇（1452—1519）的杰作，具有注重人物内心表述的人文追求，她神秘的微笑，征服了世界。现在的卢浮宫博物馆，亦以其新馆的金字塔形的玻璃入口为著，其为祖籍苏州的著名建筑师贝聿铭先生（1917—2019）所设计，那是贝先生一生中建筑设计之翘楚。

大都会艺术博物馆（Metropolitan Museum of Art），位于纽约上东城的中央公园。（图3）1870年1月31日，一群银行家、商人、艺术家怀着要在纽约建一座类似卢浮宫的博物馆的梦想，发起了建立大都会艺术博物馆的倡议。同年4月13日通过了《大都会艺术博物馆宪章》，确立建馆的目的是“鼓励和发展艺术在生产和日常生活中的应用，推动艺术的通识教育，并为大众提供相应的指导”。1872年2月20日，大都会艺术博物馆首次开放，当时还是位于纽约市第五大道681号的多德沃思舞蹈学校的大楼里，展出之物为约翰·泰勒·约翰斯顿先生所藏的欧洲绘画作品，之后成为博物馆最早的

图3　美国纽约大都会艺术博物馆。海蔚蓝拍摄，2019

馆藏品。其时，出版商乔治·帕尔默·普特南作为创立时期的监督人，艺术家伊士曼·约翰逊担任博物馆的共同创办人，他们督导了博物馆的馆藏工作，由最初的罗马石棺和来自欧洲的174幅绘画作品，迅速增长，包括1873年由博物馆采购的卢吉·帕尔玛·德·塞斯诺拉所收集的塞浦路斯文物。同年，博物馆从第五大道搬迁到第14街128号道格拉斯大厦，可是新馆址很快就不敷应用，最后于1880年迁到现址。这个有着希腊风格的殿堂式建筑，背依中央公园的万亩绿荫，积年来的庋藏和捐赠，使馆藏的各国艺术品超过300万件。其亚洲艺术部自1915年成立，最初的藏品为大约1300件的中国陶瓷器，是由博物馆的董事和几个赞助者为装饰艺术部门而购买并捐赠的。经历了百年，到目前其中国艺术品收藏数量在美国位于前列，尤以佛教艺术、青铜器和书画为著。其中佛教艺术品如来自龙门石窟宾阳洞的北魏浮雕《皇帝礼佛图》，来自河北省正定大佛寺的唐代夹纻干漆佛像，来自河北易县八佛洼的辽代三彩罗汉像，来自山西洪洞县广胜寺下寺的元代巨型壁画《药师经变》；青铜器如曾为清末名臣和大收藏家端方珍藏的青铜禁；绘画如唐代画马名家韩幹的《照夜白图》，据说是韩幹存世的唯一之作。

大都会艺术博物馆具有世界艺术大百科全书式的展览，分布在馆内3层楼的各个展厅，分服装、希腊罗马艺术、原始艺术、武器盔甲、欧洲雕塑及装饰艺术、美国艺术、R.莱曼收藏品、古代近东艺术、中世纪艺术、远东艺术、伊斯兰艺术、19世纪欧洲绘画和雕塑、版画、素描和照片、20世纪艺术、欧洲绘画、乐器、亚洲艺术和临时展览等，其展品之丰富，展览之众多，很容易就能把人给转晕。2013年，托马斯·坎贝尔就任馆长期间（2009—2017年在任），还出版一本极为便利的可以揣在口袋里的小册子《大都会艺术博物馆馆长导览指南》（*The Metropolitan Museum of Art, Director's Tour, A Walking Guide*），来指导观众在其浩瀚如海的艺术世界里巡游。

艾尔米塔什博物馆（Hermitage Museum），位于俄罗斯圣彼得堡涅瓦河畔，由著名建筑师拉斯特雷利设计，建于1754年至1762年，呈封闭长方形，是一座三层楼房的宏伟建筑，其完整性和华丽程度，是18世纪中叶俄国巴洛克式建筑的典范。（图4）这座博物馆包括俄罗斯皇宫冬宫，这里曾经是沙皇的宫殿和住所。冬宫最早是叶卡捷琳娜二世女皇的私人宫邸。1764年，叶卡捷琳娜二世从柏林购进伦勃朗、鲁本斯等人的250幅绘画作品，存放在冬宫旁边新建的艾尔米塔什（法语，意为“幽居之宫”或“隐宫”），该馆由此而得名。建筑物包括冬宫、小艾尔米塔什、旧艾尔米塔什、新艾尔米塔什、冬宫储备库以及可容纳500多名观众的艾尔米塔什剧院。1852年起对外

图4 俄罗斯圣彼得堡艾尔米塔什博物馆。陈涛拍摄，2018

开放。1922年，国立冬宫博物馆与艾尔米塔什博物馆合为一体，称国立艾尔米塔什博物馆，成为世界著名的大型艺术与文化历史博物馆，藏品共有270万件，包括史前文化和埃及艺术收藏品，以及大量意大利、西班牙、德国、英国、俄国、比利时、荷兰和法国的艺术作品，其中古希腊的瓶绘艺术、古罗马的雕刻艺术和西欧艺术三部分藏品在世界收藏界享有盛名。例如其闻名的绘画作品收藏，从拜占庭最古老的宗教画，到现代的马蒂斯、毕加索的绘画作品，以及印象派、后期印象派的画作应有尽有，多达15800余幅。其中意大利达·芬奇的两幅《圣母像》，拉斐尔的《圣母圣子图》、《圣家族》和荷兰伦勃朗的《浪子回头》，以及提香、鲁本斯、委拉斯开兹、雷诺阿等人的名画均极珍贵。馆内设有8个部：原始文化部，古希腊、罗马世界部，东方民族文化部，俄罗斯文化史部，钱币部，西欧艺术部，科学教育部和修复保管部。并有将近400个展厅和陈列室，包括金银器皿、服装、礼品、绘画作品、工艺品等专题陈列和沙皇时代的卧室、餐厅、休息室、会客室的原状陈列，尤以彼得大帝陈列室最引人注目。

北京故宫博物院（Beijing Palace Museum），位于故宫内，建立于1925年10月10

日，是在明朝、清朝两代皇宫及其收藏的基础上建立起来的综合性博物馆，也是中国最大的古代艺术博物馆。（图5）清朝被推翻后，清室善后委员会于1925年9月29日制订并通过了《故宫博物院临时组织大纲》，设临时董事会“协议全院重要事物”，由董事蔡元培、熊希龄、张学良、于右任等21人组成；又设临时理事会“执行全院事物”，李煜瀛为临时董事兼理事长。清室善后委员会对故宫文物逐宫逐室地进行了清点查收，竣事后整理刊印出《故宫物品点查报告》共6编28册，计有9.4万余个编号的117万余件文物。据1925年公开出版的《故宫物品点查报告》一书所载，清代宫廷遗留下来的文物包括三代鼎彝、高古玉器、唐宋元明之书法名画、宋元陶瓷、珐琅、漆器、金银器、竹木牙角匏、金铜宗教造像以及大量的帝后妃嫔服饰、衣料和家具等，还有大量图书典籍、文献档案。为此故宫博物院下设古物馆，由易培基任古物馆馆长；下设图书馆，由陈垣任图书馆馆长；下设文献馆，分别组织人力继续对文物进行整理，并就宫内开辟展室，举办各种陈列展，还编辑出版多种刊物、公开资料，进行宣传。经过一年的紧张筹备，故宫博物院于1925年10月10日在乾清门前广场举行了盛大的建院典礼，并通电全国，宣布故宫博物院正式成立。开放的第一天，人们争先一睹这座神秘的皇宫及其宝藏，北京城内万人空巷，交通为之堵塞，此亦成为当天各大报纸的重大新闻。

中国博物馆的历史，是19世纪末随着西方文明的输入，以及在洋务运动、维新运动中，有识之士不断提倡引进西方类型的现代博物馆作为“开启民智”的重要措施，从而开启的。于是19世纪以来，在中国就出现了两种形式的博物馆，即外国人办的和中国人办的博物馆。1868年，法国人最早在上海创办了徐家汇博物院（1930年更名为震旦博物院），之后英国人、美国人、日本人陆续在中国的上海、成都、旅顺和台湾地区等地创办博物馆。中国最早主张创办严格意义上的博物馆，是1895年由上海强学会提出的，其主张建立收藏和展览铁舰、轮车、水电、火器及电学、化学、光学、天文、地理、物理、医学、矿物、动植物等各种类型的实物、标本，“博览兼收，以为益智集思之助”。但一般认为直至1905年，中国博物馆建设的先驱者、清末状元，也是实业家的江苏南通人张謇自费创建的“南通博物苑”，才是中国的第一座现代博物馆，“南通博物苑”下设天产（即自然）、历史、美术、教育四个部室，附属于通州师范学院。张謇认为办博物馆的目的是“留存往迹，启发后来”，“觇古今之变迁，验文明之进退，秉微知巨”，他对保管、收藏、陈列、管理、研究等方面均有独到之见，从此开始了中国现代博物馆事业的新纪元。

图5 中国北京故宫博物院。海浪拍摄，2009

1911年辛亥革命所产生的社会变革，促进了中国科学文化教育活动的发展，也推动了当时的政府在北京、天津、太原、南昌、沈阳、开封、南京、兰州、杭州、广州等地创办一批博物馆。1912年民国政府教育部决定设立国立历史博物馆筹备处，以国子监为馆址，1920年国立历史博物馆（今中国国家博物馆）正式成立。1925年中国最大的皇宫紫禁城改为故宫博物院，正式成立了北京故宫博物院。1933年蔡元培等倡建国立中央博物院（今南京博物院），以弘扬中华民族传统文化精神，国立中央博物院于1936年6月6日动工建设，是中国第一座，也是当时唯一一座仿照欧美第一流博物馆建设的现代综合性大型博物馆。20世纪20至30年代，中国博物馆有过比较显著的发展期。1936年，全国共有博物馆77个，美术馆56个，古物保存所98个。1937年日本帝国主义发动全面侵华战争，中国博物馆遭受严重摧残，直到1945年抗日战争胜利以后的几年，中国博物馆事业仍陷于困顿状态。中华人民共和国建立时，全国只留下博物馆24个。之后，博物馆的数量逐渐递增，据1988年的统计，全国文化系统有903家博物馆，而截至2009年，全国注册的已经有超过2900家博物馆。

在博物馆的世纪里，即从以上五个世界著名的博物馆的简述中，我们不难看到其共同之处，简单地说，有最基本的以下四点：（1）博物馆是现代文明的产物，多在19世纪末到20世纪初建立；（2）艺术品作为体现人类生存价值的物品而被珍视传承；（3）艺术品在古代多属于上层阶级，在现代多属于全体人民；（4）博物馆的职责是为社会服务，开启民智，教化社会。这几个特点自然就决定了博物馆的性质和功能：保管好艺术作品，介绍好艺术作品，传承好文化的血脉，滋养民众和促进社会文明。恰如1974年国际博物馆协会第十一届大会的章程所明确规定的：博物馆是一个不追求盈利的、为社会和社会发展服务的、向公众开放的永久性机构，以研究、教育和欣赏为目的，对人类和人类环境的见证物进行搜集、保存、研究、传播和展览。“展览”，正是体现和实现博物馆职能的重要平台。

何为“展览”？“展”即呈现、展示艺术品和物品；“览”即观众的观赏浏览。因此，“展览”是具有双方互动性的活动，非一方不足以存在。“展”者可以将被历史尘埃解构的物件、艺术品，重新检视和掂量，重新组织和构建于一个展陈空间，其上或可言鸿蒙开荒之事，其下可言当下通俗之物，纵横跨越时间空间的经纬，而于一展之间，从资料学、器物学、鉴赏学、文献学、工艺学、材料学等各方面，重新将物品置身于特定的历史文化、生命样式、世界观念、人性情怀、审美趣味、精神追求等坐标系中，来形象地表述和追索人类的存在和向往。“览”者可以查询这人类历史的立体档案，视察人类生命史的物化形态，与艺术品对过眼神，跟艺术品交换细语，听从灵魂不息的召唤，找到滋润自己的养分。展览，实际就是以艺术的各个品类，将人类生命的记忆，或高歌，或低吟，而组成的一曲人类生命的立体史诗。展览在如此的互动中，传道授业，释疑解惑，潜移默化，改良人性。

展览随着博物馆的成长而成长。19世纪末20世纪初，由于策展记录不多，我们很难知道博物馆初始阶段的展览的具体状况，许多应该就是类似馆内收藏的基本陈列。例如1759年1月15日，大英博物馆首次在一座17世纪的楼房中对公众开放，是对“好学求知者”免费的。其时的收藏是基于汉斯·斯隆爵士的七万多件捐赠品，其中大多为书籍、文稿、自然标本、古钱币、老印刷品和素描，加之1757年乔治二世国王捐赠的皇家图书馆藏书，可想而知这场1759年对公众开放的展示，大约就是从这些物品中选择出来的陈列。大英博物馆仰赖于奥古斯特·弗兰克爵士（1826—1897）的远见和拓展，在19世纪有了飞跃发展。1851年，奥古斯特是大英博物馆第一位被任命来主管英国及地中海物品的人，在掌管期间，他将博物馆的收藏扩延到了远东的艺术品。其展

图6　纽约第五大道681号，为纽约大都会艺术博物馆1872年2月20日开馆首展之旧址，位于53至54街第五大道的东侧。当年的赤褐色砂石建筑已改为商用办公楼，即图片中间这座18层楼房（实际为17层，因避讳未设13楼）。海蔚蓝拍摄，2020

览的物品和介绍，也相应地广博。因此，经过19世纪的扩张，大英博物馆的参观者，从早期18世纪的一年只有5000人次逐年飙增，发展到今天年度参观者达到600万人次。再如1872年2月20日，大都会艺术博物馆在第五大道681号多德沃思舞蹈学校首开对公众开放的展览，展览来自私人收藏的一百多件欧洲绘画藏品。（图6）以大都会的这第一个展览开始，在其后的一百多年的发展中，大都会的艺术藏品，从这博物馆种子般的174件欧洲绘画作品和少数罗马石棺，扩展到如今300多万件艺术藏品，简直可以用艺术品来把全世界各国的文明史演绎一遍。最近有幸在哈佛大学俱乐部听到大都会艺术博物馆总裁丹尼·魏斯先生的讲话，说到大都会艺术博物馆光是策展，就有17个部门，几百个员工，每年要做40到60个展览。

再以纽约另一家著名的现代艺术博物馆（MoMA）统计的展览数字来说，自1929年11月7日开馆的第一个展览“塞尚、高更、修拉、凡·高的画展”开始，到如今，他们已经做了4918个展览。即使我任职的纽约华美协进社中国美术馆，这个恐怕是世界上最小的博物馆之一，自1966年开馆的第一个展览“大都会地区私人藏中国艺术精品”，到53年后的2019年，也已经做了100多个中国艺术展览，每年还要做两个主题展，遑论如今全球难以计数的博物馆和展示空间，每年要办多少个展览。随着展览形式的不断更新，“展览”一词已成为21世纪最热门的一个词。当然，“展览”是需要人来做的，而执此“展览世界”的牛刀者，便是“策展人”。

2.什么是策展人？什么是策展？

什么是“策展人”？英文中“curator”这个词，常常被译为“策展人”（策划展览者的简称），目前大约有两大类：第一大类是博物馆系统的策展人。首先“策展人”这个词，就与西方博物馆的产生密切相关，可谓“因需而生”。最早或许可追溯到16世纪，当西方私人博物馆兴起时，需要有人负责藏品的保管整理、研究和陈列，因而产生了一个新的职业需求。17世纪以来，当私人博物馆通过展览陈列向公众开放，早期的“策展人”就应运而生了。据史载，18世纪以来西方的国家博物馆，如英国的大英博物馆、丹麦哥本哈根国立美术馆、美国大都会艺术博物馆、法国卢浮宫博物馆等，就按照艺术的地域范围，或特征，或时代，分设各个专门的部门和策展人，来负责研究和组织展览，并介绍和陈列相关的艺术品。前述大英博物馆于1851年任命奥古斯特·弗兰克爵士作为主管英国和地中海物品的第一人，虽然他们没有用“策展人”这个词，但从其工作职责来看，或许就是大英博物馆最早任命的“策展人”。现在纽约大都会艺术博物馆的亚洲部，除了亚洲部的主任及其行政班子，另有日本艺术策展人、印度艺术策展人、韩国艺术策展人，中国艺术部分还细分为书画策展人和古器物策展人，皆由术有专攻者担任。目前在美国博物馆界，绝大部分的策展人，都是某一专业的博士学位获得者。虽然在西方博物馆的早期阶段，“curator”一词也有被译为“馆长”的，但这几十年来，“curator”被译为“策展人”是很常见的，其职责多与展览有关，一般不介入博物馆的经营管理层面。这是博物馆系统策展人的大致面目。

第二大类是独立策展人。19世纪末20世纪初，独立策展人（Independent Curator）随着现当代艺术的兴起而产生。美国学者布鲁斯·阿尔什那的《展览中的前卫：20世纪新艺术》一书中便举了一战后法国巴黎独立沙龙的例子。当时在展出遭到官方沙龙评审委员会排斥的新绘画时，独立沙龙提出“不要评委，不要评奖”的口号。1905年，时任巴黎秋季沙龙副主席的乔治·德瓦里尔，策划了以马蒂斯为代表的“野兽派”的首展，或许这便是“独立策展人”的初始。另有人说瑞士策展人哈拉德·森曼于1969年策划了“活在脑海中：当态度成为形式（作品、概念、过程、情况、信息）”展览，他是第一个在艺术机构以外策划如此大型展览的人，从而首创独立策展人的角色。那个展览包括了艺术作品、艺术概念、艺术品制作过程、艺术品信息等，以体验的、表演的不同形式，展现了许多不同的艺术运动，如贫穷艺术（Arte Povera）、系统艺术（Anti-form）以及过程艺术（Process Art）等；艺术家包括了伊娃·黑塞、约瑟夫·布伊斯以及布鲁斯·瑙曼。独立策展人由此生长，至今，独立策展人仍然是比较多地活跃在当代艺术领域。除了“独立”者，也有联盟，如以纽约为基地的成立于1975年的国际独立策展人协会。（注4）

如此说来，“策展人”这一职业也有一两百年的历史了，并随着博物馆的建立，需求逐渐增多，也逐渐细化和专业化。博物馆界的策展人大多有艺术史和博物馆的专业背景。据记载，1921年由保罗·约瑟夫·萨克斯在哈佛大学开设了博物馆课程，涵盖艺术博物馆的历史、哲学、组织管理、建筑、收藏、保护和研究、布展、公众教育、博物馆道德规范等，并坚持让学生到博物馆去实习，体验具体而实际的各项琐碎细节工作，为博物馆学制定出了极高的标准和经验范本。许多学生在日后成了美国和加拿大博物馆的著名馆长、策展人等。之后博物馆学逐步作为一个学科在美国的大学中建立，如美国北卡罗来纳州的杜克大学有博物馆艺术专业，纽约大学有博物馆专业。美国的一些基金会也在二十多年前关注到博物馆人才的培养，最突出的是梅隆基金会对中国博物馆界高级管理人员的培训，自2001年开始，持续了好几届。现在梅隆基金会还有一个赞助弗利尔美术馆的研究生参加博物馆培训的十年项目，每年挑选十个研究生到合作的博物馆研究实习一周，然后实习者写出一篇对某件艺术品的初步研究报告。这些日积月累的培训，多年来成为美国博物馆界专业人员的不绝来源。甚至作为国际拍卖行领头羊之一的佳士得、苏富比，都先后在20世纪90年代末开始设立跟博物馆专业培训相关的课程，虽然其课程侧重现当代艺术、鉴赏和艺术市场，但其有意识地从各种渠道与博物馆界挂靠，反映了博物馆界人员来源的渠道逐渐多样化，也反映了博物馆界与社会的密切关系，以及博物馆的专业水准在社会上被认可的倾向。

策展人之间也有交流和沟通。除了上述位于纽约的“国际独立策展人协会”，还有如美国博物馆系统成立于1906年的“美国博物馆联盟”（AAM），这是支持和涵盖美国博物馆各方面需要的一个全国性组织。其麾下有策展人委员会（CurCom，Curators Committee），每年在年会上讨论有关收藏、研究、介绍、展览、藏品保管以及伦理等课题。[注5]与亚洲艺术相关的，则有由位于华盛顿的弗利尔与赛克勒美术馆发起的“美国亚洲艺术策展人论坛”（American Asian Art Curator's Forum）。第十届美国亚洲艺术策展人论坛于2019年6月3日至4日在华盛顿的弗利尔和赛克勒美术馆召开，并与华盛顿大学纺织品博物馆合作。参加这第十届论坛的有80多人，包括了来自美国、加拿大、墨西哥的研究亚洲艺术的策展人，讨论了关于中国、日本、韩国、柬埔寨、印度艺术的议题。两天的会议，分为好几个主题，涉及博物馆需要照顾到的各个方面：（1）国际交流展的运作。（2）博物馆间的合作，如与大学博物馆的合作。（3）博物馆的实践和提升，如藏品修复以申请赞助与寻找领养（Adoption）相结合，来解决修复经费问题；展厅的更新；藏品的管理，包括来源（origin）、标准用语（例如Decolonizing）、分类（例如Terracotta、Ceramic）、研究合作、统一词汇。（4）对公众服务，包括说明牌的写法、长度、字体大小、颜色、可读性、可视性、多种语言和盲文的运用。（5）艺术品鉴藏与博物馆的关系。（6）技术在博物馆的运用：Web、App、电子版图录、藏品的数字化完善。（7）博物馆人才的培养。（8）博物馆间展览讯息的交流和介绍。（9）下一届的议题、地点。会议中一再强调“沟通与交流”的重要性。这些会议本身也是一个实践，是缩短和策展人距离的活动。

“curator”（策展人）、“curate”（策划）这两个词，在近几年来跨越博物馆界，成为许多行业表现其专业性的术语。也许是这两三年来开始考虑和写作这本《策展哲学》，好像到处都可以看到听到“curate”这个字眼。不仅策划安排讲座之类的公众活动，可以被称为“curated”（被策划过的）；所有安排讲座的人，也可把他们自己称为“curator”。2018年以来，在个体时装设计师云集的纽约麦迪逊大道逛橱窗，也能看到那些时装商店常贴出“curated fashion collection”（策划过的时装收藏）之类的字样。2019年伊始，《纽约时报》大都会专栏在推出他们的旅游新栏目“探索”（explore）时也说，跟随《纽约时报》“策划的理想之行，去踏上探索的旅程”（a curated collection of dream trips）[注6]。“curated”是一个如此“热”或“酷”（hot or cool）的字眼，跨界跨行，已经不甘于仅仅作为博物馆界或艺术界的专宠。

现在“策展人”遍地。就博物馆系统来说，策展人到底是做什么的呢？策展人，有人给的定位是“interperator”，即对艺术的解说者。业界曾有人解释策展人一如电影导演、翻译，其实，这两个比喻只是策展人的部分作用而已，除此之外，如果硬是要比喻的话，那策展人也是艺术史学者（因需要有此基础和研究能力），也是猎人、采购员或临时藏家（需要寻找、挑选展品），也是编剧（需要构思与组织这一展览），也是作家（需要写出这一展览），也是舞美设计（需要考虑如何展现），也是制作人（要整体把握内容与形式的因素，使展览诞生），也是慈善事业家（因为在美国，展览需要如托钵僧般地募捐），也是艺术教育家（因为每个展览要考虑如何为不同教育程度的参观者服务），也是演说家（因为常常要对特殊团体或公众演讲介绍）……总之，策展人需要考虑和做的事是多方面的，策展人需要的本领恨不得是十八般武艺，样样拿得起，样样都当先。虽每人所处的情况不同，但不管是否需要有如此总体的考虑，还是只需关注某一部分，都八九不离十。作为策展人，是要策展、做展览的。因此，展什么？为何展（展览的内驱力）？怎么展？对这三个基本问题的思考，或可作为引领策展的航标。

用“航标”这个字眼的时候，浮现于脑海的是无数的艺术作品，它们从四面八方纷纷飞来。即以中国艺术品而论，也是上自五千年的陶器、玉器、青铜器，到各类瓷器：从最早的青瓷，经历白瓷、黑釉瓷、各色釉瓷，连接到越窑、耀州窑、定窑、汝窑等名窑。书法也从几千年前开始：甲骨文、金文、陶文一路下来，诞生了无数名作和书法家。相似的在绘画里，从陶器上的彩绘到画像砖石，到帛画、绢画、纸画。还有那曾经使用的文具、茶具、赏石、家具，以及摄影、雕刻、版画，民间美术的剪纸、皮影、刺绣、缂丝、布艺，下至当代艺术的种种。若放置在人类创造的、残留的、拥有的一大堆东西的这样的时空中来看，怎的不就像一个汪洋大海，需要“航标”来导航呢？更何况，当今人们都知道，展览并非把东西往柜子里一搁，画往墙上一挂就了事，那怎么选择？为什么选择？选择的它们代表了什么？是考古发掘的吗？有文献记载吗？是怎样使用的？为什么会产生？有人研究过了吗？它们的存在有什么作用和影响？与那些物品相关的背景知识或故事或含义又是什么？许多的问题，不管是纵向还是横向，还是360度辐射，又都可以洋洋洒洒地扩展出去，这岂不又如另一片信息的汪洋大海，也需要“航标”来导航吗？策展人无疑需要牢牢把握住这“航标”：展什么？为何展？怎么展？来航行于艺术品和其所有信息之间的重重海洋之中，来“策展”，来做展。

一个好的展览，是需要策划的。什么是策展？简单地说，就是观察和挑选艺术品，在研究的基础上，加以有机的组合和重构，将之展现在一个约定的空间内，来说明想说的事。艺术展览将艺术品经过如此的重构后，实际上其本身也就是一件艺术作品了，而策展人便成为这件艺术品的作者。策展人的作用，是对艺术加以审视、选择、梳理，然后将自己的认识、理解，通过艺术品重新组合后，展现出来。策展的过程，某些部分有点像个过滤器——因为素材大多都在那了，博物馆、考古所、美术馆、私人工作室、艺术博览会，那些艺术品集中保管和展现的地方，或散落民间，策展人要把所需的艺术品从中筛选出来。但是展览不是堆砌艺术品，即使将之分型分类编号排排坐，也是需要考虑的，更何况有深度的策展，必须带有策展人独特的思考。所以不同素材在不同的人手里会做成不同的东西，就好像同样是清香的荠菜，在扬州美食里做成了荠菜包，在无锡做成了荠菜汤团，在上海做成了荠菜馄饨，在北方做成了荠菜三合面蒸团——这种北方的私厨美食最近刚有耳闻，还有荠菜豆腐羹之类的传统菜肴。

最早的“策展”是怎样的？最早的“策展人”是如何考虑策展、如何做出展览的？这样的记录很少，即使纽约现代艺术博物馆很有远见和历史感，他们把自1929年以来的四千多个展览都罗列网上，供感兴趣的人们查阅，但是对其策展人还是只字未提，更别提涉及如何策展、如何做展的过程了。当然那是一种庞大的背景资料，不可能占据网页的空间。在其他文字中，才看到他们简单地提及现代艺术博物馆1929年11月的首展，是由小艾尔弗雷德·汉密尔顿·巴尔负责的，当时只展出了9幅作品：8幅油画、1幅素描，巴尔后来成为推动现代艺术博物馆走向国际舞台的核心人物。中国艺术界在域外还有一个传奇的故事，是说有一个无比热爱中国艺术的英国人珀瑟维尔·戴维德，他可以说是非博物馆界的独立策展人的先驱之一。1924年，热爱中国艺术的珀瑟维尔·戴维德，抛弃其律师职业，跑到中国学习艺术品的鉴赏。为了得以看见深藏宫中的艺术品，他说服官员，自己掏腰包在故宫内的皇家宫苑修复了一小间亭阁，将允许他挑选出来的皇家藏品在其间展示，这其实也就是一个富有策展意味的故事。

“策展”这个概念，显然与“展示”的需求密切相关。若将一个展览“展示”出来，无疑最起码是需要观察、思考、整理、挑选、归类、再思考或不断地思考、说明、展现等步骤的，也即是说，虽然很少有早期的历史资料来记述“策展”的过程和思路，但“策展”对一个展览来说是必不可少的经历。回想一二十年前，我在博物馆看到的是一堆东西零落地搁在很少人光顾的柜子里，以及太长的书画一直躺到柜子底部的现象，而说明文字也简单到只有如“汉代陶罐”之类的几个字，这在中国博物馆多见，在其他国家的博物馆也有所见。最近的这一二十年间，展览的数量随博物馆的兴建而大增，展览的质量也在呕心沥血的策展人的努力下提升，一个好展览，可达到博物馆门庭若市的效果，成为每个博物馆的追求。展览之于博物馆的重要性不言而喻，策展人的重要性自然也不言而喻。策展的历程随着博物馆的诞生而诞生并成长。随着策展本身专业化进程的不断加快，产生了许多的策展人与展览。由于策展人理念和经验不同，展览的形式也各不相同。也许到了将“策展”之事总结并上升到理论的时候了。

3.为什么需要策展?

因为：若是艺术作品如繁花遍野，策展人则能将之酿成蜂蜜。在此，策展人的策展理念，将决定展览的高度；策展人的策展见识，将决定展览的深度；策展人的策展实践，将决定展览的表现。策展人应该含英咀华，以最恰当的展览形式，将其对艺术和文化的研究和解读与世界分享。

森林、草原、高山、海洋，大自然造就了奇异的景观，艺术品，作为人类灵智、情怀、技艺的结晶，幸运地见证了人类的存在，历经千年，变顽石为雕塑，炼泥土为陶瓷，采蚕丝为织锦，沤草皮为纸张，融水墨为丹青，有如大自然的世界，艺术的世界何尝不是五花八门，五彩缤纷，令人眼花缭乱？策展，将看似无序的艺术品，筛选、梳理、整合、重构，寻找规律，寻找解说，寻找本质，将之展现。从而将人们曾有的生活、思考、喜怒哀乐，立体地通过艺术品传递出来，而展现一个特定历史时期或阶段个体或人类的价值观和体系，以启发当代乃至今后人们对自身的检视和期待。这可谓为何要“策展”的“大道理”。

人类在物质世界的穿行是必须的，而展览或将引领人们于须臾之间回眸以往的种种，或暂时跳出一个物质世界而回首历史，而眺望远方。这也许是在以往的物质世界里的浏览，也许又不是在物质世界里的徘徊，而是可以超越自然生物的、超越社会属性的、寻找人类崇高天性的不同境界的旅行，于是在每个展览中，我们都虔诚地寻找能让人类永恒的生命力和美妙。若策展的理念如此，听起来真很玄乎了，但是，不站在高峰，怎能俯瞰大地？一个具有高度与深度的理念，是策展人能够策划出好展览的原点。策展人要努力寻找这一原点。于是，真正好的策展，是需要众里寻他千百度的，或就如有首歌中的歌词：珍贵的灵芝森林里栽，美丽的翡翠深山里埋，闪光的珍珠大海里采。真正好的展览，是需要策展人去淘的，淘艺术品，淘概念，淘一个别出心裁的角度，淘一个尚未被关注的要点，直至触及艺术的本质，以及它对个体的人和对人类的作用。如此，或许就能采到灵芝、翡翠、珍珠了。当然，不同的展览是具有不同层次和水准的，这里说的是我自以为的最高水准者。在提及“为何策展”时，先把这“策展”的“高要求”作为一面旗帜竖起来。其他各种类型，且待在以后章节中慢慢道来。

（1）策展的理由

因《艺术的故事》一书而风靡艺术史界的英国学者贡布里希，在他著作的导论中首先便说“喜爱一件东西必有理由”（注7）。当策展人寻找到一个策展点时，他必定是对某种东西感兴趣。那么这种特别的兴趣是什么原因引起的呢？策展的起因可以逆向地去寻找。除了作为一种工作职责的理由，策展的由头应该有为艺术品的感动、为艺术家的感动，自认为看到一个在局部或整体上都有研究、教育、生发价值的视角和观点，因此心中有话要说。从而寻找资料，层层剥茧，探索联系，求得源头，如此这番在检视艺术品和不断梳理、归纳、总结开拓的过程中，寻找艺术品产生的原始环境，生态的、文化的，乃至心理的，如有关地理、交通、自然生态、文化生态、特异习俗、手工技艺、贸易来往、交流沟通，或就是寻找艺术家的特别之处，即艺术家们从其特立独行的人格与涵养中，用自己的方法和形式来表述而产生的艺术作品。如此这般兜来兜去的结果，就是在兜一条生命之路。可能会兜到，如果承认有艺术品的话，那它就是人类生命的痕迹，就是艺术家生命的痕迹，通过艺术家的表现而得以流传。当以往的生活消失于历史的尘埃之中时，唯艺术品为我们留住了历史的残篇。策展可以也应该是每一代人对艺术的重新认识、研究和感悟，然后以崭新的眼光来检视、净化、选择、探秘、想象、组合、重构，将之书写在案，将之以展览的形式表现出来。如此，艺术品才能与时俱进，不断获得新生，而永生。

（2）策展的步骤

第一步：了解艺术品和艺术品背后的事；第二步：选择和确定主题或题目；第

三步：围绕所定题目来精选可能成为展品的艺术品，以及相关图像摄像等资料；第四步：在完善主题架构的同时，继续了解和完善对展品以及相关图像摄像的遴选；第五步：确定和编撰展品以及相关图像的最后清单；第六步：结合所定展品和展览主题，设想研究重点及论文的表述；第七步：研究每件展品并编写展品说明；第八步：以展品来体现展览的构思和论题，必须参与展览设计，包括展品的分类分组、各组间的关系、展品的陈列方案、展品说明牌及辅助展板图表的编写制作和位置等；第九步：参与展览图录的制作或顾问；第十步：展品运到后，参与布展，直至按照展陈方案，完成展览各方面的陈列；第十一步：准备开幕后的第一个演讲，及可能参与的艺术教育部门的培训和咨询。这一套步骤，说来不过二三百字，但实际操作起来则不下成千上万个细节。

（3）策展的功能

借鉴罗素对史学功能的思考。英国哲学家、历史学家、文学家伯兰特·阿瑟·威廉·罗素（1872—1970），曾期待史学“不仅有助于知识，而且有助于智慧”，其目的当是想让史学能“开阔我们的想象世界，使我们在思想上和感情上成为一个更大的宇宙的公民，而不仅是日常生活的公民而已”。罗素显然把智慧启示功能看成是比史学的知识呈示功能有更大的用处：因为它能提示一个未经训练的头脑所不会呈现的种种行为和感情的可能性。它从过去的生活中选择出种种重要而有意义的成分；它用光辉的范例，它用渴望着要比无所依傍的思考所可能发现的更加伟大的目标来充实我们的思想。[注8]因此，展览作为展现历史的一个独特方式，且在21世纪蓬勃发展，这是服务于民、引渡众生的舟楫车马，其功能大焉，其职责重焉，其旨趣深焉。其印证了存在，梳理了源流，保存了人类生命的记忆，传承了人文的血脉，其感召力、凝聚力、影响力都不可低估。令人敬仰的学者陈寅恪先生曾说道：“国可亡，而史不可灭也。”博物馆作为现代文明的产物，能够将历史的表现与存在，以缤纷的艺术品来一以贯之，形象地展现。如此想来，何其崇高！艺术乃天下之公器，为天下人类所共享。艺术品，在历史的烟尘里被解构，艺术品的密码，被历代的学者再破译，艺术品在策展人的手中如凤凰般于涅槃中重生，历史的悲剧、喜剧、正剧、闹剧、花鼓大鼓、小调小曲，皆可在虚拟、复原、想象等思维空间中，在对艺术品之环境化，即其历史、生活、艺术、情怀再现的考量中，立体化、个性化地表现，即以艺术品的形式重新展示，在聚光灯下，将之延展，将历史凝聚，又可将之向四面八方张开，横

图7 传〔东晋〕顾恺之《洛神赋图》手卷。弗利尔美术馆。Freer Gallery of Art, Smithsonian Institution, Washington, D. C.: Gift of Charles Lang Freer, F1914.53

向竖向多元地比较，于一件艺术品、一个展览中，追寻历史和文化的来龙去脉，纵横捭阖，跌宕跳跃，或如千军万马，或如一马平川，最后全得以收拢在天地凝合的一瞬间，那是人类文明的原点、人类性灵的地核：人本。策展所能够营造出来的，不仅仅是展览，还是有形或无形的许多形而下或形而上的多维空间。如此这番，展览，就不仅仅是通过艺术品的展示来传播知识，更紧要的是对思想和智慧的寻觅。策展人的见识，在此显出高下和其重要性。

（4）策展的力量和价值

策展，必将艺术的本质，将艺术品在艺术演变史上的变化讲清楚，并将之放在艺术史和人类历史的维度间来考察，探究艺术产生的原因和优秀艺术给予人类的精神。（注9）展览正是可以以其特有的形式，来构造一个个微观世界，然后，这一个个微观世界可能对宏观世界产生的影响则未可预料。唯其未可预料，而具有无限的可能性。因为展览将艺术品梳理和表现后，将具有以下这些很显然为公众所见到的主要价值：

①保存人的形象和故事

人作为宇宙的一分子，是地球上最大的资源。人类自我的形象，通过画作、雕塑、印刷物、相片等物品的表现，不啻历史的人脸识别工程。尤其在19世纪末摄影技术发明之前的那漫漫历史长河中，人的形象，只有借助于绘画、雕塑等来印证。其于人类学、人种学、民族学、民俗学、服装史等，皆为直接的例证，更毋庸提及其中无数的故事了。例如中国绘画，从最早的两千多年前马王堆汉墓出土的帛画，描绘了汉代人的模样和穿着，中国人物画便绵延不断，一路走来，中国人各时期的族别、面目、衣冠制度及习俗，都有留下痕迹，以填补历史文献的阙如，并通过展览昭然公告

于众，保存于库。举例来说，据了解，美国最早的一个介绍中国人物画的展览，是位于华盛顿的弗利尔美术馆在1973年庆祝其建馆50周年之际做的特展"中国人物画"。此展由罗覃博士策展，他从弗利尔馆藏中选择了59件作品，从第一件宋人摹顾恺之的《洛神赋图》手卷（图7）开始，包括《陶渊明归去来辞图》《五百罗汉图》《挑耳图》《消夏图》，到第59件明朝绘画《山间旅人》。这是在美国可追寻到的第一个检视了中国人物画传统的展览，将中国历史悠久的这一绘画传统，将上千年来的人物形象、生活旨趣、绘画技艺，铺成了一个令人惊叹的长卷。之后，1985年纽约大都会艺术博物馆的何慕文博士，也从其馆藏品中挑选55件8到17世纪的画作，策划了"铁线描：中国人物画的艺术"一展，展示以顾恺之为代表的铁线描作品及其中国人物画的成就。2001年夏，在与弗利尔美术馆相邻的赛克勒美术馆，司美茵博士策划了"敬祖：中国祖先肖像画"的展览。此展是从1990年入藏的15到20世纪的85件中国祖先肖像画中挑选，重点展示了35幅清代祖先画，并配以服饰、家具等的一个展览，也是美国第一个以中国祖先画为选题的展览。而说起赛克勒美术馆入藏这批中国祖先画的经历，真的就是一个天方夜谭般的故事。那是1989年，一个神秘的电话从新墨西哥州打来，一个养马人——理查德·普瑞兹拉夫，已经87岁了，他说他愿意将自己收藏的那些中国祖先画捐给博物馆。谁会想到在遥远的新墨西哥州的牧马场，有这样的一个收藏家？谁都没听说过他的名字。普瑞兹拉夫先生已经尝试联系了许多家博物馆，但都碰壁而回。赛克勒美术馆的学者前往观看了那些中国祖先画，收下之后在2001年做了上述的第一个在美国的中国祖先肖像画展。从自己的馆藏中组展，是最寻常的方式，资源雄厚者，于此近水楼台，可以不绝策展。2004年，由张以国博士在波士顿美术馆策展的"早期明代中国人物画：长期失去的传统"，就是从波士顿的馆藏中挑选展品，在此论及美国的中国人物画展览的话题时，也值得一提。

②保存实物即保存历史

这几个字涵盖的范围和类别就太多了。国家、政府可以消亡，历史则将永存。人类所创造的各种器物、书画、文籍、建筑、工具、珍玩等，印证着历史各阶段的经济生活、民风民情、工艺技艺，乃至美学观念，甚而政治的倾向、经济的状态、社会的所好、文化交通之史等。即使从这些历史实物的获得史来看，亦令人唏嘘。远古以来，统治阶层，如中国的历代皇室、欧洲的君主国家，包括上层的贵族，都有将珍宝之物封存于皇室王宫禁室的传统。几千上万年来，人类的文明遗存或散落荒野，或深埋地底，羁旅者偶遇之，多慨然而别，盗掘窃取者，则暗发横财。自18世纪末，拿破仑远征埃及并将其文明之象征的物品席卷回巴黎，此后，这世界对古代文物之热忱，推动了几代人寻宝的文化探险历史。例如探险家、考古学家马尔克·奥瑞尔·斯坦因（1862—1943），自1900年始对中亚地区进行了四次考察，重点是中国的新疆、甘肃，导致尘封百年的敦煌佛教宝窟被觊觎，文献文物被偷运。斯坦因的故事激发了那个时代人们对古物探险的兴趣，之后法国探险家、语言家、汉学家保罗·伯希和·尤金尼·伯里特（1878—1945），美国探险家、考古学家兰登·华尔纳（1881—1955），甚至俄国、德国、日本的探险家们，都蜂拥地前往古老的中国大地探险寻宝。（图8）这种对古物探险的热忱还从20世纪80年代起到2008年，历时近三十年的一个美国系列电影《夺宝奇兵》［又称《印第安纳·琼斯》（*Indiana Jones*）］的大受欢迎中可见。如今这世界对历史宝物的热忱依旧，但是一切都必须纳入合法合理的管辖之中。那些进入博物馆系统的历史文物，应该得到科学的保管和维护，成为组织一个个展览的素材。虽然有些令人垂泪，为那些历史文物背井离乡、远渡重洋、身首相别而忧伤，但是所幸博物馆服务于民的宗旨使它们仍然存在于我们可触及的视线中。在当今世界大同化的趋势下，博物馆成为最全球化的人类所能够共享的真正的民主空间，历史实物能在博物馆中得到妥善保存，也可为人们相互认识彼此的历史和文化提供实例。

③保存某种对历史的理解，提供对历史的新见识

每一个展览，都是通过艺术品来对某一事物、某一阶段、某一现象进行的研究和解读，因此，不仅可能有策展人复原艺术品原始生态的努力，还会有其重新解读和得到新认识的可能。展览一个个的递进产生，映现着每一代人对历史的认识和诠释，其本身也是在书写着历史。这种一代代人努力地来理解某一论题的历程，是人文历史

图8　20世纪初，法国学者伯希和在中国敦煌藏经洞，采自“敦煌：丝路佛光”展览图录第16页，纽约华美协进社中国美术馆。*Dunhuang: Buddhist Art at the Gateway of the Silk Road*, China Institute Gallery, 2013

的自然演进，即以中国绘画史来说，其著作先有唐代张彦远《历代名画记》，被称为中国第一部较完备的绘画史，继有宋代郭若虚《图画见闻志》、邓椿《画继》，元代夏文彦《图绘宝鉴》，明代朱谋垔《画史会要》，清代徐沁《明画录》、张庚《国朝画征录》，等等。之后的史籍基本上传承张氏之方法，多记叙画家传记而兼论绘画理法及遗闻轶事之类。而真正以科学方法系统地研究中国传统绘画发展的历史，则是20世纪以来的事。最早的一部与中国绘画史有关的著作是1901年出版的日本学者大村西崖《东洋美术史》中所论及的中国美术绘画部分，虽“失之太简”，却拉开了中国绘画史研究之序幕。1913年出版的日本学者中村不折、小鹿青云之《中国绘画史》（正中书局1937年版）当推为首部中国绘画史专著。1925年由翰墨缘美术院出版的陈师曾《中国绘画史》与1926年由商务印书馆出版的潘天寿《中国绘画史》，原来都是出于教学之急需，依中村不折、小鹿青云之本，并有所增损，编译而成，本非个人著作。1929年由中华书局出版的郑午昌《中国画学全史》“实为空前之巨著，议论透辟，叙述详尽，且包罗宏富，取材精审，纲举目张，条分缕析，可谓中国绘画通史之开山祖师”。（注10）

在西方，有一本自20世纪20年代以来已经再版好几次的书——《远东绘画》。这本介绍中国绘画的书，是英国诗人和艺术学者劳伦斯·宾咏所著，并题献纪念查尔斯·弗利尔，也就是那位著名的、将其毕生藏品捐献并资助建立弗利尔美术馆的大藏家。在美国，20世纪以来还有两本关于中国绘画史的书广为业界知晓，一本是曾在斯坦福大学任教的景元斋主高居翰教授所著，并于1977年出版的《中国绘画史》；另一本是曾在耶鲁大学任教的班宗华教授等人合著，并于2002年出版的《中国绘画三千年》。（注11）

华美协进社中国美术馆自1966年正式成立以来，在50多年里所做过的中国绘画展览，可以说是在上述纵向的中国绘画史坐标中的横向延伸：1970年，由王己千先生策划的“宋元册页”（图9），是我馆原创的第一个中国绘画展；1973年，由班宗华教授策划的“寒林古木：中国画中的山水题材”；1989年，由印第安纳波利斯艺术博物馆组展，接着在我馆展示的“玉台纵览：中国女画家作品展（1300—1912）”；1990年，由维多·贾可隆教授策划的“扬州八怪画家”展；1993年，由鲁克思博士策划，由阿姆斯特丹国立博物馆组展，接着在我馆展示的“弃笔：高其佩与18世纪的中国指画艺术”；1996年，由金红男博士策划的“鉴藏家的一生：周亮工与17世纪的中国画家”；1998年，由克罗蒂娅·布朗博士策划，由凤凰城艺术博物馆（Phoenix Art

图9　“宋元册页”展览图录封面，纽约华美协进社中国美术馆。*Album Leaves from the Sung and Yuan Dynasties*, China Institute Gallery, 1970

Museum）组展，接着在我馆展示的“墨香：罗伊与玛丽莲·派帕的中国书画藏品”；2000年，由齐皎瀚教授策划的“中国画家亦诗人”展览；2003年，由笔者策划的“故山青：南京博物院藏十七世纪山水画”；2008年，由笔者领衔策划的“末帝宝鉴：辽宁省博物馆藏清宫散佚明清书画”；（注12）以及目前正在由笔者领衔策划的，将于2023年举办的“河上花：中国花鸟画之道，天津博物馆/常州博物馆藏珍”的展览。到目前为止，即使算上正在准备的最后一个花鸟画展，也不过才做了11个纯粹的中国绘画展，只占已做展览的十分之一。但仅从这些展览的题目上，便可看出，即使是中国绘画这一门类，从历史的不同角度，从不同学者的选题中，也都有说不完的话。

④直观感性的认知和刺激原创力的灵感源泉

认识艺术最好的办法就是观看、比较和感受。观看的最好途径就是站在作品面前，近距离——不超过两米（视作品大小而异）观赏，若能更近地，甚而触摸能够触摸的器物，掂量能够掂量的器物，就更能获得直接的感觉。艺术品作为人类心智才情的奇葩，以其不同的形态展现，不论是色彩、造型、构图还是表现的故事或情绪，都能给予观者感性的直观的认识，或是美，或是技艺，或是故事，或是震惊，或是感动，其感染力，击中每个观众的角度和程度各不相同，之后怎样，可能就会有百花齐放的效应。

艺术具有的感染力和刺激性，早在博物馆创建迭起的19世纪末，便为有识之士所知，如位于纽约第五大道91街的库珀·休伊特国立设计博物馆（Cooper Hewitt Smithsonian Design Museum，图10）的创建者休伊特姐妹。早在1825年，休伊特姐妹中的伊利诺就想到要建一个现代博物馆，她们想象着在馆内不要有那么多对展出艺术品的限制，而让艺术品可以被触摸，让观众捧着观看、测量、描绘、拍照，来创造一个愉快、忙碌的学习环境，这将多向多元地鼓励和激发爱好、讨论以及原创性主意的产生，等等。（注13）一百多年前，她们就认识到艺术品与观者可以如此对话的功能和可能产生的结果，因而鼓励将博物馆的设计，加入观众与艺术品的感性的接触及“互动”的实践，这样的理念在一百多年前应该是非常前卫的。虽然今天博物馆的系统，鉴于种种约束，不可能为公众提供上手的机会，除了特别安排的学习观摩室。但是，在所有公共展示空间，博物馆的各个展览，都尽量将艺术品展现得清晰，将信息提供得准确，也多是出于能使观众与艺术品更加亲近的考量，而希望观者有所收获。

⑤影响人们相互间的关系，拓开看待世界的方式

每个展览提供的艺术品，介绍的相关内容，甚而其展陈的方式，都会给人不同的感受，因此而产生的无形的影响也会是一种奇妙的化学反应。我馆2018年以来展出的“山艺术：中国摄影家的镜像”当代摄影展，便接待了来自全球的各种各样的参观者。这个展览有27位中国摄影家的63幅作品，从用传统的各种相机在特定地点等待合适的云彩光线拍出的纯粹的摄影作品——或可称之为“裸拍”，到用电脑后期制作的造出许多叠加效果的类似摄影的镜像作品，不仅仅展现了一条近百年的中国摄影之路，更是围绕“山”的专题展现了中国山的多重面目——历史的、文化的、美学的、

图10　纽约库珀·休伊特国立设计博物馆。海蔚蓝拍摄，2020

社会的。至2019年8月展览闭幕时，有来自世界各地的近一万六千人次参观，虽与许多大馆的参观者数字不能同日而语，但我们这个可以归属为世界上最小的博物馆系统的美术馆，这一展览能够有这么多不同国别的观众来访，看到“山”的形象能连接那么多人，真的很令人惊讶。而且，看看他们的评语，除了感叹展览的精致，好多人都留言说学到了很多：通过这个展览，这才知道中国的山原来这么有文化。以展览来增进人与人之间的了解，激励思考和灵感，拓开看世界的方式，给予人性潜移默化的熏陶，是所有博物馆的追求。装修后的纽约现代艺术博物馆在2019年10月以崭新的面貌迎接观众，他们在临时闭馆的告示中就向世界说道：“整修后，将令每个来访者都有新的发现，更与艺术相近，激发好奇、探索和灵感。”美国其他许多博物馆也都强调“艺术”“想法”“灵感”（注14），作为服务于人和吸引人的口号。

伦敦艺术工会有个主席说到艺术对工人能够起到的作用，说得简单明了，富有代表性，他说：“让一个工人了解艺术是审美，可以使他变得举止高贵，富有自尊心，这对于维护社会的稳定，具有非同小可的作用。此外，还可以使他成为一个更好的工人，充满愉悦，超脱于自身的地位，达到灵魂净化和升华。”（注15）博物馆实在是人们获得感性知识和调养心智的好去处，前人的精气神，皆在艺术品中显现，若能随时随事只在心上学，只在心上悟，此心精明，无所不克，必有所获。恰如中国明代著名思想家、哲学家王阳明“心学”所谓的“凝思静虑，拟形于心”。此心光明，人生才能光明。策展和展览即具有如此的力量和价值，使人类精神层面的种种，借助艺术展品而流淌散发，或如“春雨润物”，或如“走马秦川”，而对人、对社会都产生不可估量的效应，策展人策展的价值，也就远远超出了展览本身。

4.我怎么策展

古希腊的哲人阿基米德（公元前287年—前212年）说过：“给我一个支点，我就可以撬动世界。”策展人虽说不是哲人，可又怎么不可能为哲人呢？他也应该有一个支点。这个支点，就是策展人的理念、见识、切入点，从什么角度、怎样来选择艺术品，说什么，来将之呈现，从而组织做成一个展览。（注16）他想怎样对观众说？怎样让他们跑来一趟，然后眼睛里亮晶晶、心里头满当当、脑子里清灵灵、胸怀里热乎乎地回去？这可得好好地想。也就是说，想做一个策展人，首先要有一个策展人的大脑，那是能撬动展览乃至世界的支点。

天下很少有一步登天的事。我做策展人纯属偶然，当然也许并非偶然。而且在如今“策展人”遍地的时代，我是属于“博物馆系统”的，并可暂且界定为“艺术展览”范畴，所以大多只能以这经历作为谈资，旁及我的有限的对大千世界的观察。只记得30年前，我初到美国，英语也说不来的时候进入了美术馆，懵懵懂懂地过了一段时间后，被要求帮忙查找资料，于是开始关注到别人做的展览，就想象着若是让我来做，我当怎样做？自己是否可以从不同的角度或更深的层面来介绍呢？这也许有赖于自小家教的文学和艺术熏陶，以及南京大学七年的历史考古训练、南京师范大学三年的教学实践，于是不知不觉地就此开始进行自己大脑内的考古发掘，不断寻找一个前人没有触及的，或说得甚少的点，来考虑怎么做、怎么说，这也许就是策划展览的开端了。总之，不想步人后尘。这种挑战，能激励人不断学习，不断发现，不断痴想，任脑海里海阔天空，浮想联翩，面对古今中外无数艺术品，如见其人，如闻其声，如感其趣，而任性地沉浸在艺术的世界里，全然不知身在何处，兀自优游周旋，品味三昧，寻找要说些什么，想象该怎么展。有时，刹那间，仿佛灵光闪现，展览的主题、展览的题目，突现脑海，那种瞬间，有如电击，令人振奋。如此一路走来，苦乐自知，不觉一世有余。

（1）我平生策划的第一个展览

“鸡年吉祥：中国新年的传统”，1993年1月19日至3月6日，于纽约华美协进社中国美术馆展出。

1989年春，我到华美协进社中国美术馆工作不久，有一个美国的客座策展人柯安霓（Anita Christy），她正在策划一个庆祝中国新年的展览，题目叫“中国土地——自然观”（The Chinese Earth-Views of Nature），预期在1990年春节期间开幕，正在寻找展品。但她想说什么呢？我当时几乎不会说英文，而她几乎不会说中文，两人瞎比画，但我从她的题目，猜测她是想说中国土地对农民的重要性，因为新年是一年农事已完，可以庆祝丰收，休养生息，也准备在立春时节迎接来年农事，祈求风调雨顺、万事顺遂的节日。中国人说“一年之计在于春”，中国这个古代的农业大国，每年开春的重要性不言而喻，春节也成为中国人最隆重庆祝的节日。也许正因为此，她选了“土地”这个切入点。中国的农耕文化，要追溯上去，不就要到传说中的三皇五帝了吗？于是曾经受过的历史考古训练，让我自然而然地按照这个思路，帮她去哥伦比亚大学的东亚图书馆找《三才图会》里的天皇、地皇、人皇和神农氏、轩辕氏、燧人氏等图像，作为这个展览开始说事的图版。如此，展览的深度猛地见长，不是单纯地找个土地爷的雕像和神龛，加上新年庆祝的物事，而是会使人们联系到久远的历史和新年的来源。展览完成后，得到一致好评，不仅使这个优雅的美国人后来成为我的好友，她也向当时资助中国新年展的华美协进社的妇女委员会推荐了我。于是，1992年，华美妇女委员会请我策划1993年春节的中国新年展，就这样看来偶然的一个机遇，我踏进了策展的领域。

1993年的新年是中国的鸡年，怎么做呢？切入点应该是什么呢？我想到了中国的文字游戏。中国文字是很特别的，也是具有神圣力量的。因它源于象形，那每根线条的初始，都有其跟天地人相关的生命信息，所以这种文字的每根线条都是生命，每个字都大有深意。中国文字又是属于单音节，除极个别的例外，因此需要一个个方块字来对应话语记录。这一个个方块字，就好像积木一样，可以搭成不同的东西，有人形容为具有类似哥特式建筑的特点，即可以用大小建筑材料层层累积叠加筑成，因此具有灵活性和无穷的变化性，其内涵因此也可有深度和广度的外延性。（注17）自古就崇拜语言的中国文化，最爱掂量文字的力量，这语言也被赋予了所应该具有的神圣性。虽然几千年过去了，这种神圣性久远地离开了其所产生的语境，并不为大众所深知，但是其力量依旧，在许多中国人的生活习俗中随时体现出来。例如，汉语语汇中有那么多的谐音词、双关语，一旦说出，就直接把语言变为点缀生活、刺激心理的积极力量。其中一种文字现象叫作“假借”，是将发音相通的字用于指代其他字的含义。如此，“鸡”字便可通“吉”字，因为其音相近，其含义便引申到另一个层面。在广东人过年的年夜饭桌上，是必定要有全鸡这一道菜的，其寓意吉祥，并且以完整的一只鸡来代表全部的吉祥，来预示或召唤来年的事事大吉，这或许跟远古的通灵巫术不无联系。于是，“鸡年吉祥”这四个字跃出我的脑海，我立刻便确定了这个新年展的主题。那一刻是令人通透的。

基于这样一个命题，我的策展思路开始延展，引导我去寻找相关的艺术品来阐述。虽然以“鸡”谐音“吉”来祝福纳吉，不知具体始于何时，但是“鸡”见于艺术品中的造型，应该是具有久远历史的。所以，第一部分是围绕历史作品来阐述的，从当时我所知道的和最可能在短期内借到展品的博物馆和私人藏家的藏品中遴选，如：纽约哥伦比亚大学图书馆的商代有“吉”字的甲骨；一个古董商藏的战国时的青铜鸡首权杖头；著名的纽约大收藏家、以收藏汉唐陶明器著名的莉莉·史洛斯的汉代绿釉大公鸡；纽约其他私人藏家的六朝青瓷鸡首壶、唐代三彩公鸡、明代公鸡绘画；泰夫特博物馆的清代康熙年间的瓷斗鸡。第二部分围绕当代作品来阐述。“鸡”作为一个受欢迎的中国绘画题材延续到当代，例如江苏著名画家、以画大公鸡闻名的陈大羽先生的《大公鸡图》，世界闻名的中国画家齐白石的《多子图》，都可作为代表。第三部分是以这吉祥的象征，用于年节和平常生活中的物事，包括年画、泥塑、刺绣、童帽童鞋童衣、蓝印花布、织锦，以及美国当年的中国生肖鸡邮票和中国贺岁的鸡年明信片等。围绕着“鸡”，当时能够想到的，都尽量搜集了，并努力去借来了。那一个小小的展厅，真是“满室鸡样”或“满室吉祥”。记得当年在美国已经相当知名的中国艺术史学者巫鸿先生来看展，他很惊讶地说道：“这么一个小小的展览，上自青铜器，下至当代艺术和民间艺术，材料很丰富啊。”我自己知道，那还太有限了，无论在展览的广度和深度上，都还有许多可以发掘的地方，但是当时时间和资金都不允许了。（图11-1）

这个展览虽然小，但我也坚持出了一本小册子（图11-2）。这本32开20页的小册子，先以我的短文开头，介绍“鸡的传奇”，插图是陕西的民间剪纸“斗鸡”“抓鸡（吉）娃娃”“母子鸡”。接着罗列55件展品的品名、年代、质地、尺寸、借展人或单位。接着挑选了6件艺术品彩页，每件占据一页。然后是我的另一篇短文介绍“中国新年的传统”，插图仍为陕西民间剪纸的耕牛和鱼，寄托春天人们的勤劳和年年有余的愿望。最后是封底页，为了便于观众查核，我编辑整理了一个中国新年和对应的十二生肖表，将1921年至1981年这一甲子里，以属鸡者为首的十二生肖依次类推，每个生肖以剪纸为饰，并标注当年的中国新年日期。这本蓝色的小册子，变成了热销物，所印的一千册很快就销完了。那个展览，在不到两个月内有将近3000人来看，在博物馆画廊林立的纽约，在无数艺术爱好者有无数选择可能性的纽约（据说纽约有一万个值得光顾的地方），当年这数字，在华美协进社中国美术馆历年同期参观人数中算是一个天文数字。以后的许多年，一到新年，我就常常接到公众的电话，来问那一年生肖的寓意和运势，当然我并非命相专家，并不能指点命运，只能泛泛地告知每个生肖在我们文化中的象征和含义。但仅从这小小的展览，就能感受到展览的力量，也开始懵懂地想到展览应该涉及的“共性”的问题，即使是讲中国的事，就像那年属鸡的人，不是普天之下，到处皆有吗？即使从属鸡的这一点上来说事，也可能引起天下这一属相的这群人的关注和喜爱，还引发其他属相者对自己属相的好奇，从而想接

图11-1　1993年1月18日，笔者在为“鸡年吉祥：中国新年的传统”布展

图11-2　“鸡年吉祥：中国新年的传统”展览图册封面，纽约华美协进社中国美术馆。*A Year of Good Fortune: Legends of the Rooster and Traditions of the Chinese New Year*, China Institute Gallery, 1993

触中国文化。可见文化或有差异，但人性天下与共。自此，不觉提醒自己，今后更要小心谨慎，要以服务观众为第一考量，并尽量考虑和寻找人类的“共性”，以期在介绍中国文化时，不仅要介绍中国艺术和文化的独特性，也要关注寻找和营造一个相对容易相互理解的共同基础。这一点，在往后的实践中，越来越清晰和显其重要性，那就是努力寻找展览的共理、共识，尽量建立能与世界沟通的展览语境。

（2）我策划的第一个国际“大展”

“故山青：南京博物院藏十七世纪山水画”，2003年9月18日至12月20日，于纽约华美协进社中国美术馆展出。

自1993年的第一个展览后，我的头衔可以更改了，单位让我选择，可以做“助理馆长”（Assistant Director），或“策展人”（Curator）。我选择了“Curator”，从此正式开始“名正言顺”的策展人的职业生涯。当时华美妇女委员会赞助的中国新年展，每年都有，只要给妇女委员会一个简单的申请报告，就可以了，而且我已经正式地成为策展人，我能看到不断做这类新年展览的前景。虽说每年都要选择一个不同的主题，仍然具有挑战性，但我倒挺喜欢想东想西，不断有主意冒出来的。1995年，我

图12　“十二生肖：庆中国新年”展览图录封面，纽约华美协进社中国美术馆。*Animals of the Chinese Zodiac*, China Institute Gallery, 1995

图13　海笑先生、徐湖平院长、海蔚蓝合影于南京博物院，1994年夏

又策划了“十二生肖：庆中国新年”的展览，这大约是当时美国境内较早的同类题材展览。由于我爱好历史与考古，又喜欢跑田野采风，喜欢亲自采集来的中国民间工艺品的鲜活性，这使艺术品可跨时空地选择和阐述。这一展览同样受到了观众的喜爱，1000本展览小图册很快也销完了。（图12）大约在那段时间，一个有关展览的挑战，使我萌发念头，要策划除了中国新年展以外的“大展”。

1994年，在到美国的7年后，我第一次回国，当时是为“十二生肖：庆中国新年”展寻找民间艺术品。阔别家乡，双脚再次踏上祖国土地的时候，忽然间感同身受，那波兰著名钢琴家肖邦离开家国时，为何要怀揣一抔故土了。踏在祖国土地上的感觉是不一样的。那一刻，我真真切切地明白，不管我漂过太平洋多少万里，我都是属于黄土地的。那次回国之行，明确了我今后从中国的艺术资源来策划中国艺术展览的方向。

南京是我的故乡之一，南京博物院是中国最牛的博物馆之一，在很长时间内，除了故宫博物院称为“院”，仅有南京博物院可担当此称谓。作为中国的三大博物馆之一，南京博物院是中国第一座由国家投资兴建的大型综合类博物馆，其前身是1933年由蔡元培先生倡建的国立中央博物院。在那由著名建筑师徐敬直设计，经建筑大师梁思成修改，有着脊兽飞檐大盖帽似的仿辽代宫殿式的博物馆内，藏有中国文物和艺术作品43万余件（套）之多。二十多年前，当时中国博物馆还几乎没有单独承办外展一说，这中间有什么风险，需要怎样的担当，要做怎样的工作，有多少的工作量，要通过些什么渠道，并不为人所知。我的父亲——作家海笑先生，亲自带我去了南京博物院，并将我引荐给当时南京博物院的院长徐湖平先生。（图13）父亲的引荐是最好的担保，很有魄力的徐院长因此能够放心地说，他可以同意把展品借给我。之后的几年里，有赖于博物馆里同学的帮助，我推荐了“明清扇面展”，再编成展览申请报告，呈递给华美协进社艺术委员会，那是由美国各大名校、大都会博物馆的专家们组成的委员会，结果给“枪毙”了。须知选择一个题目、选择展品、来回索要材料、编写展览之意义所在、一一翻译成英文等，都不是容易的事，准备一个申请报告最起码需要几个月甚至一年的时间。一年后，我又选择了“六朝青瓷展”，编成展览申请报告呈递给艺术委员会，结果又给“枪毙”了。

前后两三年，我准备的两个展览报告都先后给“枪毙”了，可是怎么能气馁呢？也许他们是在激励我寻找更好的选题。于是我又开始准备“金陵八家”的山水画展，因为通过初步了解，我发现当时美国还没有对“金陵八家”作过系统地介绍，而南京博物院这方面的藏品是比较有特色的。山水画是中国绘画中的一个重要画种，就以中国绘画而言，它所用的材料、表现方法、题材、美学追求、绘画理论，都是世界艺术中独树一帜的。这个展览，是先从“金陵八家”的绘画作品开始的，南京博物院陈列部先帮助做了一个初步的展品清单，我在编写展览申请报告时，是将之作为一个著名的画派来介绍的，以延续华美协进社中国美术馆做过的“扬州八怪画家”展的路子，继续介绍这个明清之际在中国画史上的著名画派。当时在艺术委员会审核时，一是因为“金陵八家”是这些搞中国艺术史的人都知道的，二是因为南京博物院的大名，能得到南京博物院的惠借，当时能够做到的人不多，而且这是第一个中国人原创并组织的国际展览，这些绘画作品也从没在美国展过。所以，我的这第三个“大展”的申请报告，终于通过了这批专家的认可，展览也被列入日程。

面对这初步的展品清单，“金陵八家”等一堆作品，仍然得考虑：从何入手来介绍呢？如果仅仅是介绍几个画家，按照他们的生卒年代排列，指出他们的绘画题材、风格特点，或与其他画派做比较，这种当时一般的做法，是否就够了呢？这些可说是基本的信息，也可说是绘画表现出来的外像。但我的心里好像有个声音在说：你要去找，你要去找，这里面更有深意，这里面更有深意。那是什么呢？驱动这些画作的内在动力是什么呢？能够使这个展览予人以启迪，使之具有能量且耐深究的内在力量又是什么呢？

中国画，尤其是山水画，很早以来就不单是景色的纯粹描写，而是富有复杂含蓄的人文内涵，蕴藏着画家难以名状的敏感情怀的作品。这种从自然到心性的艺术转化，又借助画笔流泻于绢素，是中国艺术的灵性所在，尤其是文人艺术中极为珍贵的原点，足够神奇，足以使中国艺术成为独一无二的存在。比如说云——我喜欢云，那是最快速最变化莫测的自然现象。若按科普的说法，云是大气中的水蒸气遇冷空气，而液化成的小水滴或凝华成的小冰晶，所混合组成的飘浮在空中的可见聚合物。云是地球上庞大的水循环的有形的结果。太阳照在地球的表面，水蒸发形成水蒸气，一旦水汽过分饱和，水分子就会聚集在空气中的微尘（凝结核）周围，由此产生的水滴或冰晶将阳光散射到各个方向，这就产生了云的外观。并且，云可以形成各种形状，也因在天上的不同高度、形态而分为许多种。气象学家们煞费苦心，总结出了一套云朵命名系统，天空中每一朵云都能对号入座，荚状云、乳状云、滚轴云、海啸云、洞云和糙面云等，还有被称为“不可一世的云”，这些瑰丽的云朵是怎样形成和归类的，在网上都有答案可寻，而长相清奇难以归类者，还能被单独划为一类。

在中国的文学艺术中，云的出现是这样的：如为万众吟诵的唐诗中，孟浩然如是说：“北山白云里，隐者自怡悦。”李颀如是说：“鸿雁不堪愁里听，云山况是客中过。”温庭筠如是说：“云边雁断胡天月，陇上羊归塞草烟。”[注18]难怪日本学者小川环树在其《风与云——中国诗文论集》中的首篇，就论及“风与云：感伤文学的起源”。诸君觉得，这种将自然造物之神给予人类的最大礼物，经过人心的过滤、沉淀、提炼、内化而迸发出来的诗句是否很神奇？！真乃“白云穿肠过，墨笔抒清辉”。艺术的云在中国画中的含义，更是飘忽，更是意味深长。10世纪前，“云”多是制造山水之虚实真幻的场景，虽烟云变化可显现画家之妙笔，但仍不脱离作为形式道具的艺术处理手段。而在10世纪之后，自米芾（1051—1107）父子创画米点云山，米氏笔下的闲云被赋予了新的含义，那些恣肆天真、满天满地舒放的云点，便真被画出了“云是鹤世界”的“闲云野鹤”的人文内涵，云遂成为适性脱俗的画家的心语表征。（图14）到张大千惊讶世界的大泼墨、破墨云山山水画之诞生，直击青绿写意之三绝：苍浑满目、幽润拂面、沉凝心迹。泼墨云山成为六十岁后变法的张大千抒发故国故山之思的重器。也唯有他背井离乡，漂洋过海，历尽沧桑，方可凝成。“忧者嗜云”，此“云”已早非制造烟云变化、虚实留白的道具，而成为深沉人文情怀的表

图14 米友仁（1074—1153），《云山图》卷，水墨设色绢本，作于1130年，克利夫兰艺术博物馆。
Collection of the Cleveland Museum of Art, Purchased from the J. H. Wade Fund 1933.220

述。（注19）如此说来，最起码一千多年啦，天上飘过的朵朵白云，在中国艺术中，就不仅仅是地球上庞大水循环有形结果的描绘，而是无数理想、情怀、梦幻的寄托，白色的，多彩的，沉重的，轻盈的，苦涩的，欢快的……

当年有幸，可以把所有相关的这些画都调出库房，仔细审阅挑选。于是我在南京博物院待了几天，把那个时代金陵画家的作品，一件件调出来，仔细观摩，从题头到画面再到题跋。我不停地做笔记，那时好像还没有手提电脑呢。虽然是几百年前的作品，但初展卷，扑面而来的气息，岂止笔墨，分明能感受到画者的喜怒哀乐，满满的个人情怀。那是一种怎样而来的情怀呢？当打开樊圻、吴宏、龚贤等多位画家的《金陵寻胜图卷》时，南京的可爱跃然纸上，在淡墨淡彩间，这卷由多人所绘的现已残缺的手卷中，仍有樊圻的“杏村问酒”“青溪游舫”两幅画面与题跋，并有龚贤的“清凉环翠”“栖霞胜概”两幅画面与题跋。题跋中，画家程邃记载了该手卷的原主人叶蕡实，曾邀当时南京的著名画家，包括“金陵八家”的樊圻、吴宏、龚贤等，各绘金陵数景而汇合成一册，反映了当时艺术家和社会名流对金陵山水的钟爱和狂热。在此画卷的卷末题跋中，还有位名叫柳堉的人论道：“以金陵人藏金陵图画，即索之金陵佳手笔，亦一时盛事也（即当时南京人爱南京山水画，找名家来画并收藏，是当时的一种风气）。古人句云：唯有家山不厌看。虽从太白‘相看两不厌’中化出，自然自有妙义，淡而古旨耳……”读画至此，“唯有家山不厌看”，我的心里突然一亮，南京人爱自己家乡的山山水水，要求名家画此命题画来收藏，这种热爱这种需求，不就是“金陵八家”山水画得以昌盛的内驱力吗？

可是，这种创作山水画的内驱力，为什么能在当时的南京表现得如此炽烈呢？这也许就要从当时整个的历史和社会环境来考量了。“金陵八家”生活的年代，适逢明末清初，改朝换代，那动荡的百年内，产生了许多义士、遗民，留恋着逝去的大明江山，盼望着反清复明。而曾经为明代建国之都的南京（古称金陵），有着多少明代的骄傲和见证，在清代统治下的汉人，则要根据清王朝统治者的喜好和规矩行事，那一份屈辱、惆怅、伤怀，恐是无法言说，唯有面对青山，面对素绢，才能稍许释怀，得到一丝安慰，于是他们寄情于青山绿水，挥笔于丹青墨池，这种情结的流露，在“金陵八家”的绘画、题跋、诗文中比比皆是。无疑，这些绘画作品的产生，不仅仅是怡情消遣，更是远远超出了技术层面和个人风格的框架。

真正的艺术作品必须具有灵魂。展览作为一件艺术品，同样如此。策展人策展时，也应该寻找那个展览的灵魂。这里，“金陵八家”吟咏的，是他们对故乡山川的无限热爱，寄托的是自己沦为清人的惆怅。从“唯有家山不厌看”中，我找到了这个展览的灵魂：“家山”、遗民、乡愁。如何让观众也感受到我所感受到的呢？我努力寻找能引起共识和同感的切入点。纽约是个移民城市，虽然人们来自四面八方，但是都奔着“美国梦”而告别自己家乡，其间每个人对“美国梦”的追求，都各有辛酸苦辣。这种新式的背井离乡，或自我放逐，虽然和明遗民画家们在清人统治下的抑郁不同，但是移民们常有的那种对故乡的情怀，时时引起的“乡愁”，不也多少类似于明末清初“遗民”对故朝的眷恋吗？到华美协进社中国美术馆来参观的，大多数都是西方观众，大多数也并非专家学者，而且在纽约，这个美国最大的移民城市之一，谁没有告别家乡的感受呢？这样的比喻不管恰当与否，但是人类相似的感受，或许会有助于美国观众尤其是“移民”们对金陵山水画作产生的内驱力进行理解。至于中国画的形式有别于西方的油画，那只是一个形式，由艺术品反映出来的蕴藏在心底深处的情怀，应该是具有普世性的。正如伏尔泰所说过的：“上帝给予我们以普遍的理性原则，正如他给鸟以羽翼，给熊以毛皮。这个原则是永远不变的。”[注20]我想移民的“乡愁”，恐怕就是属于这样的一种普遍的理性原则，于是希望“乡愁”这一点能引起美国观众的触类旁通，而懂得这些画作的特别之处。当我自己悟到这一点时，也很受鼓舞，我似乎明白了为什么艺术品是属于全人类的，因为人类的感受有相似和相通的共性。诗人会说，一如唐代的杜牧在《阿房宫赋》中所谓“一人之心，千万人之心也”。科学家会说，恰如量子力学的著名共识：同频共振。关键是要找到相同的频率，在共振原理下就会如纽带般将万物拴在一起共舞。我庆幸找到了贯穿这个展览始终的灵魂。但是具体怎样来策划和表现呢？

试想观众第一次听说南京，对她一无所知，或知之甚少，因此介绍南京将是第一步。中国那么大，南京在哪里？首先在中国地图上标出南京何在。接着是历史年表，上面有朝代更替的次序和明清两代的关系，这样在时空上就有了坐标，这些都将做成图版，与展览前言一同作为展览的序言。在展品的部分，我就考虑选择古代南京地图以展示南京城的轮廓及南京周围的山川。那么南京有什么令人流连之处？南京起先作为明代立国之都，虽然永乐大帝迁都北京后，南京成了明故都，但仍然为明代皇室大臣们生所乐居死所乐葬之地，亦是当时中国的文化艺术之集散地，画家和收藏家均在此地，其吸引力可媲美当今之北京和上海。因其本身的政治文化中心造就的特殊地位，南京的山川自古便得盛誉，自秦始皇凿山开河以断金陵之王气，到三国孙权立都于此虎踞龙盘之地，下至孙文在此建立中华民国之都。南京乃中国之历史名都胜地，文脉渊博。如上所述，如此可爱的南京，博得了许多画家的画作以金陵胜景为题材，从著名的金陵八景而后延伸成四十八景，并多以诗配图，深述情怀。金陵名胜，这个绘画题材在当时非常流行的原因，若深究起来，当然是明代遗民对故国河山之情有独钟，此情此意，见证于许多题画诗或时人的诗文之中。当时为了找到那种感觉，我在两位友人的协助下，跑遍南京城，亲临察看不下二十处景点，并在踩点、看画、读书和反复思考中，不断考虑展品相互间的关系、展览陈列的结构和展示效果。

当时的华美协进社中国美术馆坐落在纽约的心脏位置，在65街的公园大道与莱克星顿大道之间。（图15）红砖洋楼是历史保护建筑，本来是私人住宅，为美国心理学医生佛瑞德里克・席勒・李先生（1859—1939）的家宅。这个建筑是由美国知名的建筑师、艺术家、“美国文艺复兴”的主要人物查尔斯・亚当・普拉特（1861—1933）设计的，他的建筑理念是注重将景观园林融入建筑。他也是华盛顿著名的弗利尔美术馆的建筑师。那红砖洋楼临街的一面墙，有六七米宽，比一般私宅临街的墙都要宽，进出就比较方便。1944年，华美协进社从曼哈顿中城的四十几街，搬到这座由亨利・路思基金会（Henry Luce Foundation）捐赠的四层楼的洋房里，开始做很多教育的活动，包括一些私人收藏的展览（记录已缺）。直到1966年成立中国美术馆，一楼被改建为两个展厅，地方很小，每个展厅不过50平方米而已，但在寸土寸金的曼哈顿，又是在那么好的地段，已经是很难得。自此有连续的展览图册出版，而保留了中国美术馆50多年的历史。

图15　纽约东65街125号华美协进社旧址，华美协进社档案照。China Institute in America

因为曼哈顿寸土寸金，我馆在不到100平方米的空间里做展览，正如上海人爱说的“螺蛳壳里做道场”。所以，展览的前言，一般都在通到第一展厅的走廊门口，以节省展厅内空间。看看这个展览的构思，知道要说的事还不少，都从不同方面来烘托主题，好像缺一不可。而在这有限的空间里，要合情合理地展开，只有浓缩要点，于是将第一展厅作为叙事铺垫。当观众在进口处读了展览的前言，走进展厅，首先就看到关于“南京在哪里”的交代和“什么是可爱的南京”，以至于让明朝遗民们倾心倾情地热爱终生。在南京博物院的藏品中，我找到1600年由郭存仁所绘手卷《金陵八景图》，他的手卷介绍了“钟阜祥云”“石城瑞雪”“凤台秋月”“龙江夜雨”“白鹭晴波”“乌衣夕照”“秦淮渔笛”“天印樵歌”等八景。能够找到这样的展品来说明我策展的理念，这是很幸运的，再结合樊圻等人画的《金陵寻胜图卷》和其他辅助地图及图版等，就构成了对“可爱的南京”的历史铺垫，成为展览的第一部分“金陵胜景”。展览的第二部分是“金陵画家的生活时尚”，从当时流行的扇面绘画形式，草堂读书、携琴访友等题材的画作，来交代画家们的生活追求和画家们之间的交往等，加深对“金陵八家”的了解。

接下去的第二个展厅，是展览的第三部分“山水抒怀”，便是在这样的历史背景中，由这样的金陵画家们创作的特别的山水画，其画意旨趣悠长。除了对“金陵八家”和绘画特点的介绍，展览尤其突出了对领袖人物龚贤（1618—1689）绘画的介绍，其名作《千岩万壑》图卷被列于展厅的正中（图16）。这是长约10米的鸿篇巨

图16 “故山青：南京博物院藏十七世纪山水画”陈列档案照，中为龚贤《千岩万壑》图卷局部。纽约华美协进社中国美术馆。胡维智拍摄。*Passion for the Mountains: 17th Century Landscape Paintings from the Nanjing Museum*, China Institute Gallery. Photograph: Perry Hu, 2003

制，如清初四大画家之一的王原祁所谓：“古人长卷皆不轻作，必经年累月而后告成，苦心在是，适意亦在是也。”（注21）画中山水林木，葱郁滴翠，烟霭吞吐，溪水汩泻，白云出岫，是这一展厅的主打作品，与站立四壁的其他金陵画家的山水画作相映成趣。这个展厅的最后一幅作品，我选了髡残的《苍翠凌天图》立轴（图17）来压轴。髡残为著名的清初四大画僧之一，当时金陵画家里也将他与石涛并列，而称之为“二石”。他与程正揆、龚贤等人亦有深交，髡残为石谿，程正揆为青谿，时称“二谿”；也有学者将髡残、程正揆和龚贤视为“金陵八家”的核心画家。因此以髡残的作品来压轴此“金陵八家”展，应该是有分量的。髡残的《苍翠凌天图》立轴中，葱郁淋漓的山水是其画的精品，其题画诗，先描述山景松风，最后再次点题：“坐来诸境了，心事托天机。”他的心事便是“老去不能忘故物，云山犹向画中寻”。从紧扣展览主题的层面来说，他的题画诗也起到了点题的作用，代这些挤压在两个朝代更替间的画家们发声，借山水而聊以自慰那失落的故国家山的情怀，这种情结，如前所述，正是金陵画派山水画的原动力，或内驱力。展览至此，从头到尾，兜了个圈，还回到主题，画了个句号。

这个展览的策展历程前后近八年，若从我1994年回国跟南京博物院的首次洽谈算起，就是将近十年了，折腾这第一个国际展览，最终各方面尘埃落定，不啻脱胎换骨，如此的努力后，我的第一个“大展”终于在2003年的金秋时节开幕。“金陵八家”第一次在纽约的艺术舞台上亮相，“金陵八家”的领头羊龚贤的著名《千岩万壑》图卷，虽然因场地小，未能完全打开，但即使只展开了将近3米，那结实的构图、沉郁的墨色绘得山峦起伏、流云飞瀑，已经气势夺人。展出的三个月中，有5000多人次的参观者，留言中观众说道：“展览很好，非同寻常。”尤其是权威的《纽约时报》著名艺评家，后来荣获普利策新闻奖的霍兰德·考特先生给予了展览很高的评价。那是2003年9月19日《纽约时报》的“艺术评论”一栏的E36页，用几乎四分之三的版面，来评价这个展览，并与当时在大都会艺术博物馆展出的另一个山水画展“黄山之梦”做比较。考特先生深谙我这个策展人的意图，他评论的题目为“那个由优秀遗民记录的世界”。在文中，他不仅说道：“华美协进社中国美术馆的展览，示范了博物馆的策展方向，即具有相当深度的文化内涵和对历史的精心探究。”在结尾他又继续说道：“即使现在大都会艺术博物馆展出的‘黄山之梦’展览，使许多书画在此主题中赋予了新的生命，但大都会艺术博物馆的中国书画，多是出于保护书画之需的常规更替，华美协进社（中国美术馆）尽管没有这样的资源，展览的规模也更小，但是，在多年参观她们的展览后，我可以报告道：在这领域里更具魅力的专家领导下，她们（华美协进社中国美术馆）一如既往地以一流的艺术品，精致的展览陈列和展览图录，制作了一些纽约最好的亚洲艺术展览。若想体验小中见大的感受，不用再找啦，就走进这儿吧！”（注22）

（3）我策划的自立标签的两个中国当代艺术展览

“敦煌灵感：当代中国艺术的再创”，2013年12月14日至2014年6月8日；“山艺术：中国摄影家的镜像”，2018年2月8日至2019年8月18日，均在纽约华美协进社中国美术馆展出。

首先说说，为何我称之为“自立标签”。这里的意思是：美术馆的定位和展览的定向，需要通过一系列的展览来持续地打造这一定位和定向，从而形成自己美术馆和展览的独特标签。我以为在大千世界，在万千博物馆的选择中，唯有确定自己美术馆或博物馆的定位，坚持制作具有自己特色和水准的展览并持之以恒，而非人云亦云，随波逐流，才能够经得起时间的考验，站稳脚跟，在业界形成“自己”，并历久弥

图17 〔清〕髡残（1612—约1692）《苍翠凌天图》轴，设色水墨纸本，85厘米×40.5厘米，作于1660年。“故山青：南京博物院藏十七世纪山水画”展品档案照，华美协进社中国美术馆。*Passion for the Mountains: 17th Century Landscape Paintings from the Nanjing Museum*, China Institute Gallery, 2003

新，且具有些许永恒的气息，拥有自己博物馆的历史。

20世纪是中国艺术波澜迭起、动荡不安的时期，在一个个接踵而至的运动中，在一波波的外来影响中，中国的艺术界、中国的为艺术而活着的人，努力寻找着自己的存在、生路和身份。中国现当代艺术一般都以1979年9月27日至10月7日，在中国美术馆墙外的栏杆上悬挂的“星星美展”——这自中华人民共和国成立以来的第一个民间美术街头展为肇始。“星星美展”的前言中，宣言一般地明确提出“世界给探索者提供无限的可能。我们用自己的眼睛认识世界，用自己的画笔和雕刀参与了世界。我们的画里有各种表情，我们的表情诉说各自的理想”（注23），由此迎来一个中国艺术前所未有的浪潮。在这有着无限可能的时代，特别是国门忽开，面对五花八门的自由世界的时候，那种艺术的激荡，对于敏感的艺术家们来说，很自然地生出许多变化来。我虽然做了许多中国传统艺术的展览，但我一直在或多或少地关注现当代艺术家们，也一直在寻找能够真正有中国艺术精神的当代作品。这不是一个简单的拿来主义或变通主义或集锦主义或感官刺激可以成就的，真正的艺术作品必出自真正的艺术家。而真正的艺术家，不仅是取决于其形式、技巧与众不同，而且最终是由其思想、情怀、人格、境界的高下来一决雌雄。那是一条寂寞的探索幽径，与生命之路等长。我当时深深赞许徐冰的《天书》（图18-1、图18-2、图18-3），那是艺术家成名之前所作，他心无旁骛地投入，聚精会神于造字，不苟于雕刻，每造一字，都是与“天”之沟通，于是那笔画刀刻都充满灵动和真挚。我当时深深赞许刘丹的太湖石画作和他那精妙的堪称当今“天下第一”的小楷书法（图19），以素纸书墨色（据墨分五色之说），笔笔都有趣味和情怀，令人回味再三，真如清代著名画家恽南田所谓“笔笔有天际真人想，一丝尘垢便无下笔处”（注24），也不由让人联想到中国艺术史上，那具有独特审美追求的“天下一人”的艺术皇帝宋徽宗的《祥龙石图》和其瘦金体书法（现藏于北京故宫博物院）。真正的艺术家必得有其超凡脱俗的追求。但如徐冰、刘丹这样的艺术家，只是凤毛麟角，更多的是标榜为仿佛横空出世、不需任何传统的“天才”和“大师”，他们一知半解、故弄玄虚、邯郸学步、俯仰随俗、哗众取宠，还闹得个天花乱坠，惹得不知所以然的人们围着团团转。据说美国前总统尼克松在20世纪80年代出过一本书，名为《1999，不战而胜》，在书的结尾处，他说道：“当有一天，中国的年轻人已经不再相信他们老祖宗的教导和他们的传统文化，我们美国人就不战而胜！”看到此语，触目惊心，不知他们如此的“司马昭之心”，路人知否？年轻人知否？搞“当代艺术”一头劲的人知否？

图18-1 徐冰（生于1955年），《天书》扉页木刻版，35.6厘米×50.8厘米×5.1厘米

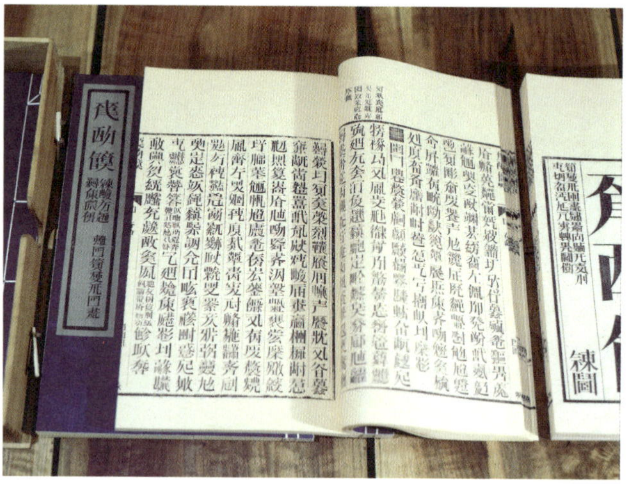

图18-2 徐冰《天书》印制成册。“书：中国当代艺术的再创”展品档案照，纽约华美协进社中国美术馆。*Shu: Reinventing Books in Contemporary Chinese Art*, China Institute Gallery, 2006

图18-3 徐冰《天书》作品于1988年陈列档案照，采自纽约华美协进社中国美术馆“书：中国当代艺术的再创”展览图录第8页

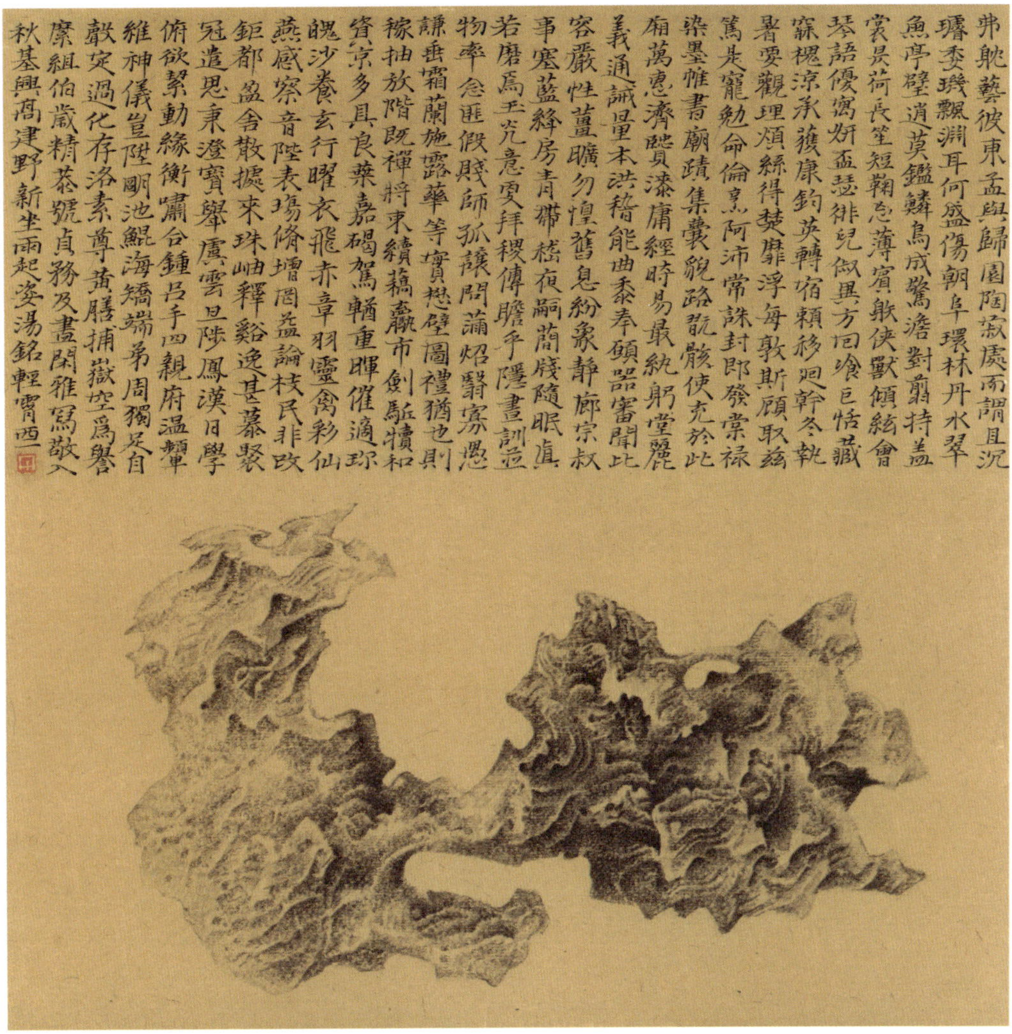

图19　刘丹（生于1953年），《天籁石》，水墨纸本，37.5厘米×37.5厘米，作于1992年，艺术家档案照

我深为中国艺术的前景担忧，这或许是我杞人忧天，但想到中国艺术的源流和本质的问题，想到传统与当代的问题；想到“参天之木，必有其根；怀山之水，必有其源”“温故知新”“根深叶茂”这些老话的价值；想到中国历史的悠久和仍然保持强大生命力的根源，恰是其数千年来代代相传、绵延不断的文明。所以，当华美协进社开始有做当代艺术的呼声，我便立定主意要华美协进社中国美术馆的当代艺术展非同一般，从一开始就定向为应该做出一系列具有自己鲜明记号的展览，那就是选择和确定这类展览的切入点：①探讨当代艺术与传统的关系，以审视我们自己的优秀传统，

探讨艺术创作的灵感源泉，寻找到能够激励中国当代艺术的精神力量，构建中国当代艺术的审美价值体系，追求真正足以表现中国当代艺术的形式，而期待总有一天形成真正的中国当代艺术的大气候。②当代艺术展也可以做得有深度，并好看。这一理念，成为我为华美协进社中国美术馆策划和制作中国当代艺术展的定向。这也就是我所谓的“自立标签”。

最近在写作这本书时，我看到一段话，觉得讲得挺过瘾的，把我20多年前就开始想的事，用很尖锐的措辞给说明了。那是一条微信信息，在纽约的一个艺术群里传来的。标题“若无永恒气息，先锋又算老几？”一下就抓人眼球。内容大致为：“大约在上世纪九十年代初，我写下了一篇题为《谁能将那旧的给创造出来》的诗。因为在那时候，我就已经烦透了诗歌界与文学批评界的唯新论。太阳底下无新事。我倾向于对一些人类基本价值的老调重弹……当代的准确表达，必须借助传统资源，甚至必须具备强大的知识考古学能力……总而言之，中国的伪先锋者由于缺乏思想能力与概念梳理能力而使诗歌越来越口水化，越来越垃圾化。而真正的先锋必然是那些能够把旧的给创造出来的诗人。我有必要一再重复：若无永恒气息，先锋又算老几？真正的先锋性也只能出现在将中外古今一并打通的集大成者身上。”（注25）虽然这讲的是诗的事，但是看看艺术界，以此类推，岂不同出一辙，只是载体与媒介不同而已。因为永恒气息不是容易得到的，非集大成者不可，而那或许就是十年、几十年、一辈子的事。现世的追逐名利者是等不及的。

再回头来说华美协进社中国美术馆的第一个中国当代艺术展（图20），那是我邀请巫鸿先生策划的。还记得大约在2002年，我到他在曼哈顿西上城的公寓拜访，一听他说起中国的书和古书对当代艺术家们的影响，驱使他们以各种形式和各种材质来表现，表达他们自己对当今社会中的是与非与变异的种种看法等。（注26）我立刻表示同意，这实在是一个非常好的命题和切入点。中国古人爱书，古人有言：“书中自有颜如玉，书中自有黄金屋。”书是中国文明的代言者，也是传承者，从这一形式引申来探讨传统与当代艺术的关联，太切合我“自立标签”的中国当代艺术展的理念了。于是，“书：中国当代艺术的再创”一展，在四年之后的2006年，由我监督制作完成并出版了展览图录，巫鸿先生作为客座策展人，选择了许多当时很有名、有些到现在还很有名的当代艺术家参展，那次展览产生了较大的影响。

遵循着这个“自立标签”的策展理念，我有幸亲自策划了两个中国当代艺术展，

图20　“书：中国当代艺术的再创”陈列档案照，纽约华美协进社中国美术馆。胡维智拍摄。*Shu: Reinventing Books in Contemporary Chinese Art*, China Institute Gallery. Photograph: Perry Hu, 2006

借助不同的命题，来探讨传统与当代艺术的关系。2013年的“敦煌灵感：当代中国艺术的再创”，这一展览的选题以“敦煌”作为传统的一方和灵感之源，与巫鸿先生以“书”作为传统的一方和灵感的来源，异曲同工。中国传统艺术之丰厚，所具有的类似的视点可有许多，如传统水墨的材质、审美趣味给予当代艺术的灵感，中国鲜活的民间艺术传统给予当代艺术的灵感，不一而足，均可以自成一个主题，形成探索传统与当代艺术关系的一个系列。如能在长期不懈的努力中，从各方面林林总总地给予尽量全面的审视与发掘，也许我们也将日益接近于“全象”的认识，而非摸到象腿说象如腿，摸到象耳说象如耳，而真正得到全面的营养，探寻到中国艺术之精髓，更有底气地成长。2018年，我又领衔并策划了“山艺术：中国摄影家的镜像”展览。以上这两个当代艺术展览的策展路子，与前述的“故山青”的展览之先有作品，然后再寻找主题的策展思路有别，均为先有了观念，然后寻找艺术品来体现，并借此表达我对传统与当代艺术的看法。从这一点来说，似乎与当代艺术以观念性为前导的趋势，以及与所谓的当代艺术的三要素均颇相吻合。况且，我向来认为展览本身就是策展人的艺术作品，若硬要搭上“当代艺术”的边，按照其三要素——“观念、材料、社会性”——似乎也未尝不可，可以牵强地将展览这一艺术形式纳入“当代艺术”的大家庭，这或许有助于从历史的角度，来审视“当代艺术”的整体性和完整性。当然，要给“展览”在史上定位和论资排辈，是史学和学科上的重要步骤，相信自有后人评说。但不管怎样，对策展人来说，最重要的仍然是一个展览想说什么，是否值得存在和有意义。

先说“敦煌灵感”一展。跟敦煌的结缘始于2007年深秋，在位于曼哈顿心脏的东66街5号的Lotos Club（图21）。这是一个历史悠久的具有美国文人气息的俱乐部，在这座白色大理石浮雕和内部饰有彩色壁画的欧式风格的建筑里，当年海明威等美国文学家、艺术家常常出入，里面到处挂满或摆放着颇具才气的会员们的油画、水彩画、雕塑等艺术作品，现在此处仍然是一个非常人所能随意进出的地方。在这个有历史意义的俱乐部里，美国的“敦煌之友”成立了，“敦煌之友”的美国朋友们组织了一个欢迎敦煌研究院院长樊锦诗和副院长王旭东的活动。我应邀参加了这个“敦煌之友”的成立活动。当时樊院长讲了话并用PPT展示和介绍了敦煌。那时我还没去过敦煌，但心向往之。樊院长和王副院长都表示欢迎我去。之后，樊院长还去我馆仔细观看了当时正在展出的从西安碑林来的佛教造像展，对我馆办展览的水准有了了解。结果直到2008年的深秋，几乎一年之后，我才得以前往敦煌。临去敦煌时，樊院长在北京的甘肃招待所会见了我，我们一起用晚餐，临别见我穿得单薄，樊院长嘱咐我一定要买件羽绒服，说是看洞窟的话，里面可冷了。于是我还特意跑到北京郊区动物园旁边的批发市场，买了件羽绒服。果然用上了。

那趟2008年深秋的敦煌之旅，无疑是令人难忘的中国行之一。飞机是在深沉的夜色中降临敦煌机场的，没有廊桥，在飞机闪烁的微光中，我们被冷风吹着，走过平坦的机场水泥路，敦煌研究院的车接上了我们，开进了什么也看不见的黑暗中，只有在汽车灯的照耀下，路边钻天杨的叶子在一片漆黑中突然金光闪闪，着实令人吃惊。次日醒来，又是一个奇怪的天昏地暗的清晨，接着是一场纷纷扬扬的瑞雪，敦煌人说很少见，他们客气地说那是来迎接我们的。然后我们在一天内看了24个洞窟，之后的几日去了瓜州榆林窟、西千佛洞，戈壁滩上的汉长城、玉门关，沙漠里的鸣沙山和奇特的月牙泉。所有的西北景色、洞窟、佛陀、菩萨、飞天、彩色、线条、王道士、张大千、常书鸿，充斥心窝……我想没有哪个喜欢艺术的人，到了敦煌不热血沸腾的。于是在天地相衔的戈壁荒滩上，一个创造“敦煌年”的设想，飘飘然如飞天般地飞进脑

图21　Lotos Club正门，纽约曼哈顿东66街5号。海蔚蓝拍摄，2019

海。我的心跳得快且像闪着光，当时美国还从没办过敦煌的专题展呢，我一定要第一个来介绍，我深感这使命的崇高。

敦煌佛窟由莫高窟、榆林窟和东、西千佛洞组成，这么多的地点，这么多的洞窟，从何说起呢？我第一次去的时候，对瓜州榆林窟的西夏壁画印象特别深刻。在其第2窟主室，进门后左右两堵墙面上各有一幅《水月观音图》（图22-1、图22-2），线条柔美，设色淡雅，非常醒目。据唐代张彦远的《历代名画记》记载，"水月观音"为唐代著名人物画家周昉"妙创水月之体"（注27），周昉的真迹，历经千年已难寻觅，在榆林窟第2窟主室的《水月观音图》不仅是榆林窟的镇窟之宝，也是追寻唐代周昉之作的参照。我当时很惊讶，那以武力建立西夏国（1038—1227）的强悍的党项族，居然有如此清雅的品位。所以，《水月观音图》的复制壁画，最早是在我的展品清单上的。可是我们美术馆当时一共只有不到100平方米的面积，要挑选割舍，舍不得也没办法，当年割爱之痛，至今仿佛依然能感受到呢。最后，当然是将展品的选择集中在莫高窟了。莫高窟（图23）无疑是敦煌佛窟中最大、历史最久和最具代表性的。据史籍记载，那是十六国时期前秦建元二年（366年），一个游方僧人乐僔修行至此，经过此山（鸣沙山）时，忽见金光，状若千佛，顿获感应，因而于此地首凿洞窟供养佛祖。到14世纪的元代，这一千多年间，各个朝代连续地开凿佛窟，至今保存了700多个洞窟，其中的壁画、浮雕、雕塑，是多少代无名艺术家创造的佛教艺术，我能感受到他们在荒凉戈壁滩上，在幽暗的洞窟中默默献身的那份虔诚。我暗自许诺，必以相似的虔诚来介绍他们。

我设想以两个连续的展览，来体现敦煌的佛教艺术和她永恒的魅力。其一，当然是介绍敦煌藏经洞出土的文物：经卷、浮雕残件、经幡、绘画用具、胡人木俑、波斯银币、复制的壁画等，来展开敦煌的故事和介绍这个丝绸之路上最西端的中国第一关隘和重镇。那些壁画洞窟，当然无法移动，即使只有那些复制的壁画洞窟，也已经算是艺术品了，肯定能给观众以实际体验的感受。回来后，前后折腾了近一年，费尽口舌，终于将之列入展览日程。之后的几年里，我跑了敦煌七八趟，鉴于我馆的场地有限，来回选择，藏经洞的故事和文物无疑是展览开端的铺垫，最后定下复制两个莫高窟的洞窟。第一个是第432窟。这是个西魏时期的洞窟，选择了复制其中心柱，柱子四面开龛供养佛与菩萨，飞天莲花，塑像身材纤长，所谓"瘦骨清像"，是典型的北朝风格。第二个复制的是一个完整的唐代洞窟，第45窟。这是莫高窟全盛期的殿堂式建筑，有一主龛，覆斗形的窟顶正中有方形藻井，是融合唐代中原风格的典型例证，而

图22-1、图22-2　敦煌瓜州榆林窟第2窟西夏国《水月观音图》壁画。上图为西壁北侧之图，下图为西壁南侧之图。承蒙敦煌研究院供图

图23 敦煌莫高窟。胡维智拍摄。Photograph: Perry Hu, 2012

主龛中供奉的一佛二弟子二菩萨二天王，其造型风格精致，很有世俗审美趣味，特别是菩萨的婀娜腰身和甜美微笑，被认为是莫高窟唐代最美的雕像。因地方有限，我得割爱瓜州榆林窟西夏的《水月观音图》复制壁画。在那加起来只有不到100平方米的狭小空间，要展示敦煌的博大，简直不可思议，只有不断地淘汰、精选，才最能体现敦煌的精华物品。按照我们的场地和可能做出的最佳效果来选择、来经营，其间来回地斟酌，差不多是“削足适履”一般，甚至带着我馆的展览设计师去敦煌现场，一寸一厘地检视测量所选展品的尺寸，探讨在我们那两个各自只有不到50平方米的展览空间，能容纳多少人同时操作，通过怎样合适的步骤，可以把敦煌的洞窟复原出来。

2013年春，“敦煌年”的第一个展览“敦煌：丝路佛光”开展。我们那么小的展厅空间，歪打正着地，都仿佛敦煌佛窟似的大小，那两个复制的洞窟，让观众一推开门进入展厅，便身临其境，恍若进入敦煌佛窟，而叙说的内容——藏经洞的故事、造窟历史、经卷的内容和书法造诣、佛像的塑造、洞窟的种类等，则随着展品一一道来。（图24-1、图24-2）展览入口门厅（即使很小）的两个橱窗，一个置放了敦煌壁画常用的各种颜料，以及从敦煌莫高窟北窟发掘的工匠使用的颜料碗等；另一个置放了一个说明如何绘制壁画的步骤图。此展我也制作了图录。当年还在大英博物馆做展览主任的史明理博士在开幕式上祝贺我，并说：“要了解敦煌，你主编的这本图录就都包括了。”我们单位的一个董事，多年来看展览，当有人问他对哪个展览印象最深，他总是立马进出“敦煌”这两个字，虽然他都不太会说普通话——说“敦煌”这两个字时口音很特别。许多观众对此展印象极深，留下许多热情洋溢的评论，有人在留言簿上写道：“太令人惊叹了，我看遍了纽约和许多地方的展览，这是最棒的之一！”2013年4月16日，《纽约时报》著名的艺评家霍兰德·考特先生再次于“艺术评论”专栏中评论说：“华美协进社中国美术馆总是在它两个小小的展厅，展现艺术和历史的恢宏。这次展示了中国最好的佛教石窟，位于西陲边疆的敦煌莫高窟……让人（一进入展厅）就好像从拥挤的电梯出来，跨入了净土，由此感觉到莫高窟得以使人净化的魅力。”（注28）

伟大的敦煌对现当代艺术的影响是深远的。从这一点来说，无疑符合我要策划“自立标签”的中国当代艺术展的设想。这便形成了“敦煌年”的第二个展览——“敦煌灵感：当代中国艺术的再创”。在展览图录的前言中，我如是说道：“多年来，在当代艺术、前卫艺术的刺激下，我一直在思索‘传统与当代与艺术创作’的关系，这个永远存在的、为各个时代所不可避免而必须面临的问题。我自己以为，在这地球上，是没有无源之水、无本之木的，即使克隆，还得借助于原本的细胞基因，凡事总有个来龙去脉，艺术哪能例外，即使再当代的艺术，再前卫的艺术，总有从娘胎里出来的痕迹。更何况，这是真实的自然现象，根深叶茂，百川归海；这是真实的人文现象：融会贯通，方成大观。所以，我们为什么要摈弃传统，而不从中借鉴呢？因此，一有介绍敦煌艺术的机会，这个有着千年艺术传统的例子，自然就将敦煌作为一个典型来说说我所想的事儿了。”（注29）

提到跟敦煌相关的现当代艺术创作，首先就必须要提到张大千了。这个中国近代史上最知名的画家之一，自1941年进入荒凉的敦煌，本来只准备待几个月的，结果一待就是近三年。之后他在成都、重庆等中国各地，以及1956年在日本举办的展览中，展示了他在敦煌临摹的三百多张壁画，以及出版的图录，把冷落了几百年的敦煌的名字，又叫响了，敦煌再次从戈壁滩上矗立起来，重新出现在世人的眼前。政府也关注到了，要成立敦煌艺术研究所。1943年，常书鸿先生肩负着筹备敦煌艺术研究所的重任，坐牛车从柳园车站出发，在戈壁中徒步数日到达敦煌。在无比艰苦的环境中，他毅然担当了第一任敦煌艺术研究所所长，从此他的生命捆绑在戈壁沙滩，一生守护

图24-1 “敦煌：丝路佛光”第一展厅西魏第432窟中心柱及藏经洞文物

着敦煌。敦煌，也从此成为一个艺术家们的朝圣之地。正如她的名字所谓“敦，大也；煌，盛也”，敦煌这个如此不可企及的艺术高峰，就是后继各代艺术家们的“奶娘”。我觉得回顾自张大千以来敦煌对中国艺术家的影响，不仅是展示作品，从更深层的意义来说，也是展示传统的深厚蕴藉和她永远存在（只看你如何学习和吸取）的价值，提示唯有根深才能叶茂的理念，让人直观地感受中国艺术的血脉。除张大千以外，还有谁的作品能够反映这一点呢？展览是视觉艺术，是要靠展品说话的。虽然我有了策划此展的主题，但艺术作品在哪还不知道呢，我当然希望能够在这个主题下得以广泛地介绍艺术家，于是我开始了艰苦的搜索之旅。

经过三年多的搜索，我们罗列并敲定了十几位艺术家的各类作品。在我们有限的展厅里，第一展厅以西安美术学院陆楣教授的“丝路起点”铜质雕塑为开端。接着为常沙娜教授的“敦煌壁画临摹稿”（来自中国丝绸博物馆的原大照片），及其著作《中国敦煌历代服饰图案》；袁运生教授的彩墨画《敦煌写生7》；敦煌研究院高鹏为敦煌市中心建筑装饰所设计的《敦煌·丝路花语》（设计图稿）；张大千受敦煌影

图24-2 "敦煌：丝路佛光"第二展厅复原唐代第45窟陈列档案照，纽约华美协进社中国美术馆。胡维智拍摄。*Dunhuang: Buddhist Art at the Gateway of the Silk Road*, China Institute Gallery. Photograph: Perry Hu, 2013

响而创作的设彩美人图，以及他自成一家的青绿、破墨、泼墨山水；南京大学和西安美术学院周晓陆教授的百米行草长卷，集其创作的诗书印三者为一体，书写其自选自作的敦煌诗词曲赋四十首；中央工艺美术学院刘巨德教授据敦煌故事编绘的获奖动画片《夹子救鹿》的草稿。所展可谓从多种角度来透视敦煌艺术之激起的灵感和创作，渗透艺术的各个门类以及我们生活的许多方面。第二展厅以中央美术学院喻红教授的《天问》开始，这是一组贴着天花板装置的油画作品。接着是纽约艺术家王满晟的水墨作品《寂静系列》《山间泉响》《山峦夜色》；中央美术学院学生田芳芳的综合材料作品《冲撞》；纽约艺术家成瑞娴的油画作品《无题》；著名画家刘丹的水墨作品《鸣沙空竹》；油画家孙秀庭的油画作品《思维》；纽约著名当代艺术家张宏图的水墨粉彩作品《敦煌习作7》以及油画和综合材料的作品《双猴（〈山海经〉）》。这个展厅的展品是更进一步展现了敦煌对艺术家创作的各种层面的影响。（图25）

所有参展艺术家中，除了张大千，其他入选的艺术家都还健在。于是我在介绍这个展览时，决定使用"春秋笔法"，即所谓"实录"的手法，由策展人采访各位

图25 “敦煌灵感：当代中国艺术的再创”陈列档案照，纽约华美协进社中国美术馆。胡维智拍摄。
Inspired by Dunhuang: Re-creation in Contemporary Chinese Art, China Institute Gallery.Photograph: Perry Hu, 2013

艺术家，记录敦煌对他们的影响，因此我有幸与参展的艺术家直接对话，得到新鲜生动的第一手资料。我在展览图录中这样总结道：“有趣的是，跟所有艺术家聊天，发现每人对敦煌的感受都是这样的不同。笼统地来说，艺术的形式、色彩、构图等都是比较直接为人所看到的。而透过艺术作品表现的审美取向、思维形式，还有观念的、气质的、精神的，种种层面，各不相同，直可追求到玄妙的境界。如张宏图告诉我，敦煌壁画展现了二维空间的平面绘画的无限可能性，给他启发最大。袁运生虽然学的是油画，可是自从到了敦煌，对白描情有独钟，认定那是中国画的基础。刘丹则为敦煌壁画构图的恢宏繁复而心动。刘巨德从敦煌故事中找到了理想中的真、善、美的形象。周晓陆曾在看了榆林窟第25窟的盛唐乐舞，为舞者舞蹈时连手指脚趾都在颤动的尽情尽心的情景，而激动作诗。喻红在仰观第321窟的天顶时，得到她后来创作油画《天问》的灵感。孙秀庭看到第220窟的维摩诘，想到用印象派的色彩和笔触来表现那难以捕捉的思维过程。成瑞娴在敦煌佛像和文艺复兴雕像的不同长袍中，寻找中西形式的合璧。高鹏喜爱色彩，在创作时，用几个敦煌的特征色作为自己每幅画的创作基调来展开。参展的最年轻一位，田芳芳，这个‘80后’的学生，她感受到的是逝去的传统和当代的‘冲撞’，因而反思，继《冲撞》的作品之后，又创作《寻源》系列……敦煌的震撼是恒久的。通过这些展品，我们能够窥视艺术家心灵和精神的物化。在中国和世界的艺术文化历程中，敦煌只是一个例子，希望借此引发我们对传统的回眸，对将来的前瞻。我们无须回避过去，我们必将走向未来，我们理当立足当代，而从过去，从传统，从上下古今东西南北的无穷和无限中找到更好走向将来的动力。传统与当代与创作，其关系与转化与生发，应该绽放百花，最终融入生养我们的自然。我非常赞赏袁运生说过的一句话：‘我们应当从自己的优秀艺术传统中找到自信。’”（注30）

接着说我领衔策划的第二个中国当代艺术展——“山艺术：中国摄影家的镜像”。这个展览的起因与国际著名摄影家汪芜生先生（1945—2018）有关。2013年3月初，纽约雪后的某一天，一早上班不久，我突然收到一封邮件，是江融先生发来的，说晚上在纽约雀儿喜的BM画廊有汪先生的黄山摄影展开幕式，邀请我前往。我并不认识这两位先生，那个下城的方向我也很少去，但最后还是踩着那脏了的白雪，去了开幕式。展览中的作品全为黑白，装在黑木框中，尺寸都很大，很纯净，在当代艺术界很难见到的。我很喜欢。之后，他们两位来找我，希望办展览，可是我不做个展，只做主题展。我说容我想一想吧，如果能找到一个主题，将汪先生的作品作为一部分，那是可以的。

汪先生作品中的黄山美极，而且因其烟云变化的效果，仿佛是山的内力在驱动，特别是汪先生积40余年的努力，更将云山洗净直至空灵的禅境。（图26）从他的摄影作品中，我们可以看到他摄影的审美理念、哲学基础，丝丝扣扣都与中国的山水画相关，他自己说道：“40多年前，我初与黄山的大云海邂逅，我的灵魂所感受到的前所未有的冲击和震撼，直接影响了我的一生。那冲击和震撼，在我心中铸就了一座山，于是我穷尽一生，用摄影来表现我心中的‘圣山’。这座‘圣山’是人类诞生初期的大自然的景观，是海德格尔所说的‘天地人神四重奏’的自然，是精神物质浑然一体的自然，是完全没有被人类文化的外衣所裹挟的自然，是早已被人类忘却却作为人类的集体无意识而深深地植入人类基因的自然。我是借用黄山的松石云雾来描绘我对生命状态的理解和感悟。我对生命的理解就是中国人常说的‘气’。中国人认为‘气’是宇宙万物最基本的组成因素。中国水墨画是一种绵延了千余年的东方文化，是一种涵泳天地与品味人生、视觉感受与文学联想，乃至与哲学思维相伴而行的艺术表达

图26 “山艺术：中国摄影家的镜像”展览图录封面，背景为汪芜生摄影作品，展览图录第32号“黄山A124：十八罗汉和仙女峰”，摄于黄山卧龙峰，纽约华美协进社中国美术馆。*Art of the Mountain: Through the Chinese Photographer's Lens*, China Institute Gallery, 2018

方式。在中国古代画论的‘六法’中，就把‘气韵生动’作为第一条款和最高衡量标准，为‘六法’的灵魂。一幅视觉艺术作品的画框就是一个小宇宙，里面的黑白、浓淡、虚实、动静，所描写的人和物的表征和动态，以及由它们所引发的联想，等等，共同组成了这个小宇宙的‘气场’。组成这个气场的诸种元素，如果能够在种种的矛盾冲突和对立中达到一种活泼和谐而平衡的状态，便是‘气韵生动’。这种中国式的‘水墨精神’应该是一种宽泛的艺术精神，一种能够荡涤人们心灵的艺术精神。我至今仍然继续使用胶片来摄影，继续坚持捍卫着摄影的记录特性。可以说我是使用西方人发明的现代摄影术，借用黄山的山石和松烟作为素材，对我们中国传统的水墨语言进行了一次现代转换，来传承中国水墨山水艺术的写意神韵。”（注31）于是，“山水清音”是我想到的第一个跟山有关的主题。那会儿，思路全跑山那儿去了，中国的三山五岳，“重于泰山，轻于鸿毛”，孔子的“智者乐水，仁者乐山”……全冒出来了。“高山仰止”接着跃入脑海，成为我构思的第二个主题。之后，我邀请对中国当代摄影家比较了解的江融先生加入策展梯队，他贡献了“新山水摄影”的部分，介绍当下年轻摄影家对中国山水的观照和思考。那一刻，我的心告诉我，这样来介绍中国的山，比较有意思了。这就是展览初步构思的历程。

“山艺术”展，最后定稿的三部分，第一部分是“高山仰止”，以三山五岳、昆仑山、青藏高原珠穆朗玛四连峰等十座山或山脉来说中国的地理位置，讲述养育我们的母亲河——长江黄河的源头；围绕着这些山的远古文化——民间信仰、文学、

图27-1、图27-2　“山艺术：中国摄影家的镜像”展览“高山仰止”“山水清音”“新山水摄影”三部分的陈列档案照，纽约华美协进社中国美术馆。胡维智拍摄。*Art of the Mountain: Through the Chinese Photographer's Lens*, China Institute Gallery, 2018

艺术、建筑、武术等的产生，讲述山是我们人格的象征，以及山与我们中华民族共命运的历史。这是“山艺术”展的基石。在找相应的能说明问题的这十座山的摄影作品时，可真如大海捞针，不下于愚公移山，什么样的说法和人都会碰上，真的是太难啦，但最终我们差不多都找到了。最后以侯贺良、康松柏、康梁、李大光、林茂招、李学亮、卢浩、张安鲁、小超、闫实、王静、张家瑄、张华洁、郑从礼这14位摄影家的23幅作品来代言。第二部分是汪先生的专厅“山水清音”，从黄山画派之首的梅清的山水画讲起，到与黄山画派画家相友的“金陵八家”之首龚贤的作品（都为复制品，增加山水画作为比较的建议，为客座策展人之一的普林斯顿大学谢栢轲教授提出）作为例子，来讲中国山水画之形质与追求，与汪先生的17幅大型黑白摄影作品相呼应，满室青山如黛，白云飞绕，宇宙的战栗，灵魂的洗礼，超凡脱俗。第三部分“新山水摄影”，包括洪磊、林然、卢彦鹏、邵文欢、塔可、肖萱安、颜长江、杨泳梁、姚璐、曾翰、高辉、封岩这12位摄影家的21幅作品，反映当代摄影家对中国的文学艺术传统的领会，无论是从宋代大画家范宽的《溪山行旅图》、元代大书画家赵孟頫的《鹊华秋色图》或远古的《诗经》中得到的灵感，还是2008年5月12日汶川地震的震惊，当下日趋严重的山林污染的启示，当代摄影家们都从各自的视角，用摄影作品表达了他们对社会现象、环境变化及未来的思考。（图27-1、图27-2、图27-3）

这个展览既是基础式的，又是复合式的。基础式的是指，从一开始我所有的策展思路，就将之设定为一种基础教育的角度：用摄影作品来介绍最基本的中国地理、历史、文学、艺术、习俗等，使之成为任何人来了解中国文化的必备的入门常识。这与华美协进社传播中国文化的使命密切相关。很诧异，在华美协进社中国美术馆50多年的历史中，从未有人如此想过或做过。将中国的地理和历史，围绕着名山来介绍，是所有学习中国语言、文化、历史乃至商业的人士，了解了就都有用处的常识啊。复合式的，可从两层意义上来理解。首先是内容上，除了上述的基础教育知识，还加上对中国山水画和山水美学的探讨，对当代山水摄影中的观察和反思，无疑将内容纵向横向地借着这一题材而延伸。其次就摄影本身而言，这三部分的作品反映了摄影发展的趋向：第一部分的摄影作品，多半是传统的摄影方法，摄影家使用其所选择的相机，包括手机，踩点寻找角度，耐心等待光照，或幸运地碰上最佳瞬间，而将之捕捉入镜。几乎没有什么后期制作，可以说是摄影的原始手段和真实面貌。第二部分，汪先生用相机拍摄后，在电脑上按照自己追求的艺术效果，而强化照片黑白的色调边线等，是传统摄影术与电脑制作结合的一个阶段，在保持摄影作品真实面貌的基础上，融入个人艺术的品位，例如他将黑色黑到无可再黑的地步，达到一种被人称为“汪芜生金刚黑”的效果，而造就一种风格。第三部分，摄影家们更是全方位地利用电脑的优势，弄成许多效果，至此摄影本身成为“素材”，而依赖于后期制作了。因此这一展览，可说从内容和形式都具有多种层面的表现和内涵，使得展览广受各方人士的欢迎，而从各个层次听到了山的召唤。这一展览的参观人数在华美协进社中国美术馆的展览史上是破纪录的。从留言簿上看，观者来自全世界，他们的签名留言很是鼓舞人。写“太棒了”（Wonderful或Simply amazing）这样简单评语的实在太多了。有个俄罗斯的观者，

图27-3　“山艺术：中国摄影家的镜像”展览“高山仰止”“山水清音”“新山水摄影”三部分的陈列档案照，纽约华美协进社中国美术馆。胡维智拍摄。*Art of the Mountain: Through the Chinese Photographer's Lens*, China Institute Gallery, China Institute Gallery. Photograph: Perry Hu, 2018

还按照英格兰的著名的民间诗歌《玫瑰是红的》改编了一首诗留在留言本上：玫瑰是红的，紫罗兰是蓝的，这么棒的亚洲艺术，就是献给你的。（注32）还有一个经常关注我们展览的美国艺术家，在参加了“山艺术”展于2019年8月10日提前召开的闭幕酒会后，特意在第二天写邮件给我说：“我热爱您的展览。如同您策划的所有其他展览一样，它给我们展示了最美的中国文化和精神。”（注33）我深感欣慰，那正是我穷此一生用心努力在做的。

（4）我自认为策划过的最重要的展览

“乱世绝响：六朝艺术”（注34），2016年9月30日至2017年3月19日，是华美协进社中国美术馆自2015年8月17日由曼哈顿东65街125号迁至新址华盛顿街100号之后，重新开馆的第一个展览。（图28）该展于2016年4月28日至8月21日先行巡展至夏威夷的檀香山艺术博物馆，实有赖于其博物馆亚洲部策展人艾德玄博士的慧眼独具。

展览的起因是这样的：2008年秋，经过近四年的努力，以笔者为首策划的“末帝宝鉴：辽宁省博物馆藏清宫散佚明清书画”展终于开幕。这个以《石渠宝笈》著录的书画作品为主线而策划的展览，可能是最早围绕《石渠宝笈》来做文章的，而其策展的切入点大约也是前所未见的，其主题是借助这些书画作品，来讲述皇家收藏和其作用与影响。展览诞生后，立即得到许多好评，权威的《纽约时报》再次评价报道：“华美协进社中国美术馆展出的这些为帝王们所收藏、鉴赏或为他们创造的书画作品，第一次在美国展出，传递了一个强有力的信息，即艺术的力量。”（注35）可是，董事会有不同的声音，他们希望不要再做传统艺术展，而做当代艺术展。这不由得引起我再三思考。观察当时中国当代艺术的状况，我深深担忧，或杞人忧天，什么是真正的中国当代艺术？那些迎合当下口味和评价喜好的，然后这里那里制造抓眼球的作品就是中国的当代艺术吗？那些因袭传统的技法转来转去画葫芦不成的作品就是中国的当代艺术吗？在鱼龙混杂、江海横流的艺术世界，真正的中国当代艺术的出路在哪里呢？当代艺术的那三要素“观念、材料、社会性”，可以是一种表现，但那能全然代表这一时代人的智慧、情怀和艺术成就吗？我为这许多问题所困扰，想着还是要跑去艺术的源头看看。其实前人已经说过许多了，艺术是人的精神的体现，这种艺术的本质，如何应对当代的价值观而有真正的艺术创造和体现？中国艺术具有惊人光彩的时段，且不论其种种门类技法，几乎毫无例外的，都是处于一种超乎寻常的精神状态中。于是，“艺术的精神”，应该是导向创造真正艺术的源泉。中国艺术，应该不管是前世今生，都只有从昂扬纯粹、超乎异常的中国精神中，才能够发出惊人的光彩。于是我想，什么是真正的中国艺术精神呢？唯有追根溯源，或可正本清源，找到引导中国当代艺术前进的力量，而逐渐造就中国当代艺术的大观。这种溯本求源的思考，无疑地将我引到六朝，“上追魏晋”，这个中国艺术史上最伟大的时代。

六朝，是中国历史上最混乱的一个时代，每朝几乎不出百年，南北混战，民生涂炭，在前后不到四百年的时间里，大大小小，长长短短地有15个朝代（在美国提到“六朝”，一般指14个朝代，包括魏、蜀、吴、两晋、宋、齐、梁、陈、北魏、东西魏、北齐、北周）。在历史研究中，这是个并非如汉唐、明清那样的大历史时代而引人关注，但是这个混乱的甚而被称为黑暗的“中国的中世纪时代”，是中国文化艺术史上最伟大的时代，为何如此说？这里只是粗略地列举几项，便可见一斑：这时代产生了中国书画史上最伟大的书法家王羲之、画家顾恺之；产生了影响深远的艺术理论——谢赫的绘画六法说，以“气韵生动”为品鉴中国艺术之最高标准；产生

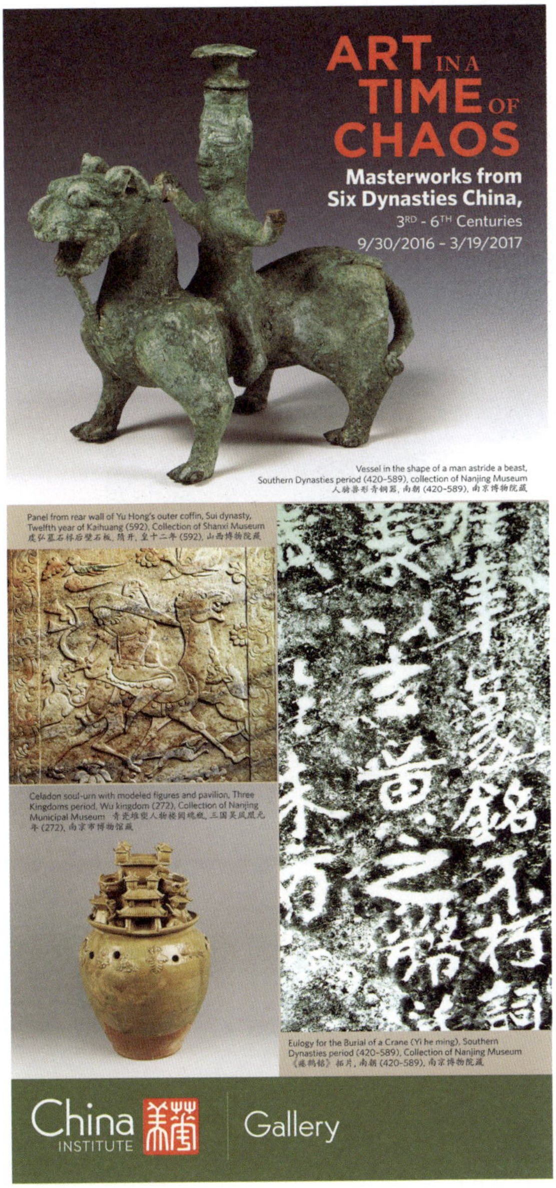

图28 “乱世绝响：六朝艺术”展览宣传海报。纽约华美协进社设计。*Art in a Time of Chaos: Masterworks from Six Dynasties China, 3rd–6th Centuries*, signage designed by China Institute, 2016

了中国文化史上第一部文学作品选集——昭明太子的《文选》；产生了中国文化史上第一部文学理论专著——刘勰的《文心雕龙》；产生了中国第一部志怪小说《搜神记》；产生了中国第一部散文杂记之经典——刘义庆的《世说新语》；产生了中国的山水诗鼻祖谢灵运、中国的田园诗人陶渊明；产生了为后人永远说不完的，那以“《广陵散》绝矣”而慷慨赴死的嵇康为首的“竹林七贤”；等等。这个六朝，不仅在文学艺术上具有多重开创性，其在思维模式、审美趣味、立命为人等许多方面，也都给后世留下深远的影响，其所形成的中国文化艺术的灵性基因，成为一直伴随着中国文化精英的精神源泉。如此这般的时代怎能不令人心旷神怡？（图29）

精神，是何其抽象的一种物质，它无疑流淌在代代人的血脉中，可是看不见，摸不着，怎么来表现？尤其是通过一个展览？说来玄乎，但相信此刻读到这段文字的读者，一定会同意于我，咱们在读诗读文时皆会有所感受的，例如您读李白“飞流直下三千尺，疑是银河落九天”，那种浪漫豪迈的气度；您读陶渊明“采菊东篱下，悠然见南山”，那种散逸淡定的气度，足现他们的情怀和其追求精神、通达灵魂的努力，也许只可意会，不可言传，但确实是真真切切存在的。我们读诗时得到的那种感受，心神荡漾，就是为他们作品和他们人格的精神所感染。但作为展

图29　六朝故都为今江苏省南京市。千年已降，古迹犹存，如仍屹立于田野的陈文帝永宁陵石雕，位于今南京栖霞区。徐伟拍摄，1990

览，是要用艺术品来代言和发声的。其实，与读诗读文的感受相似，当面对好的艺术作品时，同样会有一种感受。也许各人基于自己的知识背景、人生阅历、感悟能力的不同，感受会有不同，但是看到一件物品，会有所感觉，这一点是最基本的。所以，如何选择艺术品来传达和说明这些感受和思考，就是展览策划人所要深度考虑的事。所幸最近的二三十年来，南北两地六朝时代的考古发掘，出土了相当丰富的实物，可以有足够的“证据”来说明我想说的事。

以下附上笔者给《中国文物报》写过的一文，乃展览开幕后不久的2016年底，有赖于业界的同仁鼓励撰写并嘱寄给《中国文物报》的（但不知是否采用）。该文粗略地记述了这一展览策划和制作的完整过程，以及笔者作为领衔策展人暨艺术总监的各种思考。请忽略其或许有所重复的嫌碍，特将全文附录如下，或许能够给予读者一个整体的策展个案的参考：

六朝文物，秀在美国——海蔚蓝策展手记

2016年9月30日，由我领衔策划的“乱世绝响：六朝艺术”展览在纽约华美协进社中国美术馆开幕，这是华美协进社自2015年由纽约上东城的东65街125号，搬到下城华盛顿街100号后的第一个展览。自此，各方电台、电视台、纸媒均纷纷报道，如美国影响很大的公众电视台NY1（纽约1）和PBS（美国公共电视网）；中英文的报纸，如中文《侨报》，自9月27日先行报道后，又于10月7日以整版报道；英文的展评，如颇有影响的《亚洲艺术新闻报》《华尔街日报》，尤其是最具艺术评论权威的《纽约时报》的荣获普利策新闻奖的著名艺评家霍兰德·考特，在11月18日《纽约时报》的艺术栏目，以一整版的篇幅给予了高度评价，题为《中国历史，书之奇石》。展览开幕伊始，我便得到多方的询问，希望了解这一展览的策展过程，我愿在此与同好和同仁们分享。[注36]

说来话长，即使一个貌似简单的展览，也都是需要无数步骤和数以万计的细节来完成的，何况这样一个需要漂洋过海的中国文物展呢。华美协进社中国美术馆五十年来，以做主题展闻名。自我主持工作后，尤其是近二十年来，一系列的中国文物展，从各个角度，特别是以最新考古发现的实物，向世界展示中国艺术和文化的精彩。在我看来，一个展览的形成，不外乎两种诱因，一种是“见景生情”，看到好多好的文物和艺术品，情不自禁，得找个点，把它表现出来；或者另一种，“迁想妙得”，脑子里对某事翻来覆去的挂念，然后得到一个论点或立意，最后去寻找艺术品来体现。当然这两者并非完全孤立的，亦可互为消长，互作补充，虽起因有别，但殊途同归，最后都是要用艺术品，将之编织成章，来体现一个立论，而成为一个主题展览。因此，不仅是展现文物，而且是要有思想有故事有意义地来展现。

展览的立意。2008年，当由笔者领衔策展的“末帝宝鉴：辽宁省博物馆藏清宫散佚明清书画”一展结束时，[注37]我所任职的华美协进社的董事会有强烈的呼声，要求做中国当代艺术展，这促使我深思中国艺术的真正精神是什么，如此，“上追魏晋”，如许多前辈所提到的，便成为我策展的立论。有关六朝的展览，在美国自20世纪70年代到2004年，有过两个，一个是从美国私人和博物馆藏品中选择展品，首次介绍六朝时的各类文物，1976年在华美协进社中国美术馆举办；一个是大都会艺术博物馆2004年“走向盛唐”的大展，以令人炫目的从中国几十家博物馆荟萃的文物，展现了六朝和大唐的文化成就。那么，我想象中的展览将如何来与前人有别，而“上追魏

晋”呢？六朝是一个我所钟爱的时段，在此阶段，中国的文学艺术乃至艺术的思维都是具有开创性的，真正造就了中国特色的文化基因，如对自然的酷爱，对追求个性陶冶情操的独立意识的觉醒，对寻求心灵和精神上超越物质世界的崇高和清雅的美学，一种深邃的独立思想的追求，不仅影响了中国文学艺术上千年，而且彰显了作为人类追求自身价值的最高境界，而具有永恒的普世意义。这种精神，这种艺术精神，是六朝艺术的灵魂，也是主宰千年以来中国艺术的灵魂，这将是我试图借这一专题展览来加以阐述和表现的——真正的中国艺术精神。

这可是一个庞大的立论，而且似乎很玄乎。英语中，他们用一个词“Esoteric”（玄秘、深奥）来形容我提议的这个展览。确实，如何以文物来“上追魏晋”，真是让人思绪万千。但我首先要确定，这个展览的焦点是艺术，要谈艺术，要谈这阶段的艺术在整个艺术史上的位置和影响。那么我该如何选择，选择哪些物品，来集中体现六朝的艺术成就和其中映现的艺术精神呢？既然是讲艺术，我就考虑结合现代美术史教学的分类，归纳到最能体现中国艺术的以下四大类：陶瓷（在此阶段突出的是青瓷）、雕塑、书法和绘画。其次，六朝是中国历史上南北分裂的时代，讲六朝艺术，应该表现南北双方的成就，才能有一个比较完整的交代。这就决定了这个展览的特殊性，决定我得从哪些博物馆来挑选展品。当然，限于一些规定及可行性，如经费问题，如合作博物馆的数量、文物级别的比例等，我无法随心所欲地得到我所想要的所有展品，于是只能在允许的范围内，就以上所述的四大类，尽量地与最低数量能够合作的博物馆商榷，来挑选展品。

展品的选择。于是，从最初我设想的五家博物馆，最后锁定了与以南京博物院为首的中国三家博物馆合作。挑选展品的原则，是依照青瓷、雕塑、书法和绘画四个门类，一是具有艺术性；二是新出土的考古资料，或可丰富和改变我们认识的物品。

例如在青瓷部分（图30），青瓷作为中国陶瓷发展史上第一个产生的品种，六朝时进入第一个大批量生产的阶段，瓷器品种广泛。要反映这一点，我选择了各类生活用品，包括南方广泛流行的香薰、唾盂、魂瓶；南北流行的盛酒扁壶、酒具。同时介绍其艺术性，如釉色的表现和各类装饰手段、南方流行的褐釉点彩、釉下彩装饰，以及在受到佛教影响后于南北流行的莲瓣纹和贴塑手法等。釉下彩青瓷器，到目前为止只有屈指可数的三四件，承蒙南京市博物馆的大力支持，允借一件而得以亮相异域。遗憾的是，南京博物院的青瓷神兽尊（图31），这件如此充满想象力的作品，我在2008

图30　“乱世绝响：六朝艺术”青瓷展厅青瓷魂瓶及器皿陈列档案照，纽约华美协进社中国美术馆。胡维智拍摄。*Art in a Time of Chaos: Masterworks from Six Dynasties China, 3rd–6th Centuries*, China Institute Gallery. Photograph: Perry Hu, 2016

图31　六朝青瓷神兽尊，原为“乱世绝响：六朝艺术”展品档案照，承蒙南京博物院提供图片

年组合展览申请报告时还列入清单里，并一直作为我馆对外介绍该展的形象代言，而到2015年最后确认展品清单时，它已经被列入国家禁止出国的文物名单之中了。展览中的这一部分借助青瓷器演绎了六朝人的生活、习俗、喜好，那个时代独特的被后世延续了几百年之久的青瓷器，或许折射出了时人酷爱“清雅”的品位。

雕塑部分，是从以下三个出发点来选择的：第一，墓葬出土的雕塑作品，包括石雕和陶塑，南北的动物俑、人物俑。第二，陵墓的地上雕塑。六朝在南京及其附近的丹阳一带的南朝雕塑，是这一阶段最有魅力的代表，充分体现了这阶段艺术中倡导的灵动传神的美学观念，但我无法选择那么庞大的展品，不仅场地和经费都不允许，实际上也是不可能从田野中搬来这些作品的。原本准备放大两张图片来介绍，后来我在南京博物院，因为青瓷神兽尊不能出去，我必须寻找一件一级文物来替代。在南博的电脑文件中翻来找去，最后找到这件石马的文字记录，图片尚缺，于是当下跑到南博图书馆，调出那期考古发掘报告，看到照片，我立刻决定选入，不仅仅因为这是一件一级文物，更是由其造型的相似性，可以引申来介绍那些地面之上无法移动的陵墓石雕。后来得知，这件文物自考古发掘出土，除了在考古杂志的书面报告上露了一下脸，之后就被锁进深宫人未识，首次面世，便跨过太平洋，走得那么远。第三，佛教造像。山西博物院可选的例子较多，最后选定了北魏四面造像、东魏菩萨造像、北齐菩萨造像，虽然数量不多，但表现了不同类型的造像和佛教造像汉化的进程。南方的佛教艺术例证在南京两家博物馆的藏品中都少见，所幸，2007年南京市博物馆出土了两三件鎏金铜佛像，承蒙博物馆同意出借一件，这样便有南北两方的例子，来形象地再现六朝时期，这一中国佛教艺术史上的第一个高潮期。这样南北两方的雕塑作品陈列于一厅，不管地上地下，还是庙宇殿堂，都使人可以对当时雕塑作品的面貌，获得比较初步的认识。（图32）

书法部分，对所择展品的考虑也是多方位的，如当时的文具、当时书法的广泛运用，楷书、魏碑体在此期的形成，行书在以王羲之为首的书法家倡导下的流行等多种角度。因此，展品包括墓志、砖木、器物、拓片等种类，其中拓片包括著名的书法作品如《天发神谶碑》《瘗鹤铭》《明昙憘墓志》《萧景墓神道石柱反左书》。于20世纪60年代出土的《王兴之墓志》，曾引起了以郭沫若和高二适为首的对《兰亭序》书法作品真伪的全国性讨论，亦是书法部分的亮点，并由此引申到对永和九年（353年）由王羲之领头在今浙江绍兴的兰亭雅集、曲水流觞、诗歌唱和，王羲之为诗集作序的《兰亭序》，这一“天下第一行书”，以及其时书法的流行和书法美学的介绍。（图33）

图32 “乱世绝响：六朝艺术”雕塑展厅陈列档案照，纽约华美协进社中国美术馆。胡维智拍摄。*Art in a Time of Chaos: Masterworks from Six Dynasties China, 3rd–6th Centuries*, China Institute Gallery. Photograph: Perry Hu, 2016

图33 “乱世绝响：六朝艺术”书法展厅陈列档案照，纽约华美协进社中国美术馆。胡维智拍摄。*Art in a Time of Chaos: Masterworks from Six Dynasties China, 3rd–6th Centuries*, China Institute Gallery. Photograph: Perry Hu, 2016

图34 “乱世绝响：六朝艺术”绘画展厅陈列档案照，纽约华美协进社中国美术馆。胡维智拍摄。*Art in a Time of Chaos: Masterworks from Six Dynasties China, 3rd–6th Centuries*, China Institute Gallery. Photograph: Perry Hu, 2016

绘画部分，这是中国绘画史上的传奇时代，虽然文献中对此阶段的绘画，从画家到画论，都有许多记载，但是，真正的绘画作品，除多年来传为顾恺之的《女史箴图》《洛神赋图》外，几乎没有例子，直到考古发掘所见。南方，南京在20世纪60年代“竹林七贤”拼镶砖画的发现，曾被誉为中国绘画史上最重要的发现，至今，已有完整和残损的约七座墓葬发现“竹林七贤”的拼镶砖画，均为南朝帝王贵族大墓。承蒙南京博物院的大力支持，将其一堆自发掘后就未见天日的“竹林七贤”残砖，修复了“四贤”，并以西善桥宫山出土的“竹林七贤”砖画的完整拓片来全面展现。南京市博物馆在几年前出土的号称错版“竹林七贤”的拓片，也首次亮相美国。而在北方的山西，考古发掘中发现的绘画例子，除了著名的司马金龙墓出土的漆屏风，1979年以来，娄睿墓、徐显秀墓等壁画墓的发现，其精彩的绘画也让人振奋。可惜，限于规定，又无法出国。最后以隋初虞弘墓出土的一块局部的绘画石椁板，以及水泉梁北齐壁画中十二生肖的一小块作为绘画的例子，因此在这部分展品的选择上，遗憾最多。但也只能在可能得到的展品的情况下，来引申展开对这期绘画的介绍。这部分最后以“竹林七贤”作尾声，实在是这件作品不论从形式、题材、人物故事、整体的表现乃至精神的追求上，都活脱脱地唱着六朝自然自由、独立不羁的清歌雅曲。（图34）

挑选展品是一个反复斟酌、逐步完善的过程。几年中，一是不断与各博物馆沟通协调来选择展品；一是随着新出土文物的发现而更换展品，以及随着文物级别的变化而不断按文物比例的要求重新调整，一调整就牵涉到三家，如此来来回回，展品清单有了多达十几遍的更新。然后将各家的展品合成，再按照布展的序列，将各部分的展品按主题分组，并据此安排展览图录的序号。这期间，从最初的编号，到最后的确定，展览图录的序号都改了好几遍。

展览图录。展品清单的确定，无疑是一个基础，要实现一个相对完美而值得存在的展览，还有多方面的配合，首先是展览图录。展览图录的重要性，在美国，是尤其为学院所重视的、作为衡量一个展览优劣的标准。展览图录是这样的一种创作，不仅借着对每件展品的深入研究和介绍，将展览永久地著录于案，也是一个平台，得以进一步地介绍艺术品和其背后的种种，而使艺术品不仅是艺术品，也是历史的再现和人类精神的记录。既然六朝艺术一展的初衷，已定为“上追魏晋”的立论，而且又有“奥秘”之称，文字上就需要更多的配合以追索其精髓。因而在策划和主编这本展览图录时，我自己不仅承担对六朝艺术总论的研究和介绍，也组织各方学者包括我自己，围绕上述的四个艺术门类各自做研究和介绍，并扩延而去，从六朝南北方的考古方面，都市文化、社会习俗、书法绘画印章及美学等各方面，均找学者结合最新考古发现，加以详细介绍。此外，这一展览图录，还包括六朝艺术大事记、六朝时著名文学艺术题材及其影响、六朝著名艺术家名录、六朝著名绘画作品的介绍等附录资料和插图拉页，以提供给观众一个更广阔的视野和丰厚的背景。正如艺术品的产生并非孤立的现象，要真正理解六朝艺术，必须要尽可能地还原其艺术产生的环境和氛围，探讨其为何具有如此深远影响。也是理所当然的，通过如此的横向的各个点的展品介绍、各个艺术门类的介绍，与纵向的面的背景和文学艺术总体成就的介绍，来帮助观众透过展品的表面而进入一个多维的时空，以期获得更多的理解，最终，希望大众能从观赏艺术品和阅读文字中，感受到这一特殊时代的艺术气质和精神，从而有所裨益和启发。这样的苦心，加上难以计数的不眠之夜，在家烧焦了多少回红烧肉和满锅的汤，再加上所有参与者的协助，最终不仅使这个展览备受赞赏，展览的双语图录，也成为华美协进社中国美术馆前所未有的重量级出版物，《纽约时报》评论道："……几个世纪的跨度，多种文化的融合，艺术创作的多层面，要在一个有限的空间里得到体现，这本身就是非常了不起的创作……（华美协进社中国美术馆的）有些图录，一经问世，立马就成为经典。"（注38）

展陈设计。然后是展览的制作，姑且不论其他的许多细节，比如如何将展品漂洋过海，绕过半个地球到达美国，展览的展陈本身就是一门艺术。我向来把每个展览，都作为一个真正意义上的"装置艺术"作品来对待，因此是另一个层面的创作。"乱世绝响：六朝艺术"是华美协进社中国美术馆自上东城的65街，乔迁至下城华尔街附近的华盛顿街后，重新开馆和开展的第一个展览。场地自原来的899平方英尺，约90平方米，扩大到2100平方英尺，相当于200平方米吧，向来我告诉大家，这可是世界上最小的博物馆。当然中国人早就有言"山不在高，水不在深"，如此引申，美术馆也不在于大小。但是从899平方英尺到2100平方英尺，扩大了两倍多，交到我手上的，只是空空荡荡的两间空房间而已，可以说是"四壁徒立"。要将之打造成展示空间，人力、物力、财力都要花费许多。而且，虽说较原来扩大了两倍多，与那么多大馆相比，依然是"螺蛳壳里做道场"。在有限的财力和这样有限的空间中，我的出招，依然是"精致"。

空间的格局是展陈上首先需要考虑的因素。如何让展品摆放得令人感觉舒适，不能太挤迫，也不能太冷落，还要突出展品，又要兼顾展品各组相互间的关系，同时还要考虑到观众的走动路线，并是否有足够的空间让观众停步或后退来欣赏。既然六朝艺术展有四个部分的展品，无疑其最佳状态，是要让其各自有独立的空间，才能比较突出各个主题。考虑到各部分展品数量的多寡不一和其尺寸大小，我大致草拟了空间的格局，需要打造不太对称的四个展厅，中间需要建起临时的隔墙。展览设计师按照我对展品的组合和草图，做成展品分布的平面图和立体图。然后还要考虑设计怎样的展柜来配合这些展品的陈列，我的原则是简洁大方，并且，这些展柜，还要考虑到降低成本，亦可适合于将来的反复使用。

展品空间的格局安排妥当后，进入我最觉有趣的下一步，便是挑选展厅的颜色。颜色，是给观众的"第一眼"，具有让人"一见钟情"的吸引力。我美术馆场地小，因此，每做一个展览都会改变展厅的颜色，以给人耳目一新的感觉，更重要的是，这是一个营造展示氛围的最简单而有效的手段。笼统地来说，所有的颜色都是美的，关键是否用得合适。挑选展厅的颜色，貌似简单，其实不然，应该考虑的因素是：颜色所具有的一般文化含义，如红色在中国文化中是喜气的；展品的个性，如青铜器多为礼器，书画多为文人所为，等等，并依此来选择适合展品气质的颜色和色调，这是最重要的因素；理解颜色的冷暖色调、对比色调及同色调之间的关系，这些技术层面上的考虑，也是帮助确定合适色调的因素；另外，颜色跟展品的搭配关系，也需要考虑。我常常在心里盘来盘去，来回比较，甚至辗转反侧，黎明前的不眠时分，或常有所得。“乱世绝响：六朝艺术”展，因为有相对独立的四部分，所以，决定选择四种色调，一种都够费脑子的了，何况四种，但这展非得有四种颜色不可。在美国颜料店的柜子，都会摆放不同的纸片，上面是各个颜色和色调的例子。大概确定颜色的方向后，设计师会依此给我拿回一堆纸片，就算是一个红色，也可有不下十几种色调，然后再逐步淘汰，选择到最后一两种时，就先买一小罐颜料，涂上墙做试验，以确定最后的色调。为这六朝展，虽说我心里已经有了四种颜色的选择，可最后还是亲自跑了几次颜料店，反复斟酌比较各个颜色里的多种色调，然后才告知设计师各买一小罐，上墙试色至最后拍板决定。

“乱世绝响：六朝艺术”一展最后定下的四种色调为：青瓷部分，紫色调，美国颜料号为Benjamin Moore 2072-30，purple lotus（紫荷）。为什么选它？因为这是整个展览的第一展厅，是首先迎接观众的。中国人爱说“紫气东来”，“紫气”，祥瑞之气也，这是我美术馆重新开馆的第一个展览（插一句，为此，也特意将南京市博物馆出土不久的一组青瓷俑作为第一件展品，来迎接观众，让观众马上有个直观感受，当时的中国南方人长什么样，先从这儿，切入当时的生活状态），中国来自东方，艺术品来自东方，而青瓷又是以来自中国东方的江浙为首要，这不，“紫气”皆自东方来了；同时以色调对比来说，紫色对照青瓷的青色，也很养眼。于是就这样定了。第二展厅为雕塑部分，多为墓葬出土的各类俑，表达了部分中国古人对来世的渴望。展厅用了土红色，如大地的颜色，亦若灰烬下的火红色，一个中国人生于斯，葬于斯，又期待于斯的颜色。美国颜料号为Benjamin Moore 2090-10，grand canyon red（大峡谷红），那名称，也很令人遐想。第三展厅为书法部分，蓝色调，美国颜料号为Benjamin Moore 058-811，old glory（昔日的荣耀），光听这美国颜料的名字，就叫人心动了吧，且还是这么美的一个蓝色调。我心里浮上白居易的长诗《琵琶行》中的几

图35-1　“乱世绝响：六朝艺术”展览四个色调的Benjamin Moore试色纸

句诗：“座中泣下谁最多？江州司马青衫湿。”青衫，大约是历代文人书生的“工作服”吧？还有中国当代诗人周小鹿的诗句“书生只有心头血，欲作春雨润九州”。中国的艺术，尤其是书法艺术，能离得开一代代只有“心头血”的书生们的贡献吗？如此这番地想来，当然要选这跟书生们的“工作服”有关的青蓝色调了。第四展厅为绘画部分，使用了绿色调，美国颜料号为Benjamin Moore 050-440，land of liberty（自由的土地），这个展厅是为安置潇洒放逸的“竹林七贤”的，竹林当然是绿色的了，再听听这个美国颜料的命名“自由的土地”，哇，真是太神奇了，我几乎要拍案叫绝。于是以此绿色调收尾，也是希望人们在这最后的展厅，感受着六朝时清雅清朗的气度，而情有所寄，回归自然，去追求“独立的精神，自由的思想”——这近世大学者陈寅恪的名言，恰恰言简意赅地点出了六朝的人文精神，这也应该是人类所追求的终极的人文精神。（图35-1、图35-2、图35-3、图35-4）

让每件展品到位，便是下一步了。首先让每个展柜在每个展厅的空间格局中到位，展柜的放置在此时仍可做最后的微调，然后定位。接下来，需先安置几件大而重的物品，以挪出空间操作，如虞弘墓的四块石椁板，我们雇用了美国博物馆界最有信誉的马歇尔艺术公司，几个人驾驭着他们自己发明的特殊器械，花了一天时间，将之

图35-2　青瓷展厅与雕塑展厅的用色衔接

图35-3　雕塑展厅与书法展厅用色的衔接

图35-4　书法展厅与绘画展厅用色的衔接。纽约华美协进社中国美术馆。胡维智拍摄。*Art in a Time of Chaos: Masterworks from Six Dynasties China, 3rd–6th Centuries*, China Institute Gallery. Photograph: Perry Hu, 2016

一块块地开箱、包扎、逐步起吊，天衣无缝地放置到位。（图36）错版“竹林七贤”的拓片的装置也是挑战，因场地限制，不能完全打开这幅长五米的拓片，而且又要用透明塑料板将之封闭以作保护。跟随我十多年的展览设计师胡维智先生，为之量身裁剪设计和打造了一堵特别的墙，中间是凹进的平面，两边留出更深的凹槽，以让超出展示空间的拓片可以卷起并舒适地待在那儿。听起来很容易，可每个细节，包括拓片卷起如何拐弯，如何制作封住塑料盖板的木沿条，等等，都由设计师再三斟酌，分厘不差地制作出来。此外，每件看起来简单站立在展柜的物品，都需要好几次从展柜里搬上搬下，尤其是一组器物的排列，更要不断挪动，以调整位置。等待最后确定位置后，各个物品底部都要有剪裁到位的一种较厚而透明的塑料纸Mila作为垫子，以防止器物与展柜的颜料直接接触；有些站立不够稳的器物，还要专门做支架。这整个的布展过程，不亚于绣花，只是这花绣得叫人看不见，所见的只有陈列完美的展品。

展览的说明牌和图片展板的制作，也是完善展陈的重要部分，除了展览序言，四个部分各有总体的说明，每件文物亦有说明。说明牌在技术上的制作，最关键的是要与展厅协调而又要让人看得见，于是乎，颜色的对比——展品说明牌的底色（是各

图36　“乱世绝响：六朝艺术”布展现场，马歇尔团队以其自制吊车组装虞弘墓石椁板。海蔚蓝拍摄，2016

展厅的颜色）与印于其上的文字的用色要协调，字体的大小，整个说明牌的尺寸、位置、高度等都是在放置说明牌时须考虑的因素。例如高度，一般来说，说明牌的高度是自说明牌边缘的上线到地面142.24—147.32厘米（56—58英寸）的位置，基本是在中等身材者视平线略低的位置，这是以站立者阅读时，其眼睛与说明牌之间的最舒适角度而定的。为进一步说明展品，该展亦有相当数量的图片展板，如六朝南齐武帝萧赜景安陵的天禄雕塑图片、明代文徵明的《兰亭修禊图》、冯承素摹本的《兰亭序》书法、娄睿墓壁画和顾恺之《女史箴图》的局部等。作为辅助展品，图要印清楚，话要说清楚，但是不能喧宾夺主，这是图片展板制作和放置的基本原则，因此在图版的大小尺寸和放置的位置上都要考虑与布置展品的呼应。（图37）

展览的布光，是画龙点睛的一刻，光线的效果会让展览顿时提气明眸。一般我所喜爱的方式，是聚焦灯光，但不可能每个展品都被聚焦，那就无所谓聚焦了。于是在以平光打过一组物品的底光上，再加一两个聚焦光，光有了层次变化，物品也有了主次之别。整体上每个展厅，以及展厅之间还要兼顾不能一部分亮、一部分暗，整个展览的布光需要整体的协调。

图37 “乱世绝响：六朝艺术”书法展厅部分图版陈列档案照，纽约华美协进社中国美术馆。胡维智拍摄。*Art in a Time of Chaos: Masterworks from Six Dynasties China, 3rd–6th Centuries*, China Institute Gallery. Photograph: Perry Hu, 2016

一个展览一台戏。既然是戏，就有主角、配角、故事始终，如此说法，只是想说展览在陈列上的戏剧效果也是策展人应该考虑的一个因素，并且，展览作为一个艺术品，有其自身的整体性。六朝艺术一展，分为四部分，展品将陈列于四个展厅中。展览设计师曾建议，将第四部分的绘画，放置于第二展厅，因为这部分北朝绘画的例子中，虞弘墓的四块石椁板组合起来便成了一堵墙，南方绘画的三件“竹林七贤”的例子，都占据挺大的地方，以空间来论，第二展厅确是空间最宽敞的一间，设计师特意作了三维的设计图来说服我。作为策展人，我则更多从整个展览想说的内容，以及怎样让这内容有戏剧性的起伏来介绍的。我是经过反复考虑，才定下由青瓷作为第一部分的，虽然都是墓葬中出土物，但生动表现了其时人们的生活，尤其以一组青瓷人俑为第一件物品，来展示其时南人的面貌。接着为雕塑，各类雕塑的人俑、动物俑，以及佛教造像，都是人们纠结于生与死与希冀再生的形象。接着为书法，最后为绘画，是从生活到艺术到精神的升华，按这样的一个思路走的。因此，为了展览的完整性，

图38　“乱世绝响：六朝艺术”绘画展厅陈列档案照，完成了的虞弘墓石椁板的装置，纽约华美协进社中国美术馆。胡维智拍摄。*Art in a Time of Chaos: Masterworks from Six Dynasties China, 3rd–6th Centuries*, China Institute Gallery. Photograph: Perry Hu, 2016

我坚持一定要按这个次序走。同时在空间感上，可能是考古本行的直觉，我感觉无论是虞弘墓的石椁板，还是“竹林七贤”的“四贤”原件砖画，当安置在第四展厅的两个角落时，都更有独立感，并且有与墓葬相关的感觉，而更为聚焦。总之，作为策展人，我自己也是不断思考，不断追寻最贴切最本质的东西，而不断进行调整，并试图用各种手段加以表现，争取在整体效果上达到“一个萝卜一个坑”那样不可移易的最佳安排。（图38）

展陈设计中的讨论，也使我非常明确了“精神的升华”是这展内涵上的最高潮，对比展品中南北方的绘画，以题材而论，很容易看到6世纪时南北两方上层社会的不同追求。北方的壁画几乎都是以出行、狩猎、宴乐为主的题材，而南方的则以高士“竹林七贤”的画面为主体，来陪伴其长眠，来寄托其所好，这无疑反映了南北方上层社会不同的精神追求。这种例子，纵观中国艺术史，也是不多见的。我感觉，这

图39　“乱世绝响：六朝艺术”展厅外的走廊，以美国檀香山艺术博物馆藏明代陈洪绶《渊明逸兴图》的图版，作为观众结束展览后推门而出所见的第一幅画作；接着其右侧为辽宁省博物馆藏明代文徵明《桃源问津图》的图版（图中未示），作为展览的延伸来协助点题，纽约华美协进社中国美术馆。胡维智拍摄。*Art in a Time of Chaos: Masterworks from Six Dynasties China, 3rd–6th Centuries*, China Institute Gallery. Photograph: Perry Hu, 2016

正是与六朝艺术精神相吻合的亮点，应该突出，来使人回味。在制作展览图录时，我还未清楚地看到这一点，在书中，我是将南方的绘画放在这部分的前端，而在展陈时的重新认识，使我决定不按照图录的顺序，而将“竹林七贤”从绘画的前半部分，挪至最后，来为展览殿后，以让这些高士的形象，作为体现六朝艺术精神的最高点而得以曲终留音。这种余音袅袅的用意继续扩延到展厅外的走廊上，通过对田园诗人陶渊明（365或372或376—427）的介绍，并以檀香山艺术博物馆著名的明代画家陈洪绶（1598—1652）的《渊明逸兴图》手卷的原大复制件，以及辽宁省博物馆的明代画家文徵明（1470—1559）的《桃源问津图》手卷的复制本图版，这两件千年之后的佳作为例，来展现六朝时爱自然、爱自由的艺术精神和气质，及其对后世的深远影响，把一个意犹未尽、寓意深长的思考方向提供给观众。（图39）

至此，从青瓷器的生活性和艺术性，到寄托古人生死观念的雕塑作品，到书法在生活中的运用和成为独立之艺术，到绘画的不同题材和追求的精神境界，到六朝艺术为后世追捧、源远流长，整个展览有始有终地站起来了，展览图录亦一一地记录在案了。“乱世绝响：六朝艺术”这一展览，对于我来说，这才总算是完成了。（2016年12月3日再改于曼哈顿荷风堂；2019年1月21日为《策展哲学》一书再次修订。）

风华万代的六朝艺术，虽然是乱世的产物，但是展现了一种境界，在那朝不保夕的时代，那精英阶层的人们非但不是苟且地活，反而还活得如此潇洒如此有追求如此有品位，产生了如此不为物累，超凡绝俗的艺术，无疑其精神和艺术，成为超度人们于污泥浊水之中的神奇力量。若从另一个角度来看，人类岂不应该常常提醒自己，不管世态炎凉，也要回归到这个能够洗涤心灵的原点，来提升自己，潜心于灵魂，修身养性，人才能成为真正意义上的人，艺术的清明世界也才能够诞生吗？这不是玩玩通俗艺术，炒炒艺术市场，这是拯救人类的火种与清泉。虽然每代或许只有百分之一、千分之一或万分之一的人能够明白，但若能将这种精神传承，也就是人类的大幸了。这番话也许和这个展览的策展思路一样，都被认为“Esoteric”。当年在介绍“六朝”展时，不断听到周围的人用“Esoteric”这个词来说我。记得我曾经跟普林斯顿大学的教授谢栢轲博士讨论这个问题，我说道：“呀，我不想去解释了，那就让谁在展览里看到什么就是什么吧，没有必要去要求每个人都能懂得我的意图。”谢教授当时还说：“你这话怎么听起来就好像方闻先生（注39）说过的，他说过让人各取所需。”我说：“是吗？”当然我从未有幸聆听他的教诲。但我庆幸的是，我的用意，还是被人看懂了。即使到了几年之后，业界还在讲这个展览的影响。当然我清楚地知道，那是六朝本身伟大的价值所在，我的展览不过是个平台，将六朝的伟大，从艺术的角度初步地展现了一下而已。但我毫不掩饰我的骄傲，我在一生中，几乎用了八年的时间，历尽艰辛，坚持做成了这一展览，并借此展览说了我想要说的话：真正的艺术是要有审美理念、标准、情操、人格和精神的。中国艺术的精神在自然、自由、个体价值的觉醒，均始于六朝，六朝造就了中国艺术的独特性，影响远及艺术及为人，千年不衰。后继者应从这样纯粹高尚的精神中，得到启迪，找到力量，而上下求索。如此，中国艺术方有前景再度真正地立足于世界之林。

2018年10月，在徐州参加一个汉代玉文化的国际研讨会，我发言完之后，会议稍事休息，有个年轻人等在一边，见有空时，便走上来自我介绍说他是山西博物院保管部来的。我说当年办六朝展，我去了很多次库房都没见到他啊。他说，是啊，“六朝”展非常好，可惜在中国没有能够展出。我说是啊，非常遗憾，那展已经是现成的了，当时提议中国的博物馆接着展示的，遗憾的是没有人承担。他说我的展览都触及了本质（我还给山西博物院做过“生死同乐：山西金代戏曲砖雕艺术”的展览），但并不是每个人都在那个层面上能够看得到的。我很惊讶这个小伙子能说出这样的话，同时也很感欣慰。看来虽然“Esoteric”，但中国有人看懂了，美国也有人看懂了，在美国展出的前后两地，曾有超过四万六千人亲临展场参观，还有数以万计的人上网浏览了。有个基金会的负责人甚至说“六朝”展在业界影响很大，基金会就要支持这样的展览。很幸运地，这个展览确实得到了向来赞助亚洲文化的路思基金会的大力支持，在此，我再次深表荣幸和感谢。至今，提到笔者领衔策划的这个“六朝”展，还是令人感到这是一个具有内在力量的展览。

（5）我策划的三个美国摄影展

“美洲原住民：玛雅、印加和北美土著，杰夫·佛可思摄影作品展”，2013年4月26日至6月24日；“汽车摄影：美国的车文化”，2014年12月30日至2015年3月8日；“沃霍尔与摄影：安迪·沃霍尔与克里斯朵夫·麦可斯的摄影”，2015年12月29日至2016年2月29日，均先在湖南省博物馆展出，之后，有些巡展到中国各级博物馆。

早在2008年左右，很有远见和开拓精神的湖南省博物馆馆长陈建明先生，在当时中国还很少有引进的国外艺术展览时，便希望有机会介绍国外的艺术。多次商讨后，湖南省博物馆与美国激扬美术学会合作，请我来策展，我便义务帮忙策划了这三个展览，并与陈馆长一起主编了相应的各个展览图录。

“美洲原住民”，这个展览是美国民族摄影家杰夫·佛可思（生于1942年）的个展。（图40）杰夫是自由摄影家，曾为美国教育出版界和联合国、美国基金会等单位服务，并曾作为美国国家地理学会和著名的《生活》杂志的摄影家，其中一项工作任务使他对美洲原住民的生活和艺术一见钟情，自此开始的四五十年中，他年年去南美拍摄。享有盛誉的艺术出版商哈利·阿贝瑞安姆公司曾用其摄影作品，出版三册巨著来介绍玛雅的文明和艺术，其中《活着的玛雅》一书荣获艾耐斯菲尔德·沃尔夫奖。杰夫以他几十年的精力来关注美洲原住民并追踪拍摄，在如此迅速变幻的现代社会，这样几十年积累起来的摄影资料是很难得的。于是我们从他上万张作品中挑选了200幅作品来展览，这是他的第一个个展，一方面反映了他此生的摄影追求和人文关怀；另一方面借助这些作品，也使之成为一个特别的展览，相对全面地初步介绍美洲这块土地上原住民的来历、生活、风俗、信仰等。展览按玛雅、印加、北美土著三部分来逐一介绍，每幅作品均有说明。（注40）

展览图录由“美洲原住民分布示意图”开始，接着为我编辑的“美洲古代文明大事记”。然后是两位美洲原住民研究专家的文章，一位是在墨西哥的研究玛雅文明的专家玛塔·图罗克·劳伦斯，他写的《玛雅文明要点简介》一文；另一位是居住在新

图40　“美洲原住民”展在湖南省博物馆外借展场长沙市博物馆的开幕式，美国激扬美术学会。*Indigenous Americans: Maya with Inca and Native North Americans, Photography of Jeffrey Jay Foxx*, J.Young Art. Photograph: Christiana Dittmann, 2013

图41　“汽车摄影：美国的车文化”展由湖南省博物馆在其外借展场展出，美国激扬美术学会。*Auto Photo: American Car Culture in Photography*, J.Young Art. Photograph:Christiana Dittmann, 2014

墨西哥州北美原住民处的人类学者和影视制片人安骓雅·海克曼，他写的《印加文明漫谈》的文章。接着，为居住在弗吉尼亚州布莱克维特（意为“黑脚”）和纳拉甘塞特部落的原住民透尼·秦的《秦说北美土著》的文章，再接着为我采访摄影家杰夫的文字。如此，作为策展人，我试图从各个角度对美洲原住民的人文做一个鸟瞰式的简介，设想是由“当事人”的第一手资料来说明。并且图录中各件作品的介绍，均由上述的专家和土著居民来发挥，我想这样来增加展览内容设计上的原汁原味和独特性。图录并于附录中加入：玛雅服饰的地区特征示意图，美洲原住民的主要节日参考，玛雅哈勃日历，玛雅神祇和纺织图案举例，北美土著图案举例，并通过扩展阅读推荐等项来丰富读者的感知。这个展览，是先知道了摄影作品，然后寻找切入点来选择摄影作品、构思展览和图录的各部分这样逐步形成的。

“汽车摄影”，这个展览选择了五位美国摄影家的163幅（组）作品。（图41）哈罗德·布兰克（生于1963年），克里斯蒂安·迪特曼（生于1943年），杰夫·佛可思，麦克·福曼（生于1953年），布鲁斯·麦克伊内斯（生于1946年）。展览分为四个部分：①名车老车——世界名车图例，美国汽车简史；②美国车的金色年华——金色的20世纪50年代，美国车20世纪50年代的历史图片，美国老车在古巴；③车文化：现代生活的起点；④车艺术：工业艺术的魅力，艺术车：以车代言；汽车特写；典雅：麦克·福曼的汽车摄影艺术。展览图录是按照上述四部分的展品，穿插着有关论文和文字，如在第一部分“名车老车”后，是美国汽车史专家、自由撰稿人比尔·罗瑟茂的文章《美国汽车简史》；在第二部分“美国车的金色年华”，有美国古董车收藏家、纽约布鲁克林古董车协会主席里奥纳多·席乐对美国车的各方面介绍，以及我记录杰夫·佛可思在古巴看美国老车的文字；第三部分有我对杰夫，这位美国车文化和车生活的亲历者的访谈；第四部分包括三位参展摄影家：哈罗德·布兰克、杰夫·佛可思、麦克·福曼对自己作品部分的诠释。接着有如下的附录：美国五十州的车牌和标语，美国汽车博物馆指南，常用词汇选录，参考及建议阅读书目。以此期望包括我能够想到的有趣而相关的各个方面，来与观众分享。

这个展览的形成，先是偶然。杰夫·佛可思在他“美洲原住民”的展览成功地在中国举办之后，有一天跟我说：“我还爱好汽车摄影，您有兴趣看吗？”我想也没想地说：“我都不会开车啊，自然对汽车也不感兴趣。”他笑着道：“您可以先看一下再说。”我回头想想也是，干吗那么果断地拒绝呢。于是，杰夫给我看了他在古巴拍的美国老车的摄影作品。他的视角、剪裁，使那些美国老车都可全然如画。我的视野打开了，因为我不会开车，所以我将更好奇，更想去了解汽车，把汽车各方面的事都探讨一下，也许这又歪打正着了，由此构思怎么来体现这个美国的车文化。从杰夫的古巴老车出发，怎么丰富这个题目呢？杰夫和他的朋友们是经历汽车文化的一代人，其生活和图像便可构筑起汽车文化的一部分，并指定他们就着与车有关的题目，继续拍摄。“艺术车”的部分，也是偶然得到的。记得大约是在2012年，我去参加杰夫在明尼苏达科学博物馆（Science Museum of Minnesota）的展览，途经他的朋友莱瑞家——位于美丽的白熊湖畔，在他家上厕所时，一眼看到抽水马桶盖上有本书《街车》（*Street Car*）。我翻了一下，大为兴奋，讲的都是美国原生态的汽车艺术啊。我赶快打听，几经周折，顺藤摸瓜，最后找到了哈罗德，这位远在新墨西哥荒漠中研究艺术车的艺术家。最后寻找国际著名的汽车摄影家麦克的过程，也费尽周折。首先在寻找美国车历史资料时，由杰夫开车，一起去了位于宾州荷诗的美国古董车俱乐部，辗转跟图书馆员联系了一阵后，终于认识其负责人。他提到麦克·福曼的名字，说若讲汽车艺术，必定要有他的作品。我立刻上网按他的名字查找，看到他作品的刹那，我为汽车摄影能拍得如此典雅而感动，但网上留的信息只是代理他的作品的画廊，后来才终于设法找到了他，并到他在宾州费城的工作室去拜访。至此我看到了这个展览能够成立的意义。就这样在不断找到新的摄影家和其作品时，作为策展人，我亦逐渐完善自己的思考，最终形成上述的脉络，并通过连续不断地遴选展品乃至最后完成。（图42-1、图42-2、图42-3）

图42-1　杰夫的古巴老车摄影作品

图42-2　麦克·福曼的汽车摄影作品

图42-3　哈罗德的艺术车摄影作品。以上选自海蔚蓝、陈建明主编的《汽车摄影：美国的车文化》，美国激扬美术学会。江苏凤凰出版社，2014，第135页、第121页、第149页

图43 “沃霍尔与摄影”展由湖南省博物馆在其外借展场展出，美国激扬美术学会。张海青拍摄。*Warhol and Photography*, J.Young Art. Photograph: Jeffrey Haiqing Chang, 2015

“沃霍尔与摄影”，这个展览由纽约市立大学布鲁克学院美术馆收藏的安迪·沃霍尔（1928—1987）的摄影作品和几幅丝网印刷作品，以及摄影家克里斯朵夫·麦可斯（生于1948年）的作品组成。麦可斯是沃霍尔的生前好友，在沃霍尔生命的最后十多年，一直追随其左右。整个展览有100多幅作品。先是纽约市立大学布鲁克学院美术馆展出她们收藏的安迪·沃霍尔的作品，并表示有兴趣到中国展出。但我觉得无论数量和角度都需要扩展。限于从博物馆或艺术机构惠借沃霍尔艺术作品的困难，我打算找私人藏家，上网找了十多个收藏有沃霍尔作品的人，包括画商，他们有的不回答，有的各有要求和条件。最后找到克里斯朵夫·麦可斯，我和激扬美术学会的张静山先生一起，到他位于纽约西村的工作室去了许多趟，他倒乐意在没有任何花费的前提下来尝试。这整个项目，从寻找陌生人到合作者，都有点天方夜谭的味道，但三年多的来回周折，终于做成了。

该展览陈列内容的策划和设计，在我研究和撰文介绍谁是安迪·沃霍尔以及他的生平大事记后，先以麦可斯的摄影作品开始，展开对沃霍尔各方面的介绍，这展览第一部分的标题为“麦可斯的沃霍尔”，包括“沃霍尔的生活”“沃霍尔与名人”“沃霍尔的装扮”“沃霍尔在中国”“沃霍尔在绘画”“沃霍尔在拍摄”六个小主题。展览第二部分为“沃霍尔的镜中世界：安迪·沃霍尔的摄影”，由“宝丽来肖像”（沃霍尔特别喜好这种一次成像的相机，甚至曾与科学家合作，研制大尺码的宝丽来

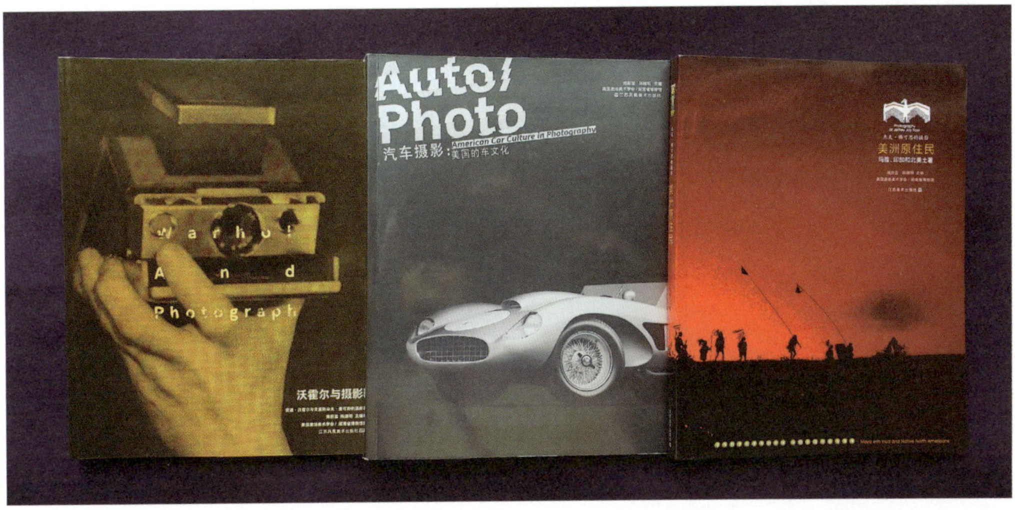

图44　由美国激扬美术学会出版的三本美国摄影展图录封面，美国激扬美术学会。张静山拍摄。J.Young Art. Photograph: John Jingshan Chang, 2019

一次成像相机）、“人物抓拍”、“静物风景抓拍”、“丝网印刷”四个小主题组成。接着是十多本有关沃霍尔的书籍、报纸、杂志的实物作为展品。展览的结尾是特别设计的“青云银云”，一个以气球为主体的装置艺术空间，是让观众互动感受的空间，由沃霍尔著名的《银云》作品演绎而来。许多升到天花板的各种颜色的氢气球上，都附有沃霍尔的名言和中国名言，观众可以拉动气球的绳子，拽下之后看自己找到了什么。在展览图录中，有四篇文章，先以我的一篇对艺术家的介绍《谁是安迪·沃霍尔？》开始；接着为我整理编辑的《安迪·沃霍尔大事记》，纽约市立大学布鲁克学院美术馆的馆长桑川·克拉丝金博士的论文《庆有名与无名：安迪·沃霍尔的摄影》，以及由我访谈的第一手资料实录《我们知道的沃霍尔：麦可斯和魏斯访谈录》；最后为展品目录部分，对所有展品进行图文介绍，亦附加了“参考及建议阅读书目”、“与本书有关的名人一览表”、摄影家介绍等，以扩展观众的感知。虽然在2013年秋天，中央美术学院美术馆举办过“15分钟的永恒：安迪·沃霍尔”（*15 Minutes Eternal: Andy Warhol*）的展览，但其主要展品是沃霍尔的丝网印刷作品。所以，这个于2015年在湖南省博物馆举行的展览，可能是在中国专门介绍沃霍尔摄影作品的首例。（图43）。

在此专门介绍这三个美国摄影展览的策展路程，一是想说明，我从东方艺术做到西方艺术，好像三级跳，大大地跨界了，其实那只是艺术品的不同，从策展人的角度讲，策展的理念如一，我喜欢做所谓的“智性展”，耐人寻味，总希望从展览中能够探索许多事，艺术的，人生的，社会的，古代的，现代的，将来的。因此，如何选择艺术品做成一个展览，其原则和方法多有相通之处，可以说策展自有其原理和法度。二是想说明，这三个展览，都是在湖南省博物馆与美国激扬美术学会的要求之下寻找和构思的，做完第一个“美洲原住民”的展览之后，因为被要求继续做，在看到杰夫的汽车摄影作品后，便开始联想到美国汽车文化自二战以来的几十年中，对其本国和世界的重要性，于是乎，想到若是东一榔头西一棒的，还不如做成一个系列，看看美国文化中有些什么值得关注的，这样不仅有其延续性，整体上也可通过这些单个的展览而形成一种叠加的效果，来增加其深度，以其系列性的总体能量来阐述一个总的主题。非常幸运的是，“美洲原住民”的摄影展恰巧是第一个展览，作为一个开端，可以说它自然地成为这一系列展览思考中的铺垫，不管美国文化现在怎样，美洲原住民在这块土地上生长繁衍，都确实成为美国文化赖以依附的实际的土壤。接着有机会接触到汽车摄影的作品，汽车摄影展的创意和完成，无疑是从摄影的角度来探讨美国人因汽车而改变了他们自己的生活方式，甚而将他们的这种生活理念和方式逐渐地影响和改变了世界。这个率先成为“轮子上的国家”，汽车对其文化的重要性显而易见，汽车摄影展无疑抓住了这一点，并能够做到通过那些摄影作品来反映这一点。这是工业革命带来的社会生活的变化和由此产生的艺术，具有相当纯粹的美国味。安迪·沃霍尔，是美国当代艺术的重要人物，他的波普艺术可以说是美国特色的当代艺术名片。从以上的这三个点来介绍美国，我以为都具有其存在的和为人所了解的价值。

因此，自“美洲原住民”展览之后，我策展的思路就循着寻找美国文化和艺术亮点的“系列展”来走了，这种长线的连续性的策展思路，或可为同好们借鉴。遗憾的是，在此系列的思考中，还有其他可做的代表美国文化艺术特点的展览，有了选题并已开始寻找可能的展品，可惜未能最终完成。但深感幸运的是，能够与陈建明馆长合作，多年来得以努力完成了上述的三个展览。虽然摄影展直到今天，在中国仍未得到应有的重视，但上述的美国摄影的“三部曲”，以系列的方式，说着“什么是美国的艺术和文化”这个大主题，在中国过去十多年来引进的外展中，还是给观众留下了记忆，为他们提示了美国艺术和文化中值得关注的亮点。（图44）

（6）我的策展历程

我从1989年任职于华美协进社中国美术馆，到2019年的30年间，经手了65个展览，从不同角度经手介入制作展览，到成为策展人、总策划、艺术总监和展览出品人，全权负责展览的各方面事务。加之为美国激扬美术学会义务策划的5个艺术展，至今恰为70个展览。兹列表如下。

华美协进社中国美术馆之展：

① *China Between Revolutions: Photographs by Sidney D. Gamble, 1917–1927*
两次革命中的中国：西德尼·D. 甘博1917—1927年摄影展
June 29 – September 9, 1989
Curator: The Sidney D. Gamble Foundation for China Studies and China Institute in America
第一次参与制作展览的诸多细节，如制作展览说明牌以及协助布展、开幕等事宜。以下各展继续着这些工作。

② *Views from Jade Terrace: Chinese Women Artists, 1300–1912*
玉台纵览：中国女画家作品展（1300—1912）（China House Gallery Title：玉庭院所观）
October 5 – December 2, 1989
Organized by Indianapolis Museum of Art
参见上述。

③ *1990 New Year Exhibition: The Chinese Earth — Views of Nature*
1990中国新年展：中国土地——自然观
January 23 – March 3, 1990
Curator: Anita Christy
参与研究资料和寻找展品，其余参见上述。

④ *Clear as Crystal, Red as Flame: Later Chinese Glass*
澄如水晶红如火：中国晚期玻璃器
April 21 – June 16, 1990
Curator: Claudia Brown and Donald Rabiner
参与展品的私人护运。开始翻译展览中文宣传页，手工制作小册。其余参见上述。

⑤ *The Eccentric Painters of Yangzhou*

扬州八怪画家

October 20 – December 15, 1990

Curator: Vito Giacalone

参见上述。

⑥ *1991 New Year Exhibition: Children in Chinese Art*

1991中国新年展：中国艺术中的儿童

January 26 – March 2, 1991

Organized under the auspices of the China Institute Women's Association

参见上述。

⑦ *Ancient Chinese Bronze Art: Casting the Precious Sacral Vessel*

中国古代的青铜艺术：礼器铸造

April 20 – June 15, 1991

Curator: W. Thomas Chase

协助联系上海博物馆，落实所借青铜冶铸模型，接待来宾。其余参见上述。

⑧ *Early Chinese Ceramics from New York State Museums*

纽约州立博物馆藏早期中国陶瓷器

October 19 – December 14, 1991

Curator: Martie W. Young

参见上述。

⑨ *Treasures of the Last Emperor: Selections from the Palace Museum, Beijing*

末帝珍宝：北京故宫博物院藏品选粹

February 1 – March 7, 1992

Curator: Lawrence Wu

From the exhibition organized by the Beijing Palace Museum between 1988 to 1990

协助联络北京故宫博物院，以及展品的运输开箱登记。其余参见上述。

⑩ *Lamas, Princes and Brigands: Joseph Rock' s Photographs of the Tibetan Borderlands of China*

喇嘛、王子与强盗：约瑟夫·洛克的中国西南藏族边地摄影展

April 15 – July 31, 1992

Curator: Michael Aris

参见上述。

⑪ *Word as Image: The Art of Chinese Seal Engraving*

字如画：中国篆刻艺术

October 21 – December 12, 1992

Curator: Jason C. Kuo

参见上述。是年，创立“从艺术中发现中国”艺术教育项目，编写来访前后的参考或问询资料，寻找作为背景教育的录像，设计手工作坊，培训讲解员，接待来访团体。

⑫ *A Year of Good Fortune: Legends of the Rooster and Traditions of the Chinese New Year*

鸡年吉祥：中国新年的传统

January 19 – March 6, 1993

Curator: Willow Weilan Hai

平生所策划的第一个展览。成为策展人。确立主题，选择展品，撰写论文和展品说明，并设计、布展、陈列、制作完成。其余参见上述。

⑬ *Discarding the Brush: Gao Qipei (1660–1734) and the Art of Chinese Finger Painting*

弃笔：高其佩（1660—1734）的中国指画艺术

April 17 – June 12, 1993

Curator: Klaas Ruitenbeek

Organized by the Rijksmuseum Amsterdam

协助联络辽宁省博物馆，安排中方人员到美国等事宜。其余参见上述。

⑭ *As You Wish: Symbol and Meaning on Chinese Porcelains from the Taft Museum*

如意：泰夫特博物馆藏中国瓷器上的吉祥图案

October 23, 1993 – January 15, 1994

Curator: David T. Johnson

协助联络泰夫特博物馆，协助落实展品及运输、布展等事宜。其余参见上述。

⑮ *Sending Away the Old, Welcoming the New*

除旧迎新：中国新年展

February 5 – March 5, 1994

Curator: Karen Kane

协助落实展品及运输、布展等事宜。其余参见上述。

⑯ *Capturing A World: China and its People – Photography by John Thomson*

捕捉世界：约翰·汤姆森所拍摄的中国和中国人

March 26 – June 11, 1994

Organized by the British Council, catalogue by the British Council

参见上述。

⑰ *At the Dragon Court: Chinese Embroidered Mandarin Squares from the Schuyler V.R. Cammann Collection*

龙庭：中国的补子

October 20 – December 22, 1994

Brochure from similar show which took place at Yale University. Art Gallery

Curator: John Finlay

考察展品，协助落实展品、运输、布展等事宜。其余参见上述。

⑱ *Animals of the Chinese Zodiac*

十二生肖：庆中国新年

January 20 – March 4, 1995

Curator: Willow Weilan Hai

策展人。策划选题、寻找展品，并到中国民间采风，研究撰文、说明，安排展品运输、展览设计、布展等事宜。其余参见上述。

⑲ *Chinese Porcelains of the Seventeenth Century: Landscapes, Scholars' Motifs and Narratives*

17世纪的中国瓷：山水、文玩和故事

April 22 – August 5, 1995

Curator: Julia B. Curtis

成为代理馆长，负责展览之制作及馆务。落实展品、运输、布展等事宜，翻译中文简介于展览图录。其余参见上述。

⑳ *Abstraction and Expression In Chinese Calligraphy*

中国书法的抽象与抒情

October 14 – December 21, 1995

Curator: H. Christopher Luce

(Exhibition traveled to the Seattle Art Museum, Seattle, Washington, November 21, 1996 – March 23, 1997 and to the Santa Barbara Museum of Art, Santa Barbara, California, September 18 – November 21, 1999)

落实展品、运输、布展等事宜，协助落实展览图录的出版诸事宜。其余参见上述。

㉑ *Calligraphy as Living Art: Selections From the Jill Sackler Chinese Calligraphy Competition*

活着的书法：吉尔・赛克勒中国书法竞赛选粹

February 3 – March 9, 1996

Curator: Willow Weilan Hai, in conjunction with the A. M. Sackler Foundation, Washington, D. C.

策展人。挑选展品，撰写展品说明，协助落实展品及运输，协助展览设计及布展。其余参见上述。

㉒ *Hare's Fur, Tortoiseshell and Partridge Feathers: Chinese Brown–and Black–Glazed Ceramics, 400–1400*

兔毫龟背鸟羽：中国黑釉陶瓷（400—1400）

April 20 – July 6, 1996

Curator: Robert Mowry

Organized by the Harvard University Art Museum, Massachusetts

落实巡展的各方细节，协助展览设计及布展。其余参见上述。

㉓ *The Life of a Patron: Zhou Lianggong (1612–1672) and the Painters of Seventeenth–Century China*

鉴藏家的一生：周亮工与17世纪的中国画家

October 23 – December 21, 1996

Curator: Hongnam Kim

协助寻找相关的研究资料，落实展品及运输，协助展览设计及布展等事宜。其余参见上述。

㉔ *Adornment for Eternity: Status and Rank in Chinese Ornament*

万世风华：中国古代饰物展

February 6 – July 14, 1997

Curators: Julia White and Emma Bunker

Organized by the Denver Art Museum

落实巡展所需的各方细节，协助展览设计及布展等事宜。其余参见上述。

㉕ *Power and Virtue: The Horse in Chinese Art*

力量与美德：中国艺术中的马

September 11 – December 13, 1997

Curator: Robert E. Harrist, Jr.

作为艺术总监和制作人，全面负责监督出品的第一个展览，包括联络各方，监督展陈设计、布展陈列、展览图录的制作、展览概况的中文翻译、与公关宣传梯队的合作。自此开始负责制作美术馆每年的年度预算并全面管理展览、图录等事宜，并兼任总策划、策展人等职责。其余参见上述。

㉖ *Scent of Ink: The Roy and Marilyn Papp Collection of Chinese Painting*

墨香：罗伊与玛丽莲·派帕的中国书画藏品

February 5 – June 20, 1998

Curator: Claudia Brown

Organized by the Phoenix Art Museum

落实巡展所需的各方细节。其余参见上述。

㉗ *Chinese Snuff Bottles from the Pamela R. Lessing Friedman Collection*

中国鼻烟壶：佛瑞德曼藏品

September 16 – December 13, 1998

Organized by the Asian Art Coordinating Council

参见上述。

㉘ *A Literati Life in the Twentieth Century: Wang Fangyu—Artist, Scholar, Connoisseur*

20世纪的文人：王方宇——艺术家、学者、鉴藏家

February 11 – June 20, 1999

Curator: H. Christopher Luce

参见上述。

㉙ *The Resonance of the Qin in East Asian Art*

东亚艺术中的琴声

September 16 – December 12, 1999

Curator: Stephen Addiss

落实展品、运输等事宜。作为艺术总监和制作人，负责监督展陈设计、布展陈列，监督展览图录的制作出版。联络北京故宫博物院，增添相关古琴资料和绘画作品，撰写并翻译。翻译展览中文宣传页。其余参见上述。

㉚ *The Story of Red Chinese New Year Exhibition in 2000*

红色的故事：庆中国新年

January 12 – February 11, 2000

Curator: Willow Weilan Hai

策展人。同时作为艺术总监和制作人，负责监督展陈设计、布展陈列。其余参见上述。

㉛ *Dawn of the Yellow Earth: Ancient Chinese Ceramics from the Meiyintang Collection*

黄土地的黎明：玫茵堂藏中国古代陶器

March 21 – June 18, 2000

Curator: Regina Krahl

(Exhibition traveled to the Fresno Metropolitan Museum of Art, Fresno, California, August 11, 2000 to November 12, 2000)

作为艺术总监和制作人，负责监督展陈设计、布展陈列，并负责制作出版展览图录。其余参见上述。

㉜ *The Chinese Painter as Poet*

中国画家亦诗人

September 14 – December 10, 2000

Curator: Jonathan Chaves

作为艺术总监和制作人，负责监督展陈设计、布展陈列，负责制作出版展览图录。是年，荣任华美协进社中国美术馆馆长，开始监察及全面负责所有馆务及相关项目，如督导上述的艺术教育项目等。

㉝ *Living Heritage: Vernacular Environment in China*

古承今袭：中国民间生活方式

January 25 – June 10, 2001

Curator: Kai-yin Lo

作为艺术总监、制作人，重新组织该巡展，增添展品，组合展览内容与说明，完成展览的制作。其余参见上述。

㉞ *Exquisite Moments: West Lake & Southern Song Art*

精致的瞬间：西湖和南宋艺术

September 25 – December 9, 2001

Curator: Hui-shu Lee

帮助落实展品。作为艺术总监、制作人，完成展览的制作并出版展览图录。其余参见上述。

㉟ *Circles of Reflection: The Carter Collection of Chinese Bronze Mirrors*

见日之光：卡特藏中国铜镜

February 7 – June 2, 2002

Curator: Ju-hsi Chou

Organized by the Cleveland Museum of Art

作为艺术总监、制作人，完成巡展的制作。其余参见上述。

㊱ *Blanc de Chine: Divine Images in Porcelain*

德化窑：白瓷美影

September 19 – December 7, 2002

Curator: John Ayers

作为艺术总监、制作人，完成展览制作并编辑出版展览图录。其余参见上述。

㊲ *Weaving China's Past: The Amy S. Clague Collection of Chinese Textiles*

编织中国史：凯莱格藏中国织品

January 29 – June 7, 2003

Curator: Claudia Brown

Organized by the Phoenix Art Museum

作为艺术总监、制作人，完成巡展的制作。其余参见上述。

㊳ *Passion for the Mountains: 17th Century Landscape Paintings from the Nanjing Museum*

故山青：南京博物院藏十七世纪山水画

September 18 – December 20, 2003

Curator: Willow Weilan Hai

作为策展人所策划的第一个国际大展。作为艺术总监、制作人，完成展览的制作并翻译、编辑出版展览图录。其余参见上述。

㊴ *Gold & Jade: Imperial Jewelry of the Ming Dynasty from the Nanjing Municipal Museum*

金与玉：公元14—17世纪中国贵族首饰

February 12 – June 5, 2004

Organized by Nanjing Municipal Museum and China Institute Gallery

与南京市博物馆合作重组的展览。作为艺术总监、制作人，完成展览的制作。其余参见上述。

㊵ *The Scholar as Collector: Chinese Art at Yale*

过眼云烟：耶鲁大学藏中国艺术珍品

September 23 – December 11, 2004

Curator: David Ake Sensabaugh

Organized by Yale University Art Gallery

作为艺术总监、制作人，完成展览的制作。其余参见上述。

㊶ *Providing for the Afterlife: "Brilliant Artifacts" from Shandong*

为来世：山东省西汉王陵出土明器

February 3 – June 4, 2005

Curators: Susan L. Beningson and Carry Liu

总策划。协助客座策展人落实所有展品。作为艺术总监、制作人，完成展览制作并编辑出版展览图录。其余参见上述。

㊷ *Masterpieces of Chinese Lacquer from the Mike Healy Collection*
中国漆器：迈克·黑利藏品选粹
September 16 – December 3, 2005
Curator: Julia M. White
Organized by the Honolulu Academy of Arts
作为艺术总监、制作人，完成巡展的展览制作。其余参见上述。

㊸ *Trade Taste & Transformation: Jingdezhen Porcelain for Japan, 1620–1645*
转换期间的贸易品味：景德镇的日本外销瓷（1620—1645）
February 2 – June 10, 2006
Curator: Julia B. Curtis
(Exhibition traveled to the Honolulu Academy of Arts, Hawaii, July 19 – October 8, 2006)
作为艺术总监、制作人，完成展览制作并编辑出版展览图录。其余参见上述。

㊹ *The Beauty of Chinese Gardens*
中国园林之美
June 28 – August 12, 2006
Organized by China Institute Gallery
将这批老照片重新组展策划，编写展品说明。作为艺术总监、制作人，完成展览制作。其余参见上述。

㊺ *Shu: Reinventing Books in Contemporary Chinese Art*
书：中国当代艺术的再创
Part I: September 28 – November 11, 2006
Part II: December 13, 2006 – February 24, 2007
Curator: Wu Hung
(Exhibition traveled to Seattle Asian Art Museum, Washington, August 9 – December 2, 2007 and Honolulu Academy of Arts, Hawaii, June 25 – August 31, 2008)
作为艺术总监、制作人，完成展览制作和编辑出版展览图录。其余参见上述。

㊻ *Tea, Wine and Poetry: The Art of Drinking Vessels*

茶、酒、诗：饮具之艺术

March 23 – March 28, 2007

Curator: Willow Weilan Hai

Organized by the China Institute Gallery

策展人，从立意到寻找展品，并制作了这个特别的于亚洲艺术博览会上的临展。被誉为当年亚洲艺术博览会上最具学术品位的展览。

㊼ *Tea, Wine and Poetry: Qing Dynasty Literati and Their Drinking Vessels*

诗酒茶情：清代制壶名家遗珍

March 24 – June 16, 2007

Curators: Guo Ruoyu and Soong Shu Kong

Organized by the University Museum and Art Gallery, The University of Hong Kong

作为艺术总监、制作人，完成展览制作。其余参见上述。

㊽ *Buddhist Sculpture from China: Selections from the Xi'an Beilin Museum Fifth through Ninth Centuries*

碑林藏佛教造像选粹

September 20 – December 8, 2007

Curator: Annette L. Juliano

落实合作的中国博物馆，寻找、发掘并挑选展品及商谈国际展的所有细节。作为艺术总监、制作人，完成展览制作及编辑出版图录。其余参见上述。

㊾ *Enchanted Stories: Chinese Shadow Theater in Shaanxi*

老故事：陕西皮影艺术

January 31 – May 11, 2008

Curators: Chen Shanqiao, Li Hongjun and Zhao Nong

Organized by China Institute Gallery in collaboration with Shaanxi Provincial Art Gallery

总策划。构思展览并遴选展品。作为艺术总监、制作人，完成展览制作及编辑监督展览图录的出版。其余参见上述。

㊿ *Beijing 2008: A Photographic Journey*

北京2008：摄影之旅

June 12 – August 17, 2008

Organized by the China Institute Gallery and the Beijing Archive Bureau

总策划。构思展览并与国家档案局合作遴选展品。作为艺术总监、制作人，完成展览制作。其余参见上述。

51 *The Last Emperor's Collection: Masterpieces of Painting and Calligraphy from the Liaoning Provincial Museum*

末帝宝鉴：辽宁省博物馆藏清宫散佚明清书画

September 25 – December 14, 2008

Curators: Willow Weilan Hai, David Ake Sensabaugh, and Yang Renkai

总策划，领衔策展人。作为艺术总监、制作人，完成展览制作并主编出版展览图录。其余参见上述。

52 *Noble Tombs at Mawangdui: Art and Life in the Changsha Kingdom, Third Century BCE to First Century BCE*

马王堆汉墓：古长沙国的艺术和生活，公元前3世纪至公元前1世纪

February 12 – June 7, 2009

Curator: Chen Jianming

Organized by the China Institute Gallery and the Hunan Provincial Museum

总策划。构思展览并遴选展品。作为艺术总监、制作人，完成展览制作，并与湖南省博物馆共同主编展览图录。其余参见上述。

53 *Humanism in China: A Contemporary Record of Photography*

中国人本：纪实在当代

September 24 – December 13, 2009

Curators: An Ge, Hu Wugong, and Wang Huangsheng

Exhibition re-organized by Jerome Silbergeld for the China Institute Gallery

总策划。协助客座策展人重组该巡展。作为艺术总监、制作人，完成展览制作，并负责制作、出版相关展览图录。其余参见上述。

54 *Confucius: His Life and Legacy in Art*

孔子：他的生活和文化遗产

February 11 – June 13, 2010

Curators: Lu Wensheng and Julia K. Murray

Exhibition directed by Willow Weilan Hai

总策划。构思展览并遴选展品。作为艺术总监、制作人，完成展览制作，并负责主编、制作、出版展览图录。其余参见上述。

㊺ *Woodcuts in Modern China, 1937–2008: Towards a Universal Pictorial Language*

中国现代木刻，1937—2008年：迈向世界的图像语言

September 16 – December 5, 2010

Curators: Joachim Homann and Renee Covalucci

Exhibition organized by the Picker Art Gallery at Colgate University

作为艺术总监、制作人，完成巡展的制作。其余参见上述。

㊻ *Along the Yangzi River: Regional Culture of the Bronze Age from Hunan*

沿着长江：湖南的古代青铜器文化

January 27 – June 12, 2011

Curators: Chen Jianming, Jay Xu, and Fu Juliang

Exhibition directed by Willow Weilan Hai

(Exhibition traveled to Bowdoin College Museum of Art, Bowdoin College, Brunswick, ME, September 1, 2011 – January 8, 2012)

总策划。构思展览并遴选展品。作为艺术总监、制作人，完成展览制作，并负责主编、制作、出版展览图录。其余参见上述。

㊼ *Blooming in the Shadows: Unofficial Chinese Art, 1974–1985*

暗影下绽放的花朵：1974—1985年的中国民间艺术

September 15 – December 11, 2011

Curators: Kuiyi Shen and Julia F. Andrews

Exhibition directed by Willow Weilan Hai

总策划。作为艺术总监、制作人，完成展览制作，并负责主编、制作、出版展览图录。其余参见上述。

㊽ *Theater, Life, and the Afterlife: Tomb Décor of the Jin Dynasty from Shanxi*

生死同乐：山西金代戏曲砖雕艺术

February 9 – June 17, 2012

Curator: Shi Jinming

Exhibition directed by Willow Weilan Hai

总策划。构思展览并遴选展品。作为艺术总监、制作人，完成展览制作，并共同主编、监督制作与出版展览图录。其余参见上述。

㊾ *New "China" : Porcelain Art from Jingdezhen, 1910 – 2012*

新瓷：景德镇的百年瓷艺，1910—2012

September 21 – December 9, 2012

Curators: Fang Lili and Nancy Selvage

Exhibition directed by Willow Weilan Hai

总策划。作为艺术总监、制作人，完成展览制作，并负责主编、制作、出版展览图录。其余参见上述。

㊿ *Dunhuang: Buddhist Art at the Gateway of the Silk Road*

敦煌：丝路佛光

April 19 – October 6, 2013

Curator: Fan Jinshi

Exhibition organized by China Institute Gallery and Dunhuang Academy under the direction of Willow Weilan Hai

总策划。构思展览并遴选展品。作为艺术总监、制作人，完成展览制作，并负责主编、制作、出版展览图录。其余参见上述。

61 *Inspired by Dunhuang: Re-creation in Contemporary Chinese Art*

敦煌灵感：当代中国艺术的再创

December 14, 2013 – June 8, 2014

Curators: Willow WeilanHai and Jerome Silbergeld

总策划，领衔策展人。作为艺术总监、制作人，完成展览制作，并负责主编、制作、出版展览图录。其余参见上述。

62 展览信息暂缺。

63 *Art in a Time of Chaos: Masterworks from Six Dynasties China, 3rd – 6th Centuries*

乱世绝响：六朝艺术（三至六世纪）

September 30, 2016 – March 19, 2017

Curators: Willow Weilan Hai, Annette Juliano, Gong Liang, Shi Jinming, and Bai Ning

Organized by the China Institute Gallery in collaboration with the Nanjing Museum

(Exhibition traveled to Honolulu Museum of Art, Honolulu, HI, April 28 – August 21, 2016)

总策划，领衔策展人。作为艺术总监、制作人，完成展览制作，并负责主编、制作、出版展览图录。其余参见上述。

㊹ *Dreams of the Kings: A Jade Suit for Eternity, Treasures of the Han Dynasty from Xuzhou*

楚王梦：玉衣与永生——徐州博物馆汉代珍藏

May 25 – November 12, 2017

Curator: Li Yinde

Exhibition organized by the China Institute Gallery and the Xuzhou Museum under direction of Willow Weilan Hai

(Exhibition traveled to the Nelson-Atkins Museum of Art, Kansas City, MO, December 16, 2017 – April 1, 2018)

总策划。构思展览并遴选展品。作为艺术总监、制作人，完成展览制作，并负责主编和监督图录的制作出版。其余参见上述。

㊺ *Art of the Mountain: Through the Chinese Photographer's Lens*

山艺术：中国摄影家的镜像

February 8, 2018 – August 18, 2019

Curators: Willow Weilan Hai, Jerome Silbergeld, and Jiang Rong

总策划，领衔策展人。作为艺术总监、制作人，完成展览制作，并负责主编、制作、出版展览图录。其余参见上述。

为美国激扬美术学会（J.Young Art Inc., USA）策划的展览：

① “灵石神山：中国人看自然——胡可敏藏石/海涛、王己千画山”（*Spirit Rock, Sacred Mountain: A Chinese View of Nature, Kemin Hu's Rock/The Mountain*

Paintings of Hai Tao and C.C. Wang），2011年2月25日至4月6日。总策划，策展人，并负责编撰、制作、出版展览图录。

② “再访遗产：中国当代五人画——孙秀庭、郭庆丰、朝伦巴特尔、张慧、伊玄”（*Revising a Legacy: Paintings by Five Contemporary Chinese Artists, Sun Xiuting, Guo Qingfeng, Chaolun Baatar, Zhang Hui, Yi Xuan*），2013年3月19日至4月16日。总策划，策展人，并负责编撰、制作、出版展览图录。

以上两个展览均在纽约市立大学布鲁克学院希德尼·密歇根美术馆举办。

③ “美洲原住民：玛雅、印加和北美土著，杰夫·佛可思摄影作品展”（*Indigenous Americans: Maya with Inca and Native North Americans, Photography of Jeffrey Jay Foxx*），2013年4月26日至6月24日。总策划，策展人，与陈建明共同主编，并负责制作、出版展览图录。

④ “汽车摄影：美国的车文化”（*Auto Photo: American Car Culture in Photography*），2014年12月30日至2015年3月8日。总策划，策展人，与陈建明共同主编，并负责制作、出版展览图录。

⑤ “沃霍尔与摄影：安迪·沃霍尔与克里斯朵夫·麦可斯的摄影”（*Wahol and Photography: by Andy Wahol and Christopher Makos*），2015年12月29日至2016年2月29日。总策划，策展人，与陈建明共同主编，并负责制作、出版展览图录。

以上三个展览均先在湖南省博物馆展出，有的还巡展到中国各级博物馆。

以上展览，除了得到观众的好评，有许多还得到《纽约时报》《华尔街日报》《亚洲艺术新闻报》《侨报》等中外媒体的展评，以及“纽约1”“13频道”等电视台的报道。总之，策划一个好展览，首先要有好的艺术品，然后再有策展人的独特视角、见识、重构能力和执行能力。展览选题与艺术品，孰先孰后的问题，不同情况下当有不同。但不管是面对博物馆的积年珍藏来策展，还是面对艺术界的海选，首先肯定是要了解艺术品，然后要在吃透艺术品内涵的同时，进而对艺术品及其背后的信息有穿透性的理解，从而构建起一个宏观的视角或背景，或者是一个深入地核的“隧道”。这样才能相对准确地寻找一个角度或切入点，选择最能说明问题的艺术品（这个过程与理解艺术品，逐步完善展品清单的过程相互消长前行），说出一个好故事来。说故事，这是一个通俗的词，谁都能懂。真正好的展览，除了说好这故事，还应该从故事中涉及有关人类的更多本质性问题，如哲学思想、美学品位、文化习俗、人性的涵养、艺术的风格及其影响，来鉴古知今，汲取养分。当然这些深层的考虑，也是需要以说故事的形式来表现的。我的意思是，展览不要停留在简单的“说故事”的层面上来介绍艺术品，以免流于庸俗，但同时又要避免学究式的样子。一个展览既应该有深度，又必须为所有人可以看得懂，听得明白，“深入浅出”。说来容易，实际做起来是很费心思的。以下的几点，或许抽象，却是我在策展时常有的延展思维，或曰“胡思乱想”，或曰“奇思妙想”，或曰“迁想妙得”，或许可作为深挖故事素材、探讨事物本质时开启脑洞的参考。

①艺术品表现了一种存在（existence）。

法国哲学家萨特（1905—1980）在《存在主义是一种人道主义》中说道：“存在先于本质。人类可以证实的数万年历史，是数不清的一代代艰难跋涉，努力生存着而延续的历程，其一路走来，为历史尘埃湮没者不计其数，但也不乏辉煌和精彩，借助某些形式而印证着其曾经的存在。”对“生存”和“存在”这样的概念，或许我们当代人生活在当下间，就像空气和呼吸维持着我们的生命而我们熟视无睹它的存在一样，唯有跳出一个约定俗成的圈子，才能看到这“生存”和“存在”的真容。2016年微信上流传一首伊戈尔·马特维延科的歌，名叫《生存》，好像是用俄语演唱的，调子很沉重。视频画面中闪现男女老少不同的歌手，反复吐出“生存”这个词，好像打号子一般，背景穿插着各式人等的生活瞬间。欣赏完这视频，我心里有些沉重，对生活之重负，为自己活在这地球上的每一天所需要做出的努力而慨叹不已。“存在”，是一个如此必需的本能，一种强大的不可抗拒的自然之力。“KAWS”，这个几乎成为现今潮流文化代名词的画家，原名为Brian Donnelly，最早以街头涂鸦知名。他就说道：“我做涂鸦的时候，满脑子想的都是‘我只想存在’。”

视觉艺术的效果是“一图胜万言”的效果，它使艺术品——这人类生存的痕迹——或经传承，或经发掘，或制作于当下，再现世间，且不论古今，都具有其天然的感染力，并且无不印证着“每个人的日常生存这个离我们最迫近，却又被历代哲学家们抛得最远的现象”，而这才是真正值得每个现代人去探究的“原始性”的终结命题。19世纪尼采存在主义哲学的精髓，即“生”的哲学。他的哲学观点，作为一种理论基础，使我们开拓了认识艺术品和人类本身的另一视角。这种从对物品的考察延伸到哲学层面的认识，不就是重拾这个历史现象，而将之还原于历史的长河中来重新构造，从而关注着曾经的存在，思考当下的存在，表现和寻求那存在的个体生存的意义，进而认识一个文化生存和整体人类存在的意义吗？（注41）这里便映现了展览所应该具有的首要和最终的使命与职责：这个展览想表现怎样的一种存在？并且，既然一切存在都是合理的，那么什么才是生存的本质？

②寻找展品的内在理路。

在寻找、挑选艺术品的过程中，要于无序中寻找有序，建立一个与内容相关的艺术架构，即以什么艺术品来诠释什么概念，而不是抓什么展什么，就像青菜萝卜要分开放，这是菜贩都知道的归类法。但也不是简单排列和堆砌，当选定展题和展品后，首先要理解个体艺术品的全面信息。个体艺术品本身有它内在的理路：作者、产生的原因、作品的特色。然后看看个体艺术品间的关系，例如同一流派间有怎样的相互影响，这群艺术家或艺术品在怎样的氛围和环境中产生，其艺术地域范围如何，其与其他同时的艺术家或艺术流派的关系如何，等等，以此来引导策展的思路，而不局限在展品本身。这种过程或许不是一下子就到位的，而是在思考和考察艺术品的过程中不断互相启发，互相补充，互相完善，并指导着我们对展品不断加以选择、调整、梳理，最后建构属于其特定的秩序、逻辑和系统，探讨其规律和可能更深层的内涵。如此，这艺术才有力量，这知识才有价值，这展览才值得回味。

③反映某种社会现象。

艺术品作为各个时代的产物，对艺术品的检视，可谓一种逆向思维，重新检视艺术品的原始语境、原始生态等社会现象和历史渊源，以期更深刻地发掘艺术品背后的含义。我当年在领衔策划“末帝宝鉴：辽宁省博物馆藏清宫散佚明清书画”的展览时，先是看到辽博那么好的书画藏品，从唐到清，无疑可以办一个辽博所藏中国历代书画精品展，那是当时大多数展览的趋向。后来因只能惠借明清两朝的书画，就更主要是在考虑从什么角度切入，因为不能总是珍宝展、精品展吧。在检视艺术品时，我看皇帝之介入绘事、皇帝之介入鉴藏，联想到从宋代那不问正事、痴迷书画的宋徽宗授予编修的《宣和书谱》《宣和画谱》，到清代历时半个世纪编撰的皇家书画鉴藏的《秘殿珠林》初编（1744）、二编、三编及《石渠宝笈》初编（1745）、重编

图45　清代张照、梁诗正等奉旨编纂的《秘殿珠林》与《石渠宝笈》合刊本，台北“故宫博物院”，1971年重印本。“末帝宝鉴：辽宁省博物馆藏清宫散佚明清书画”展品档案照，华美协进社中国美术馆。*The Last Emperor's Collection: Masterpieces of Painting and Calligraphy from the Liaoning Provincial Museum*, catalogue P.255, China Institute Gallery, 2008

（1791）、三编（1815），如此的郑重其事，绝不仅仅是皇帝私人的兴趣。书画作为中国艺术和文化的最高代表之一，其背后对以艺术文化来安民教化的要旨，对以文化血脉的传承来安邦抚民的重要，都是不言而喻的。因此我将展览的主题确定在皇家的鉴藏，选择从皇家收藏史的回顾，论及明清皇帝之介于绘事鉴藏之事和著录的史实，将展品的选择确定为《石渠宝笈》的著录之作，对展品的介绍也围绕这点展开。因这些展品许多经由末代皇帝溥仪之手，辗转运出宫中而流失散佚，辽博幸得其部分，故展览以此为题：末帝宝鉴。展览的整体构思和内容的具体展开，经过如此的思考之后，其深度就远远超出艺术品本身，也远远超出“精品展”了。（图45）

④寻找艺术链。

作为艺术品，其形式、材质、构图、审美都会有其特殊之处。从艺术的角度而言，这些艺术因素的来龙去脉，跟古今有关吗？跟中外有关吗？跟师承诤友有关吗？跟其他的艺术形式有关吗？跟特殊的自然、人文环境有关吗？有怎样的传承、影响和生发吗？可以尽量地把思索的渔网大大地撒开去，说不定就捉到不同的鱼儿来了。好比园林设计中有“借景”一说，“治玉”工艺要借他山之石。艺术的相互借鉴影响，正是艺术不断丰富的源泉之一。

例如，喜欢中国书画的人都知道，清末民国初，书法界兴起一种新的美学追求，谓之“金石气”“金石味”，这来自清代金石学的兴盛。在中国书法的演进史上，金石学早就有迹可循，一般认为汉代造纸术问世之前，文字多在甲骨、金石、竹木简牍上记载，其中金石沿用时间最久，受众也最多。自汉代以来，历代学者都很重视对古代金石器物和铭刻文字的研究，于是逐渐演变成一门独立的学问。金石学，起于汉，兴于宋，衰于元明，极盛于清，这大概就是金石学的发展情况。但是当清代金石学复兴之时，从毕沅、阮元到黄易、邓石如、赵之谦，名流如云，带动了访碑风气，此时对金石的概念，可以根据金石考古学家、书法篆刻家马衡先生的话来理解，他曾说：“盖金石者，乃指金文及碑版而言。金文者，商周以来铜器之文字；碑版者，秦汉以来刻石之文字也。”金石，是金文文字与碑版文字的合称。先秦至汉魏的金石碑版的书法流传到今天，大多斑驳漫漶，与它们最初完成时候的形貌有了差异，有些残损严重者，字迹难以辨识，几乎“改头换面”了。而金石碑版的书法，因其工具和方法的不同，有的是直接刻成，有的是先书后刻，有的是铸造而成，总之与持毛笔而就的“墨迹书法”有着较大的差别。当时的许多学书者便着迷于金石碑版书法的那种味道，就像金农说的“耻向书家作奴婢，华山片石是吾师”，他们将从中发现的不同于墨迹（帖学）的美感，称之为金石气或金石味，因而带动清代书法的审美进入另一个不同的层面。此外，摹拓技术的成熟也为书法家提供了好的书法范本。清代金石著作中流露出对汉朝、魏晋时期碑刻书法极高的评价，这种情况与宋朝也是不同的。清代的碑学名家，在自魏晋书法以来的帖学传统之外，别开了一条以先秦至汉魏的金石碑版书法为范本的路。这一新的审美取向，影响了清代以来的书法创作。曾任西泠印社第二任社长的马衡先生不仅有《中国金石学概要》的著作，他自己也是书法有金石气的实践者。这个由清代书法家提出的“金石气”“金石味”的新概念，在擅长篆刻的吴昌硕（图46）、齐白石的书法与绘画中皆有表现，甚而影响大写意绘画的雄健风格，如潘天寿之作。

⑤为什么要做这个展?

换句话说，作为策展人，要不断如此扪心自问，来激励自己不断地透视展览的深度，寻找不同的视角，担当策展的使命。再以上述我在领衔策划“末帝宝鉴”一展时，从最初的珍品的考察角度出发，到最终寻找选择到的从皇家鉴藏的角度来说

图46　吴昌硕（1844—1927）《红梅图》轴，设色水墨纸本，156.5厘米×84.5厘米，天津博物馆藏并承蒙供图

展品，寻找到这一点的最大理由不外有二：首先是好像到2008年为止，还未见有人从这个角度来介绍过中国的书画，包括以《石渠宝笈》为重要依据的书画展。因我馆向来要求原创主题展览必须具有非同一般的视角，如此这般，这一尚且未有人关注到的视角便符合要求。其次，说到底，文化艺术的繁荣，与时代有关，与当权者的保护鼓励及其品位也有不可分割的关系。传承文脉即传承一个民族的血脉。中国俗语所谓“上梁不正下梁歪”，或“高屋建瓴”，可见当权者执掌天下之重任，引领民众之大责。这是我试图通过这个展览传递的信息，也是我以中国传统知识分子“天下兴亡，匹夫有责”的理念，自以为应当为自己祖国所尽的一份绵薄之力。这是作为策展人的使命。从艺术的角度说，策展人不仅仅要把艺术品通过一个展览来加以介绍，更应该将对艺术的考量提高到一种理性思辨的整体和本质的角度，来梳理源流，探寻生命和智慧，指引美学、伦理、价值观的建立，激发每个生命体的完善和创造能力。

第二章

展览天下——策展类型说

展览的类型（或永久性展览和临时特展两大模式）：1.常设性展览；2.主题性展览；3.专题性展览；4.实验性展览；5.商业性展览；6.其他。

1.常设性展览

常设性展览具有地域特点、通史通论性质，或馆藏的特殊珍品多为永久陈列。

常设性展览的一大类，即最常见的博物馆的“基本陈列”展览，中外皆然。作为长久性陈列的展览，博物馆大多是基于其馆藏文物的特色，或按照历史、地域特点以文物或展品来展现其具有地方史性质的展览，或按文物的类别来作长久的展示。这一类展览的展品来源，多是其本馆的收藏，在美国也有博物馆结合着一些私人长期惠借的藏品来组展的。

从策展的角度来说，若是馆藏文物展，常见的有三种基本形式：

图47 纽约大都会艺术博物馆夏洛特·韦伯“中国古代艺术之廊”。海水绘图，2020

（1）艺术史类展

艺术史类展是按照艺术品本身的历史脉络为主线的常设展，即按照历史年代，从古到今，将每个朝代的重点文物逐一介绍。如纽约大都会艺术博物馆在二楼有一条通往亚洲艺术各个展厅的必经之道，那是由夏洛特·韦伯捐赠的藏品形成的“中国古代艺术”展厅（注42）。通道本身就具有一种时空隧道的感觉，而在此空间按各时代来展示艺术品，让人一路走过去，就像走了千年，看到了艺术在各阶段的变迁。（图47）

这一“中国古代艺术之廊”，首先介绍的是新石器时代的艺术品，展柜里一边是新石器时代仰韶文化半坡类型的尖底瓶和马家窑文化的彩陶，另一边是良渚文化的玉琮等新石器时代的玉器。接着前行是商周青铜器，其中心位置，放置着一套青铜禁和与其配置的青铜酒器，这套青铜器曾为中国清朝大臣、金石学家端方（1861—1911）所收藏，是中国青铜器考古和收藏史上鼎鼎大名的一套器物。（图48-1、图48-2）据记载，端方是受到王懿荣（后以发现甲骨文著称）的耻笑而发奋学习鉴藏碑帖古玩的

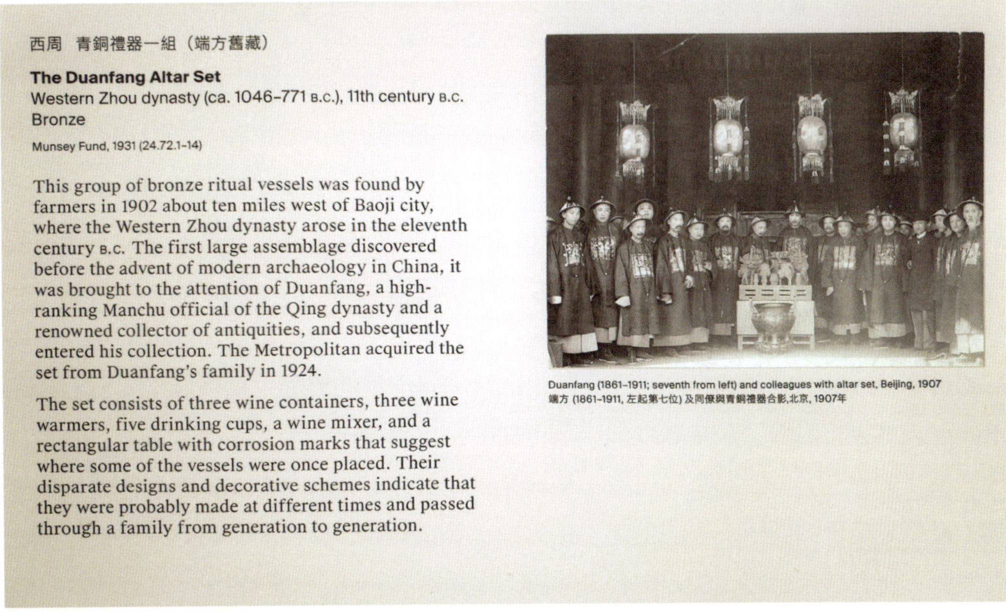

图48-1、图48-2　纽约大都会艺术博物馆，夏洛特·韦伯“中国古代艺术之廊”内陈列的端方藏商代青铜禁及其说明。View facing north including display case with Ritual Altar Table with Ritual Objects (24.72.1–.14), late 11th Century B.C. , China (public domain). The Metropolitan Museum of Art. On view at the Met Fifth Avenue，in Charlotte C. Weber Gallery, Arts of Ancient China

图49 纽约大都会艺术博物馆中国绘画展厅示意图，以方闻先生书法“溪山无尽”为题的展览入口示意图，展厅内左边为清代袁耀《九成宫》图屏，中间立轴为清代苏仁山《深山楼台图》轴。海水绘图，2020

知识。后来瑞方收藏到这套西周酒器，据他记载，乃1901年于陕西凤翔府宝鸡出土，其中的青铜夔蝉纹铜禁，这种以前只见于古书记载的器物，是自有金石学以来首次现身于世。端方得到这套青铜器后非常得意，不仅请来同僚一起欣赏，还当场摆拍了一张照片——在当时拍照可是了不得的时髦物事，留下了珍贵的影像记录。后来这套青铜器落到了一个“中国通”——在中国南京待了几十年的美国人福格森手里，他最后卖给了大都会。沿着这长廊继续前行，看到的是自周代到西汉的小件青铜器；然后过渡到汉代的介绍，以陶器陶俑居多；接着是六朝的介绍，除了青瓷，还包括敦煌的壁画；最后是唐代的介绍，十二生肖、三彩马、墓葬构件、金银器、胡人玉带板、鎏金青铜狮，还有唐代到辽代的青铜鎏金佛像。在走廊尽头两边的门墙上，是辽代的狮纹团状石灰岩石雕。这长廊中的展品说明从略，除了少数几件如端方藏青铜器加以说明，说明牌一般只是简单地写了品名、年代、质地。这最后的两件亦如此，同时还注明了它们都是夏洛特和约翰·韦伯捐赠。这两件是位于两边墙上的团状石雕，中央都有一个高浮雕的角色，一个看似飞廉——一种马王堆汉画出现的长着长毛、羽翅的瑞兽，另一个是婀娜的飞天，刀法虽然不是很精细，但神情生动。我曾经感叹博物馆对此没有更多的介绍，于是就让自己晕乎乎地去联想了。挨着那飞天浮雕的门墙，穿过一个短短的过道，就是专门介绍中国绘画的展厅（图49）。这仿佛是飞天引领着的穿越，落到中国山水画的永恒自然之中，“溪山无尽”（注43），勃勃生气，清凉世界。若能停步，会感受到中国山水画追求的静谧、超脱的清雅意境，在画间和展厅中悄然弥漫，然后可以到阿斯特庭院（Astor Court）苏州园林的蕉叶曲廊中去沉思、冥想、默悟。不知当初策展人的思绪如何，但若按照我如此的遐想来设计观赏的路线走向，配以这些艺术品的陈列，也是很有意思的：两个展厅表面看起来相隔有小段距离，作品也似乎并不相干，但以飞天作为前一展厅的压尾，连着中国艺术中认为最高境界的书画展厅，可以说从飞天到书画再到园林，实在具有一种内在的精神层面的延续性和让人联想的无穷空间。

（2）地方史类展

地方史类展是结合当地地方史的特点，以文物来阐述这一历史的常设展。中国地大物博，各地的博物馆常有侧重地方史的常设展，多半是充分利用当地所出土或收藏的各个时代的文物，并结合有可能找到的文献，将此地可追溯的各个时期的人文面貌表现出来。2018年湖南省博物馆就有个题目为“湖南人：三湘历史文化陈列”的常设展，这个作为基本陈列的展览，便以地方史和人文特色为主线，配合各时期的各种物品，从石器时代的石器陶器到近现代的湖南伟人，形象地交代其一方水土养一方人的历史。这或可作为此种类型的一个例子，在此不惜赘语，将相关文字列出，以供同仁参考。（注44）

其前言如是说：“湖南，地处中南腹地，北饮淼淼洞庭之水，三面雄山峻岭相拥，湘资沅澧四水润泽，气候温和，土腴物丰，自唐号为‘芙蓉国’。自50万年以来，先民便在此繁衍生息，以包容开放之胸襟，融合历代移民，演绎成今天的‘湖南人’。从最早驯化野生稻、栽培人工稻，到当今培育杂交水稻，湖南自古以稻作农业著称。一代代湖南人，以其勤劳与智慧，追求仓廪丰实、协耕互助、舒适恬淡的诗意田园，将家园经营成‘天下粮仓’。从饭稻羹鱼，到食尚香辣，湖南人品味生活，追随历史的脉搏，追求器以载道，从祭祀神灵的商周礼乐青铜，彰显生活品质的楚汉漆木器，深受大众喜爱的唐长沙窑瓷，到耕读传家的明清宗族村落，无一不是湖南风俗信仰与生活方式的凝结。几千年来，爱国忧民思想的濡化，中原文化的浸染，书院教育的传承，近代思潮的激荡，造就了湖南人个性张扬、敢为人先、忠信担当、九死无悔的家国情怀。谨以此陈列献给曾经、现在、将来在湖南这片土地上生活、游历，以及对湖南历史文化发展起推动作用的人！”

接着，展览分为五部分来陈述展示。

第一部分：家园。“湖南”之名始见于唐，因处洞庭湖之南而名，又以湘江贯穿南北，简称“湘”。与黔、渝、鄂、赣、粤、桂为邻。多次地壳运动，造就了现在的马蹄形地貌，三面环山，湘、资、沅、澧四大水系及其支流网布全省，资源丰富，四季分明，为人类繁息提供了良好的天然条件。此部分分为三个单元：地形地貌、动植物变迁、历史沿革。

第二部分：我从哪里来。湖南是中华文明的重要发祥地。至迟在50万年前，湖南先民便在此繁衍生息。进入文明时期后，原住民与不同时期迁入的外来移民相互融合，逐渐形成当今汉族的主体；湘西、湘南等山区的居民，由于特殊的地理环境和羁縻、土司制的治理方式，保留了自己的语言，并形成独特的风俗习惯，1949年后被确认为各单一少数民族。各族人民和谐共处，组成了今天的民族大家庭。下列七个单元：先祖、早期族群、商人南下、楚人入湘、北人南迁、“江西填湖广”（元末明初和明末清初时期的历史移民事件，大批江西人及取道江西的苏、浙、皖、闽人迁入湖南）、民族大家庭（湖南以汉族为主体，有包括土家、苗、侗、瑶等在内的50多个民族，其中世居民族人口较多的有9个）。

第三部分：洞庭鱼米乡。湖南属于亚热带季风气候，适宜农作物的种植与生长。约在1.5万年前，先民便开始人工栽培稻谷，并创烧陶器用以烹煮与储藏粮食，使定居成为可能。经过历代耕地的开发与耕作技术的进步，唐宋以后湖南粮食开始大量外输，到明清时期发展为“天下粮仓”，为湖南人们生活品质的提升与文化教育的发展提供了物质基础。下列两个单元。稻之源（我特意将这几句话的介绍列出，给以稻米为主食的同胞们多一点“米从何而来”的信息）：距今2万至1万年左右，寒冷的冰河时代过渡到温暖的全新世，原始农业出现，湖南地区率先种植水稻、烧制陶器，开始了定居生活，并由小型聚落逐渐发展到城池。以澧阳平原为代表的稻作农业，是长江中游地区新石器时代发展高度的标杆。稻之兴：湖南到隋唐时成为中国南方稻米重要产地。

图50　“沿着长江：湖南的古代青铜器文化”展览中的青铜铙，陈列档案照，纽约华美协进社中国美术馆。胡维智拍摄。*Along the Yangzi River: Regional Culture of the Bronze Age from Hunan*, China Institute Gallery. Photograph: Perry Hu, 2010

第四部分：生活的足迹。一方水土养育一方人。独特的地理环境与物产形成了湖南地区特有的生活方式，并不断融入外来人群的生活方式与风俗习惯。各历史时期考古资料和传世实物组成的一个个生活画面，既反映了当时社会发展水平，也是湖南不同时期生活方式的真实写照，衬托出稻作农业造就的勤劳精干与互助协作的人文精神，凝固成富有地方特色的区域文化。下列五个单元：

①青铜时代的南方礼乐。商人南下带来的青铜铸造技术，使湖南地区进入了青铜时代。中原青铜礼乐器与本地信仰礼俗的结合，形成了地域特色鲜明的南方青铜文化。湖南青铜器的出土地以宁乡黄材为中心，铜器多单个出土于山川、河畔，少成套组合，应是祭祀天地、山川神灵时埋藏。虽用于祭祀，但也是现实生活的一种折射。（图50）湘楚风情：春秋战国时期湖南纳入楚国版图，形成了以楚文化为主、与越等多元文化广泛共存的格局，地域文化特色鲜明。随着这时期人的意识觉醒，生活重心由礼神转向娱己，日常用器精美考究，楚人灵动的特质得到张扬，开始追求生活情趣。

②大一统下的小农家居。秦汉时期，湖南开始纳入中原政权统一管辖，在保留南楚的社会习俗的同时，生活用具与其他地区呈现趋同现象。汉代提倡以孝治天下，盛行厚葬，墓中出土的各类器具和模型，便是当时小农社会的写照，反映了大一统后湖南的文明进程。

③多元文化交融的社会风尚。晋唐时期由南北分裂走向大一统。因中原人口大量迁入，湖南经济快速发展，又因地处广州通商口岸与都城连接的咽喉，“物参外夷之货”，多元文化演绎出丰富多彩的社会生活。这一时期，瓷器逐渐成为日常生活的主要用具，岳州窑（湘阴窑）、长沙窑、衡州窑此起彼伏，与生活需求无缝对接。

④重心南移后的品质生活。宋代经济重心南移后，湖南的经济、文化地位逐渐上升。在文人审美导向的影响下，人们更加追求生活的品质与情趣。作为茶酒重要产地的湖南，饮茶品酒的方式推陈出新，用具考究。

⑤随着棉纺织业在湖南大力推广，元明时期棉布逐渐成为人们的主要衣料之一。明末南美作物的引入，改变了传统饮食结构，辣椒成为湘菜的主要特色，也演绎成湖南人的性格标签。

第五部分：湘魂。千百年来原住民的血性，历代移民的开拓精神，稻作农耕的协作互助精神，共同演绎出湖南人的特殊性格特征，经屈贾忧乐文化的洗礼、书院的传承沉淀，孕育了湖南近现代人才井喷的人文奇观。尤其近代以来的多次变革，多由湘人首开风气并以湘人为中流砥柱，彰显以天下为己任、为苍生谋福祉、舍我其谁的担当精神。下列四个单元。忧乐观的濡化：历代南来的中原人，带来了先进的生产技术和文化，推动了湖南的社会进步。炎帝、舜帝南巡，传播中原礼仪，教化百姓，受历代祭拜；流寓湖湘的屈原、贾谊、刘禹锡、韩愈、柳宗元等带来的一次次精神洗礼和他们爱国忧民的精神，在三湘大地得到认同和传承。书院教育的传承：宋代官学普及，多数州县兴建学府，同时书院开始兴盛，全国四大书院中，湖南（岳麓书院）居其二。周敦颐首创理学，胡安国父子开创湖湘学派，其所倡导的知行合一、经世致用的精神，与屈贾的忧乐观相结合，通过书院教育的传承与推广，转化为湖南士人的精神追求。百折不挠的家国情怀：在内忧外患的时代背景下，深受湖湘文化熏陶的士林学子，以修身齐家治国平天下为己任，站在时代浪潮的最前列，涌现出一批批救亡图存的志士群体，从经世派、洋务派、维新派到革命派，前仆后继，九死无悔，最终改变或影响了中国历史发展的进程。敢教日月换新天：资产阶级救国运动失败后，俄国革命给中国送来马克思主义，以毛泽东为代表的湖南志士，肩负民族复兴的重任，积极探索、勇于实践新的救国之路。他们高举主义大旗，武装夺取政权，抵御外侮，建立独立的人民民主政权，开启了中国历史的新纪元。

通过以上的简介，相信可以对这展览的策展思路有个整体的了解，若能亲身参观这个“湖南人”的展览，面对每个时段的实物和配合的视频及图片等，那么在两小时之内，就不难对湖南地方史和湖南人有个直观的了解。试想，在地大物博的中国，各地都有相当的文物可以形象地演绎各地的地方史，创办各地方史类展就仿佛制造一个个锁链，若将之连接起来，便可以全方位地串成中国历史的链条，让好学者拉住攀缘，这应该是实施基础教育的一种可行的形式。

美国的历史性博物馆，都很重视地方史的教育，各地的博物馆都有其特色。例如我最近经过怀俄明州，初秋的原野，远山如黛，金子般的草原，缓缓地如波浪般起伏。那只见黑牛不见人的地方，仿佛跟文化无缘似的，他们的“老西部博物馆与历史”（Old West Museum and History）设在州府附近的拉勒米市（Laramie）。博物馆位于一个1907年建的火车站，基本展览就是地方史，分为矿业、伐木、铁路，大的实物包括一节1944年的火车车厢，牧场式的各种房子式样（Ranches），矿业设备，还有其他各种用品等，用这种方式的展览来把地方史变成立体的、看得见的，甚至可触摸的。

（3）专项器物类展

专项器物类展是以器物的特点为主线，即按照器物的质地与类别，如以馆藏的玉器、铜器、瓷器、书画、杂件等作为专题来展示的常设展。北京故宫博物院设书画馆、陶瓷馆、青铜器馆、珍宝馆、钟表馆等，即这种类型。例如其陶瓷馆便从清宫收藏中遴选展品，形象地展现了中国陶瓷史的发展过程。其前言中说道：“中国是一个文明古国，在悠久的历史长河中，陶瓷是物质文明和精神文明的标志之一。远在10000多年前的新石器时代早期，我们的祖先就在中华大地上发明了制陶术，使中国成为世界上最早制作和使用陶器的国家之一。在距今3000多年前的商代中期，中国已能烧造原始瓷器。到了距今约1800年的东汉时期，真正的瓷器发明了。这是我们祖先在人类文明史上写下的光辉一页。从红陶、灰陶、彩陶、黑陶、白陶到原始瓷、青瓷、黑瓷、白瓷以及五光十色的颜色釉瓷和色彩缤纷的釉下彩、釉上彩瓷器等，展现出中国陶瓷10000多年绵延不断的发展历程，成为世界工艺史上的一大奇迹。中国陶瓷自唐代以来即远销世界各国，其卓越的制瓷技术和辉煌的艺术成就对许多国家的陶瓷生产均产生过深远影响，有力地推动了世界陶瓷文化的发展，这也充分说明中国无愧于‘瓷国’之盛誉。故宫博物院堪称中国最大的古代艺术品宝库，其中收藏陶瓷类文物约35万件，而且绝大部分属于原清宫旧藏，可谓自成体系，流传有序。特别是经过几代专家的研究鉴定，使其具备了较高的真实性和可靠性。此次我们从中遴选出400多件精品，按时代发展顺序予以展示，供观众朋友们鉴赏研究。”（注45）

虽然说常设性的展览，因为都是自己馆的藏品，多半是把藏品从馆藏的库房运到展厅，距离不长。但是，作为一个展览来说，也需要思考选题，构思展览内容之大纲，挑选展品，制定用展品来表现内容的纲目，考虑谁先谁后、谁跟谁组合在一起的陈列方案，等等。也就是说，同样需要策展人的梳理组织和重构这种种努力，等这些框架落实后，再琢磨如何清楚地说明这些物品，包括物品的基本信息、特点，或其跟当地的历史、社会、人文、习俗有些什么关系，或在文物史、艺术史、工艺史上有什么特别之处，而展开研究和写作。

常设性展，很容易落入千人一面的模式，但作为基础教育，有其必要性。尤其是中国地大物博，各地出土的文物常常各有特色，各地的历史和人文面貌也很有特色，所以有做这类展览的价值。何况在这个类型里，还是有很大的空间，对材料发掘、联想、表述，加上现代科技的手段，结合当地的特色，可以将这种常规展做得更加深入和生动，以辅助历史的教学和教育。最近我在华盛顿弗利尔和赛克勒美术馆参加亚洲艺术策展人年会，听说美国有些博物馆在尝试取消常设展，而把所有空间让给策展人做主题展。对于没有任何艺术史或艺术常识的观众来讲，有些展览常常让他们看得一头雾水。于是我和几个同行讨论到博物馆的教育天职，以及常设性展览作为基础教育的重要性，皆达成共识，认为仍然有必要做，但应该和其他类型的展览结合起来，以更好地服务于不同需求的民众。

（4）遗址性博物馆展

还有一类可以纳入常设性展范畴，但具有其特殊性，即遗址类型的博物馆及其展览。除了因遗址的不可移动性而必须就地展示遗址及其内存物品，多半在其博物馆范围内，也会有常设性的展览，来介绍该遗址博物馆及其出土物品，多具有永久性。

图51 陕西临潼区秦始皇陵兵马俑一号坑，海蔚蓝拍摄，2009

中国的例子，以秦始皇帝陵博物院为最佳者之一。（图51）

1987年12月被列入《世界遗产名录》的秦始皇兵马俑，被誉为世界八大奇迹之一，秦始皇陵为中国国家5A级旅游景区，中国重点文物保护单位。这个建立在兵马俑坑原址上的遗址性博物馆，位于陕西省西安市临潼区城东，是中国第一个封建皇帝秦始皇嬴政（公元前259年—前210年）的陵园中一处大型从葬坑，陵园面积218万平方米。秦兵马俑坑发现于1974—1976年，博物馆以秦始皇兵马俑为基础，在发现的兵马俑一、二、三号坑上，均以巨大的拱形大棚式的建筑，将遗址原地保护。一号坑遗址大厅面积达16000平方米，这是一个以战车和步兵相间的主力军阵，遗址总面积14260平方米，约有6000个真人大小的陶俑、陶马排列于10道宽2.5米的夯筑隔墙内，东端3列步兵俑面向东方，每列68尊，是军阵的前锋；后面接着战车和步兵相间的38路纵队构成军阵主体；俑坑南北两侧和西端各有1列分别面南、面北和面西的横队，是军阵的翼卫和后卫。这个2000年前的古代大军阵，无声而胜有声，雄伟壮阔，摄人心魄。二号坑是秦俑坑中的精华，面积约6000平方米，由4个单元组成，4个方阵由战车、骑

图52 巴黎凡尔赛宫。海浪拍摄，2019

兵、弩兵混合编组，严整有序，无懈可击。三号坑是军阵的指挥系统，面积524平方米。三座遗址大厅的建筑总面积为34730平方米，把三个俑坑全部罩于遗址大厅内，并有较好的通风、采光、防火、防盗等设施，以确保遗迹、遗物的安全。

除了兵马俑坑的遗址大厅，据说自1998年还建立了文物综合陈列展厅，介绍各类兵马俑，如将军俑、车士俑、立射俑、跪射俑、武士俑、军吏俑、骑兵俑、御手俑，以及铜车马展等。并且，这个极富特色的遗址类博物馆，不仅借助遗址和展览，将自己做成中国最大的古代军事博物馆，还与多方合作，做着许多相关的深入研究。如2006年，秦始皇帝陵博物院与英国伦敦大学开始合作研究，课题为秦时期手工业生产的标准化和劳动力组织模式研究。该课题借助多学科包括传统的类型学、量化考古学、X荧光无损分析、硅橡胶翻模、扫描电子显微镜、能谱分析和空间统计学分析等，以出土的上千件兵马俑和四万多件青铜兵器为例子进行研究。中英合作的研究结果表明，青铜兵器在模铸后经过了手工锉磨和机械打磨等过程，一些兵器上还有錾刻铭文，而这些加工痕迹在显微镜下清晰可见；并且还有分析结果表明，无论是青铜兵器还是陶制兵马俑，似乎都不是流水线生产，而是工匠以群组的形式进行组织生产的，或称为模块式生产。对比现代汽车制造业中的生产模式，秦代的兵器生产和陶俑制作，并不是像“福特公司”一样的大规模流水线，而更接近于“丰田公司”的模块生产模式。这一合作研究被列入2012年最突出的考古研究成果之一，为英国BBC网站在2012年12月26日科技版率先报道。

其他国家的例子，以最著名的法国巴黎凡尔赛宫为最佳者之一。

凡尔赛宫（Château de Versailles），是世界五大宫殿之一（其余为中国故宫、英国白金汉宫、美国白宫、俄罗斯克里姆林宫），位于巴黎西南郊伊夫林省会的凡尔赛市。（图52）1979年被列入《世界遗产名录》。其建造始于17世纪，法国国王路易十三以一万里弗尔的价格，买下布满森林和沼泽的荒地，修建狩猎行宫。那座两层楼的红砖楼房在二楼设有国王办公室、寝室、接见室、藏衣室和随从人员卧室等。一层则为家具储藏室和兵器库。整个行宫拥有26个房间。其子路易十四于1664年完婚后，决定将皇家行宫迁至凡尔赛，最初的狩猎行宫得到了扩建而成为凡尔赛宫。路易十四在位72年，凡尔赛宫采纳了许多法国艺术家与建筑师的优秀设计，成为欧洲最宏大最华丽的宫殿。其后的路易十五和路易十六国王，相继为宫殿重新装饰并融汇了所有的建筑风格，如法国古典主义、洛可可式以及新古典主义的各种风格。这座建筑最后成为一座巨大无比的王宫，有700多间房，占地面积5万多平方米。凡尔赛宫作为法兰西宫廷长达100多年。直到1793年，路易十六被民众挟至巴黎城内送上断头台，凡尔赛宫作为王宫的历史才至此终结。法国大革命期间，凡尔赛宫遭到民众的多次洗掠，宫中陈设的家具、壁画、挂毯、吊灯等物品被洗劫一空，宫殿门窗也被砸毁拆除，之后，宫内残余的艺术品和家具全部运往卢浮宫。此后凡尔赛宫沦为废墟达40年之久，直至1833年，奥尔良王朝的路易·菲利普国王才下令修复凡尔赛宫，将其改为历史博物馆。凡尔赛宫如今拥有2300个房间、67个楼梯和5210件家具。

凡尔赛宫的宫殿为古典主义风格建筑，立面为标准的古典主义三段式处理，即将立面划分为纵、横三段，建筑左右对称，造型轮廓整齐、宏伟壮观，被称为理性美的代表。王宫长达580米，王宫整体由法式花园、宏伟庄严的城堡和镜殿组成。王宫前面是一座风格独特的“法兰西式”大花园，这座世界著名的园林，与中国古典的皇家园林有着截然不同的风格，它完全是人工雕琢的，极其讲究对称和几何图形化。宫殿和城堡内部以巴洛克式陈设和装潢为主，少数为洛可可风格，室内装饰极其豪华富丽是凡尔赛宫的一大特色，堪称世界艺术殿堂里的瑰宝。宫殿中的500多间大小殿厅错落有致，金碧辉煌，豪华非凡，内壁装饰以雕塑、巨幅油画及挂毯为主，配有17至18世纪造型超绝、工艺精湛的家具。大理石院和镜厅是其中最为突出的两处，除了上面讲到的室内装饰，太阳也是常用的装饰图案，因为太阳是路易十四的象征，有时还配以兵器、盔甲一起悬挂于墙面上。室内装饰除人像外，还有狮子、鹰、麒麟等动物形象。金属铸造的楼梯栏杆（图53），有些还镀了金，配上各种色彩的大理石。天花板除了像镜厅那样的半圆拱形，还有平顶、半球形穹顶，顶上除了绘画还有浮雕。宫内随处陈放着来自世界各地的珍贵艺术品，包括中国古代的精品瓷器。

从艺术上来讲，凡尔赛宫宏伟壮丽的外观和严格规则化的园林设计，是法国封建专制统治鼎盛时期文化上的古典主义思想所产生的结果。几百年来欧洲皇家园林几乎都遵循了它的设计思想。凡尔赛宫的建筑风格引起俄国、奥地利等国君主的羡慕仿效，彼得一世在圣彼得堡郊外修建的夏宫、玛丽亚·特蕾西亚在维也纳修建的美泉宫、腓特烈二世和腓特烈·威廉二世在波茨坦修建的无忧宫，以及巴伐利亚国王路德维希二世修建的海伦希姆湖宫，都仿照了凡尔赛宫的宫殿和花园。

1937年，凡尔赛宫作为历史博物馆对公众开放。这处昔日的宫殿遗迹，无论从建筑本身还是它所有的家具、油画、浮雕、雕塑及其他艺术品，处处都散发着历史、人文、习俗等气息，是无可取代的独特的具有纪念碑性质的遗址类型博物馆。

2.主题性展览

主题展是对艺术品考察及思考后，找到了聚焦点，所以应当立论鲜明，挑选恰当，阐述清晰。以下的这些展览：归类型展、断代型展、艺术家群展，可以粗略地归入此类型。在时间上来说，很多为临展，但也有作为博物馆的永久性展览。考察这些主题展的类型，其相对的特征还是有迹可循的。兹简述如下：

（1）归类型展

归类型展可以就某个门类品种，集中各时段的艺术品来加以阐述。华美协进社中国美术馆自建馆之初，便将展览定位为“主题展”。所以，这方面的例子比较多，例如很受欢迎的“宜兴紫砂壶”展，1978年2月19日至5月21日期间展出，是在美国最早系统介绍紫砂壶的展览。该展由曾为旧金山亚洲艺术部策展人的特蕾莎·巴瑟罗妙

图53 巴黎凡尔赛宫广场外的金色栏杆。海浪拍摄，2019

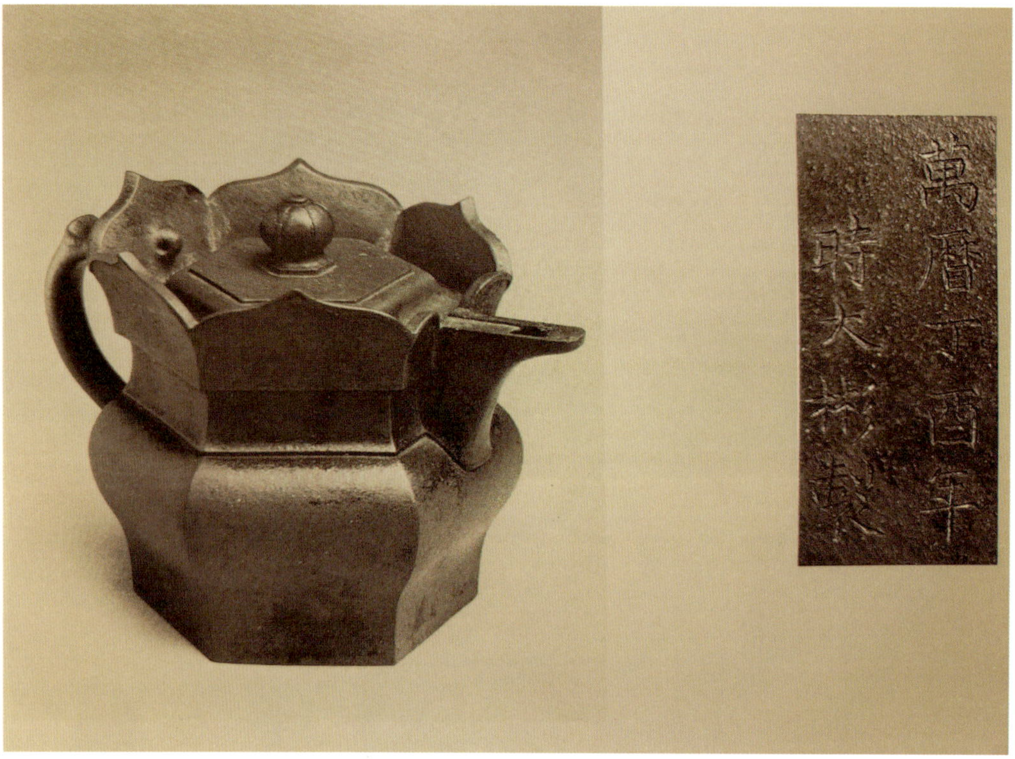

图54　明代时大彬所制的紫砂僧帽壶，《宜兴紫砂》图录第25页，纽约华美协进社中国美术馆。*I-Hsing Ware*, China Institute Gallery, 1978

策展。作为策展人，特蕾莎以她对整个展览的简介开始，文章不长，约5000字而已，但言简意赅地概述了有关宜兴紫砂的各方面：地理位置、传说、紫砂泥、紫砂器、紫砂壶、有关宜兴紫砂的主要著作、著名紫砂艺人、签名和印章、紫砂壶的赞助者、壶的制作、壶的装饰、壶的烧制、壶的真伪鉴赏、20世纪的宜兴紫砂，文章最后一段文字的插图是一组1976年宜兴紫砂工厂不同工序的工人工作照。接着展览图录展示了60件展品和各件展品的说明，基本按照年代次序，第一件为著名紫砂艺人明代时大彬制的紫砂僧帽壶（图54），落款为“万历丁酉年（1597）时大彬制”；最后一件为落款“陈鼎和造”（19世纪末）的紫砂茶器。这部分展品都是紫砂器，作为自明代以来深受文人喜爱的紫砂茶具，与其他的艺术门类，如绘画、诗歌，无论在内容形式还是美学品位上都互通声息。翁万戈先生因此就从绘画与诗歌这两个角度延伸，以他一篇《壶中乾坤》的论文，点出紫砂器的文人意味与追求，把紫砂器的境界倏地提升了。与之配合的是展览第二部分的展品，以8件书画作品来说明，包括董其昌（1555—

1636）的《荆溪招隐图》卷，陈继儒（1558—1639）的行书《李白望庐山瀑布诗》扇，黄慎（1687—1768后）的《梅花奇石》轴，郑燮（1693—1765）的《兰石》轴，钱杜（1764—1844）的《入关图》卷，陈鸿寿（1768—1822）的花卉册，陈鸿寿的隶书轴，改琦（1774—1829）的《梅花仕女》轴。这样两部分的布局，除了在各自的范围内解释清楚各个展品的细节，两者的结合，无疑也增加了这一以“紫砂壶”为命题的展览的深度。（注46）

（2）断代型展

断代型展是以艺术品来表现某个历史时段特点的展览。在此继续以华美协进社中国美术馆的展览为例，如2006年2月2日至6月10日展出的“转换期间的贸易品味：景德镇的日本外销瓷（1620—1645）”，由居丽雅·柯特斯策展，即以17世纪景德镇销往日本的外销瓷为主题，集中透视了这25年间这类瓷器的变化特征。图录中，以斯蒂芬·李特尔和罗美兰的两篇论文开头，斯蒂芬介绍那两类由中国工匠专为日本市场制造的Kosometsuke和Shonzui瓷器上的诗意表现，罗美兰则讲述17世纪中国外销瓷在日本的惊艳亮相。接着为策展人居丽雅·柯特斯的与展览同名的论文，讲述了这特殊的25年，是外销瓷让人耳目一新的时段，由景德镇为日本市场制作的这些瓷器，出现了许多新的面目。104件展品是从五位美国和英国藏家以及旧金山亚洲艺术博物馆的藏品中选择惠借。展品梳理归纳后分为五个小主题：①进入日本市场的茶道茶器与异形器；②日本装饰风格的特异影响；③日本市场的花卉装饰；④日本市场的中国文人题材与山水；⑤日本市场的佛道题材。这类聚焦的断代型展览，对主题的阐述也就同样地具有了深度。至今提到这个议题，这本展览图录还是较为珍贵的参考资料。（注47）

（3）艺术家群展

艺术家群展可以把一群人的作品拢在一起展出，简单地称为某某群展，或更有考虑的则会设立一个主题。古代的展览，依然以华美协进社中国美术的展览为例，如1990年10月20日至12月15日举办的“扬州八怪画家”展，不管是展题还是展览的构思都是一目了然的，毋庸赘言。展览图录中包括两篇论文，先是策展人维多·贾可隆综述扬州八怪画家的文章，接着是一位徐女士的介绍金农的文章。展品由美国17家博物馆和32件私人藏家藏品组成。每件作品都有策展人介绍，可能30年前的彩图还很贵，所以全部作品配了黑白图片，仅有9幅作品在图录结尾处以彩版形式印出。

2018年9月14日至2019年1月6日，纽约犹太博物馆也推出一个艺术家的群展，展题是“夏加尔、利西茨基、马列维奇：俄罗斯先锋派在维捷布斯克（1918—1922）”。俄罗斯先锋派是在俄罗斯帝国时期和苏维埃时期兴起的现代艺术浪潮，时间大致为1890年至1930年。这一时期出现了许多艺术运动，包括至上主义、俄国未来主义、构成主义、立体未来主义和新原始主义（Zaum and Neo-primitivism）等。展览的120余件艺术作品和文献，来自白俄罗斯明斯克和维捷布斯克两座城市的多家博物馆，以及欧美国家的主要收藏。虽是群展，但其策展思路是以对维捷布斯克美术产生影响的三位主要画家夏加尔、利西茨基和马列维奇为主线，围绕由夏加尔创办的维捷布斯克美术学校的师生作品来展开，回顾1918年至1922年俄国十月革命后维捷布斯克地区发生的艺术变革与历史，这同时也成为此展的主题。（图55）

3.专题性展览

专题展与主题展有相似处，特意在此单独列出的原因，是想指出这类展览除了主题展的三个基本要素：立论鲜明、挑选恰当、阐述清晰，还应该对艺术品的选择更加广博或精深，其选题必须涵盖更为宏大的范围，其题目之下可包含几个次主题；或者可有意识地在选题的深度上发掘，而使这类专题展具有某种无可取代的特殊性；或就某一主题，通过更丰富广博的艺术品来更深刻探讨其内在的相互关系与艺术规律，揭示其所具有的价值和在人类艺术、历史、文化上的位置、作用及产生的深远影响等，使之成为一个特别的“专题”，而有别于上述的“主题展”。“专题展”多为临时性的特展，但亦有作为永久展的可能，其或可分为如下的几种：

（1）新发现展

也许历史上最有名的“新发现展”可以追溯到18世纪的拿破仑时代。18世纪法国的拿破仑要与土耳其的奥斯曼帝国争霸，而兴起了对埃及与叙利亚的远征，虽然历时三年最终失败溃退回国，但他另一方面的成就，则启发了人们对埃及的研究，及至现代埃及学的创立。1798年他带着军队远征时，是有所准备的，随军的一百多名学者，例如德农男爵（多明尼克·韦冯），便在远征中绘制了各种地图，其中位于古埃及首都底比斯城西部50多千米外（今卢克索附近）的帝王谷（Valley of the Kings）陵墓

图55 纽约犹太博物馆2019年“夏加尔、利西茨基、马列维奇：俄罗斯先锋派在维捷布斯克（1918—1922）”展览，展标外的另一侧为滚动的大屏幕展示俄罗斯历史的视频，所示恰为列宁演讲时的图像。海水绘图，2020

的地图及平面图，尤为珍贵，那可是众说纷纭的“帝王谷”自公元前16世纪以来的第一份地图，这个早被3000多年历史淹没的含糊不清的地点之所在，第一次被清楚地标识了。根据随行的艺术家和文职人员等的记录描绘，1809年至1822年间在巴黎出版了《埃及纪行》，共有文字9卷，大型插图11卷，总计24大册，907幅图版，超过3000幅绘画。《埃及纪行》一书涵盖古代遗迹，如金字塔、神殿、壁画浮雕，以及象形文字、各种动物与植物研究、埃及风光，甚至是两百年前埃及的各种行业和日用品等。拿破仑的埃及之行还运回了大量珍宝。后来在1826年，世界上第一座古埃及艺术馆在卢浮宫建立，设有23个展厅，陈列350件文物，反映了古代尼罗河西岸居民的服饰、装饰物、玩具等，还有古埃及神庙的断墙、墓门、木乃伊、公元前2600多年的人像等。1799年，拿破仑远征埃及期间，一位法国军官带领军队在尼罗河口的罗塞达要塞（现在亦称为拉希德）修城时，发现了一块花岗岩石碑，这块公元前196年的石碑，即著名的“罗塞达石碑”，它以三种文字——古埃及象形文、世俗体和古希腊文，记载了孟斐斯城僧侣于公元前196年献给国王托勒密五世的一篇颂德的文告。这块奇特的具有三种文字的石碑，给近代考古学者提供了一个古今文字比较的参照，从而使他们发现埃

图56　埃及开罗市西侧吉萨金字塔群，为一代代人探险造访的胜地。私人藏摄影作品，1999

图57　中国、埃及2001年联合发行的《古代金面罩头像》邮票小型张上展示的图坦卡蒙金面罩

及象形文字的意义与结构，失传千余年的埃及象形文字得以破译解读，这成为研究埃及学的重要里程碑。这块碑自1802年起在大英博物馆公开展示。

由拿破仑的埃及远征和所有这些发现和研究而创办的“新发现”展览，不仅是展览物品惊艳，而且其衍生的出版物的价值、效果也长久而不可估量；不仅开启和激励了欧洲人对埃及和埃及考古的浓厚兴趣，也最终奠定了埃及学的基础。（图56）十几年后，从1816年左右开始，欧洲人就在帝王谷发掘，并自此陆续发现了埃及从第十七王朝到第二十王朝的64位法老的陵墓，及至最后一座帝陵——图坦卡蒙帝陵。英国考古学家霍华德·卡特熟读古埃及史，以寻找法老图坦卡蒙（King Tut）的帝陵为毕生的梦想，这个法老才19岁便死去，他的故事和陵墓向来都被蒙着层层神秘的面纱。自1903年，卡特与助手开始在帝王谷一寸一寸地探寻，19年后，他终于找到了图坦卡蒙陵墓的入口，就在另一位著名法老拉美西斯六世的陵墓之下的岩石洞窟中。1922年11月6日卡特先生向世界宣布他的伟大发现，1923年2月还举行了揭开密封的墓室的仪式。这是埃及帝王谷唯一保存了3300年仍然完整的帝陵，其奢华的随葬品、标志性的黄金面具和所有黄金制品，令其他埃及文物黯然失色，这个埃及考古史和世界考古史上最伟大的发现，虽然披着被法老诅咒的神秘黑纱，但确是一系列计划下产生的金色果实。（图57）

图坦卡蒙帝陵的文物，花了十年时间才运回埃及首府开罗的国家博物馆。1966年应法国政府要求，图坦卡蒙的文物首次去法国展出；这个以图坦卡蒙为主题的展览，1972年又去了英国展出，创下一个展览有160万人参观的纪录。近年来，德国一家公司将展品按原大复制了两套，并利用影像影视等手段，制造身临其境的效果，在全球巡展，很受欢迎，这也成为一种新型的娱乐方式。据悉，在纪念图坦卡蒙帝陵发现100周年之际，全球的庆祝活动已经提前开始了，洛杉矶的加利福尼亚科学中心于2018年3月24日举办了主题为“图坦卡蒙：金帝宝藏”的全球首映式。另外十城国际展览也于2019年1月初首先在加利福尼亚科学中心亮相，并于2019年11月2日至2020年5月3日再次到伦敦展出。正如发现图坦卡蒙帝陵的英国考古学家霍华德·卡特所说：“图坦卡蒙的成就功绩，不在其生，而在其死。他对历史最大的贡献，就是他死了，并且被埋葬了。”（注48）

如果说欧洲人到埃及的发掘是有计划，或被视为19世纪以来考古学发展的必然趋势的话，中国的考古学则是自20世纪20年代以来，由中国学者留洋海外，学得西方的知识，回国后开启了中国现代考古学的学科和实践。被认为中国考古学之父的李济先生（1896—1979），于哈佛大学获得哲学博士学位后归国，于1926年在山西夏县西阴村遗址实践了第一次中国人主持的考古发掘，揭开了仰韶文化的面纱。1930年，李济先生又主持了济南龙山镇（今章丘龙山街道办事处）城子崖遗址的发掘工作，揭开了龙山文化的神秘面纱。尤其是在1928年至1937年的将近十年间，他主持了震惊世界的河南安阳殷墟发掘工作，使殷商文化由传说变为信史，因此将中国的历史向前推移了数百年。直至今日，它依旧被视为人类文明史上最重大的发掘之一。这些也许都是有计划进行的考古发掘工作，而中国自20世纪中期以来的许多考古发现，则多半是运气和机会所造就。特别是最近的三四十年来，随着基建项目的遍地开花，抢救性的考古发掘此起彼落。这些新发现，有些印证了史书记载，有些提供了新的史料和实物，总之令人应接不暇。一般来说，这些新的考古发现，凡是重大者，一般都以展览的形式来向公众公示。还以湖南省为例，在长沙马王堆出土的著名的“老太太”，便是“文化大革命”时期为中央批准的首个考古发掘项目。

1972年发现的长沙马王堆汉墓，是响应当时“深挖洞，广积粮”的号召的结果。当地农民在挖防空洞时发现“鬼火”，因此发现了深埋地下的古代墓葬。这个于“文化大革命”时代得到中央批准挖掘的一号墓，不料却是一个惊世骇俗的发现。在特殊的墓葬结构——深坑木炭与白膏泥多重棺椁中埋葬，墓葬里的“老太太”裹着十几层丝绸制品，历经两千多年而不腐，这真是历史上的奇迹。虽然前代有盗墓贼尝试过盗

图58 “马王堆汉墓：古长沙国的艺术和生活，公元前3世纪至公元前1世纪”，展览陈列档案照，纽约华美协进社中国美术馆。胡维智拍摄。*Noble Tombs at Mawangdui: Art and Life in the Changsha Kingdom, Third Century BCE to First Century CE*, China Institute Gallery. Photograph: Perry Hu, 2009

掘，但均未成功。1972年至1974年，在那小土丘上共发掘了3座西汉时代的墓葬，出土丝织品、帛书、帛画、中草药等遗物3000多件。从出土物品可知，此为一家三口的家族墓地，墓主为西汉初期长沙国丞相轪侯利苍、其夫人辛追及其儿子。马王堆墓葬的发现，为研究汉代初期埋葬制度、手工业以及长沙国的历史、文化和社会生活习俗等各方面提供了重要的资料。2013年5月3日，国家文物局将马王堆汉墓列为第七批全国重点文物保护单位。2016年6月，马王堆汉墓被评为世界十大古墓稀世珍宝之一。马王堆至今并永远会成为中国考古界的一个响亮的名字。我馆很荣幸，于2009年率先在美国做了完整介绍马王堆的展览，并巡展到加州的桑塔巴巴拉艺术博物馆。（图58）当然，为中国特级保护不能漂洋过海的“老太太”是最吸引人的，千年不朽的她，成为一个吉祥的符号，每天得到无数瞻仰者前去长沙顶礼膜拜。马王堆的考古发现展，就是新建的湖南省博物馆的杀手锏。在改建之后，展品的陈列更加精心，如对珍贵的两千多年前的丝织品的陈列，从柜子到灯光，都考虑到保护的因素，让丝织品平躺在柜中，并用声音控制光源，恒湿恒温自不在话下，其陈列设备和方法可谓中国首屈一指。另外，在深达十几米的模拟的马王堆一号墓的墓坑上，还增加了以音乐光影结合的效果，音乐声配以西汉风格的图像画面，在跑动变化中试图给观众一个活着的历史感觉，而更加增添诡秘莫测的效果，令人心醉神迷。

除了这种以单个墓葬为主的考古发现展览，在1996年以前，国家文物局先后四次举办过文物精华展，对当年前后的考古文物进行系统展出，之后却一直未能跟进。直到2017年，才由首都博物馆举办了全国二十年来考古发掘的新文物展："美·好·中华——近二十年考古成果展"。此次展览以1995年至2016年历年的全国十大考古新发现为主要依据，调研整理了各地考古所和博物馆80多家单位，从200多座考古遗址出土的800多件文物中，遴选了具有代表性的360件（套），参展文物涉及21个省份，49家单位。展览在前言之后，是分为四大部分来展示的：①道法自然（史前时期）；②天地之道（夏商周），包括制礼作乐、依类象形；③保合太和（汉唐），包括和乐且湛、悲愿无尽；④和合能谐（宋元明清），包括天真笔意、以和为贵、万里云帆。

据有关人员介绍，这几部分的构思是对选出来的展品在内容设计上进行的顺应、打破和重建的新尝试。但是有幸参观完之后，同行者产生不知所云的困惑。我便与之探讨，既然这是新发现展，其亮点便应该是"新发现"，那按各地的发现、按时代顺序来排列，反而会更清楚，现在将资料打乱了归入主题内，其实基本上仍是按年代走，但又没讲透，又乱了地域，在人为框架的所谓主题里跳来跳去，让人感觉牵强附会，结果还失去了明晰介绍新发现的最可贵的第一手资料的优势，二十年考古成果的面貌也没说清，又变成一笔糊涂账，怎么都不讨好。所以做展览——专题展或其他展——都要先确定展览的性质，其实道理很简单，就像在不同场合要穿不同衣服一样，比如下到考古工地的探方里搞发掘，却穿件落地丝绸长裙，就不太合适了吧。所以一定要清楚知道展览的属性。对于新发现展，想昭示天下的是它的"新发现"，所以它的属性就是资料性的，我觉得还是老老实实地把资料交代清楚，按地点，按时代，按墓葬，按遗址，一目了然，观众可以看到这些"新发现"的新处：新出土的新，跟以往不同的新，对增进研究广度、深度或各种联系的新……把这种种的"新"说清楚了，就是"考古新发现"展的特征和性质。然后寻找主题重构，应该是下一步专题展或主题展的事。我以为，中国地大物博，年年都评十大考古发现，新发现展，每过五年十年办一次，还是很有必要的。同时，应该有主办单位集中建立一个"新发现"资料库，不断补充和提供新资料，便于策展人或学者利用较新的资料，促进其各自领域或跨学科领域的研究，也有利于深入策划主题或专题性展览。展览类别不同，就需按照各自的类别去做，是什么问题说什么事儿，清晰明了，一步一个脚印踏踏实实地走。

（2）艺术家个展

《艺术的故事》是一本在中国和世界都再版了多次的书。作者——艺术史学者贡布里希在导论中的第一句话便说："实际上没有艺术这种东西，只有艺术家而已。"（注49）若依此而论，艺术家个展，其个人即是展览的专题，是最值得办的展览了。一直以来，美国博物馆界除了本身是当代艺术馆的博物馆，其他综合性的艺术博物馆有个约定俗成的规矩，一般不办活着的当代艺术家的个展。虽然近几年来，美国博物馆界都在努力跻身当代艺术的行列，也开始举办活着的当代艺术家个展，但我馆到目前为止则仍然遵循着这一不成文的规矩，不办当代活着的艺术家个展，好像多少有循中国古训"盖棺定论"之惯例。

大都会艺术博物馆前几年有过一个展览，热门得使这有一百多年历史的博物馆，从此改变了周一闭馆的规矩，一周7天都开放了。当时人们是需要排长队去看那个展览的，那便是2011年的"亚历山大·麦昆：野性之美"，一个讲述英国早逝的天才时装设计师的展览。自此，大都会艺术博物馆很致力于时装类的大展。2018年纽约又出现一个让人排长队也要看的展览，那便是介绍墨西哥女画家弗里达·卡罗（Frida Kahlo）的大型回顾展。（注50）此展先在伦敦的V&A博物馆展出，后于2019年2月2日至5月12日在纽约布鲁克林博物馆展出。此展让这个本来可以随时入场的纽约市区级博物馆，变成要预先按参观时段买票——否则就难免要吃闭门羹——才能够去看展的热门博物馆。这个近10年来在美国举办的规模最大的以弗里达为专题的展览，涵盖她的个人生平和艺术作品，包括画作、照片、相关历史影片等。据说自她1954年逝世后，被尘封半个世纪之久的200多幅作品、6000张图片、300件个人物品，以及12000多份文档，终于在最近的几年，在艺术家生前居住的"蓝房子"里被开启，并由艺术史家花了数年时间归类整理，挑选了11件油画作品、15幅纸上素描或草图、22套服装、150多幅摄影作品、50件私人物品，策划成展，使这些物品首次在此展中面世。为了展现弗里达与丈夫里维拉的艺术理念及其艺术作品创作形成的线索，展览还包含了他们所收藏的一些中美洲艺术藏品。为使观众更直观地去了解这位画家，展品还包括了反映其生活方式的用品，如服装、珠宝、化妆品。当然弗里达用过的化妆品，是高级的品牌露华浓的产品，如口红、眉笔、粉色指甲油、腮红。（注51）这些展品的摆出和展示，大约与这个展览的大赞助商露华浓有关，但从全面了解艺术家的视角来说，虽然这艺术家自嘲其男性特征厉害，但她毕竟是女人，是一个有血有肉、有着七情六欲的爱好美颜的女人，这些生活琐碎物品的展示，对于全面了解其个人到其艺术的表现，都是不可忽略的因素。艺术家短暂的一生很令常人侧目，她在伤残和痛苦中的坚韧不拔和自我创造精神，很励志而具有普世性的价值。策展人是从产生弗里达的一种文化生态来提示观众对她进行深入了解，展览分为10个部分：根；在美国；婚姻；艺术与革命；图像与墨西哥；蓝房子；残疾与创造；时尚凸显性别；纽约展览；艺术与服装。（注52）从这些标题中，可以追索到策展人围绕弗里达一生重大事件来组展的策展思路。

而此展的布展手法，也着重考虑到造就一种展览环境，来体现产生弗里达的那种文化生态，突显相当独特的墨西哥味道。（图59）从展厅大门口到展厅内，鲜艳的橘黄系列、海蓝系列、粉红系列、土红系列构成了展览背景色调，营造了热烈明朗的氛围，并在好几个展厅穿插着大幅屏幕，滚动地播放介绍弗里达个人历史或者墨西哥历史各阶段的黑白或彩色的视频。与一般的艺术展览相比，平添了几分生命力。从以上策展人构思展览的10个部分来看，这个展览并不是纯粹地讨论艺术家的作品，即并非只谈论艺术，而更多的是从介绍她这个人的特别之处，而引发对她独特创作的介绍，其艺术作品并不多，就26幅，包括油画和速写，其他多是照片、服装等物品，展览以介绍“艺术家”为主。因此，就这一展览的整体策划而言，用这样的手法来营造氛围和生命的场景，也就比较吻合了。

纽约大都会艺术博物馆另一个引来参观人流的艺术家个展，便是2019年的“德拉克洛瓦”（2018年3月29日至7月23日，欧仁·德拉克洛瓦大型回顾展在法国卢浮宫博物馆举行）。欧仁·德拉克洛瓦（1798—1863），全名斐迪南·维克多·欧仁·德拉克洛瓦，是法国绘画巨匠之一，浪漫主义画派的典型代表。他继承和发展了文艺复兴以来欧洲各艺术流派，包括威尼斯画派、荷兰画派、P.P.鲁本斯和J.康斯太布尔等艺术家的成就和传统，并影响了之后的艺术家，特别是印象主义画家。由卢浮宫博物馆和纽约大都会艺术博物馆联合举办的这个展览，共展出180幅作品。这是自1963年在巴黎举办的纪念艺术家逝世一百周年展览后，最大规模的一次回顾展，不仅对德拉克洛瓦职业生涯的几个重要时期进行了一次梳理，同时也是致敬这位伟大艺术家。纽约大都会艺术博物馆于2019年1月6日结束的德拉克洛瓦展，展品来自法国各地博物馆的收藏以及美国、英国、德国、加拿大、比利时和匈牙利等其他国家的藏品，展览分为三部

图59　纽约布鲁克林博物馆“弗里达·卡罗”展览入口（展厅内不允许摄影）。海蔚蓝拍摄，2019

分展开，分别介绍了德拉克洛瓦漫长职业生涯中的三个重要时期。第一部分关注的是艺术家职业生涯中第一个十年期间所获得的成就，主要研究艺术家与新古典主义的分离，以及他对绘画表现力和叙事性所展现出的兴趣；第二部分探讨了他的大型公共壁画（这是他从1835年至1855年期间的主要艺术活动）如何影响他的架上绘画，体会他在表现宏伟壮观场面与画面装饰性之间的一种张力；第三部分展示了他晚年对风景画浓厚的兴趣。从以上的简述可以看到，同样是介绍艺术家，这一展览则从另一种策展思路来展现这位画家：按照和突出其绘画各阶段的题材，而将对艺术家的介绍，融入其各个阶段的艺术发展历程之中。整个展览除绘画作品外，还有少量书籍和草图，展览背景色调以深蓝色、暗红色为主，布光重点在绘画，而使在深蓝暗红背景中，绘画作品的古典意味和形象更为突出。（图60）

2019年真是个介绍艺术大家之年。从2018年12月7日至2019年3月10日，上海博物馆举行的“丹青宝筏——董其昌书画艺术大展”，也被称为这一年度“不容错过的艺术盛事”，观众不辞路远，大排长龙，最终馆内接待人数逾60万人次。在此姑且不论董其昌是否担当得起这样的艺术地位，但这个中国大陆地区首次举办的董其昌艺术

图60　纽约大都会艺术博物馆“德拉克洛瓦”第一展厅示意图。海水绘图，2020

专题大展声势浩大，以上海博物馆藏为主，并向海内外包括北京故宫博物院、纽约大都会艺术博物馆、东京国立博物馆等15家重要机构惠借相关作品，展品共计154件（组），其中珍贵文物80件（组），大有让华亭（今上海松江）董其昌“衣锦还乡”的气势。展览分为三个部分，第一部分：以古为师——董其昌和他的时代。其中包含了董其昌的古书画鉴藏，以及对他画学理论、创作探索产生影响的晋唐宋元名家的书画，如王羲之《行穰帖》卷、怀素《苦笋帖》卷、董源《夏景山口待渡图》卷、黄公望《富春山居图》卷（《剩山图》）等。除此以外，还有对董其昌的艺术、人生与画学思想具有深远影响的前辈墨迹。这一部分旨在探讨其所在的“时代土壤”对他产生的影响。第二部分：宇宙在手——董其昌的艺术成就与超越。这一部分以董其昌创作的时间为序，择取他在汲取传统期（50岁前）、兼容并蓄风格形成期（51—62岁）、成熟期（63—72岁）、人书俱老天真烂漫期（73—82岁）四个时期内的书画创作。展品包括他传世所见的最早（于35岁绘制）画作《山居图》扇和82岁的绝笔之作《细琐宋法山水图》卷，时间跨度长达48年。第三部分：一代宗师——董其昌的艺术影响和作品辨伪。这一部分直视董其昌赝品空前泛滥的现象，关注与董其昌书画代笔、作伪相关的艺术家。（注53）

从这三个部分来介绍董其昌其人其艺，应该是很具有概括性的。而且，上海博物馆还在展厅内推出了“董其昌数字人文”专题，以可视化的方式呈现数据间的关联和数据图景。观众也可在上海博物馆的官方网站，看到其生平年表、行迹图和交游网。其中的生平年表既包含了董其昌的生平、创作，同时期明朝的大事记，还对应了同一历史时期内的欧洲史事、艺术大事记。这些无疑都是很好的理解艺术语境艺术生态的背景资料。那么，除以上三个介绍艺术家的专题展的策展思路外，还有其他介绍艺术家的门径吗？从大的框架，或具体如何解说？还有更好的可能性吗？这可能具有挑战性，但循着艺术家的特殊性去挖掘，或可找到线索。策展无止境。

话说到此，2019年7月15日在纽约大都会艺术博物馆，一个艺术家个展——达·芬奇的《圣杰罗姆在荒野祈祷》开幕了，展出的是来自梵蒂冈的藏品。这是2019年纪念文艺复兴大师列奥纳多·达·芬奇去世500周年的活动之一，为大都会2019年年初举办的馆藏“达·芬奇素描”特展的第二轮展览。这件作品在大都会艺术博物馆西侧罗伯特·雷曼的临展专厅展出，整个展厅，只有这一件油画作品！此前这一殊荣是给予了1963年《蒙娜丽莎》的展览，那个展览在三四个月的展期中，有超过一百万人来参观。

《圣杰罗姆在荒野祈祷》，描绘了一位老者坐在荒郊野地的石头上，一头守护着他的狮子躺在他的脚边。圣杰罗姆是早期基督教拉丁教父，一生致力于神学和《圣经》的研究，曾根据希伯来版本，重新以拉丁文翻译《圣经》，此版被称为“通俗拉丁文译本”，对中世纪神学产生很大影响。据联合国官网介绍，每年9月30日是纪念通俗拉丁文本《圣经》译者圣杰罗姆的圣人瞻礼日，他被视为翻译者的守护神。虽然《圣杰罗姆在荒野祈祷》是一件未完成之作，但它是研究达·芬奇的重要作品之一，在存世的达·芬奇的作品中，有六件是为学者们一致认可毫无疑义的，此即为其一，目前由梵蒂冈博物馆收藏。此画无论风景还是人物都符合解剖学和科学的比例，是达·芬奇的典型风格。虽然尚未完成，但已经显出了这幅画作的特别之处，多处细部显示了画家作画并不是按部就班地同步进行，而是对哪部分有感觉，就多画一些。

这一特展，置放在大都会艺术博物馆中世纪绘画展厅的最后端。两侧的展厅都为罗伯特·雷曼收藏的15世纪左右的宗教画和物品，因此从整体上说，放在这个位置使其自然具有一种历史的延续与和谐感。灰色调的高墙，丝网印刷的前言，墙的两侧以同色调的厚重的布幔延展，拱卫着放在此高墙背面的画作。正对着画作的墙面下，

图61 纽约大都会艺术博物馆2019年达·芬奇的《圣杰罗姆在荒野祈祷》展览，独幅作品展陈示意图。海水绘图，2020

正中放着两条长凳，供人坐看画作。墙上空无一物，仅在两边各置一块展板，一块介绍达·芬奇所绘的历史题材，另一块介绍此画的技法和流传的历史。整个展览，整个展厅，就此一幅画，加上前言和两块展板，加上光线仅仅打在展板和画作上，其他地方都很黑，仿佛历史的黑洞中，一颗宝石闪着光。这也是介绍艺术家的一个特别的方式，特此指出备考。当然，即使是一幅画，或许也可做成一个大展，那就需要从更广更深更细致的角度去发掘了。（图61）

（3）立论别致的专题特展

专题展必须有特选的论题，而较主题展更具深度和广度。

在华美协进社中国美术馆的展览中，以笔者领衔策划的"乱世绝响：六朝艺术"，可以作为我馆这一专题展类型的例子。该展于2016年在美国纽约展出，并巡展到美国夏威夷檀香山艺术博物馆，总计有超过46000人前来观展。该展试图以近几十年来新发现的考古材料，融合南北两方的实物，通过对六朝时的主要艺术门类如青瓷、雕塑、书法、绘画，来寻觅中国艺术的气质和源头，来探讨抽象和深刻的中国艺术史上的美学议题，来追索难以捉摸但弥漫贯穿于中国艺术中真正的艺术精神。虽然此一体量有限的展览，不可能一矢中的，但是做了艰难的尝试和努力，希望能引起注意，并说清楚一些事情，具体已见前面所述。

在专题展的类型中，纽约大都会艺术博物馆于1994年举办的“印象派的起源”展览，也是一个很好的例子。这个由加里·泰罗和亨利·罗瑞特为策展人的展览，是由大都会艺术博物馆和法国国家博物馆的奥赛博物馆（Muses d' Orsay）共同组织，先于1994年4月19日至8月8日在巴黎的大皇宫国家美术馆（Galeries Nationales du Grand Palais）展出，然后从1994年9月27日至1995年1月8日在纽约大都会艺术博物馆展出。大都会艺术博物馆的著名前馆长菲利普·德·蒙特贝罗（1977—2008年在任），为展览图录写了前言，他应该也是促进这些来自欧洲的艺术展的推手。这个展览的盛况，如今从档案中可知的是，在那三个多月的展期中，有70万左右的人参观了，至今是该馆历史上的十大热门展览之一。（图62-1、图62-2、图62-3、图62-4）

从展览图录来看，在前言之后，是两位策展人的介绍，首先是简介，叙述这一展览的特别之处，说明是选择了一个前人所未涉及的角度。因为在1994年之前的十多年里，有关印象派画家已经有了好多大型回顾展，或介绍个别画家，或介绍画家们在1874到1886年间的活动，或介绍印象派山水画，或介绍自1876年以来被有些学者称为“新绘画”的那些肖像画、静物画、当代生活场景画、裸体画和一些历史绘画。其实印象派画家的活动早在1860年前便已经开始，所以这一展览意在追溯印象派之起源，首先选择一些画家，然后追踪这些画家的师承和交游，例如指出了德加早期跟方丹-拉图尔以及惠司勒的接近；指出了塞尚受益于库尔贝以及马奈；指出了莫奈在格莱瑞工作室遇到了马奈、巴齐耶和西斯莱，以及他们相互间的友谊与影响；包括这些印象派画家在怎样的时间段、怎样的地域范围内活跃，如德加通过其在意大利认识的亦师亦友的古斯塔夫·莫罗的介绍，看到了法国绘画自1855年以来的进展，从而打开眼界，以及这位莫罗还认识德拉克洛瓦、约瑟夫·特尼等画家，他也是一个好老师，知道怎样理解和表述绘画中所有的高品质，在他生命的晚期，马蒂斯也做过他的学生，他是一个在印象派起源时期很有影响力的人物；包括对印象派画家的产生和发展起了重大影响的沙龙，如1859年的沙龙。另外，由艺术家自己组织的沙龙，也对这一画派的成长和兴起起了很大的推动作用。例如1863年由后来被称为印象派艺术家们创建的“落选沙龙”（Salon des Refuses），展示了他们自己的作品，包括与其他绘画的关系，如与“新绘画”的关系；包括模特儿与印象派画家的关系；等等。这一新的视角

1 | 2
3 | 4

图62-1、图62-2、图62-3、图62-4　纽约大都会艺术博物馆2楼欧洲绘画第823展厅，塞尚的四幅油画：《苹果碟》（*Dish of Apples*），1876—1877；《有裂缝的房子》（*The House with the Cracked Walls*），1892—1894；《圣维克多山》（*Mont Sainte-Victoire*），1902—1906；《安东尼·多米尼克舅舅的神父装扮》[*Antoine Dominique Sauveur Aubert (b.1817), the Artist's Uncle, as a Monk*], 1866 (public domain). The Metropolitan Museum of Art, on view at The Met Fifth Avenue in Gallery 823

的发掘，无疑回答了许多关于印象派画家的问题，自此，印象派画家不再是支离破碎的一个绘画现象，而是串在法国艺术史的经纬度上来被理解的、融汇了许多因素而产生的一个整体的艺术成就了。

接着图录分了9篇论文，配备了300多幅插图来逐一介绍：

①1859年的沙龙（The Salon of 1859）

②历史绘画（History Painting）
③写实风景（The Realist Landscape）
④裸体 （The Nude）
⑤风景中的人物（Figures in Landscape）
⑥静物 （Still Life）
⑦肖像与人物 （Portraits and Figures）
⑧印象派风景（The Impressionist Landscape）
⑨现代生活（Modern Life）

之后为展览图录，包括了展出的32位画家的193幅作品及对每件展品的详细介绍。[注54]这些画家包括对印象派画家产生重要影响的让·巴蒂斯特·卡米耶·柯罗、欧仁·德拉克洛瓦、亨利·方丹-拉图尔、阿尔弗莱德·西斯莱、詹姆斯·麦克尼尔·惠司勒等，以及众所周知的后来成为印象派著名画家的保罗·塞尚、艾德加·德加、艾德华·马奈、克劳德·莫奈、卡米耶·毕沙罗、皮埃尔·奥古斯特·雷诺阿等。

大都会艺术博物馆近年来还举办过一个引来人山人海的专题特展："耶路撒冷：1000到1400年，天下之人"（*Jerusalem, 1000–1400, Every People Under Heaven*），在2016年9月26日至2017年1月8日举办。从1000年到1400年的这四百年间，耶路撒冷曾被视作世界的中心，是多种宗教、旅行、商业的集散地，并滋养了艺术的发展，而成为一座"圣城"。这个展览从严格的意义上来说，是一个以艺术品来诠释断代史、文化史的例子，涉及东西方多种层面的史实，在世界各地人尤其是犹太人云集的纽约，足以成为一个里程碑式的展览。展览分为好几个次专题来烘托主题：商业与旅游业的兴起，各式人等，寺庙，圣战，教堂，犹太教堂，赞助者，对永生的承诺，等等。两百多件展品从全世界超过四十家公私收藏中惠借，包括书籍、地图、青铜器、金银器、陶器、绘画、雕塑、建筑构件和模型，配以大量的照片展现自然环境、城市生态、仍然存在的建筑等，将艺术放置在一个更为宏大深厚的土壤上来考察，并制造出那个时代东西方文化交流的激荡氛围。以下列举几件：①展览伊始的第一件展品是一幅圣土地图，为13世纪初期至中期之物，文字和插图都由一个叫马休·帕利斯（约1200—1259）的人绘制，他用水粉颜料和墨画在羊皮纸上，图上不仅标出著名的建筑"石头穹顶的犹太教堂"（The Dome of the Rock, the Al-Aqsa Mosque）之所在，还画了一个坐在圈椅里正在遐想的人，来说明这里是人们所向往的地方。②纺线女陶盘，这种以锡为釉料配方的陶器，是来自13世纪意大利南部著名的陶器作坊Brindsi的产品，可能为移居耶路撒冷的意大利人所乐于享用，说明当时在耶路撒冷具有足够多的意大利人和其市场需求。③德·阿鲁耶家族的骑士像。这个法国家族中有三代人把到圣地朝拜、为欧洲传播基督教和超度自己的灵魂作为一种使命。这个骑士像呈双手合十祈祷状，所佩之剑是中国式的，与其盾不配，不知是在圣地购买的，还是通过其他途径所获。骑士像的流行，反映了中世纪对骑士的崇尚。④有一件为伦敦私人收藏的珍贵文物——《通往天堂之路》长卷，是由15世纪帖木儿帝国的统治者卜撒因（1451—1469年在位）任命阿尔-萨拉里编写和绘制的。萨拉里用水粉颜料、金色的墨绘制于纸上，讲述了穆罕默德到耶路撒冷的旅程，这一旅程遂成为伊斯兰世界里一个神圣的、具有象征性的通往天堂的信仰。那些在圣城耶路撒冷以穹顶为时代特征的教堂，便成为信仰者们的心灵栖息之地。如图63-4的瓷灯，体现了以穹顶为特征的圣城最著名的阿克萨清真寺和圆顶清真寺。⑤《吹号角的安琪儿伊萨拉菲尔》，这个根据13世纪的作者阿尔-夸兹维尼《探险和创造者》的故事，大约在14世纪末期至15世纪早期由埃及人或叙利亚人绘制的绘画，描绘了伊斯兰世界所信奉的安琪儿的神圣性，在最后审判中，安琪儿具有最后的话语权，图中的安琪儿伊萨拉菲尔正吹起号角，召唤世界各地的人聚集到圣城耶路撒冷来。（图63-1、图63-2、图63-3、图63-4、图63-5）展品中还有从中国龙泉窑出口的花口青瓷盘等，1000年至1400年，正是中国的宋代到明代初期的时段，这些例证，在探讨中国外销瓷的历史和中西文化交流史中，都具有研究的价值。（注55）

这类具有较深主题追求的专题展，虽然其策划和制作可能都会占据很多时间，且需要相当的提前量，甚至可能需要接力长跑似的尝试，才能真正体现这种深思，同时因时代和个人的局限，也许并非一个人一个展就能够完成，但这应该成为展览不断追求的一种更高层次的类型，因为人类的认知需要深度探究的激励，才能不拘泥于现状，不惑于似是而非的浅薄之见，而不断提升和前行。有一位学者所论，我深以为然。他说道：“发现作品的全部特征，通晓其丰富性，乃是一种集体批评的目标，要数代人才能完成。这样的人物也会因为新观点的出现而持续下去，这种新观点通常能使揭示先前观者所忽略的、有意义的特征成为可能。在所有这类先后相继的判断中，存在着一种理想，即发现作品新的结构和品质。”（注56）于是，每个有幸在这探索的路程中值班轮岗的策展人，都应该为这样长远的理想的目标努力，做出有深度有意义的专题展，前赴后继，孜孜不倦地致力于济世致用的艺术史、文化史、人文史

图63-1　圣土地图。海水绘图，2020

图63-2　纺线女陶盘。海水绘图，2020

图63-3　德・阿鲁耶家族的骑士像，A Knight of the d'Aluye Family, after 1248-by 1267. French. On view at The Met Cloisters in Gallery 09 (public domain)

图63-4　瓷灯，Ceramic Lantern, early 13th century. On view at The Met Fifth Avenue, in Gallery 454 (public domain). The Metropolitan Museum of Art

1 | 2
3 | 4

的真正价值之所在，而造福于人类和社会。“若玉之美者，虽受沁色极厚，而精光内涵，厚重不迁。”[注57]这就是“专题展”特别值得推崇的原因。那是策展人策展的“理想”。

4.实验性展览

这类展览多是艺术行进中的表现。唯其活在当下，置身于无数的可变性之中，虽然具有生气，但因其充满着不确定性和临时性，多为具有前沿实验性质的展示性及互动性的当代艺术展览。

图63-5　吹号角的安琪儿伊萨拉菲尔，纽约大都会艺术博物馆“耶路撒冷：1000到1400年，天下之人”展品举例。海水绘图，2020

2018年夏，我曾去体验几个实验性展览，那是在纽约的一些非营利机构的展示空间或商业性画廊中常见的。那些几乎全是临展，且展期很短，这些临时性的特征，使这类展览成为一波又一波当代艺术弄潮儿试水的前沿阵地。那次我前往的是东村与唐人街交界处的“白盒子”艺术空间，两位中国当代艺术家现场表演，并邀观众互动。一进门，就有助手捧着一只瓷碗，里面还装着大半碗黄豆，他让我抓好一把黄豆。好多人都抓了一把了，干吗用呢？一会儿就知道。先是一位艺术家赤裸着上身，用布条蒙着双眼，用刀把一个画框内的油画割裂，说是表示要不带成见地（蒙着眼睛）与传统决裂（对传统油画框的动刀之举）。他睁开眼后，摆一个姿势，扯下展厅里预先悬挂的大幅美国旗帜、美元旗幡，然后指示大家把手里的黄豆撒上去，说象征着对中美贸易战的感受。还有一次是在上东城的B画廊，另一位中国艺术家题为“烧女巫”的展览。展览上是带有社会批判性的一批画作，那是画家把所憎恨的各类人物、事物皆画成各式女巫形象，有水墨的，有丙烯彩色的，大大小小挂在墙上，也由助手弄一只瓷碗，这次里面装的不是黄豆，而是那种用软软的绵纸包裹着的小鞭炮球，大约叫“掷地响”，要求互动时，让观众抓一把，扔到那高档画廊的壁炉里去，发出噼噼啪啪的声响……如此“女巫”便被吓走了，或在想象的概念上被“烧死”了。

2019年，纽约人和所有来纽约的观光客，还多了一个可以体验艺术的去处，那就是位于纽约西34街附近的哈德逊园（图64），一个纽约市政府十年前便蓄意打造的为21世纪服务的文化新区，2019年春天刚刚开放。除了一个巨大的购物中心和那个可以登高望远的建筑（Vessel）——人称“大松果”或“垃圾桶”，相邻的还有艺术中心“The Shed”，那是在以前纽约市长命名的“彭博大楼”内，由著名建筑师迪勒·斯科迪奥和伦佛洛工作室领衔，与洛克威尔建筑事务所共同设计，有可以升降和扩大的空间，来满足艺术家创作的不同要求。“The Shed”，查了一下，应该是“大棚”的意思，指一种跨度很大的建筑，以前应该是作为牲口棚和作坊之用的，现在当然是为艺术了。这个非营利的艺术中心，将展现有名或正在追名的艺术家们的不同作品，涵盖不同艺术领域如表演、音乐、绘画、数码、戏剧、文学、雕塑等，无论古典艺术、通俗艺术还是前沿艺术。真是一个雄心勃勃的计划，在这“大棚”里，要把艺术一网打尽。

7月的一天，我去体验了一下。其时，除了前一阵子为《纽约时报》非议的《龙泉凤舞》（*Dragon Spring Phoenix Rise*）——一个功夫音乐片还在上演，另有两个免费的展览。一个是“碰撞/联盟”（*Collision/Coalition*），由三组被邀请的艺术家依次合作，采用定制的混合媒体材质作品和放映的方式，来探讨艺术在政治、社会和经济中的能量。在高达十几米的空间，一面是白墙，一面是黑布帘，中间空旷地高悬着三个视屏，每个视屏前面参差错落地摆几张长条几一般的凳子。押了证件，便给耳机和手机，坐定后，逐一按一下标识在手机屏幕上的三件作品，每一件都有配乐朗读，介绍着屏幕上变换的内容，那英文字幕字号很大，但走得有些快，大约看到“市政府”“艺术”“艺术中心”“警察”之类的片断文字。坐了一会，同行者说看着那么强烈颜色的屏幕，眼睛受不了了。（图65-1）于是归还了耳机、手机，拿回押着的证件，钻过那从屋顶垂地的厚厚的浆洗过的黑布帘，进入另一个有点神秘的硕大的黑暗空间。从天而降的黑布帘故意弄得破烂不整，将这硕大的空间隔成一个个大小不一的区域，其间，有的墙上挂着多种材料和颜料混合粘贴和绘彩的大型作品；有的从屋顶用透明塑料线垂挂的画框，仿佛悬浮在空中夹着彩色铅笔似的草稿。整个屋子黑得只能看见一条窄道，朝向明亮的窗外，仔细辨认，似乎有两个影子看起来是有呼吸的，走近一看果然是两个保安，也穿着黑衣服（“大棚”所有的员工制服都是黑色的），而那保安正在保护着的一排歪歪扭扭坐着的“人”，都是跟真人般大小的纸糊人，男女老少，穿着各异，坐在一面是落地玻璃窗的长廊里，面对着哈德逊园的景色。

图64　纽约西34街哈德逊园。
海蔚蓝拍摄，2019

图65-1　纽约西34街“大棚”“碰撞/联盟”展览视频

图65-2 黑布效果的装置。海蔚蓝拍摄，2019

据介绍，这些纸糊的人，是美洲哥伦比亚人过新年时祈福驱灾用的，做完仪式后就会被烧掉。（图65-2）

另一个展览是“公开选拔群展2”（*Open Call Group 2*），是The Shed邀请纽约十几位艺术家创作的定制作品展。（图66）硕大的展厅空间敞开着，用不同的艺术品来界隔不同角落和区域，例如一个南美洲的艺术家，就用白纱围起一个角落，复制了她的梳妆室，内设梳妆台和镜子、凳子，还挂着一排衣服在衣架上，并作说明告知观众可以尝试穿着。一个非洲艺术家以布条为材质做了人物雕像，并在一个白色布质的人物雕像上，用幻灯机打出非洲的音乐舞蹈视频，表现的好像是一种非洲仪式。一个日本艺术家表达了对鱼的爱好，他用一根老木雕绘成一只有着蓝脑袋的鱼，在这个悬挂的漂亮的大木鱼后面，是一堵墙大的视频画面，播放着这位艺术家对鱼的偏爱，从做日式寿司的生鱼片到宠物鱼、锦鲤等。大厅中央还有几排从屋顶悬挂下来的画框，油画画的是纽约平民的生活，如客厅、卧室和人们睡觉的样子，配着的视频也是生活中的对话场景。还有一个黑人艺术家往墙上扔烂泥的作品，以及一个鲜艳的绿色空间里，观众可以走进去，随便怎么摆姿势做动作，然后另一面墙上的视频，就会显示对等的动态画面，等等。“小房子”，大约是能勾起童年搭积木的记忆和对生活期盼的

图66 纽约西34街“大棚”“公开选拔群展2”展览现场。海蔚蓝拍摄，2019

魔方，这展览里就有一个小房子，是用垃圾材料如破布、树皮似的东西架起来的，里面放着一张桌子，上面放三个大玻璃罐，装着三种不同的糖果，大概是可以随意取了享用的，而用树皮似的东西搭起的墙里面，不断滚动地放着一个白骨精似的裸体女人匍匐爬动的视频。另一端，是另一个用木板围起来的房子，里面还有一个人字形尖顶的小房子，满身插着干枯的树枝，四周是玻璃镜子，折射出成排的景象。据说艺术家以美国郊区的典型性房子为灵感创作了“小房子”，而满插着的枯枝代表所有的障碍和困难，以此来折射社会和经济问题对“美国梦”的影响。（图67）

不可否认，让观众体验和参与，会使艺术变成如邻家姑娘或邻家小伙般可亲，或像迪士尼乐园般有趣，或引发好奇心和对以艺术为武器抨击的事物加以关注。不能不算是当代被称为“艺术”的一种。但是，体验之后，观众何去何从？观众自有其选择。但对于博物馆界来说，作为艺术展览，确实要有不同的类型和层次，而要有怎样的追求，对社会有怎样的担当，是策展人和执事者应该清醒认识到的事实，应努力更进一步，而不是停留于把一堆东西摆在那里，让人逛一逛而已。

图67　纽约西34街“大棚”“公开选拔群展2”
休·海登的展品《树篱》。海蔚蓝拍摄，2019

5.商业性展览

商业性展览多属临展。近年来，商业性展览有向学术和博物馆式的展览贴近的趋向，不仅所雇人员和学术界有交错，而且雇佣的有博士学位的专业学者，也有大学教授和相关部门的主管或顾问。所出的拍卖图录，在介绍文字中也比以前有更多如博物馆式的说明，而且对一些重要的拍场，也试图寻找一个主题来归纳和介绍其拍品。在展陈上，也讲究色调、布光、空间等手法，努力营造一个专业展示的氛围。

（1）画廊

据*Time Out*杂志的哈沃德·黑尔于2019年1月31日的文章介绍，纽约的各式画廊大约有1500家。如此的数量，使纽约成为世界上画廊最集中的一个城市。虽说散布在纽约市的五个区域内，但大多集中在曼哈顿区，传统的分布大约是：现当代艺术画廊主要在苏豪区，十多年前，发展到位于城西南下城毗邻哈德逊河的雀儿喜区，近几年又向城东南下城的东村和唐人街区域扩展。其余，尤其是经营古董的高档画廊则向来以纽约上东城为多，而且大多沿着麦迪逊大道周围。

经营中国古代艺术品的蓝理捷画廊（J. J. Lally Gallery，图68），位于东57街40号的著名的富勒大楼，是纽约的佼佼者之一。画廊以经营高古的陶瓷、玉器、青铜器等为著，近年来，也穿插着一些当代艺术家以古董为灵感而创作的水墨作品。作为优秀的商业画廊，其本身的设计从一开始，便以最高的博物馆界为标准，不仅注意基本展示环境，而且精心挑选展厅的色调——墨绿和黄杨木色的搭配，很是典雅，展柜也在这个搭配的色调内设计，柜内的空间，柜外展厅的空间，通过各种角度的布光，而突出展现之物，以简洁的色调和方正的空间布局，着意打造出古典式对称和谐的精美，因此总是很契合其所展示的古代艺术品。除日常陈列外，在每年3月中旬的亚洲艺术周，他们总是推出一个主题展，或以某一收藏，或以某一年代，或以某一质地之物为题。另一家位于公园大道东79街74号的怀古堂（Kaikodo，图69），也是在纽约经营中国和日本艺术品的佼佼者，其堂主对传统的中日艺术品，尤其是陶瓷书画，见解很深，每次展览，也喜爱寻找一个主题，召集顶尖的艺术史学者撰文演绎，来加深对艺术品的诠释。

经营中国当代艺术的画廊，在纽约以位于雀儿喜区的前波画廊（Chambers Fine

图68　纽约东57街蓝理捷画廊一角。J. J. Lally & Co.Oriental Art, 2014

Art）为经久，他们除了做艺术家个展，也常有在一个主题下的群展，或其他主题性展览。其他经营各国当代艺术的画廊在纽约就太多了。最近随着希望到纽约来展示的艺术家日益增多，也有画廊专事从1天到30天的“快闪”式展览，从商谈、运输、布展、开幕等一条龙服务。这些都是艺术商业操作的不同模式。

（2）拍卖行

在纽约，拍卖行领头羊是均有百年以上历史的佳士得（Christie's）和苏富比（Sotheby's）。佳士得拍卖行于1766年由詹姆士·佳士得创立，是位于伦敦专事艺术品和奢侈品拍卖的公司，后来发展延伸到世界各地，为世界著名艺术品拍卖行之一。拍品汇集了来自全球各地的珍罕艺术品、名表、珠宝首饰、汽车和名酒等。佳士得现在所设立的办事处分布于全球43个国家的90个主要城市，并在全球16个地点定期举行拍卖会，中心地点为伦敦、纽约、洛杉矶、迪拜、香港等。此外还提供与拍卖有关的服务，包括艺术品贮存和保安、教育、艺术图片库及物业等方面。2005年，佳士得全球拍卖总成交额高达18亿英镑，为佳士得有史以来的最高纪录，进一步印证了其在业

图69　纽约东79街怀古堂画廊一角。Kaikodo LLC, 2019

图70　拍卖行主题展举例："查特沃斯的宝藏"于苏富比拍卖行展出之现场照。海蔚蓝拍摄，2019

内的领导地位。2018年12月，世界品牌实验室编制的《2018世界品牌500强》揭晓，佳士得排名第271。苏富比拍卖行从其1744年前身为伦敦贝克和利公司发展而来，于1955年自伦敦发展到纽约时，才成为真正的国际拍卖公司，目前也在全球40个国家90多个城市设立办事处，主要拍卖点在纽约、伦敦、香港、莫斯科等，2016年的营业额超过8亿美元。这两家全球最大的拍卖行，都在2012年、2013年获得了在中国营商拍卖的许可。

纽约作为上述两大国际拍卖行的重镇，在每年3月中旬都有重头的亚洲艺术品的拍卖，是多年来纽约亚洲艺术周的重点。在那最热闹的两周，虽然这些拍卖行自有其运作的模式，一如既往地有公关、预览、拍卖的种种程序，但是近年来，对一些重要的拍卖之物，也会借鉴博物馆系统展览的模式，给予主题，并在图录中增加说明文字，布置的方法也更像博物馆的主题展览。例如2019年9月苏富比推出了一个特别的展览："查特沃斯的宝藏"（图70）。这个特别的主题展，展出了自1605年开始为英格兰贵族卡文迪许家族世袭的德文郡公爵的收藏。德文郡公爵世代以出政治家、科学家闻名，他们的如小城般宏大的居所，也是艺术家、表演家、音乐家们常常光顾的地方。该展把精选的从文艺复兴时期的绘画、素描稿、家具、装饰艺术、珠宝、服饰等藏品，置放于一个夸张的展陈环境中。先是在苏富比三楼几乎整个楼层的空间里，用无比巨大的视频画面展现其生活环境，然后以放大的家具模型为道具，装点奢华的场景，并以德文郡公爵书房天花板的金色图案为例，将之放大了来做各个展厅的装饰，整个效果极为夸张奢侈，颇富娱乐性。虽然这种主题展是拍卖行为了销售而吸引人的，不可能如博物馆展览那样具有深度研究和更多注重于教育的力量，同时因为商业操作的不同目的，也不可能负担如此耗时耗力的成本，但拍卖行在努力从各个角度，如物品的梳理组织、主题的归纳寻找、陈列方式、解说文字等方面，尽量营造其专业的形象。此外，苏富比还在每年3月的亚洲艺术周举办策展人午餐，邀请美国、加拿大甚至来自亚洲博物馆界的艺术策展人聚会，表彰业界的贡献者，或事先推荐本期的精品，将博物馆界作为其最有潜力的长期客户，并与博物馆界保持密切的多方面联系。

（3）展示空间

有一类纯商业性操作的展示空间，其运作既非画廊，又非拍卖行，而是以组织特别的巡展，纯粹靠销售门票来运作的，英文可称为“showbiz”。例如在纽约曾经名满一时的“时代广场的发现”这一家公司，位于纽约西44街226号，在老的《纽约时报》大楼的地下室，占地约6000平方米，这是与另两家——“杜莎夫人蜡像馆”和“信不信由你！”一起为时代广场游客服务的商业展示空间，以介绍那些特别的较大规模、较高费用的商业巡展。这家公司于2009年6月开张到2016年结束，存在期间所做的17个展览，选题都是中外历史上很有意思的事情，例如，其2009年开张的第一个巡展是“泰坦尼克号：艺术品之展”，之后有“列奥纳多·达·芬奇的工坊”，还有“图坦卡蒙王”，都是些世界知名的事儿。2012年，我代表华美协进社协助他们跟中国方面商谈，他们组织了巡展“兵马俑：秦始皇的卫士”（图71）。[注58]他们其他的巡展题目也挺有意思，如“间谍的秘密世界”“星球大战的服饰”“沉船：海盗与宝藏”等。其展示方法虽然不如博物馆的专业，但也注意到艺术品的安全以及布展效果，包括加以简单的各部分主题和展品说明，还有一点专业博物馆的味道。另两家“杜莎夫人蜡像馆”和“信不信由你！”至今还活跃着，在纽约第八大道与第七大道之间的42街，在那最拥挤和令人眼花缭乱的霓虹灯下招揽游客。“信不信由你！”以那标语式

图71　“兵马俑：秦始皇的卫士”在“时代广场的发现”展示空间陈列照。海蔚蓝摄，2012

的文字，再加上个大大的叹号，直接挑战人们的好奇心。记得当年还陪中国的一个博物馆馆长，花了29元美金的门票进去了解了一下，真的都是些世界上不可思议的怪事怪人怪物，如门口就放了巨大的机器人和缺了个脑袋的巨人彩色雕塑等。这个展示空间不是巡展，就是展些稀奇古怪的东西，所以制作完成后，可以坐收渔利，加上总有人好奇，乐意掏腰包进去瞄一瞄，他们的东西基本上就是给游客看西洋景的意思了。（图72）

图72 纽约42街的两个展示空间“杜莎夫人蜡像馆”（Madame Tussauds），紧挨着的是“信不信由你！”（Repilie do you believe it?）。海蔚蓝拍摄，2019

（4）艺术博览会

19世纪以来，世界博览会成为沟通世界经济、科技、文化的一个重要形式。这种大型甚而巨型市集，始于古代农耕社会，在宗教节日及庆贺丰收、欢度喜庆的节日里展开交易活动而形成的聚会，后来逐渐发展成为定期的、有固定场所的、以物品交换为目的的商业性集会，如欧洲中世纪商人定期的市集。5世纪，波斯举办了第一个超越市集功能的展览会。18世纪，随着新技术和新产品的不断出现，商品交易的种类和参与的人员愈来愈多，影响范围愈来愈大，从经济到生活艺术到生活理想哲学，人们逐渐想到举办与市集相似，但只展不卖，以宣传、展出新产品和成果为目的的展览会。1791年，捷克在首都布拉格首次举办了这样的展览会。随着科学技术的进步，社会生产力的发展，展览会的规模也逐步扩大，参展的地域范围从一地扩大到全国，由国内延伸到国外，直至发展成为由许多国家参与的世界性博览会。这就是世博会的最早形式。到19世纪20年代，这种具有规模的大型市集便成为博览会（Exposition，简称“Expo”）。

最早的现代博览会是由英国举办的。1851年万国工业博览会成为第一场世界博览会，主题为“世界工业”，在英国首都伦敦的海德公园举行，展期是1851年5月1日至10月11日，主要内容是世界文化与工业科技，其定名中的“Great”在英文有“伟大的、很棒的、壮观的”意思。1893年，美国芝加哥胜选了纽约、华盛顿和圣路易斯，成为举办世界博览会的展场，举办了“哥伦比亚世博会”，为纪念克里斯朵夫·哥伦布于1492年发现新大陆四百周年，居于博览会中心的圆形水池，象征着哥伦布征服海洋到达新大陆的旅程。这是一个极具社会和文化意味的盛会，不仅对芝加哥的建筑、卫生、艺术、市容与美国工业的振兴具有无数潜在的影响，而且，对博物馆界来说，也刺激了美国许多私人藏家对艺术品，甚而对东亚艺术的兴趣，个人收藏便由此开始。（注59）二战后，世界人民在满目疮痍的废墟上重建家园，并在恢复生产、复苏经济的基础上，于1958年在比利时首都布鲁塞尔举行战后第一个世界博览会，主题为“科学、文明和人性”。为了体现科学的这个主题思想，布鲁塞尔世博会建造了一座原子能结构的球型展馆，代表着人类进入了科技进步的新世纪，它独特新颖的造型，虽然时隔半个多世纪之久，但仍然历历在目。2010年，中国上海世界博览会（Expo 2010），主题为“城市，让生活更美好”，是第41届世界博览会，于2010年5月1日至10月31日在中国上海市举行。此次世博会也是由中国举办的首届世界博览会，创造了世界博览会史上最大规模纪录，同时，7308万的参观人数也创下了历届世博之最。世界博览会，是一个富有特色的讲坛，它鼓励人类发挥创造性和主动参与性，把科学性和情感结合起来，将有助于人类发展的新概念、新观念、新技术展现在世人面前。其特点是举办时间长、展出规模大、参展国家多、影响深远。因此，世博会被誉为世界经济、科技、文化的“奥林匹克”盛会。

艺术博览会的兴起，具有与世博会类似的思路，但专注于艺术。无论是双年展、三年展，还是冠以其他名称的如纽约军械库展等，艺博会都是全球艺术的大沟通，而且已经介入全球最活跃的经济流通和信息领域，在全球的商品与信息市场中充当着重要角色。

纽约被公认为最高档的艺博会展地，展览多在纽约的公园大道军械库举行。这个被称为“第七军团”的军械库，位于曼哈顿公园大道643号，亦被称作公园大道军械库，是一栋占据了纽约上东城一整个街区的红色砖石历史建筑。（图73）这是纽约一个很有名的老建筑，由设计师查尔斯·克林顿设计，并在1880年以哥特复兴式风格建造。这个美国唯一一个私人出资修建的军械库，一开始是作为纽约第七民兵军团的总

图73　纽约公园大道67街军械库。海蔚蓝拍摄，2019

部和行政中心，由于吸纳了大量社会上层人物，被大众戏称为“丝袜兵团”。该建筑正对公园大道，介于66街和67街之间，大型拱顶为建筑的一大特色，为跨越这个街区的军械库提供宽敞明亮的大厅，并以一楼和二楼的每个房间的精细内饰和大量木雕、大理石和彩色玻璃闻名，被旅游者评为纽约第298个值得光顾的景点。现在以“公园大道军械库”为名的是一个非营利机构，同纽约州签了99年的契约，依靠租赁场地和举办各种活动，来维持这老建筑的生命活力。纽约曼哈顿还有位于莱克辛顿大道25街与26街之间的第69兵团军械库，也举办各类艺术博览会，如自1913年始，由美国绘画雕塑家协会发起的“军械库展览会”，正式名称为“国际现代艺术展览会”，便在此地举行。此外，这一展览会近年来有在曼哈顿西边哈德逊河边的92号和94号码头举办，但仍以“军械库”展来命名，来访者有必要分辨清楚地点。（注60）

公园大道的军械库作为纽约最有声望的场地，每年每月都是不断有各种博览会和其他活动的。20世纪90年代以来，这里曾有十多年是全球亚洲艺术的中心。大约在1996年，由伦敦瓷器古董商布阮和安·霍顿夫妇开始创办“霍顿国际亚洲艺术博览会”。这对夫妇早在1982年便创建国际陶瓷博览会和研讨会，将学者之研究和调动藏家的兴趣以及增进其知识相结合，来促进销售。这个智慧的创意，也贯之于亚洲艺术

图74－1　2019年亚洲艺术周指南黄皮小册封面

图74－2　一年一度参加纽约亚洲艺术周的各地来宾，2019年3月18日在大都会艺术博物馆的聚会。海水绘图，2020

博览会。每年三月，霍顿的国际亚洲艺术博览会在公园大道的军械库举行，一时成为世界关注亚洲艺术的焦点，每年吸引五六十家，甚而近百家经营亚洲艺术的古董商和画商，从世界各地前来参展，同时每年都赢得《纽约时报》的关注和评价，并成为许多藏家不远万里飞来光顾的首选。其对公众开放的前一晚的贵宾酒会所得善款，还成为赞助亚洲协会的资金。然而运营12年后，霍顿国际亚洲艺术博览会由于租场价格高昂、高品质艺术品难寻等原因，2008年参展商降至30多家而停止。接着由纽约亚洲艺术周取代。参展的许多艺术商人，多在亚洲艺术周（一般在三月中旬）的两星期内，在位于57街的富勒大楼，或沿着麦迪逊大道两边租赁画廊，租价比国际亚洲艺术博览会时低了许多。（注61）这一亚洲艺术周，相当于艺术商们抱团的活动，以著名的怀古堂画廊为首的几位艺术商人作为组织者，来统筹一年一度的亚洲艺术周的事儿。他们每年出一本黄皮封面的指南小册子（图74－1），罗列各参加亚洲艺术周的艺术商家之信息，参加者相当于会员，需要有从业五年以上的经历，并通过组委会的评审方可入会，然后需要缴纳一定的会费。对于非营利的亚洲艺术相关的机构来说，若想在此小册中登示有关展览和活动的信息，则需缴纳相关的费用，也可缴费另做广告。此册集所有亚洲艺术信息于一体，便于艺术商、艺术单位、所有对亚洲艺术感兴趣者沟通交流，是一个很好的运作模式。并且，亚洲艺术周还与大都会艺术博物馆联手，在其二楼为中国瓷器环绕的回廊和佛教艺术大厅，组织一个盛大的参加者的聚会（图74-2），使之成为一年一度为世界所关注的亚洲艺术盛会。2019年，亚洲艺术周迎来了其十周年庆。

艺术界的沟通，在20世纪90年代左右以双年展、三年展最为流行，进入21世纪以来，各类艺术博览会兴起。这些艺术博览会定义着收藏的概念，作为经销商、收藏家和艺术大鳄相遇的地方，已经成为一种国际现象，涌动着世界的艺术潮和经济潮。如今世界上有260多个艺术博览会或展览会，然而只有下面这7个被公认为最值得关注：

①“艺术巴塞尔”，世界最大的当代艺术展览，每年3月在中国香港举办，6月在瑞士巴塞尔举办，12月初在美国迈阿密海滩举办。展览期间世界各地的顶级画廊在这里相会，展出门类繁多，包括油画、雕塑、纸上作品、摄影、数字艺术、视频艺术和装置。

②“弗里兹艺术博览会”，5月在纽约举办，10月在伦敦举办，每年有超过170家画廊参加，以艺术家的演讲与表演为特色。

③“欧洲美术博览会”，始于1988年，3月在荷兰的马斯特里赫特举办，展示艺术品、古董和设计，每年有来自20个国家的260家画廊参展，展品跨越7000年的艺术史。

④“军械库展览会”，发掘和收藏20世纪与21世纪艺术品的领先文化圣地，纽约的军械库展览始于1913年，每年3月初举办，吸引着现当代艺术的收藏者。

⑤“国际当代艺术论坛”，每年在巴黎的大皇宫和小皇宫举办，展示世界各地主要画廊的现当代艺术与设计。

⑥“艺术迪拜”，始于2007年，每年3月底举办，被认为是最多样化的全球性艺术展览，因为除了国际著名画廊，还有中东和北非的艺术家参展。

⑦“眼界艺术展”，每年12月初在纽约、迈阿密、巴塞尔举办，这一国际当代艺术展，以寻找和预测视觉新趋势为宗旨，展示艺术新星。（注62）

即使从上述的7个被认为是最重要的艺术博览会亦可见，现当代艺术在当今世界被关注和热捧的程度，足足地反映了艺术活在当下的旺盛场景。当今世界，现当代艺术成为世界范围内最活跃的市场，这也是20世纪以来一系列展览推动的结果。据评论，20世纪以来曾有10个展览，对推动当代艺术起到了很大的作用。这10个由策展人精心选题、挑选展品，并将展品置于多面向的艺术与文化语境中，其或是与时相异，或是诱发争议，但都很大地影响了艺术家或艺术爱好者，而成为难以被历史遗忘的展览：

① 1907年，巴黎举办的“塞尚回顾展”。这个展览是在塞尚突然去世后的第二年举办的，虽然仅是个个展，但因塞尚对巴黎前卫画家们的强烈影响——欧洲画家包括被认为是立体主义与现代主义之父的毕加索，都深受其影响——因而此展也强烈地改变了欧洲的艺术历史。

② 1912年，在德国科隆举办的“欧洲现代画家展”。展览的全名为“西德艺术家与艺术爱好者的国际艺术展”。除了塞尚、蒙克、高更、毕加索、席勒、凡·高的作品，也包括了后印象画派到德国表现主义的“桥社”（Die Brücke），以及以画家瓦西里·康定斯基和弗兰茨·马尔克为首的“蓝骑士”画派（Der Blaue Reiter）。

③ 1913年，纽约军械库的“国际现代艺术展览会”。该展带来了欧洲的现代艺术作品，当时美国的艺术还以保守写实派为主，题材也局限于风景、城市和肖像。由几位美国艺术家组成的美国绘画雕塑家协会组织了这一展览，将立体主义、后印象派、野兽派介绍给美国艺术家，这直接影响了美国于20世纪40年代兴起的抽象表现主义。这次展览中的展品，也包括杜尚的著名作品《小便池》，其挑战了“艺术”的概念。

④ 1922年，柏林“首届俄罗斯艺术展”。该展突出了俄罗斯的“建构主义”（Constructism），一种艺术/建筑的哲学，1913年由弗拉基米尔·塔特林提出。展览中展出了夏加尔、利西茨基等人的作品，策展人都是艺术家，包括大卫·彼得罗维奇、纳坦·阿尔特曼和诺姆·嘎宝，并由利西茨基设计了展览图录。由于展览得到好评，故延期以适观众的要求。

⑤ 1936年，“伦敦国际超现实主义展”。这也是由一群艺术家策划的展览，包括亨利·摩尔。这一展览将超现实主义带到了伦敦，这个热门的展览参展的

艺术家包括琼·米罗、萨尔瓦多·达利。当达利穿着一套潜水服做讲座时，还差点被憋死，幸好获救了。

⑥ 1962年，“纽约国际新写实主义展览”。这是由纽约的一个商业画廊希德尼·简尼斯所组织的国际展览，在1962年10月31日开展。这是第一个如此大规模地介绍世界流行艺术（Pop Art）的展览，包括许多美国艺术家的作品，如安迪·沃霍尔、罗伊·利希滕斯坦，以及欧洲艺术家如尚·丁格利等的作品。该展表现了美国流行艺术家与欧洲新写实主义（Nouveau Realisme） 和抽象表现主义（Abstract Expressionism） 之间的关联。

⑦ 1969年，在瑞士首都伯尔尼的“当态度成为形式展”。瑞士策展人哈拉德·森曼首开自由策展人的角色，这是在艺术机构外的第一个大型展览。展览全称为“活在脑海中：当态度成为形式（作品、概念、过程、情况、信息）”，包括体验、表演和观念艺术，并表现了许多艺术运动，如系统艺术、贫穷艺术、过程艺术。参展艺术家有伊娃·黑塞、约瑟夫·布伊斯和布鲁斯·瑙曼等。

⑧ 1989年，北京“中国前卫艺术展”。这个有争议性的在北京中国美术馆的展览，是由十位年轻的艺术策展人组织的，包括高名潞、侯瀚如，展现了186位艺术家包括徐冰、黄永砯和吴山专等的作品。这个具有历史意义的展览，标志中国当代艺术走向了世界舞台。

⑨ 1989年，在巴黎举办的“地球的魔术师”展。20世纪80年代末，后殖民主义的理论影响了策展人的策展决定，该展力图体现艺术展览不再由西方白人一统天下，而应包括来自世界各地的不同创意。在巴黎蓬皮杜艺术中心和格兰德哈雷文化中心举办的这一展览，由吉恩·休伯特·马丁策展。展览聚焦在亚洲、非洲、大洋洲的澳大利亚和拉丁美洲艺术家的作品。

⑩ 德国卡塞尔文献展。自1955年开始，每5年举办一次，每次均由一批国际知名策展人选择主题和艺术家，因此这一展览成为业界最具威信的展览，吸引来自世界各地的艺术家、策展人、艺评家和其他艺术专业人员来访。（注63）

当代艺术是个风起云涌的世界，也是促使世界风起云涌的一个重要因素。当下人类生存的所有问题，都可以在当代艺术的风起云涌中映现出来。但是无疑，对于当代艺术，也有许多值得考量之处。

例如，著名策展人侯瀚如与奥布里斯特的通信曾出版成书，这两位策展人的视角足够宏大，除了为现代艺术博物馆策展，也参与艺术博览会的策划。奥布里斯特讲到他在巴黎现代艺术博物馆任职期间所策划的几个“国家”展：从调查20世纪90年代英国艺术界的“生存/生命”，到针对北欧艺术界的“白夜”，最后是2000年初探讨法国艺术界的“超越”，从探索这些“国家”展之后的跨国性展览对界线的讨论，转变为对界线本身的各种讨论。也许是他所思考的那些问题是非国界所能界定的，所以他会有种愿望要推翻那种预先打包、自上而下的，以效益最大化的成本效益分配论驱使的展览模式，而以智性艺术家的展览巡游——从物质和精神上的巡游，来跨越边界，让语言和文化涌向各个不同方向，拓宽转化能力的视野。他因而设想有“作为移动实验场的展览”；因当代艺术家、当代艺术作品具有的多种复合性，而设想“展中展”的模式，把展览做成一种“动态而复杂的体系”；等等。（注64）从中亦可窥见当代艺术与社会的密切关系。同时，做行进中的当代艺术的策展人，一路走来，不断地学习、调整、补充、更新的过程也是必不可少的。不仅如此，还要超越此点，策展人并非坐视坐等艺术品的产生，而应主动地介入当代艺术的生成中。他们认为策展人与艺术家和其他相关人士之间的活跃对话，鼓励对艺术和创作的现成概念进行不断地质疑、挑战、颠覆、解构和重建，这是非常重要的，甚至是根本的。（注65）这种策展人对自我的认识和挑战，值得借鉴。

在当今全球化的走向中，跨国跨界的联手，寻找艺术中的世界命题，表现艺术中的世界现象，或以艺术和展览的不同模式，来展示对当下世界的各种感觉和思考，都是全球化的大气候之下水到渠成的必然。当代艺术与当下现实的不可分离的黏着性，当代艺术的“公共性”，从没有如此强烈地彰显艺术与社会互相依赖、互相影响的功能性。侯瀚如先生曾讲他在“开辟政治和社会参与的空间”的语境下，响应法国前总理多米尼克·德·维尔潘的发起，挂着法国文化部官方的牌子，组织了在巴黎大皇宫的大型展览“艺术的力量”，文字中将展览称为“一个不确定未来的实验场”，来表现“我们正生活在一个不确定的时代”。艺术的力量，于此可见一斑。（注66）各类艺术双年展在全球的扩散，足见当代艺术对现实社会的作用，而上述两位当代艺术策展人，在讨论伊斯坦布尔双年展时的构想，也令人赞叹其视野。他们如是说道：“双年展不再只是一场漂亮的展览，而是真正调动艺术群体重塑艺术活动的定义、形式和价值的行动；提供一个平台，使重大而紧迫的文化、艺术当然还有政治问题得以表达、分享、争论和检验。所以，这仍然关乎将公共活动融入一个真正的社群，由此，重新界定艺术活动和创造力的角色，以面对当代的现实。伊斯坦布尔双年展确实是最紧要的语境之一，我们可以在此实践构想：它置身于西方之外，从而有了最佳的动机和理由来超越由西方传统和价值观主导的现有体制。此外，现代土耳其的特殊历史集中体现在伊斯坦布尔本身活跃而丰富的城市风格上，是一个非西方社会努力实现现代化的精彩例证，它创造了独特的发展模式、理性主义和乌托邦，也自然成就了其自身的现代性。当然，通过艺术项目与城市现实的无限结合，双年展同样对当今的城市提出一个重要疑问：在一个一切都被所谓'全球/自由资本主义'私有化和中产阶级化的时代，人们究竟可以在多大程度上构想公共空间？这顺理成章地让我们提出下一个问题：在这个当代艺术已然普遍沦为商品或交流工具的世界，如何重新定位当代艺术活动。”（注67）我如此连篇累牍地引用，以完整地显见其思路，并导向最后他们对自己的提问。那是一个很重要的问题。如此这般能够搅荡世界政治经济的当代艺术，怎么会普遍沦为商品？怎么会普遍沦为交流工具？那么这当代艺术活动，甚而当代艺术到底是什么？是为了什么？并且这当代艺术的后遗症将是什么？这些问题，确实应该值得我们深思。

所谓的当代艺术，可能是否因为过于强调了它的社会功能性、社会批判性，所以那么容易地变成了一杆“枪”，而给人来使唤了。作为“艺术”，也许当代艺术所忽略的，或在所谓标新立异，与传统决绝的作为中所不遗余力抛弃的，正是艺术的精神和本质（也许这正是“当代艺术”标榜自己不同于以往艺术的要点），即艺术的“人本”特质，即艺术对于人性修养的深层作用，无论是艺术家本身之修养，抑或借助其艺术品而对全人类涵养的贡献。正因为忽略了艺术的人文精神的这一本质要素，而使艺术浅薄化，并迅速地普遍庸俗化，并急剧堕落成“商品”或“交流工具”。艺术的原点，应该是人与人性。中国古人早有所论：“图绘者，莫不明劝戒，著升沉，千载寂寥，披图可鉴。”（注68）这不是冬烘或“老古董”，这正是中国古人的智慧，他们早已洞察事物的本质。所以中国艺术中向来把人的品格修养与画格艺品相联系，而使艺术具有一种高于生物本能、高于工艺技巧、高于实用操作的神圣性。前两天刚读到一段文字，可以深而究之，因其与艺术有着内在的联系，而值得人深思，特此连篇累牍地引用如下：“周公创制礼乐的深意或许就在于通过创造对生活细节的敬意而创造生活的神性，通过使一切事物具有神性而使整个世界具有精神性。万物的神性并非来自神，而来自生活的严肃性。这一点与《周易》思想是一致的：自然万物以其变化而向人传达神圣的消息，因此万物都值得尊重，而尊重万物就是尊重天地，就是人道与天道之一致，人的生活也因此具有神性。只有生活中的一切事务具有神性，生活才具有意义。假如流逝的生活不能在自身的消失过程中产生神性，假如神性仅仅属于绝对、永恒、完美的神，那么生活就是无意义的。礼乐正是生活神性的证明，所以孔子才会认为礼崩乐坏是最大的罪恶。一旦礼崩乐坏，人就不尊重一切事物，不敬重万物的尺度，而以人的自由作为万物的尺度，这样必定最终导致取消任何标准，一切经验、情感或艺术就走向放肆、任性、任意，与瞬间性同质，也在瞬间中消失，没有任何意义可以留存。”（注69）

对照当代艺术中一些肆意张狂的表现，怎能不令人对“当代艺术”有所质疑？那些有机会来提倡社会风气的人，责无旁贷，不管在任何岗位，都应该倡导那些真正对人类有益的思想、情操和价值观。“近朱者赤，近墨者黑”，熏陶之要，在于倡导，在于日常。当代世界的乱象，正是源于精神和灵魂的丧失，道德和伦理的堕落。而这些，本该是为人之本。如前所引，20世纪的学者贡布里希也关注到“人”这一问题，他就说这世界上没有艺术，只有艺术家。而当艺术家不再注重自身的素养，而以艺术作为一种快速的、煽情的、捞钱的视觉形式时，不管其目的是指向政治或经济或社会，正因为如此远远地偏离了艺术之人文的本质，所以当代艺术很容易堕落成为一个实用和功利的工具。我虽未浸淫在当代艺术之中，然“当事者迷，旁观者清”，唯其有距离，且常为之担忧，故有如此的“杞人忧天”。所幸无独有偶，亦有人关注到这点，在由艺术家丽塔·麦克布赖德编辑出版的《未来之路》（*Futureways*，2004）中，劳拉·伯廷汉在背景设定为2199年的文章中写道：“尽管众所周知，最能经受时间考验的艺术创作是那些不借助明确形式的作品——语言、舞蹈、音乐，但20世纪仍是最后一个完全相信艺术品永久性的世纪。”她接着称之为“贪婪的世纪”，并驳斥其“对永久性的虚假盼望”和“对物质而非思想的倒退性的盲目崇拜”。（注70）请注意她最后指出的“对物质而非思想的倒退性的盲目崇拜”，这一句话点明对精神追求的缺失，恰是当代艺术的致命弱点。

可以说当代艺术悲哀地活在当代的世界里，是因为当代世界的一部分价值观——以钱为本位、以人的物质需求为本位，当代艺术也多被用来当枪使、当喇叭吹。什么是艺术家？精神何在？艺术何在？虽说“每种文化都是一个精神世界，这个精神世界又是对万物万事的解释系统”（注71），在这唯臭皮囊所需为务的时代，弃精神于草芥，那将是怎样的一种愿景？刻不容缓的，人类需要严肃的深刻的思维，人类需要真正的艺术与精神。

6.其他

随着全球的联网，数字化展览、虚拟导览或网上导览（Virtual Tour）相继产生，即将实体展览以视频方式放上网，如我馆目前努力将过去的有档案视频的展览，都做成网上导览以方便无法前来观赏的观众。还有称为“微展览”和“虚拟展览”的，可以通过图片展板或电脑荧屏展现，都是以灵活的方式，来形象地展示想让大众了解的信息，或教育宣传。一图抵万言，这真是一个读图的时代。

在此全球信息大爆炸的时代，是幸，亦不幸。幸者，信息来源之速，其效力一如迅雷不及掩耳。其不幸者，使人浮于如此的现象，或给如此之“迅雷”给击晕了，而无暇顾及或忽略人作为人应有的深层的智慧、情趣与格调，因为那些都需要时间与宁静，去沉淀、去思考、去感悟、去生发。作为展览来说，网上的种种传递，是信息搜寻的引擎平台，是好奇者阙如的饥渴补救，却无法取代展览的实体，艺术品的精气神，艺术品的那种“眼神”，唯有面对，才能感受。实体展览将无可取代。

展览形式多样，性质有别，深浅不一，非常符合自然，如高山、丘陵、平原自有其存在的价值，才得以装扮成一个诱人的大千世界。每个类型的展览，或在各种不同机制中得以策展和制作，但都可以尽力做到其类型中的极致，打造自己的品牌。关键是策展理念和策展定位，然后是策展的见识和实践，但每种类型的展览，都应该有更严肃的探索和追求，踏踏实实地做好每一个，以期深入长久和有收获，不是夸夸其谈，也不是热闹一阵了事，更不是像飓风吹过后一无所有或满地狼藉，而要风吹草低见牛羊。

第三章

把脉历史——选题与构思

策展是个绕脑子的事，有许多方面需要考虑。若将人类几千年来积攒的无以计数的艺术品比为大海，比为森林，比为莽原，都丝毫不为过。然如何独辟蹊径，选哪个题目来做展览，这牵涉到很多方面，而最后还是要回到原点，即艺术品是什么？它们表达了什么？它们怎么产生的？做什么用的（欣赏也是一种“用”）？其能够流传存在的价值是什么？怎么挑选、挑选哪些艺术品？你是怎么看待的？你想说什么？你会怎么说？怎样的表现才突出？这些恐怕是策展人脑子里要过的最基本的一些问题，从对艺术品的深度理解中，把脉历史，才能找到具有足够意义的命题。现将我的思考，归纳如下：

1.展品认识：搜尽奇峰——对艺术品的认识将决定展览的高度

术有专攻。作为策展人，大多有一门艺术或艺术史来垫底，这是很重要的基础。先专攻一门，就可以进入深层的多方面的训练，一是积累知识，二是磨砺方法，三是涵养见识。即以中国艺术史来说，从新石器时代到当代的各阶段各门类艺术都要学习了解，并延及文学、历史、习俗、哲学等相关的社会和文化常识，在此基础上，有一专门的突破，会对研究的方法、研究的角度更有帮助。围绕研究进行相关的基本训练，如查找和比较资料，阅读古代文献，对实物作深层观察和思考，做出专业的表述，等等，这些可能都是些死功夫，但确是基本功。一旦通此，举一反三，一通百通，可得触类旁通之效。中国艺术、西方艺术，思维方式有所不同，但在方法上可以互相借鉴。

展览的基础是展品，对展品选择的标准是真伪、信息、表征，这也是几大可以考虑衡量的界尺。

第一，真伪问题。一般来说，自科学考古发掘出土的文物，凭借严格的地层标识、同地层出土物品的比较或纪年物品的断代依据，应该有其可靠性，可以帮助确定文物的年代和真实性。传世或流散文物，多是按照器物学的比对，文献学的考订，现代碳十四测定、红外线测试等技术，来确定其真伪。对于鉴赏家来说，有凭经验和感觉的所谓“望气派”。还有比如说古籍善本，有不同版本、不同年代之别；书画的真伪问题历来争论最多，除了真伪，还有后面几代人摹写或对临前人之作的不同摹本；铜器，除了真伪，也有历代模仿前人之作；等等。现当代艺术虽说时代不远，但名家之作的仿制之风，不论中西都是普遍存在的。这些在选择展品时都需要考虑到。

第二，信息资料。一如医生要为病人建立档案，每件艺术品的基本信息也需建立，除了图片，还有如艺术家信息、作品创作年代、质地、尺寸、装帧方式、收藏单位、收藏原委、出土年代地点与同时出土之物等。甚至在考察艺术品的过程中，还要关注到此艺术品产生的地点、时间、涉及的社交范围等相关方面。不论古今之艺术品，这种思维方式和记录模式都大致相似，或可以举一反三，目的是尽可能全面地搜集与艺术品相关的各方面信息，并为之立案。即使从一个非常实用的角度来说，当策展人在挑选展品时，这些艺术品基本档案信息的完整性或全面性，也将极大地帮助策展人对展品的认识和甄选。

第三，表征，即艺术品能体现的历史性、艺术性、学术性和社会性。这四个性，实际是互相关联的，也许在某件艺术品上某一特性更为突出，或某件艺术品具有上述四性的所有特征。

例如我在选择“乱世绝响：六朝艺术”展品时的一些考虑。在青瓷部分，有两件展品是很特别的，一是2006年在南京江宁上坊孙吴墓出土的一组青瓷人俑（图75），

图75　“乱世绝响：六朝艺术”青瓷展厅第一、第二展柜陈列档案照，纽约华美协进社中国美术馆。胡维智拍摄。*Art in a Time of Chaos: Masterworks from Six Dynasties China, 3rd–6th Centuries*, China Institute Gallery. Photograph: Perry Hu, 2016

图76　三国吴时期的青瓷釉下彩重沿盖罐，南京市博物馆藏。“乱世绝响：六朝艺术”陈列展品，纽约华美协进社中国美术馆。*Art in a Time of Chaos: Masterworks from Six Dynasties China, 3rd–6th Centuries*, China Institute Gallery, 2016

有10件之多，虽然尺寸不大，不过都在13到19厘米之间的高度，但是有主人、佣人、乐俑、胡人之不同社会等级，穿着、发饰、姿态、表情都各不相同，最能形象反映1700多年前江南人的形象。而且沉郁的青色釉、灰白色的瓷胎，应是浙江越窑，即当时领先的中国瓷业产地的产品，当然得选。另一件青瓷釉下彩重沿盖罐（图76），也是三国时期吴国的物品。这种类型的器物，目前全中国只有三件，可能是孙吴宫廷中为某种需要所特制的专用品，不仅器型特别，而且其纹饰有“十”字、佛像、龙凤等，究竟蕴藏着什么特殊信息，还有待深入研究，这是目前最早见到瓷器工艺中釉下彩的例子之一，这一技法直到唐代的长沙窑才普遍地运用起来。

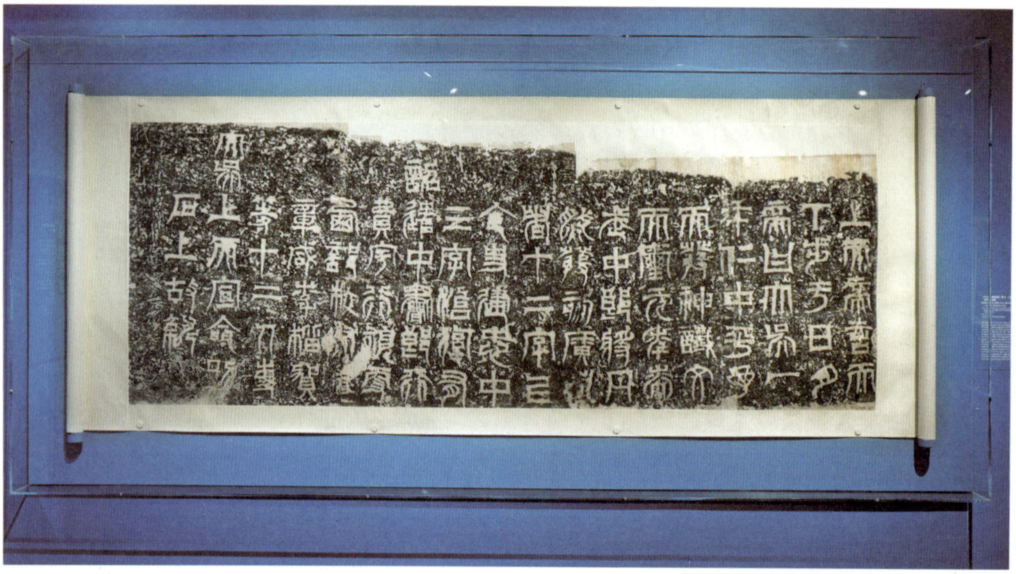

图77 南京博物院藏《天发神谶碑》拓片在“乱世绝响：六朝艺术”展览陈列档案照，纽约华美协进社中国美术馆。胡维智拍摄。*Art in a Time of Chaos: Masterworks from Six Dynasties China, 3rd–6th Centuries*, China Institute Gallery. Photograph: Perry Hu, 2016

上述两件青瓷器，都是一级品。在博物馆界，凡是已经定为一级品的物品，均经专家过目确定，因此其重要性很容易看到，如果有助于展览主题的诠释，那就努力争取纳入展品清单。

而在考虑挑选六朝书法作品作为展品时就要超越一级品的范畴了，怎样来表现这个中国书法史上的重要时期，且在非常有限的空间——不超过60平方米的展厅里，将六朝几百年间最重要的书法要点以展品来展现？我是围绕以下三方面来考虑和选择展品的：第一，在这书法史上承上启下的转变期，书法的体例风格和美学追求。例如，选择了三国吴天玺元年（276年）的《天发神谶碑》拓片（图77），此碑已毁，仅存各朝拓本。其碑文书体奇伟，非隶非篆，笔法与体势在书法史上前无先例，后无来者。从历史性和社会性上来说，则可能是吴主孙皓为维护其统治借天命而书其功德的特殊产物，因此似乎有着道家符箓般的神奇功能。例如，选择了南朝刘宋年间（420—479）《明昙憘墓志》拓片，此乃目前公认最早的楷书范例，其楷书结构谨严，运笔凝重，是南朝书法变革时期墓志书法的代表作。例如，选择了南朝萧梁时期萧景墓神道柱额的反左书拓片，这个例子，不仅表现萧梁皇朝书法的特殊反左书习俗和其在书法上呈现的皇家品位，而且其神道柱直接来自印度阿育王石柱的摹本，反映了其时

图78　“乱世绝响：六朝艺术”展览中南京博物院藏品《瘗鹤铭》拓片档案照，纽约华美协进社中国美术馆。*Art in a Time of Chaos: Masterworks from Six Dynasties China, 3rd–6th Centuries*, China Institute Gallery, 2016

图79　山西博物院藏北魏辛祥墓志原石与拓片，在“乱世绝响：六朝艺术”展览陈列档案照，纽约华美协进社中国美术馆。胡维智拍摄。*Art in a Time of Chaos: Masterworks from Six Dynasties China, 3rd–6th Centuries*, China Institute Gallery. Photograph: Perry Hu, 2016

的文化交流。例如，选择了那最令人遐想的在镇江沿江悬崖上的《瘗鹤铭》拓片（图78）。这个南朝时（420—589）人为瘗葬爱鹤而镌刻于江崖的文字，据说为南北朝时期隐士华阳真逸撰文，上皇山樵书丹。故事本身就够浪漫，且内容奇谲，书法超逸。因原书依崖而作，随形就势，故字大小不一，参差错落，字体既有隶书的厚重，又有楷书的端庄和规范，又有行书的笔意与行气贯穿，是研究书体演变的重要资料，在中国书法史上具有很高的地位。北宋书法大家黄庭坚（黄山谷，1045—1105）独崇王羲之，以为此为王作，因此从此刻石中学习感悟，得力独多，后形成山谷书体“中宫内敛，横竖画向四周开张”的“辐射式”的独特风貌。黄山谷有言：“大字无过《瘗鹤铭》，小字莫学痴冻蝇。随人学人成旧人，自成一家始逼真。”历代评价极高。明王世贞评：“此铭古拙奇峭，雄伟飞逸，固书家之雄。”例如，在介绍北朝的书法时，选择了出土不久的北魏辛祥夫妇墓志原石和拓片（图79）作为魏碑体的代表，这是这一阶段新产生的书体，不仅反映了南北两方书法的交流影响，而且魏碑体自此产生后，对后代书法乃至在实用美术的领域，都有很大影响。第二，在这书法史上引起争议和关注的要点。《兰亭集序》，这“天下第一行书”是王羲之所写的吗？我选择了

图80　南京市博物总馆藏王兴之墓志原石和拓片，在“乱世绝响：六朝艺术”展览的陈列档案照，纽约华美协进社中国美术馆。胡维智拍摄。*Art in a Time of Chaos: Masterworks from Six Dynasties China, 3rd–6th Centuries*, China Institute Gallery. Photograph: Perry Hu, 2016

王氏家族王兴之和其夫人宋和之的墓志原石（分别刻于340年和348年，图80）。这块墓志自1965年出土后，加上1964年出土的谢鲲墓志，因为皆是尚有隶书意味的书体，故而曾引来郭沫若和高二适有关王羲之《兰亭集序》书法真伪的争论，更引发全国书法界经年累月的讨论，是中国书法史上值得追忆的一件盛事。第三，书法在其时的普及和运用。选择了墓砖有文字者，木牍有文字者，陶瓷上有文字者，包括其时特殊的六面印，以及文房用品等。最后，是以辽宁省博物馆藏明代文徵明《兰亭修禊图》的图版，以及北京故宫博物院藏神龙本王羲之《兰亭集序》行书的图版，作为这展厅对此期书法介绍和思考的结束。

换句话说，即围绕着展览能说明的事，来选择最具代表性的展品。因为每个展览都有空间的限制，尤其我馆极为有限的场地，有其承受展品数量之限制，在此范围内，当然是精挑细选，找到最佳的各类代表，尽量做到“以一当十”的效果，少而精，或许反而容易给人留下深刻的印象。

2.选题构思：众里寻她——依题选展品、依展品选题

在博物馆界的30多年里，笔者以不同的参与方式，做了将近70个艺术主题展览，其中有三分之一为原创。常常有人问道：怎么会想到做这个展览的？我很高兴有人会想到问这个问题。是啊，那么多的难以计数的艺术品存在着，怎么就想到这个题目、这么个样子来做展览呢？有句话说，所有字都看得懂，就是不知说什么。那或许是形容一些东西散着没人关照前的状态，好像是一堆材料堆在那里，别人只知道是砖头，是黄沙，是水泥，但只有经过一番思考、设计和努力，那堆材料才能转变成一件物品，或一个花坛，或一间小屋，甚至是一座高楼。当然，每一个展览念头来到的时候，各不相同，常常都是有她的故事，而火花一闪，故事来临的那一刻，是最令人兴奋的，这不是一蹴而就，而往往是日积月累，厚积薄发。当然，有些是得依赖考古新发现，可以说也有碰到恰当的机会，有了可以表现的材料，于是以往知识和见识的积累遇见了一个表述的载体与突破口。在此，那句老话再次有效：机会是给有所准备者的。但为观众所好奇的发问，听起来简单，其实是策展中很重要的一点，即策展的起因。在第一章里介绍笔者的策展经历时，已就个别的展览略有述及，这里再举几个例子，来分别说明这一个闪光的时刻：策展灵感的来源。

首先，大致来说，可以将展览灵感的来源归纳为两大类：依题选展品（迁想妙得），依展品选题（搜尽奇峰打草稿）。

依题选展品：差不多像是做命题作文一样。只不过，首先怎么会想到这题目呢？那是要在对某类艺术品积累了一定的了解，以及许多相关方面的历史文化信息也有了一定的积累之后，发呆，遐想，在肚肠子里九曲回旋，或如顾恺之说的“迁想妙得”，或许会在朦胧和昏暗中，那题目不期而至般悠然走来；当然也不排除有横空出世的念头突然飞来，可以立题。待题目立定后，需要想到在这题目之下，可能展开些什么内容，这相当于构思一篇小说的故事结构了。接着，寻找用怎样的艺术品来说明，好像在小说中要塑造些什么人物和背景来唱这台大戏一样，为了更好地表达这些内容，可以继续增删哪些艺术品，有哪些方面和要点是需要向观众强调的，因此可以不断调整思路或艺术品，来使之完善。这种完善命题、构思架筑、演绎内容、寻找艺术品的步骤，是一个互相启发、互相运动的过程，大多不可能一步到位，而需在磨合中产生并寻求无论是内容还是艺术品都应该有的延展和深化。

再以由笔者领衔策划的“山艺术：中国摄影家的镜像”摄影展来说。这个展览可以说基本上是有了一个“山”的题目后，再演绎而成的。当然，从小爱山，从小爬山，从小读山水诗，从小看山水画，从小看老爸玩石头，等等，都是隐藏在这题目后的文化与人文背景，有些东西不知不觉地就会跟着你一辈子。因此，先有“山气”蕴结于胸，次有“山题”盘旋脑海，再有机会看到汪芜生先生的作品，那纯净的、梦幻般的又澎湃着生命能量的黄山摄影作品，令人过目难忘。加之他请求我办展，于是“山”之情结，一触即发，“高山仰止”这一主题，遂成为“山艺术”摄影展的第一部分，这部分可谓是依展品命题。由此开始，便设想着展览的整体架构。有赖于从小的熏陶和考古的实践，使得一想到山时，就会联想到许多：历史的久远，文学的名句，书法的畅神，绘画的高妙。中国名山众多，不可能在一个展览中面面俱到，只能在有限的空间内突出重点。因此，在这展览的第一部分“高山仰止：中国的名山大川”，我仅选择了中国人耳熟能详的三山五岳和昆仑青藏，因为每座山都有自远古逶迤而来的历史故事和成就中华文明的显著贡献，如五岳独尊的泰山，为中国古代国泰民安的象征；如三山之雁荡，为六朝山水诗之源来；如昆仑，为传说中有长生不老蟠桃的西王母娘娘的栖居地；如世界屋脊的青藏，是孕育中国文明的两条母亲河——黄河和长江的发源地。这就是诞生中华民族和文明的主要之山与主要之地域，有如中华民族和文明的脊梁骨。

有了这样的选题和构思，再去按图索骥找展品，可也不易。因为所要求的这些摄影作品不仅是表现那座山，而且要求摄影作品既要有形式美又要有形式上的惊叹，更要有足够的文化元素来象征这些跟中国文明有关的山的特色，加上客观上的种种意想不到的原因，找那十座山真的太难啦。最后有些不得已，只好指定摄影家去拍那特别的有代表性的景，例如请郑从礼先生去庐山拍其飞瀑，冲着李白“飞流直下三千尺，疑是银河落九天”这诗句去构图；请张华洁先生去拍山如莲花的华山；请小超先生去中岳嵩山拍其代表性的嵩岳寺塔（图81）。展览第一部分的十座山的摄影作品，前后历时近三年，就仿佛愚公移山般地最后得以聚集在纽约华美协进社中国美术馆内。

依展品选题：已经知道或看到一批艺术品在那里了，若值得介绍，那么，怎么来介绍它们呢？按时代排列？按类型排列？按艺术家年庚大小排列？这些都是基本资料，有必要一一梳理清楚，但要做一个好展览，一定要高于这些，一定要深于这些，一定要试图寻找出这批艺术品可能有的特点和相互间的关系，或更高一层的共同链接点，或简言其内涵。在本书第一章中谈到“故山青：南京博物院藏十七世纪山水画”

图81　“山艺术：中国摄影家的镜像”展品《嵩山春雨》，小超摄影，2017。展品档案照，华美协进社中国美术馆。*Art of the Mountain: Through the Chinese Photographer's Lens*, China Institute Gallery, 2018

策展时的思路和过程，或可作为例子之一，来展现怎样从一批资料中，寻找其灵魂和能够引起共理、共性、共识的普世性焦点，而使展览的主题升华至一个更高的境界。因此“故山青”三字，实在是点题的，那是金陵画派山水画的灵魂之所在。在策划美国的“汽车摄影：美国的车文化”摄影作品展时，我便也从美国汽车简史、美国老车在古巴、美国人因车而改变的生活、艺术车的产生，到摄影大师麦克·福曼典雅的车照去构思展品，试图引人关注到车的种种，以及延伸到对工业产品与经济的思考，甚至升华到艺术的典雅的审美高度，而不仅仅是把车看作一个跑腿的工具。这就是艺术的魅力。如此，汽车摄影，亦有其美可以随时欣赏，并上升到“汽车文化”这一范畴，可将之作为一个特殊的审美的对象来介绍。既然全球都有无数的车在跑，那么便希望这些角度能够惠泽众人，更好地与车为伴，随时感受到美的气息。

3.逻辑分明：起承转合——展览构思的内在逻辑

一个展览的构架，是它循着艺术品的特点和策展人想表述的观念或理解或研究心得，而形成内在理路的。如何开头，先说什么，再说什么，几部分之间是什么关系，什么是最亮点，什么是核心，如何串起来，如何烘托，如何结尾又前后呼应、首尾相衔。

在此，仍以笔者领衔策划的“乱世绝响：六朝艺术”一展来简单地说说。为什么选择青瓷、雕塑、书法、绘画这四部分艺术品呢？其一，从考古实物来看，这几类是大宗，有可供选择展品的基础。其二，这是直接体现艺术的四大主要门类。其三，我馆正好有四个展厅，所以便如此定了。那么为什么在介绍那四部分艺术品时，要按青瓷、雕塑、书法、绘画的次序呢？可以说这是完全人为的，是策展人的主观选择。原因自然简单：基于策展人想说的事。

青瓷：时人生活之反映。非常直观地，比如说，将六朝的一组青瓷俑作为第一件展品，就是希望能让观众首先认识六朝人的模样，与1700多年前的人打个照面，这样提供给观众一个形象，或许能引发他们的联想——可能正是那些看起来长得像这个样子、穿着像这个样子的人，创造了当时的艺术呢。（图82）而六朝时人的生活状态则从盆盆罐罐、烛台、唾壶、酒樽、虎子等青瓷器物中表现出来。六朝人的喜好，提高了来说，即当时的美学追求；通俗地来说，即当时的流行时尚。如几乎一统天下的青瓷的色调，“瓷色青青美一时”，很可能便反映了一种社会的所好和所求，甚而当时追随的心境：一切皆以清雅为尚。

雕塑：时人来世之向往。展出的是地上、地下、佛教三大类雕塑形象。地上者，以南朝帝陵神道石雕为代表，那种雄秀灵动的雕塑气质，是前无古人，后无来者的。地下者，南北两方的墓葬随葬之陶俑，南方质朴，北方雄强。佛教者，南方所出甚少，仅有一件新出土未久的鎏金铜佛像，展现佛教造像精美小巧的风格；北方者，四面造像，北齐最美微笑之菩萨头像等，及至论及西来之影响。

书法：时人表达之体现。展厅空间有限，因此，经过精挑细选，以一组出土的文具青瓷砚、青瓷毛笔、石砚、砚滴为始，接着选择最能代表六朝书法的实物和拓片，按隶书、行书、楷书、魏碑、行草书及其不同用途分类，包括《天发神谶碑》拓片、《明昙憘墓志》拓片、《王兴之与宋和之墓志》拓片、《瘗鹤铭》拓片、萧景墓神道柱额反左书拓片、北魏辛祥夫妇墓志（原石及拓片）及墓砖等，最后以冯承素摹王羲之《兰亭集序》行书的图版和辽宁省博物馆藏明代文徵明《兰亭修禊图》手卷的图版为这一部分的结尾。

图82　三国吴青瓷俑在“乱世绝响：六朝艺术”展览的陈列档案照特写，纽约华美协进社中国美术馆。胡维智拍摄。*Art in a Time of Chaos: Masterworks from Six Dynasties China, 3rd–6th Centuries*, China Institute Gallery. Photograph: Perry Hu, 2016

绘画：时人精神之升华。六朝之大画家顾恺之，点出绘画之灵魂，乃在“传神”，遂成千古艺术之宗旨。这部分先以山西博物院收藏的隋代虞弘石椁墓出土的绘画石椁板，加以山西水泉梁墓穹顶处的十二生肖壁画中的一块，来表现北方绘画之面貌，加以有被认为是北朝杨子华所绘娄睿墓的壁画图版。南方部分，以顾恺之《女史箴图》图版开始，引向西善桥“竹林七贤”模印砖画拓片全本——最早的模印拼镶砖画“虎啸山庄”的实物和新出土不久的错版的“竹林七贤”模印拼镶砖画拓片，收尾的是南京博物院特意为此展组装复原的“竹林七贤”中“四贤”的模印拼镶砖画实物，其中复原的是“嵇康”、“阮咸”、“刘伶”和“向秀”四贤。顾氏之“传神”论，以其生命在传神，而那著名的“竹林七贤”的模印拼镶砖画，以顾恺之似的铁线描，勾勒出如许的神采，散发着清扬的气质。因此，在布展时将“竹林七贤”调整为最后一件展品，以唱出“神”之最高音。如此，生命的起始回旋和真谛，就这样通过展览四部分的艺术作品而层层地展开。（图83）

回首说事，看来简单，但从成千上万的艺术品中，找到能够表达策展理念的展

图83 南京博物院藏“竹林七贤”模印拼镶砖画之“四贤”：嵇康、阮咸、刘伶、向秀，以及南京市博物馆藏错版“竹林七贤”拓片，在“乱世绝响：六朝艺术”的陈列档案照，纽约华美协进社中国美术馆。胡维智拍摄。*Art in a Time of Chaos: Masterworks from Six Dynasties China, 3rd–6th Centuries*, China Institute Gallery. Photograph: Perry Hu, 2016

品，拎出这个清晰的表述展览内涵的思路，也并非能够一步到位。事实上，策展思路的大纲在策展伊始或可建立，但其中的许多细节，则要在整个过程中不断磨砺，或许直到布展时，才会最后臻于清晰完整。因此，在布展时仍然可以抓住最后的机会，来尽可能地对展品位置和次序做最后的调整，以适合思路的演进和表述。所以，策展直到开幕前，都是个没有句号的事，随时需要在整个制作过程中不断完善，直到策展人认为已到达不可增减一分的地步。即使如此，还是避免不了留下遗憾，因为展览开幕的时间不容错过。

4.浑然一体：百川归海——题目、各部分及整体的把握

记得小时候我外婆常用口头禅“只见树木不见林”，来善意地批评那些只看到局部、不知大局的人和事，可以说是一种民间的智慧，当时听来懵懵懂懂。长大了，读

到法国学者丹纳（Hippolyte Adolphe Taine, 1828—1893）所著的《艺术哲学》，他讨论到“总体”的事。外婆的那句话就自然地在记忆中跳出来了，而且很形象地理解了：“树木”无疑是指单个的物体，“林”无疑是指全貌。丹纳是这样说的：“一切艺术都要有一个总体，其中的各个部分都是由艺术家为了表现特征而改变过的；但这个总体并非在一切艺术中都需要与实物相符，只要有这个总体就行。”（注72）对总体或整体的把握，其实并不是艺术界的专利，如今网络上流传的世界顶级思维的模式，说到人类总在寻求成功的奥秘，“整体”的概念即其中之一。而且不仅对艺术而言，科学上亦如此。据说有一种米格-25效应，说的是苏联研制的米格-25喷气式战斗机，其许多零部件与美国的相比都落后，但因设计者考虑了整体性能，故能在升降、速度、应急反应等方面成为当时世界一流。点评者道：所谓最佳整体，乃是个体的最佳组合。如此来说，“整体”的概念，必须安置在人类思维的底盘上来驱动。

如何整合个体，也是策展人需要仔细考量的事，并在最后加以统筹表现。好像画画最后要整体收拾，文章最后要通读，这最后收拾的一部分是使建立在个体之上的整体，体现出更鲜明强烈特征的必要步骤。经过上述三大类的考察、挑选、研究、思考，至此，可以说策展人对那个项目是到了胸有成竹的时候，脑海中应该已经有了全象之图，对做成这个展览的各部分应该基本清晰，然后就是把展览做出来，否则只是纸上谈兵。这些就形成我认为非常重要的三部分：（1）展览构思，（2）展览图录，（3）展览陈列。这三部分，有其相对的独立性，在构思范围内，在图录范围内，在陈列范围内，自有其各自的独特性和整体性需要考虑到。但这三部分，又互相关联，作为同一个展览的各部分，从总体上，又可寻求其互相交融的总的整体性。有关展览构思时对“整体性”的考虑，前面已经说了许多例子。有关展览图录和展览陈列，则将在以下的篇章中逐一介绍。

简言之，形式的整体性，内容的整体性，形式与内容交汇融合的又一整体性，所有这些整体性的考虑，要有意识地将其揉捏完成，才能浑然一体，清水出芙蓉般地，将展览诞生。有了上述几方面的考虑和选择，一个展览所要表达的观念必将在如此的整体性中，强烈地通过艺术品来展现。一个策展人，凭其特殊的感觉而辨别、抓住的视角，其思想的脉络，其独到的见解，其特别的审美趣味，等等，也便通过展览的艺术品的选择，展览内容的阐述，展览形式的表现，形成其特有的风格并无声地传导给观众。

第四章

打造经典——展览表述

怎么算是经典呢？有个音乐平台曾介绍19世纪的意大利著名小提琴家尼克罗·帕格尼尼（1782—1840），说当时歌剧风靡意大利，辉煌的场面，豪华的舞台，奢侈的服装，令人炫目。可是帕格尼尼以他的一把小提琴就与之分庭抗礼，把人吸引到音乐厅来了。他的《威尼斯狂欢曲》，他的《二十四首随想曲》，是他最精髓的表现，他以超凡的技巧将时而汹涌澎湃、时而温婉悠长的感情，表现得淋漓尽致。当崇拜他的拿破仑的妹妹爱丽娜·波乔姬跟他开玩笑，要他以一根琴弦来展示他的天才时，他创作了《拿破仑奏鸣曲》，在一根琴弦上啊，却有如此抑扬顿挫、丰富变化又婉转悠扬的琴声，真的是无与伦比和不可思议，令人陶醉，后世少有人能够企及。这个被誉为“魔鬼小提琴家”的帕格尼尼，他的音乐影响了后代的许多大音乐家，如德国的罗伯特·舒曼（1810—1856）、匈牙利的弗朗茨·李斯特（1811—1886）等都曾痴迷于他，为他所激励。

说到这，不禁令人痴想，有些东西风一吹就跑了，有的东西却可以雷打不动。这样的音乐家和他的作品，即使一根琴弦，都能有如此的魅力来感动人，遑论形式和技巧上已经达到难以比拟的高度。但那不是炫技，是“动人”，那是一种超越形式甚而超越内容的力量，必定是触及和穿透灵魂的，因此经久不衰，如此之作就是“经典”！达此境界非得千锤百炼，方可炉火纯青，使作品富有内力而历久弥新，不因时间流逝而失去价值，因此艺术家宁可沉寂，也不追热点，但做“经典”。

于此提出“经典”一词来谈论展览，可谓是设立一个高标准。中国古训：求其上者得其中，求其中者得其下，求其下者无所得。是说一开始就给自己制定一个高水准高要求，然后努力去做，或许才能得到所期望得到的中等程度，若是立下中等的目标，那得到的恐怕就是次等的了，而如果立下一个下等的目标则可能什么都达不到。做展览的确不易，尤其是美国非营利机构，所有的展览费用都要自己去托钵僧般地化缘而来，所以期望每个展览都能够尽最大的努力，做得最好，也不枉费了那金钱和精力，对得起费尽心思的艺术家们，也对得起老远跑来看展览的观众，更不负有志赞助者的拳拳善心。

“经典”展必定是“智性展”。这“智性展”，首先必定有其艺术、学术、思考的深度，发人之所未见，论人之所未及。其次，必定有其恰到好处的表达和表现。制作展览，如前所述，有许多类型，可以八仙过海，各显神通，做出许多样子来。但“经典”展必定是“智性展”，一定具有上述两项，并以其超乎寻常的理解和情怀，思索和探究人性的永恒的课题，而具有普世的价值，经得起时间的检验。如何打造“经典”？首先要有“打造经典”的清醒意识，然后从各个方面来论述，并将之尽己所能地按照能认识到的深度和高度来打造到极致。当然这只是从理论上来说，实际操作的过程中，会有许多能够预料或预料不到的困难，或受自己认识的限制，或受艺术品的限制，或受当时条件和那个特定时段的种种限制。既然说到打造经典是一个全方位的事，是从策展到布展到著录全面完成的各个步骤，那整个的过程，也许需要几年的时间，形象地说，就是一个人或一群人，持之以恒地在劳作，一榔头一榔头地耐心锻打锤炼，去除杂质，唯留精华。

“经典”这个词，是2016年《纽约时报》著名艺评家霍兰德·考特先生在赞赏由笔者领衔策划的“乱世绝响：六朝艺术”一展时说的，他说我馆的展览图录常常一经问世，便成“经典”。实际上这30年来，在策展和总体监制所做过的这几十个展览时，我并没想到这个词，只是对每个展览、每本书，都努力花最大的心智和力气把它做好而已。此刻站在这个自己设定的“经典”的高度来回头看一下，不免心中惶惶。虽然并非以往做过的每一个都是“经典”，但是有些心得体会，或许有用。现从回望的角度小结前述各展策展与制作中值得关注和把握的要点，或可为有意从事策展事业者“打造经典”提供一些参照。总结和罗列的十个要点如下：

1.意在笔先的展览立意

展览的立意非常关键，这是为展览寻找定位。通俗地说，就是在一个展览里，你想说什么。你总想说些什么别人没说过的吧？这种策展上的创新，就是从一个不同的角度，或一个深入的角度，来阐述自己对艺术品的理解，或换言之，通过艺术品来阐述自己的观点，也就是把艺术品作为一种素材，来重新构造，堪称是一种智性的挑战。

“意在笔先”的重要，就是因为一旦有了不同的立意，就势必会影响到从不同的角度和不同的方式，来选择和组织艺术品，进而形成不同的构思来体现这一立意。构思不同，虽然材料相似，展览却可大相径庭。一如自然界，由于结构的不同，便产生全然不同的物质。比如众所周知的石墨和金刚石，从化学成分来说，都属于碳单质，化学性质完全相同，化学式都是C，但是因为物理结构的特征不同，而成为不同的物质。一个成为具有导电和传热性能的常见工业用材；一个成为世界上硬度最大的宝石，以其炫目的色光和稳定性与不导电性而著称。

新颖而有价值的展览立意和构思的产生，基于策展人对展品的观察和理解，理解的深度亦将决定立意的独特性和深度，然后才能通过构思来体现这独特的立意。能够产生这个立意的前期准备过程或许很漫长，或许有许多潜在的预备期，说不定从记事时便开始。无论是观察世界，还是读书，或是听音乐，或是采风，或是野游，或是一路读到博士生的过程，都可以为策展构思打下知识的基础。好奇心重、爱胡思乱想、爱刨根究底、爱另辟蹊径、爱特立独行，或许这些性格特征都能使展览立意与众不同、别具一格。

2.好题难找需把舵

确定题目，就明确了展览的主题。因此题目的重要性，不言而喻。现在网上流行的“标题党”，其实在博物馆界早就开始了。一个好题目不仅抢眼，而且有如舵手，其他的一切就都可以扣紧题目，围绕着它生发展开。请注意是“扣题”展开，而不是涣散无边，虎头蛇尾。要使展览在此题目下，具有一以贯之的内在理路，各部阐述到位，各部前后呼应，不仅内容，而且通过各种表现形式，首尾相衔，形成一个有机的整体。因而题目的确定，使内容和形式都能处处扣题，达到“提纲挈领”，“纲举目张”。题目的重要性，无论对于展览的组织或创作，还是对于艺术品的构思和创作，乃至陈列装置的美学设计，都是具有前导性质的。如此重要的一步，常常也是很难一步到位，而需逐步完善的。一般有了展览的立意，便先有了一个大概的范围和走向，届时或许有一个临时的题目，然后不断“推敲”，找到最恰当和响亮的词。而且，越简洁越好，言简意赅，既击中要害，又富有诗意，还要提供明确的相关信息，并且前所未有，这应该是给自己寻找展览题目的定位。这种推敲的过程，在实践中表现得都很具体。

对展览题目的选择，策展人自然是责无旁贷。过去三十年的策展和制作生涯中，我积累的许多案例，可以约略反映这个选题的过程。例如，二十多年前的2000年，我做“黄土地的黎明：玫茵堂藏中国古代陶器”这个展览时，客座策展人希望就以“玫茵堂藏新石器时代陶器”为标题，很实在和准确。我固然同意其说，但是总觉得不够有劲。自不待言，又是经过了不知多少时日，于黎明前的黑暗中，这个思绪最自由的时刻，“黄土地的黎明”这几个字突然映现脑海，顿时振奋，这不一下子点明了那些古陶器的存在价值吗？但是说给客座策展人听时，也花了些时日才让她接受，她不懂为什么要添上这几个字，对她来说这无异于画蛇添足。最终努力说服她看到在此“新石器时代陶器”之外的文化史上的含义，那就是那些陶器标志着中国文明的曙光，所以从这历史意义上来说，可以名之为“黄土地的黎明”，而且很有诗意啊，很特别啊。副标题的“玫茵堂藏古代陶器”，则点出了所谓的历史三要素：时间、地点、人物（这里是指艺术的门类：陶器），这两个正副标题之间的关系，虽仅14个字，但涵盖了许多层意思。

2016年，笔者作为“乱世绝响：六朝艺术”的总策展人，选择的这一题目亦曾为人赞赏，但那也是经过不少时日的琢磨，最后突现脑海而得。说起“推敲”的过程，曾有人问，为什么不叫“绝唱”，而是“绝响”。我曾如此解释道：“唱”字容易让人联想到“歌唱”“诗歌”“音乐”之类，似乎有其范围的限制。而“响”字，是涵盖了各种声音的，包括“歌唱”“诗歌”“音乐”，甚至“噪声”等的“声响”，或人物行为也会发出声响，因为这个展览是介绍陶瓷、雕塑、书法、绘画艺术的，“响”字的多重覆盖面在此较“唱”字似乎更为贴切。用“绝响”两字，不仅标志着六朝的艺术成就，亦标志着六朝艺术审美理念对中国艺术的绝对权威，以及其独一无二性和永久的影响。并且从发音和声调上来说，“响”字听起来比“唱”字更加响亮、决绝。

当“乱世绝响：六朝艺术”开幕后，我第一次接受中国艺术网的采访。在介绍完六朝艺术展的重要性及其重点后，他们问我将来有些什么展览，我说接着应该是来自徐州博物馆的汉代金缕玉衣展。当时我只有“楚王梦：徐州的金缕玉衣”这样的题目，可是不知怎的，就在中文的采访现场中，我脑海中突然就冒出了“楚王梦：玉衣与永生”这几个字，后来就以此为主题，加上副标题：徐州博物馆汉代珍藏。这可能也是日有所思，久而久之，瞬间迸发的结果吧。回首以往，那些苦思冥想的时日，琢磨每个展览的精神之所在，而到达那些不期而至、飘忽而来的瞬间，得到一些令人喜欢的展览题目，想想都十分神奇。而每个响亮的引人关注的题目，必定都是足以揭示展览之内涵并触及其灵魂的。（注73）

选择展题还不仅仅是策展人的事，公关梯队、市场梯队，包括合作伙伴也常会介入，尤其在不同语种的环境下，对题目的推敲更有讲究。譬如说我目前正在策划的两个中国展览，一个是“阿育王塔（图84）与佛教供养：南京大报恩寺的传奇”，一个是“河上花：中国花鸟画的解读”（这些都是暂定的展题）。近来就面对与美国公关梯队及合作单位的要求，有了一场如下的讨论：

先说说第一个，其英文名称是“Ashoka Stupa and Buddhist Offerings: The Legend of Dabaoen Temple of Nanjing”，公关梯队的两个美国女士帮写展览预告发给媒体，在她们得到这两个展览的信息后，很快便写来邮件提问，接着又约了电话，说我们得重新想想这些题目，譬如说这第一个题目里有四个词是美国人不知道的，什么是“Ashoka”，什么是“Stupa”，什么是“Dabaoen”，他们连音都发不出来，还有“Nanjing”是什么？这几个词就会把美国人搞得一头雾水，拒人于千里之外。她们让我们一定要用美国人看得懂的词，等吸引他们进去看展后，再教他们什么是“Ashoka”，什么是“Stupa”。我不觉开玩笑道：“美国人看到不认识的字，不会产生好奇心吗？‘嗨，这是什么？’而更加想走进来看看吗？”她们俩异口同声地说：“呀，美国人真的没这样的，看到一个题目有超过两个陌生词，就会打回头了。”我说：“还记得当年做‘书’的展览吗？我坚持要把‘shu’作为正题目，加上副标题：中国当代艺术的再创（Shu: Reinventing Books in Contemporary Chinese Art）。”她俩笑笑说“记得”。那是2006年请巫鸿先生做客座策展人的一个当代艺术展，我这个爱书的人，在做一个书的展览，当然坚持要用“书”这个字。她们一开始坚决反对，我坚决坚持，说相信美国人可以学会这个汉字的，虽然不是让他们学中文，但是通过一个展览，美国人最起码可以学会一个汉字“shu”，也就是“book”了吧。她俩笑笑说：“那就一个陌生字，这次有好几个，你还是重新考虑考虑题目，或者我们提供一个单子，你再选择吧。总之，要帮我找到能够适合美国观众阅读能力和水平的词。”我略想了一下，先改成“Buddha's Treasure”，后改成“Treasures for Buddha: Ashoka Stupa and the Legendary Offerings from Dabaoen Temple of Nanjing”。她们说还是不能接受“Ashoka Stupa”。我说：“那好吧，我可能只得让步了，这里就有两个词让美国人摸不着头脑，去掉这个，就等于一下子去掉了两个了。”接着她们说“Dabaoen”（大报恩）的音实在发不了，能不能改。我说那是寺庙的名字，真的无法改。我又说：“大都会艺术博物馆的埃及神庙，我永远不记得怎么说，我相信很多人也发不了那音，但是博物馆还是要用那名字呀，因为那是她的名字，怎么改呢？还是请美国人学学吧，而且这下只有这一个词了。”说来说去，“大报恩”三字是保住了。又说到“Nanjing”，这个词美国人也不

图84　宋代七宝鎏金阿育王塔，高1.2米。南京市博物馆藏并承蒙供图

知道。我说这个词相对来说应该是美国人已经有过接触的词，又界定了地点，还是采用吧。最后这个题目改为“礼佛：南京大报恩寺的传奇供品”（Treasures for Buddha: The Legendary Offerings from Dabaoen Temple of Nanjing）。

第二个是花鸟画的展题讨论，是打算跟我们合作的巡展方的博物馆展览主任在看到我草拟的展题后提出的。这个展览是以天津博物馆所藏八大山人的著名长卷《河上花图》为主角，来介绍和欣赏中国的花鸟画，因为中国的花鸟画在美国很少被系统地介绍过，即使我馆是在美国专门介绍中国艺术的美术馆，在其五十多年的历史中，也还从未做过这一题材。《河上花图》是八大山人晚年的杰作，为国之丹青重宝。八大山人，大名朱耷（1626—1705），与原济、弘仁、髡残同为“清初四僧”。其为明代宁王朱权后裔，清灭明后，唯恐清廷的追杀，朱耷一度为僧，后又做道士。在复国无望中，他将生命化入绘画，擅画水墨花卉禽鸟，笔墨简括凝练，形象夸张，所画鱼鸟每作“白眼向人”状，其署款“八大山人”好似哭之笑之的字样，以及含义隐晦的题画诗，寄寓着亡国之痛。《河上花图》是八大山人在其晚年，于1697年应友人蕙岩之邀而作，费时数月而成，纸本水墨手卷，画面近13米，且在画后题有200多字的《河上花歌》，如此巨幅的呕心沥血之作，在他的绘画生涯中是很少见的。八大山人在美国属于知名度极高的中国古代画家之一，著名的美国博物馆亚洲艺术部都或多或少有他的画作，但是这幅国之丹青重宝，除了在多年前到过英国伦敦的V&A博物馆，还从未到过美洲大陆。（图85）

莲荷自古为人珍爱，乃其“出淤泥而不染”之高洁天性，可以比附为人之理想人格，历来为中国古代有识之士所推崇。名称颇多，有菡萏、芙蓉、青莲、荷花之谓，古往今来，爱者众矣，如唐代诗人李白号青莲居士，宋代学者周敦颐的《爱莲说》词简意远，多为人吟诵。古来画莲者众，而八大山人之善画墨荷是中国画史上著名的，其《河上花图》不仅篇幅长卷，而且含义深远，令我着迷，约十年前，在天津博物馆亲见，便难以忘怀。经过一番周折，我本是冲着八大山人的《河上花图》这画来策展的，心中早就定下要以这画来命名展览，而且“河上花”这名字叫起来也很响亮啊，况且全世界都别无仅有。所以，起了中文名字“河上花：中国花鸟画的解读”，本想用“表现”两字的，遭到一些人反对，而屈就“解读”两字。那英文题目翻译过来便是“Flowers on the River: Decoding Chinese Flower and Bird Painting”。合作方的展览主任说，外国人谁会知道“Flowers on the River”是八大山人的名画啊，中国人也许知道，外国人则会稀里糊涂不知这说的是什么，副标题的“解读”——“decoding”

图85　朱耷《河上花图》卷局部，天津博物馆藏并承蒙供图

也语焉不详，且有人已经用过，还不如讲清楚那些画画的年代呢。我为难地不想放弃“河上花”，觉得中文名字可好听了，且“河上花”的含义，虽然学者有不同解释，一说为八大山人以荷花自喻，描绘其从平静到坎坷然而不染尘杂的生涯；一说八大山人此画之后前所未有的洋洋数百字的《河上花歌》长诗，点明了此画是借荷花之形，借道教之河上公还丹法术，来写八大山人的世界皆在荷花里的超越理想。（注74）她道，既然我如此喜爱，当然“河上花”也很好听，那可以保留中文的题目，英文则要另外起名。她点拨了我，使我看到了保留“河上花”之名的一条生路，所以结合她的诸多建议，后来又反复斟酌，得到中文题目：“河上花：中国花鸟画之道——天津博物馆与常州博物馆藏珍”。但是，我仍然希望英文题目不是随便取的，而应当与中文题目有所关联。

于是我又进入苦思冥想，得到“The Glory of Nature: Chinese Flower and Bird Painting in Ming-Qing Dynasties”，并告知选择此英文词“Glory”的缘由有四：（1）“glory”这个英文词是跟花有关的，我们小时候唱的“牵牛花，吹喇叭”的歌谣，这牵牛花英文就叫“morning glory”；（2）“glory”这个英文词，也有“繁荣”的意思，百花开放之时，在中国文化中便是“繁荣”的象征；（3）繁荣的世界，也可谓是一个理想的世界，这一点，跟“河上花”的主旨“世界皆在莲花里”，有暗合的微妙衔接；（4）“glory”又有胜利的含义，中国花鸟画，其特殊的技法美学理念和成就，从人们观察自然、描绘自然出发，到形成如此的绘画，也可谓是来自大自然的一种成就。从以上几方面考虑，我自己觉得这个题目就挺到位的了。跟公关梯队一说，她们先是都觉得很好，细节上，譬如英文中用“in”“of”等，她们再去修饰，但她们觉得“glory”用得很多，有点跳不出来，所以建议再想一个形容词

搁在“glory”之前。之后，她们回了一个题目“Nature’s Splendid”。“Splendid of Nature”，“Splendid”不是壮观吗？我想表现“乾坤生意”的自然和人文的内涵，这合适吗？问了一个母语英文者，说是英文诗歌中有“Nature Splendid”这样的句子和用法，那就可以了吧。把上述两个题目发给单位的市场部和赞助者看，一下引来了争论，有的给了更多的英文词汇……发给另一位客座策展人——耶鲁大学的江文苇教授看，他倒喜欢稍加改变为“Flowers along the River”来作为正标题，说此题目相较其他什么“Nature”的词汇，更加特别和有诗意。我很高兴得到一个共识。又重新商量回到原来的题目：Flowers on the River: Chinese Flower and Bird Painting from Tianjin Museum and Changzhou Museum。现在的问题是，英文题目中出现了两次“Flower”，那是美国人忌讳的，加之，中文题目中的“道”这个词在英文中不免滥调，失去它的力量了。这可怎么办呢？我又卡壳了……

在这省略号之后，又过了两个多月，直到11月30日，星期六，恰是新的一天中最黑暗的时光，凌晨3点。我刚看完朋友从微信推荐来的《无主之作》，一部德国电影，讲一个小男孩怎么实现他艺术家的梦。他也尝试过赶潮流，但最终还是苦苦寻找自己的风格，没去追随当时德国先锋艺术的风气，而在被人丢弃的架上绘画的形式中，融入了自己切肤之痛的感受，从而别创一格。观众被他的画作感动了。能够打动人的作品是够得上被称为“艺术”的。在答记者问时，他说道：“只有真实的，才是和谐的。”接着朋友又发来南京博物院正在隆重举办的二十世纪中国八位现代国画大师展览的消息，题目是“仰之弥高：二十世纪中国画大家展”，并评道：“我国二十世纪是中国画的低谷。”我几乎同时回道：“我刚想说，看到那个题目我就不喜欢，艺术是要人仰望大师吗？”他道：“（你说的）是啊。”于是我想着那电影，想着刚才来回的议论，到厨房里去吃点东西。窗外是第二大道最热闹的酒吧“The Stumble Inn”，此刻，他们门口停靠的最后一辆出租车也不见了。不知怎的，我忽然想到了上面这个题目尚悬的花鸟画展览，想到了艺术到底是什么，想到了“河上花”。

为什么八大山人花了几个月的时间画一幅这么长的——画芯超出12米的前所未有的长卷，并题了两百多字的前所未有的长诗？且是在他71岁之时，在他将要告别世界之前……这大概不仅仅是为了赏心悦目，这大概不仅仅是为了任性使气，这大概不仅仅是为了允诺一个好朋友的要求，或许他正是在这画里在这诗里，把他一生的经历、向往和秘密托付给自己的好友，这或许就是“河上花”的真实含义？！我为自己突然想到这一点开心，好像猜到了一个谜底似的。接着，一个英文题目霍地跳出脑海：“The Secret of Life”（生命的奥秘）！！！“河上花”的长卷，充满了八大山人的生命奥秘；而中国的花鸟画写四时之变化，味乾坤之生意，汲天地之精华，借一花一草寓意着吉祥美好，映照着人生之四时，激励着心性和情操，这“天地人”的融合和艺术表现，不也在述说着中国人的生命奥秘吗！我无法偷懒，立刻走到桌前打开电脑，写下了以上的话。我希望这能够成为这一展览的最终正标题。之后两三天内跟公关与客座策展人讨论，但他们觉得那个“secret”的词还是不妥。虽然公关人员说不喜欢两个“Flower”的词同时出现在一个题目中，这是英文表述中忌讳的，可是大家又没更好的词儿，于是又搁下了。此刻，圣诞刚过，我再看这段文字，“secret”这词不好，那还有什么更妥帖的吗？“code”，这词突然就冒出来了。“The Code of Life”，粗翻成中文意为“生命之密码”，也可避免英文重复“Flower”的忌讳，不由想到我当初第二次提交此展览申请报告时，曾用了*The Da Vinci Code*那本书名来做的比喻……但至今这题目仍然悬而未决……

这些看来太过琐碎的描述，实际是与大家分享有关一个展览名字的形成之路。推来敲去，每个字眼都在那里斤斤计较，掂量再三，好像都是小事，其实是多么的重要，也是多么的不易。最后出现的字眼貌似简单，但是，一个展览的名字，要各方面都妥帖，又必须触及展览的本质，才能真正体现展览的灵魂，而为展览点题，明确表述重点，则为观众指南。

题目的力量很容易解释，因此，小心斟酌展览题目，其实是很普遍和必需的。最近看到“纽约艺术观察”介绍一个牙买加出生的美国艺术家纳利・华德的回顾展——“纳利・华德：我们人民”。这个在纽约下城新博物馆的展览，其题目中“我们人

图86　纽约新美术馆2019年“纳利·华德：我们人民”展览，“我们人民”作品示意图。海水绘图，2020

民”四个汉字，英文“We the People”，是美国宪法开宗明义的三个单词，或一个句子，是美国政治家最爱用的口头禅，也是美国民权运动常用的口号，是美国政治中连接民众最单刀直入的力量词汇。以此为标题，本身已包含许多层面的信息，而可激起涟漪般的共鸣效应。艺术家与展览题目同名的作品——*We the People*，这几个英文字，是用各色鞋带，采用了美国宪法的古体美术字的字形镶嵌在墙上来完成的。鞋带，这个谁都使用的物品，这个足以代表“人人”的“人民”的物品，既接地气，又是很“草根”的形象，令人不禁赞叹艺术家的选材思路，而古体字形的运用，无疑地又加深了这件作品的历史感。围绕着这个“我们人民”的展题，艺术家的其他作品，如以废弃的婴儿车与消防水管组成的装置作品《奇异恩典》，配以音乐和综合材料，处处显露着生命的痕迹，让人联想到生命的诞生、成长、救助、废弃，又是一个连接“人人”的物品。展览中的30多件装置艺术作品，是作者从多重角度对“人”的思考，体现了当代艺术作品以突出材料、观念与社会性三者结合的强烈特征。（注75）这个展览从作品到题目的选择，都浓烈地反映了一种美国情调。美国宣扬的民主意识，应该也是造就如此这般的美国当代波普艺术的思想基础。所以，这个“我们人民”的题目起得算是比较有力，也挺扣题的。（图86）

3.搜尽奇峰打草稿

立论和题目基本定下后，应该尽可能地继续寻找展品，最好能将有关该题目的所有艺术品都看上一遍，由于时间的限制，就得在有限的时段内（从展览开幕日子倒计时，限定一个展品清单必须确定的最后日子）尽量察看、选择或更替优秀展品，直至最后完善展品清单。

1993年我策划的第一个展览“鸡年吉祥：中国新年的传统”，虽然是个小小的展览，但策展和选材的思路都是扣题而不羁的，穿越时空去选材，希冀在可能的范围内，将能够说明想法的艺术品，从宏观的视角，一网打尽，并从中选择最佳展品。当时在有限的资金和时间里，我围绕着这一展名，尽量地找了美国博物馆、美国和中国的私人藏家，从古代艺术品到民间艺术品甚而到纪念邮票，广泛包罗，上下纵横数千年，穿插了雅俗各类艺术品。再说当年制作“西安碑林的佛教造像”展，则是在碑林博物馆的藏品中挑选，除了其当年展厅内可能挪动的物品，我还去了很少有人去的地下室库房，那里又黑又低，到处都堆满了物品，有的地方连腰都直不起来，也没有电灯，只能一遍遍地弯腰打着手电去“发掘”，因为每次只有两三天的时间在那里停留，所以只能看到库房的一部分，或她们愿意展示给我的那部分。有许多东西自从田野回来后就一直被堆在地下室，连碑林博物馆自己都未有机会展出过。我就每次都指向那些不对我开放的角落，要求看看那里还有什么。这种地库内的“发掘”也是十分兴奋的事，当一件从未被认识或从未被展示过的艺术品被发现时，也是一种新发现啊。展览是要靠展品说话的。随着展品的发现筛选，展览的内容也才能逐步坚实厚重，特别是那些从未见过天日的有价值的艺术品，顿时使得展览有了新意。

我馆属于小型博物馆，只能就某个题目，就一家合作范围内来“搜尽奇峰”，实属有限，虽然我馆尽量丰富展览图录的内容和插图，来扩延这“奇峰”之搜寻果实，但仍然不尽如人意。大型博物馆之例，就更可见“奇峰”是如何被“搜尽”的了。例如，2017年纽约大都会艺术博物馆举办的“秦汉文明”大展，从包括中国国家博物馆，广西、河北、湖南、江西、江苏、陕西、山东、四川、新疆、云南等国家级和省市级的32家单位中挑选和惠借文物，从南到北，从东到西，几乎把全中国都“扫”了一遍，最后选定的140件文物，无疑是从32家单位中的上万件作品中精心挑选而来，历时数年，实属不易。

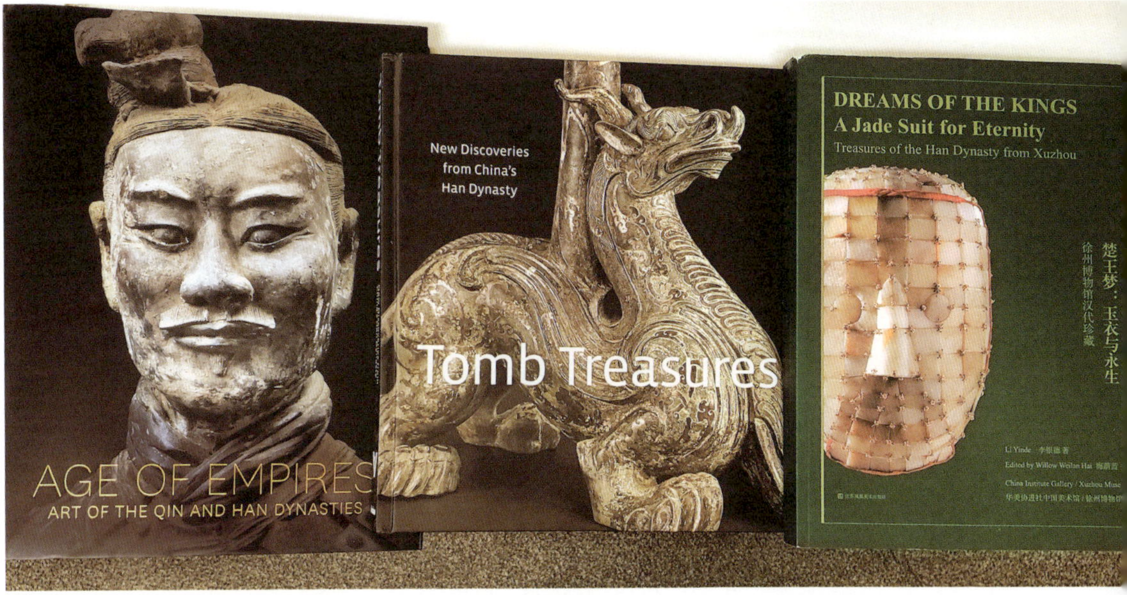

图87　2017年美国三家博物馆各自配合其同名展览出版了展览图录，图为三本汉代展览图录的封面。海蔚蓝拍摄，2019

2017年其实是美国的“大汉年”。2月17日，位于旧金山的亚洲艺术博物馆开展了“墓宝：中国汉代新发现”；4月3日，位于纽约的大都会艺术博物馆开展了“帝国时代：秦汉文明”；5月25日，华美协进社中国美术馆开展了“楚王梦：玉衣与永生——徐州博物馆汉代珍藏”。（图87）虽然我自2008年开始这个题目的探讨，2009年春去徐州博物馆看东西和商谈，因种种困难，拖到2017年，历时近十年才得以办成，是万不得已。但是那一个春天，有三个相似题材的展览在同季开展，这在美国博物馆史上是前所未有的。我是2016年秋在纽约亚洲艺术周的活动上，碰到旧金山亚洲艺术博物馆的许杰馆长，才得知另外两家博物馆的汉代展的。许杰说：“没有这样‘撞车’的，三个展都在明年春天开展呢。”稍微聊了一下后，我马上就说：“这三个展有不同的侧重点，大都会最牛，是讲全中国的汉代文物，您是以江苏省为重点，我则仅以徐州为重点，当然那是汉代的发源地，明年春天，我们三家或许可以联合起来做一个在美国的‘大汉年’的宣传。”后来，虽然没有能做成“大汉年”的联手宣传，但2017年的那三个展览，确实提供给了美国人和来自世界各地的观众，一个能够如此全面了解汉代文物的难得机会。（注76）

4.以形象之物表达抽象之观念

2010年2月，我馆做了一个“孔子：其人其艺”（曾译为“孔子：他的生活和文化遗产”）的展览，简称“孔子展”。（图88）开幕后的一天，一个博物馆的同行约我陪她看展览，不料走进展厅，正好碰上《纽约时报》的艺评家霍兰德·考特先生，他还带了他的总编辑一起来看展。之后聊了几句，讲到这个展览策划时给我的挑战。因为在我们的印象中，孔子是个教育家、哲学家，几乎跟一个抽象的概念无异，所以怎么将其跟艺术去挂靠，如何用艺术品或物品来表现之，这是个难题。这种抽象具象之间的关系，在我心里盘来盘去很久，也不知从何去策划成一个富有艺术品位的展览。其实这种抽象概念与具象展品之间的关系，其转化以及如何表现之，应该是策展人常会碰到的。只是我当年做孔子展时，好像感觉特别强烈。因为我馆的特色是富有学术性的艺术展览，先有了一个“孔子展”的立意，又是讲一个人，而这个人又不是艺术家，也没有艺术作品，在没看到任何实物之前，也不知有什么东西能够来表现，所以心里很不踏实吧。

我当时来回跑了好几次，到山东博物馆、曲阜孔子博物馆的展厅和库房看了一两遍东西之后，心里才大约对这“抽象”“具象”的问题有点数，才逐渐踏实了，知道博物馆里有些什么，也知道有哪些物品可以用来表现这个“抽象”的教育家了。然后结合所见到的文物，我便开始设想展览内容的框架，大约可以从三部分来介绍：孔子其人，孔子学说，孔学之延续。既然是讲孔子，肯定是要介绍他这个人的，那怎么介绍、通过什么来介绍？很幸运地，我在曲阜孔子博物馆的库房里找到宋代孔子和亓官夫人楷木像（图89），在山东博物馆找到明代孔子的肖像画。我还很高兴看到曲阜孔子博物馆的明代彩绘绢本《孔子圣迹图》册，有36幅绘画，讲述孔子72年生命中的要事，每幅画面均以四字为题。第一幅“尼山致祷”：孔子的父亲叔梁纥与母亲颜氏在尼丘山上祈祷后，于第二年（公元前551年）生下孔子。孔子生来头顶的形状是中间低、四周高，像尼丘山一样，故起名叫孔丘，字仲尼。其中有好几幅描绘孔子自小便与众不同，例如“俎豆礼容”。孔子五六岁时，常喜欢摆上俎豆等祭祀用品，模仿祭祀的礼仪。他有礼仪的天赋，无师自通，许多小孩都跟着他学礼，名声便在当时的诸侯国中不胫而走。之后孔子襄助国君，但对政治不满时，便“退修诗书”：鲁定公六年（公元前504年）时，季孙氏僭越公室，掌握了祭祀、征伐等国家政事，孔子当时47岁，看不惯这种礼崩乐坏的局面，不求做官，只求专心修诗书，定礼乐。当时来求

图88　“孔子：其人其艺”第一展厅陈列档案照，纽约华美协进社中国美术馆。胡维智拍摄。*Confucius: His Life and Legacy in Art*, China Institute Gallery. Photograph: Perry Hu, 2010

图89　“孔子：其人其艺”，宋代孔子和亓官夫人楷木像，展品档案照，纽约华美协进社中国美术馆。*Confucius: His Life and Legacy in Art*, China Institute Gallery, 2010

图90 “孔子：其人其艺”，《孔子圣迹图》第10幅“在齐闻韶”，展品档案照，纽约华美协进社中国美术馆。*Confucius: His Life and Legacy in Art*, China Institute Gallery, 2010

学的弟子很多。后来孔子又参政，但不久“因膰去鲁”：因为鲁君中了齐人的计，沉迷于女乐，怠惰于国事，郊祭后又没有按照礼仪惯例向大夫们分送祭祀的胙肉。孔子于是辞职出走，55岁开始周游列国。这一走便是13年，直到变成花甲老人才返回，然后“删述六经”：孔子回到鲁国，没有得到重用，孔子也不求出仕为官，他整理古代文献，叙《书》，传《礼》，删《诗》，正《乐》，序《易》，修《春秋》，以诗书礼乐教育弟子，弟子三千，身通六艺者有72人。直到最后一幅“汉高祀鲁”：孔子死后，人们每年按时祭祀孔子墓。孔子故居被改作庙宇，保存着孔子生前使用过的衣、冠、琴、车、书。汉高祖刘邦经过曲阜，曾以太牢（猪、羊、牛三牲）祭祀孔子。以上的这几件主要展品，就形象地把孔子这个教育家变成具象的了。

还有，孔子的形象是依附着他的学说和教育理念树立的，可他的学说和教育理念，也都是很抽象的东西，有什么艺术品能来表现呢？孔子自小就喜欢礼乐，年长后也是一直在推崇周公的礼乐制度的，于是我扣住了“礼”“乐”这两点来找展品，从

图91　“孔子：其人其艺”第二展厅陈列档案照，纽约华美协进社中国美术馆。胡维智拍摄。*Confucius: His Life and Legacy in Art*, China Institute Gallery. Photograph: Perry Hu, 2010

新石器时代良渚文化的玉琮到商周青铜礼器、编钟编磬等乐器，再到表现儒家教育体系的实物：东汉的《熹平石经》残片。《熹平石经》刻于东汉灵帝熹平四年（175年）至东汉光和六年（183年），是中国历史上最早的官定儒家经本，是东汉时期汉灵帝为了维护统治地位而下令校正的儒家经典著作。当时汉灵帝派蔡邕等人把儒家七经（《鲁诗》《尚书》《周易》《春秋》《公羊传》《仪礼》《论语》）抄刻成石书，一共刻了8年，刻成46块石碑。每块石碑高3米多，宽1米多。刻成后立于当时的汉魏洛阳城开阳门外洛阳太学所在地（太学遗址在今河南偃师市佃庄镇太学村），供人学习。太学就是当时的国立大学，所以人们又称这部书为《太学石经》。石经用隶书一体写成，字体方平正直、中规中矩，极为有名，故也被称为《一字石经》。《熹平石经》后因战乱毁坏。自宋代以来偶尔有石经残石出土，历代总共发掘和收集了8800多字，共46石，残石主要藏于西安碑林博物馆（491字），部分藏于洛阳博物馆（24字）等，所幸山东博物馆有几个残片，能够用来证明这个最早的官定儒家经本的教育行为。山东博物馆还有曹魏年间的《正始石经》的残片，此石经刻于三国魏齐王曹芳正始二年（241年），原立于魏都洛阳南郊太学讲堂西侧，因碑文每字皆用古文、小篆和汉隶三种字体写刻，故又名《三体石经》。石经刻有《尚书》、《春秋》和部分《左传》，是继东汉《熹平石经》后建立的第二部石经。《正始石经》在中国书法史和汉字的演进发展史上，也具有非常重要的意义。当我找到这两部石经的几个残片时，真是好高兴啊，不仅找到了当时普天下儒家教育的课本，而且这两个例子也足以表现当时官方的最高书法水准。

最后一部分是讲孔子这个教育家的“抽象”形象，怎样延续了上千年而仍然活着的。自汉代始，孔子得到了统治者的尊重和历代的祭祀，“衍圣公”，便是一个为孔子嫡长子孙的世袭封号，始于宋至和二年（1055年），历经宋、金、元、明、清、民国，直至1935年中华民国国民政府改“衍圣公”为“大成至圣先师奉祀官”为止。所以这部分选择了跟“衍圣公”有关的展品，从明清至民国的“衍圣公肖像”、服饰、皇上的诰命、印等（图91），以及乾隆皇帝为祭孔用的御赐商周十供的仿商周的青铜礼器。

这个展览受到了空前的欢迎，在四个多月的展期中，来了近一万名观众参观，另有上万人上网浏览，创我馆迄今为止同期展览中参观人数的最高纪录。孔子是一个早为西方所知晓的著名中国教育家，他的事迹自17世纪以来，由一些传教士介绍到西方，最早的是比利时的著名汉学家柏应理（1623—1693），这是一位对东西方文化交流做出杰出贡献的历史人物。1687年，柏应理在巴黎以拉丁文出版了《中国贤哲孔子》一书，中文标题为《西文四书直解》，实际只有三书，尚缺《孟子》。它是17世纪欧洲介绍孔子及其著述的最完备的书籍，汇集了其他几名欧洲耶稣会士多年工作的结晶。[注77]但是，虽然自17世纪以来，西方人已经知道中国有位伟大的教育家孔子，但是西方人只闻孔子其名，少见孔子其人。这个展览以林林总总的文物：雕塑、青铜器、玉器、绘画作品、书法作品、印章、服饰等，来“具象”地展现孔子这个“抽象”的教育家，而且这是在美国的第一个孔子展，于是，三百多年来，在西方闻名的孔子，终于形象地出现在世人的眼前了。

《纽约时报》2010年3月26日周末艺术版，著名的艺评家考特先生以*Envisioning an Abstraction who was a Man*为题写下评论，开篇便道：“你好我好大家好，是否是一个世界和平的好办法？2500年前的孔夫子，主张教育、辛勤工作、尊重历史，这些比金钱、娱乐、宗教更为重要，各人管好自己，是社会和谐的根本。多少世纪过去了，孔夫子被尊为教育家和对社会具有远见的哲人和圣人。在西方，他的名字和毛泽东一样，代表着中国。但是人们很难了解他，因为毛泽东有许多肖像和照片，对于西方人来说，孔夫子只是一个抽象的概念。这就是为什么正在华美协进社中国美术馆展出的‘孔子：其人其艺’展览如此的有价值。该展不仅展现了孔子学说的几大方面，而且他的名字，终于通过展览中的绘画、雕塑作品，而变成一个活生生的人了……”（注78）

5.古往今来的考量

对历史、对历史演变和影响的考量，在做“敦煌年”的展览时，我感受最深。“敦煌”的名字诱惑了我许多年，不少学者认为“敦煌”两字并非汉字，乃是早先在那里居住生活的其他民族的语言。但查“敦煌”一词，最早见于《史记・大宛列传》中张骞给汉武帝的报告，说“始月氏居敦煌、祁连间”，公元前121年汉朝大将军霍去病沿着河西走廊，一路追击匈奴人，直到敦煌才勒住马缰。公元前111年，汉朝正式设敦煌郡。按汉代人的字面解释，如东汉应邵注《汉书》中说：“敦，大也；煌，盛也。”光是听听这“敦煌”两个字，就很精神，更何况这里还有那么多的故事。自汉代以来，这里成为丝绸之路的重镇，成为穿越河西走廊连接中原和西域的必经之地，张骞曾带领他的使团从这里走向西域，波斯胡商的驼铃响彻沙漠戈壁。著名的丝路的南北两线都从敦煌出发或为止。丝绸之路上，各国使臣、将士、商贾、僧侣络绎不绝，而敦煌成为“咽喉锁钥”，踞丝绸之路之要冲，成为中西方贸易的中心和中转站。西域胡商与中原汉族商客在此云集，从事中原丝绸和瓷器、西域珍宝、北方驼马与当地粮食的交易。与此同时，中原文化、佛教文化、西亚和中亚文化不断传播到敦煌，中西不同的文化在这里汇聚、碰撞、交融，使得敦煌成为“华戎所交，一大都会”，人文荟萃，文化粲然，这些繁荣的景象在莫高窟第296窟窟顶的壁画上有着生动的记载。

对爱好艺术的人来说，三危山和鸣沙山下的党河流淌过的这块小小的绿洲，是块绝无仅有的艺术的净土。（图92）在氐族人苻氏在北方建立了前秦的十六国时期，有个乐僔和尚行走到三危山和鸣沙山下的大泉河谷，忽见山崖金光闪现，以为得到佛的示意，而在此开凿了第一个佛窟。那是366年，前秦建元二年。自此，莫高窟诞生了。目前所称的敦煌佛窟，实际包括莫高窟、东千佛洞、西千佛洞以及榆林窟。敦煌佛窟的开凿，历经十六国、南北朝、隋、唐、五代、辽、宋、金时期，延续到元代，

图92　敦煌莫高窟背靠鸣沙山的远景。胡维智拍摄。Photograph: Perry Hu, 2012

粗略算的话，共有九个朝代在此造窟。如此的时代贯穿，是中国任何佛窟都无可比拟的。可是如此辉煌过的“敦煌”，却被历史冷落和遗忘了很长一段时间。直到1900年守窟的王圆箓道士无意间发现了“藏经洞”，1907年引来了英国探险家、考古学家斯坦因，接着法国人伯希和、美国人华尔纳以及德国人、俄国人、日本人都来了。盛大的敦煌，从此以她无与伦比的佛教艺术震惊世界。即以莫高窟来说，它又称“千佛洞”，位于敦煌市东南25千米的鸣沙山下，因地处莫高镇而得名，与山西云冈石窟、洛阳龙门石窟、天水麦积山石窟并称为中国四大石窟。莫高窑分布在鸣沙山崖壁上，上下一至四层不等，全长1600米，现存石窟492个，壁画总面积45000多平方米，彩塑像3000余身，是世界上现存规模最大、内容最丰富的佛教艺术圣地。1987年，莫高窑被联合国教科文组织列为世界文化遗产。

在这干旱的一望无际的戈壁滩上，在这仿佛世界尽头的地方，从366年算起，到元末的1368年，带领我们走过一千多年的，是那么多绚丽多彩的壁画和雕塑。一千年的生活，一千年的虔诚，我每次到那里都莫名地感动，好像踏上最圣洁的一块土地。敦煌太具有历史感了，那么直观，那么强烈，而且她还活生生地刺激了中国的现代艺术。张大千是第一个到敦煌临摹壁画的。当他1941年乘着牛车从柳园车站走到敦煌，说是待三个月的，结果泡在敦煌就不走了，一泡近三年。之后，他临摹的几百张敦煌壁画在四川等地以及日本展出，自此激起了世界对敦煌艺术的热情。还有些搞艺术的人会激动地回忆，20世纪70年代时，是敦煌，让他们眼前一亮并为之疯狂，成为受益不尽的艺术源泉。若如此串起来看，从艺术上来看这历史，从4世纪直到21世纪，一千六百多年了。当拎起这历史如此纵观时，一千六百多年，仿佛就在手指点着的艺术品中流过，想着都叫人感觉心在战栗。于是我从2008年到2013年，花了五年半的时间，打造了一个“敦煌年”，以两个展览来体现。第一个是“敦煌：丝路佛光”，以敦煌藏经洞出土文物和复制莫高窟的洞窟，来介绍敦煌的艺术传统；第二个展览是“敦煌灵感：当代中国艺术的再创”，展示从张大千到当代艺术家们由敦煌得到灵感而创作的作品。敦煌的上下千年，在纽约的2013年，跟来自美国和其他世界各地的观众一同蹚过。那一年，纽约听到了“敦煌”的名字；那一年，纽约感到了中国传统艺术的能量。

6.根深才能叶茂

“根深才能叶茂”，是谁都知道的，更准确地说它是一个观念，是一个事实，既是指南，也是衡器。一棵树苗，长成参天大树，其中经历的风雨和时光，是以十年、二十年甚至上百年来计算的，中国人爱说“十年育树，百年育人”。一件艺术品的优劣，除了艺术家与生俱来的天分，与艺术家各方面的技能、感受、阅历、修养也都是有关的，所以中国古人有“读万卷书，行万里路”的说法。中国书画艺术强调：“书者，心画也”；“画者，胸中丘壑也”。如此，中国书画就并不简单地只是一个技艺，并不是简单地记录事态或描绘景物而已，而是借助笔墨表达心象、心音，描绘心灵感悟的物态、天趣，表现人生的阅历和思考。倘若胸中未有浩然之正气，心中未有超脱之物象，又怎能希求在书画中或艺术作品中有呢？故养气养心为中国书画家毕生的功课，这也正是中国艺术独特之处，走心了，也就走到艺术的本质了。但这都不是能够速成的事情，就像要等树苗慢慢长成大树一样。养精蓄锐，厚积薄发。策展人也

图93 纽约东70街弗里克研究图书馆露台西望中央公园和纽约市容。海蔚蓝拍摄，2019

不例外，也要一如既往地追求养心养气，让自己的根深深地扎入知识、艺术、想象、思考、人性、人与自然、人与世界的关联之中。策展人的根有多深，就决定了展览这棵大树能有多茂盛。

一个人的涵养和见识来自学习和思考，思之深，见之远，自然高蹈不群。纽约人都喜爱的、来纽约的人都要逛的中央公园，在曼哈顿这么个弹丸之地的小岛上，就占据了843英亩，约341公顷的土地，跨过150个街区。如此巨大的自然园林，对于纽约的城市、纽约的人文所具有的潜移默化的作用，是难以言表的，它是纽约成为世界顶级城市的一个重要筹码。如此高楼林立的大都市，依然有如画的山林风光，可使纽约人随时都能融入自然，随心所欲地去接地气。可以说，纽约中央公园，造就了这个一半尘世一半仙的世界大都市。（图93）这个世界园林的杰作，出自弗雷德里克·奥姆斯特德和卡尔伯特·沃克斯。他俩的设计方案在1858年中央公园的公开设计竞赛举行时，于35个应征方案中脱颖而出，成为中央公园的实施方案，并在15年后完成。被誉为“现代园林之父”的景观设计大师弗雷德里克·奥姆斯特德，在陈述他的设计理念时如是说：“一个城市要想在世界都市里占有一席之地，就必须更加注重人类劳动的更高成果，而不是仅仅注重那些赚钱的行业……城市里应该有大量的图书馆、教堂、俱乐部和酒店，不能只为一般的商业服务，也要为人文、宗教、艺术和学术服务。”

那是160多年前他的见识啊，那时大都会艺术博物馆还没建立呢。一个景观设计师能够在一百多年前便清醒地看到物质之外人类更深层的需要，看到一件作品能够长久独立于世界的要素，这怎能不让他的设计与众不同，而能够造就纽约中央公园这样永久的大手笔呢？

从另一点看，即从2017年令大家惊讶的、机器人打败世界排名第一的围棋冠军的事实分析起来看，机器人的脑子里是被输入了难以计数的棋局信息的，当他要出棋时，他的脑子里已经在输入的信息的基础上，快速地以一秒钟扫描上百上千条信息，而能从众多的比较中，走出最好的一步。而人与之相比，虽然已经是人之中最聪明的脑子了，但其信息的覆盖量和寻找信息的速度，都无法与之相比。换言之，人的思维还是相对直线形的。从机器人打败围棋冠军的事实中，我们可以看到，这种宽泛和广博的知识储存量和信息处理的速度，确是使机器人变得富有学问，能够应对相对"简单"的人脑，而占据胜者位置的因素。从中，我们或许可以学到信息和知识积累的重要性，也能学到广博的不同的思维模式的优势，来拓展开发潜在的脑容量，寻求处理信息的能力和新方式。看到有消息说，中国教育在语文教学方面的历史性改进，是除了选用统一教材作为高考的基础，还要求学生要广泛地阅读，阅读，再阅读，并开出了一系列从小学到高中必读的课外书目，也就是敦促学生积累信息和知识。其实，每个人都必须在脑海里建立起最大量的储存库和信息库。"阅读是一切学科的最重要基础"，在此基础上，方可有成就其他作为的可能，朝着"操千曲而后晓声，观千剑而后识器"的方向努力。

一个展览的优劣，同样地首先取决于策展人的见识。这是由经过许多层次的复合性的和各方面的历练，加之策展人本身的感悟能力来决定的。一个展览，无论从形式还是内容上，策展人的见识与修养，都能从展览中表现出来。策展人只有不断学习和思考，永远不懈地追求更深层次的内涵，才能更全面深刻地认识艺术品，才能更全面深刻地诠释和表现艺术品。同理，对于博物馆的领头羊来说，为博物馆把舵定向，也需要有相当的见识和特立独行的气概。不可避免地，如此的见识和气概也是从各种养分中汲取，并经年累月修炼而来的。在此，根深，就是意味着文化的深深底气，胸襟的泱泱大气，以及敢于问津、敢于坚守的勇气和胆略。

7.寻找展览的“眼睛”或灵魂

每个展览，如同一个生命的诞生，会哭会笑，也自有其眼睛，或灵魂。如2003年我做的第一个“中国展”：“故山青：南京博物院藏十七世纪山水画”，透过“金陵八家”的山水画的表象，而寻找其情愫之源，绘画之原动力，便能清晰地指出明末清初南京明人特有的遗民情结。那种特定时代的特定情操和感怀，是“金陵八家”画作的灵魂之所在。在无限的乡愁之中，虽然不是“遗民”，遭受家破国亡之灾；却是“移民”，那种家国遥远无着的感觉，多少有点类似，让我联想到在纽约的来自世界各地的众多移民，虽然各人来此的缘由不同，但思乡怀乡情结，应该是人类共同的感觉。因此，我试图寻找17世纪金陵山水画背后所具有的普世的人性与精神，并相信这种共性和共理，应该能引起所有人——不同肤色和不同来处的人的共鸣。

2012年在做“生死同乐：山西金代戏曲砖雕艺术”展览时，我也是准备了三四年的。先从山西博物院现有的展览看起，接着到库房里去搜寻，来来回回，自然又是跑了好几趟。山西博物院甚至为这一展览，专门将新挖掘的一座完整的砖雕墓葬作为展品之一。最后我说想去当时戏曲最盛行的侯马地区看看。于是博物院派人开车，专程带我到侯马考古研究所考古工作队驻地。就在工作队的院子里，有两座被保护的金代砖雕墓，是不对公众开放的。那是有前厅和墓室结构的砖室墓，我就钻进去了。好几年过去了，当时钻进去看那个墓室的感觉还记忆犹新。那是个非常精心营造的砖室墓，小砖叠砌成的穹隆顶，模仿建筑的壶门窗棂，在墓室的各个角度雕有花卉图案的砖，用砖或砖雕和绘彩组成的繁缛的装饰，覆盖了墓室的每一寸空间，而在如此繁缛的装饰中，墓室正面墙上是墓主人的形象，两边墙上是有戏文的雕砖。那一刻，我的感觉就是这些人爱戏简直爱疯了，不惜工本银钱的，做这么豪华的墓室，真是哪怕变成黄土，也要听戏，那种疯狂，那种永远。就在那墓室里，我脑海里突然就冒出“生死同乐”这四个字来，顿时心花怒放。因为这个展览的图录是中美双方博物馆合作的，后来听中方博物馆说，交给上级审阅时，说书名出现了“死”字，大概不太好吧，建议能不能给改了。我回答说，无可避免，这本来就是介绍墓葬艺术嘛，非此不可，因为没有其他任何字眼，可以如此准确地来表述了。所以，一字未改。这本书出版后，听博物馆说，很受欢迎，那四个字，后来有的读者评价道：很到位，是点睛之笔。

8.展览的空间与色调

展览空间的营造和展览色调的选择，是陈列和展示展览的最重要的两点，也是策展人必须关注，而保证展览“经典”品质的要素。在此先简单地拎一下，以便读者记得它们的重要地位，当在以下专门讨论“展陈艺术”的第五章中详述之。

9.雁过留声的著作

展览图录是展览表述的一部分，可谓展览最重要的部分。其不仅仅用来记录和深化展览，更是体现展览“经典”性的永久实物。

（1）展览图录制作的意义

为什么要做展览图录呢？首先，展览期间，展览图录更为详尽的内容和介绍，有助于观众对展览进行深度理解。（图94）展览图录在展览撤展后，是仍然会存在的记录，即使有录像、摄影来记录展览的陈列，展览图录也往往是一个足以印证展览水准的“硬件”。展览最重要的部分是展览图录，这不仅是业界的公认，也是因为展览图录本身所具有的“经典性”的价值和意义。《纽约时报》就曾赞誉我馆图录的“经典”性。确实如此，当展览撤完之后，不管是否有通过其他渠道保存的资料，展览图录都是最能够历时长久的物件，而给人捧在手上感觉得到的“展览”了。再者，好像中国作家王以培先生曾说道：“文物在文不在物，物是文的载体，文是物的灵魂，我们要紧的是这个记忆。”我以为这说得很到位。展览图录，从“高大上”的角度来说，就是发掘那“物”所蕴含的“文”，并以图文并茂的方式，来记载我们现在对这些艺术品的认识，以及跟它们相关的方方面面的故事，作为我们这一代对文物和艺术品的记录。所以，我主持华美协进社中国美术馆约四分之一个世纪以来，在可能的条件下一直坚持对展览图录的高标准和高要求。

（2）展览图录的编写制作

展览图录的编写制作，在美国的博物馆界，已经有近百年的历史进程。粗略地来说，大约有如下两个主要阶段：

图94　纽约华美协进社中国美术馆部分展览图录。潘薇拍摄，2016

前期，展览图录都比较简单，大多比较直接地以正标题说明展出之物，没有副标题，姑且称之为“直白式”点题法。2019年3月，我看到纽约现代艺术博物馆的“林肯·科尔斯坦的现代艺术”展览，其中展出20世纪30年代初哈佛当代艺术学会举办的当代艺术展，其小册子恐怕就是30年代常见的一种展览图录了。早期的展览图录大多是黑白的，有些有很少的几张彩图，多是另外印刷后剪裁并手工贴上去的。内容上，一般只是以一篇策展人的简介来总括所展出之物，然后以清单方式罗列记录所展出之物，或给予每件物品非常简短的说明，多以描述器物的外形特征为主。图录的尺寸也不够一致，一般是32开。（图95）

后期，展览图录内容逐渐丰富和深入，首先逐渐寻找到展览所要说的主题，从而设立富有含义或诗意的正标题或副标题，姑且称之为“诗意式”点题法，来与以往的“直白式”相比较。多将直白地指出艺术品的类别列为副标题（亦见其他同行有将正副标题两者换位来表述展览的。但我比较偏爱将正标题作为点题之词，副标题为展览信息之词）。展览图录的图片也随着摄影的普及，而逐渐开始用彩图。内容除了简介，开始增加其他论文，试图围绕展览的主题，从更多的一些角度来深入地探讨，展品清单也逐渐演变为固定格式的对每件展品的说明（Catalog Entries）。一般对每件展品的说明可分为两小部分：一部分为物品的基本档案信息（Caption）；一部分是对这

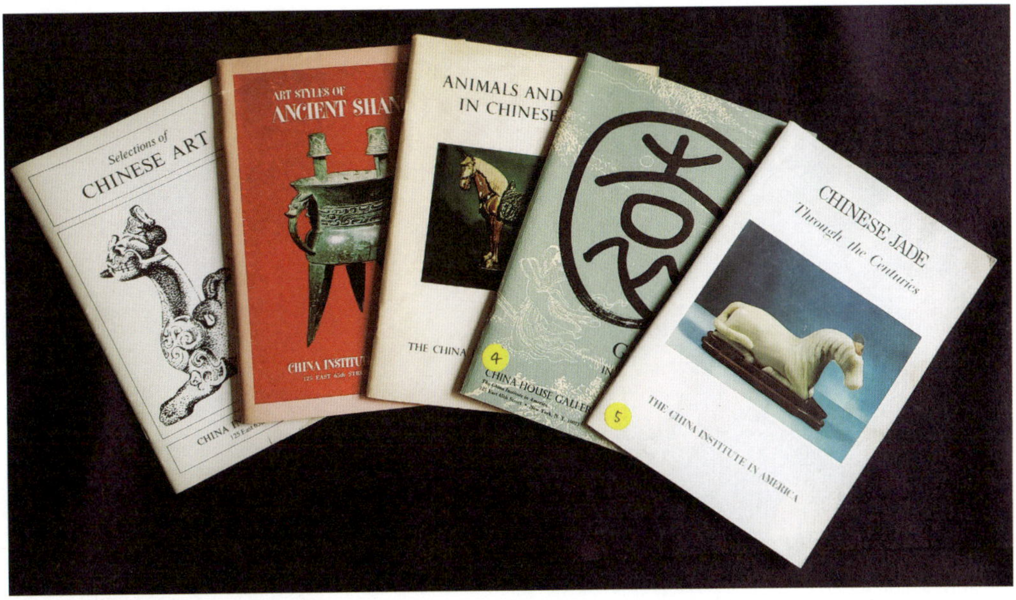

图95　华美协进社中国美术馆于20世纪60年代出版的展览小图册。海蔚蓝拍摄，2020

件物品各方面的介绍，除了基本描述，还对这件器物的各方面进行探讨，或与同类相似器物进行比较，有些研究得相当深入，几乎可成为各自独立的一篇篇微论文。图录的尺寸逐渐流行16开，至今这一16开尺寸的图录仍然通行于美国博物馆界，甚至在商业画廊及拍卖行也成为约定俗成的一种标准格式。这一前后期的变化，约略自20世纪70年代后期开始比较普遍。

即以华美协进社中国美术馆50多年来的展览图录为例。1966年秋天的第一个展览，标题为“大都会地区私人藏中国艺术精品展”。在这本32开，只有42页，且全为黑白的图录中，扉页是展览的标题、时间、地点，接着为借展各方的名单，第3页为华美协进社社长/董事长的前言和艺术委员会主席的序，第4页为中国历史年表，第5页至第10页为策展人对展览的简介，接着为对各件展品的简单描述。大约在20世纪70年代末，这个格式开始有所改变。1978年的“宜兴紫砂”展，标题还是“直白式”的，但图录开始变成16开，只是图录还是黑白两色，内容的格式则与1966年的第一本图录几乎一致，都是由策展人写一篇总体的介绍后，对各件物品再加以简单的解说。这种格式基本上延续到20世纪80年代。1985年的“力源地骨：中国艺术中的赏石”展览图录（图96），开始在标题的格式上有所改变，以正标题的“力源地骨”来点明这些文玩赏石的重要性。这种“诗意式”的点题法，逐渐开始流行。当然这一过程也是逐步达成共识的，因为有些学者仍然喜欢“直白式”的点题法。这种或可称为“诗性”的点题法，在最近的十多年中，一定是越来越为大家所喜欢。因为不管是博物馆还是商业性画廊，都用得多起来了。这确是一种比较完美的形式。如此的标题，从类别到点题，不仅可让观众得到一个启示，而且最起码那多层次的信息使题目饱满了，并让人在第一瞥就入眼了，读起来，似乎也更加有趣和抓人眼球。（注79）

图96 《力源地骨：中国艺术中的赏石》展览图录封面，纽约华美协进社中国美术馆。*Kernels of Energy, Bones of Earth: The Rock in Chinese Art*, China Institute Gallery，1985

那么，图录具体地该说些什么呢？每本图录，展览不同，策展人想说的也就不同，但有一点应该是相同的，即作为一个策展人，即使学富五车，才高八斗，也要把读者的需求放入考量的范围。为观众和读者着想，应该是策展人天经地义的天职。听说中国著名的企业家、华为创始人任正非先生有言：“屁股对领导，笑脸向客户。”因为客户是衣食父母。美国商界也有名言：“客户是上帝。”虽然说的是商界，但博物馆界亦如此，何况博物馆创始之初的目的便是开启民智呢。有了为读者的最大利益考虑的视角，在编写展览图录时，就会考虑到如何在一个命题范围内和资金允许的情况下，给读者提供最简单的方式来了解有关这个题目的所有重点。这一观念逐渐成为我撰写和主编展览图录的指导思想。当然，这都是在三十年的实践中逐步形成，并努力去完善的。

1997年，由我负责制作的第一本展览图录问世，那是由纽约哥伦比亚大学中国艺术史教授韩文彬博士策展的“力量与美德：中国艺术中的马”。（图97-1）当时还没有那么多的从读者的需求出发的考虑，基本上是策展人交来稿件和图片，我负责监督联络各方，与装帧设计师合作，将之排版校对，督查蓝本的终审，直至最后印刷成一本书。

图97-1　笔者出品的第一本展览图录《力量与美德：中国艺术中的马》封面。*Power and Virtue: The Horse in Chinese Art*, 1997

图97-2　笔者撰写并出品的第一本双语图录《故山青：南京博物院藏十七世纪山水画》封面，纽约华美协进社中国美术馆。*Passion for the Mountains: 17th Century Landscape Paintings from the Nanjing Museum*, 2003; China Institute Gallery

2003年，当我策划自己的第一个“大展”，且是华美协进社中国美术馆的第一个来自中国的原创的国际展览——介绍“金陵八家”的“故山青：南京博物院藏十七世纪山水画”时，便制作了华美协进社中国美术馆的第一本中英文双语图录（图97-2）。那可是双倍的工作量，但我已经相当明确地意识到，要尽量为读者提供他们所需要了解的各方面信息，以方便他们更为深入地了解艺术品。首先是论文部分增加信息量，我除了自己撰写一篇《唯有家山不厌看：十七世纪的南京与金陵画学》的论文，以交代这些艺术家与艺术产生的历史、地理、人文环境，以及这些金陵画家的特点，也请其他学者从另外的角度来扩展。其次是于图录中开始增加“附录”部分，选择了紧扣主题的辅助信息，如“南京古代名称简介”“金陵四十八景”“展览中的艺术家资料”等。到最近几年的《乱世绝响：六朝艺术》《楚王梦：玉衣与永生——徐州博物馆汉代珍藏》《山艺术：中国摄影家的镜像》等，图录正文的论文量增加，融合了中美两方学者的不同视角和研究心得，而且“附录”部分继续选择相关的重点，以方便读者的检阅，让其就这一议题，于一册之内，便可了解所该了解的要点。（注80）

具体地，再以最近的一本图录为例，那是由我领衔策划和主编的《山艺术：中国摄影家的镜像》展览图录。论文共有六篇，由中美双方策展人及学者完成，包括：维克恭教授的《中国山脉之地质形成及其文化涵义》，笔者的《中国山：传说与文明》，普林斯顿大学谢栢轲教授的《名山还看翰墨染——论纸绢上山水的中国传统》，华盛顿大学齐皎瀚教授的《山语：诗画摄影的灵感之源》，以及江融先生的《新山水摄影——具有新面向的风景摄影》等论文，扣紧展览的三个分主题“高山仰止：中国的名山大川”、“山水清音：中国山水画美学理念在汪芜生黄山摄影中的表现”和“新山水摄影：当代摄影家的观察和思考”来展开讨论。接着为展品图录部分，这次采用艺术家自己对其作品的解说，加上我作为策展人按语的方式，来记录这难得的第一手资料。因为其时摄影家们都健在呢，有条件让艺术家发其心声，而取代策展人对其作品的代言。附录部分有四条：“中国古代地理名著选介”“三山五岳”“四大佛教名山”“四大道教名山”。虽然如此来介绍中国之山未有前例，也遭少数人诟病好似地理课、图录太大等，但是很受读者和观众欢迎。展览因故延长了好几个月——从2018年2月到2019年8月。2019年7月，展览闭幕前一个月，还有观众在留言本上写道：“展览太棒了，请再延长吧！”（Fantastic show. Please extend!）有人说过好几次：“你的图录，一本在手，对那个题目的了解，就八九不离十了。”

（3）展览图录的价值和封面设计

图录的价值是由论文能够覆盖的题目范围、每篇论文发掘的深度、对每件作品的解读的角度和深度、能够提供的总体信息量，加上图片的选择和质量，包括装帧设计等因素决定。展览图录既然是留下展览的永久资料，不仅其内容要精心考虑、策划、编写，而且需要为观众着想，从内容到文字，包括语种以及形式等，都要精心策划。不仅如此，由于封面是“脸面”，要考虑能否第一时间抓住观众又使之适合所做展览的特点，因而封面图像的选用和设计也很重要，不能小觑。

先举大都会艺术博物馆的例子。上述大都会艺术博物馆的十大热门展览之一的“印象派的起源”，虽然已是20多年前的展览了，但看其图录的封面设计还很是生动，全是来自那被选用画面的盎然生气，图片是克劳德·莫奈的《花园里的女人》

图98　大都会艺术博物馆1994年《印象派的起源》展览图录封面示意图。海水绘图，2020

图99　《转换期间的贸易品味：景德镇的日本外销瓷（1620—1645）》展览图录封面，纽约华美协进社中国美术馆。*Trade Taste & Transformation: Jingdezhen Porcelain for Japan, 1620–1645*, China Institute Gallery, 2006

油画的局部。（图98）虽然这一展览包括了几百幅作品、几十个画家，但是封面只有一幅作品。而为何独独地选择这幅？或许可以如此来揣测其选择之因：首先，克劳德·莫奈虽然并不是最早用印象派的画法作画的人，但确有"印象派之父"的称号，是印象派画家中最重要的一位。"印象派"之得名，首先也因其《日出印象》这一画。1874年4月，《日出印象》在由与莫奈风格相似的画家们自发组织的第一个展览中展出时，被当时巴黎的艺评家戏谑地调侃，莫奈则因此而被名为"印象派画家"，并首当其冲地承担当时艺评界对"印象派画家"的批评。其次，这位"印象派"的重要画家，他的画作，从题材到技法，突显了印象派画法的所有特点，如户外题材中对阳光和自然的直接感受与表现，以及不加修饰的笔触、混合的色彩，甚至大量的留白等，都与以前画界的规矩相悖。这幅《花园里的女人》，是一幅巨大的油画，有二米五见方，描绘了四个穿着时尚的女人在花园里采花，实际这四人都是同一个模特儿，即莫奈一生挚爱的妻子卡米尔。阳光在女人白色裙上的闪亮和在树丛下的阴影，形成

图100 《末帝宝鉴：辽宁省博物馆藏清宫散佚明清书画》展览图录封面，纽约华美协进社中国美术馆。*The Last Emperor's Collection: Masterpieces of Painting and Calligraphy from the Liaoning Provincial Museum*, China Institute Gallery, 2008

图101 《乱世绝响：六朝艺术》展览图录封面，纽约华美协进社中国美术馆。*Art in a Time of Chaos: Masterworks from Six Dynasties China, 3rd–6th Centuries*, China Institute Gallery, 2016

非常强烈的对比。当年莫奈作此画时，首创在室外的场景中画模特。因为画作太大，他要在地上掘个洞，把画架降低，才能画到画的上部。虽然此画在1867年的几个沙龙展上都被拒绝，但确是莫奈的代表作之一。他的画作不仅为“印象派”赢得其名，也完善和体现了印象派绘画的艺术价值。因此莫奈此画，从历史背景、画派的脉络、对重要画家的首肯、印象派画作的特征等各方面，都堪称代表，包含了“印象派”的许多重要因素和故事，作为封面，其当之无愧。

在主编和出版展览图录时，我对展览图录封面的设计方案也是反复斟酌的。简单举例如下：

2006年《转换期间的贸易品味：景德镇的日本外销瓷（1620—1645）》的展览图录封面（图99）。很幸运，当时展品中有这样一件青花瓷器，为1630—1645年间之物，不仅其方形的器物造型比较别致，那图案也很少见。那是一个艄公掌着舵，驾着一条帆船，在波涛翻滚的海上行驶。我选了海蓝色作为封面的背景色，书题的颜色则选择了白色，好像青花瓷器的底色。船，海，航行，外销，瓷器，大约就是沿着这条思路，来传达想传达的信息。

2008年“末帝宝鉴”的展览，展出的是辽宁省博物馆藏《石渠宝笈》著录的明清书画。《石渠宝笈》是皇家著录，选择的书画基本都是经过末代皇帝爱新觉罗·溥仪之手，而他之前的诸位皇帝，尤其是乾隆皇帝观赏过、盖过图章、留下题跋的书画，不仅是皇帝的爱好，而且其实际效果是确实将民族的艺术精华作为国粹和文脉保护和传承下来了。所以，知道了这些作品的来龙去脉，初展卷，那些曾为皇帝们所画所藏的书画作品及皇家气象，便很容易被感受到了。因此我选择了明宣宗朱瞻基（1399—1435）为他母亲祝寿时专门画的《万年松图卷》（1431年作）的局部。这个皇帝也爱书画，曾扬言要与宋徽宗一较高低。我还特意采用了有印章的一截作为展览封面的图像，不仅是因为此画为皇帝所作，为皇家所藏，为皇家所著录，而且因为画面中的墨松以寓长青不老，印章以寓信鉴与传承。如此思考过来，更将此一特选，再作衍生，便是寄怀于艺术文化血脉和人文精神的长存。此外，为彰显皇气如此浓厚的展览，图录封面的背景颜色选择了皇家喜用的明黄色，书题则选用黑色，稳重深沉。（图100）

2016年《乱世绝响：六朝艺术》的展览图录，则一派清雅。封面的颜色是借鉴当时流行的青瓷色，并选用了六朝时代有代表性的文人雅士“竹林七贤”的拓片局部为主图像，叠加在隐约显现的一幅摄影作品之上，那是在青山绿树下通往绍兴兰亭的路，是通往中国书圣王羲之于永和九年（353年）举办兰亭雅集并留下千古名篇《兰亭集序》书法作品的地方。书目即展题，英文标题用浓重的红色写在青翠的背景上，寓意艺术乃心血之结晶；中文标题为黑色，是从王羲之、索靖（239—303）、皇象（三国吴，生卒年不详）三位书家的书法作品中集字而成。封面背景的青翠色自是寓意当时美学对清雅的追求，以及六朝艺术精神之长青。（图101）

书，向来为中国历史所尊重。中华文明常常被人钦羡，能够延续几千年至今仍然“活着”，其中一个重要的原因，可能就得归功于中国很久以来就有的“书”的记载和传承功能、中国人历代对读书的倡导，以及“书”本身具有的能沟通任何事物的神圣性吧。但愿所有博物馆/艺术界都会精心于“书”的制作，希望有更多“经典的打造”，希望能在一些好的展览图录中，留下展览，留下我们曾经的思考和追求，雁过留声。

10.恰如其分的展览说明——谈展览内容的浓缩

在“打造经典”的过程中，展览说明牌系列的制作（Didactic production），事关展览的实际表现、展览与公众之间的直接沟通，而在展览的表述中起着非常重要的作用。可以说，展览的说明是整个展览内容精华的浓缩，需要言简意赅，深入浅出。在已有展览图录的丰富资料中，一般再按一定的模式，将有关内容提炼成展览的说明，用于展厅各部，直接地帮助观众了解。这些文字，大多是基于策展人已有的研究文字，所以大多都是由策展人直接操刀精炼而成，有些博物馆或许会由策展人和艺术教育部门编辑合作完成。这些文字或资料，一般是由以下的一些内容组成的：展览序言、展览各部分的说明、展品说明牌以及各类图表。兹分述如下：

（1）展览序言

这一博物馆界约定俗成的格式，是对整个展览提纲挈领的综述。这篇文字一般不超过四小段，在300到500字之间最佳。这就需要对整个展览吃透后高度概括，并以凝练而准确的文字表达出来。这一点的训练，可以参考美国电影界在介绍其电影时惜字如金的做法，比如电影《亚瑟王：剑的传奇》，只有这样几句话：“亚瑟为王权继承者的身份被篡夺了，他在后院长大，直到他拔起了插在石头中的剑，一切随之改变。”（注81）不过40字左右，就概括了一个长达两小时的电影故事。对于这样的文字，多看几遍后，就能自觉地或不自觉地培养自己对某事物复述时如何抓住要点，如何尽量简洁明了，如何一语中的的能力了。

仅举最近“山艺术：中国摄影家的镜像”展的前言为例：

“山，是中国神话中的擎天柱，历来为中国人所敬重。尤其是中国的名山，标志着历史，标志着文化。从远古的神话传说，帝王的登临封禅，文人的诗画崖刻，仙道释儒诸家的居山修为，到现在仍然年年进行着的民间朝山庙会，中国的山，凝结着所有的中国情结：以往的，当下的，将来的，连接着政治经济、文化艺术、风俗民情、信仰审美，不一而足。

“这一展览以27位当代摄影家不同类型的63幅作品为例，分为三个主题来阐释中国山的大千世界，并展现当代中国摄影界的状况。这三部分为：高山仰止，以中国的历史名山三山五岳、昆仑山、西藏神山，来介绍传说与文明；山水清音，介绍中国山水画美学理念和审美取向，在汪芜生山水摄影黄山作品中的体现；新山水摄影，介绍当代摄影家对中国文化艺术传统的领会，以及对社会变革、环境变化乃至人与自然和未来的思索。”

（2）展览各部分的说明

一个展览如一台戏，由几个折子戏来构成。对每个折子的介绍，常常是在小标题下，对这一部分的综述，一般在200到500字之间。除了拎出策展人认为的要点，亦可指出重点的艺术品。总之，以能够讲清楚要点为原则。

承上所引，继续以“山艺术：中国摄影家的镜像”展为例，其各部分的说明如下：

高山仰止

“五岳”位于中国东西南北中，传说开天辟地的巨人盘古死后，其身躯化作了五座山。“五岳”之称，至少已有数千年的历史了，东岳为山东泰山，西岳为陕西华山，南岳为湖南衡山，北岳为山西恒山，中岳为河南嵩山。经考古发现，约8000到4000年前，中国新石器时代各文化就围绕着五岳的地域兴起和发展，逐渐形成农耕文化、畜牧文化、陶器玉器文化、祭祀礼仪和原始信仰，奠定了中华文明的基础。中国古代认为五岳各有山神来主管一方，各司其职，将天上人间的一切管理得井井有条。（参见《五岳真形图》，图102）所以五岳都有山神庙，年年都有祭神祈福的庙会。五岳又以泰山为尊，这被喻为“天之东柱”的名山，自中国的第一个皇帝秦始皇在公元前3世纪登临，实施祭祀天地的“封禅”礼仪，便千年来成为帝王“封禅”之地，成为国泰民安的国之镇山。

“三山”，本指传说中为仙人所居的海上三山——方丈、蓬莱和瀛洲。秦始皇时还派人渡海寻求，但一去不返。后来指中国东南方的三座美丽的山：江西庐山、安徽黄山、浙江雁荡山。这“三山”与中国的文学和艺术密切相关，如庐山启示了六朝时代的宗炳（375—443）写了山水画论；雁荡山给予了六朝时代的谢灵运（385—433）灵感来创造山水诗；黄山孕育了17世纪的黄山画派等。

位于中国西部的昆仑山，因是传说中仙人西王母所居的圣地，而被顶礼膜拜；西藏的神山，则位于中国地形最高处的青藏高原，中国的母亲河长江、黄河都发源于此，涓涓荡荡地流向东方，滋润着中华大地，养育着中华民族。

这一部分以侯贺良、康松柏、康梁、李大光、林茂招、李学亮、卢浩、张安鲁、小超、闫实、王静、张家瑄、张华洁、郑从礼所拍摄的三山五岳、昆仑山和西藏神山的摄影作品为例，走进中国的传说和文明。

图102 《五岳真形图》，西安碑林博物馆藏清代石碑，现代拓本，私人收藏。胡维智拍摄。Photograph: Perry Hu, 2018

山水清音

这一部分以汪芜生所摄黄山的山水摄影作品为例，让人感受中国山水画的美学理念与审美取向。汪芜生为黄山的奇观所震撼，如同17世纪黄山画派的画家，例如梅清，从黄山汲取无穷尽的灵感，而倾注一生来拍摄黄山。这位原创艺术家的作品，体现了悠久的中国山水画传统中的自然与美学的观念。

中国的山水画在六朝乱世时，以崇尚自然和超逸高蹈的风度问世。经唐代诗人王维“诗中有画，画中有诗”的境界熏陶，五代董源江南山水画的平淡天真气息，宋代李成、范宽和郭熙全景山水画的恢宏气势，元代黄公望、倪瓒山水画笔墨传情的空灵萧散，至明清以来追逐前代文人山水画的传统，千年以来，虽然技法演变，流派迭出，但其本质自初始阶段的六朝时代，便一锤定音，即对自然之道的探索，对不羁性灵的表述，对返璞归真的终极追求。这种精神上的超凡脱俗，形成中国山水画独特的美学理念，成为主宰中国山水画的灵魂。

当摄影作为新的艺术工具被介绍到中国，便

图103　《山艺术：中国摄影家的镜像》展览图录第27号“黄山A093，1991”，汪芜生拍摄于黄山西海排云亭。承蒙艺术家家属允准使用图片

有不少人以这新工具来尝试发扬中国山水画的美学理念。汪芜生的作品，若以受中国山水画美学的影响来看的话，那可不是形式上的。汪芜生虽然没有专门研习中国的山水画，但他的“山水摄影”从本质上与之不谋而合，可谓“神似”。那便是一种共同的对“意境”，即对崇高精神的无上追求。虽然作品的形式不同，但都充满着“禅意”，体现着对自然、对宇宙的理解，蕴含着那种宏远博大、清雅秀逸、超凡脱俗的境界，而呈现给观众一片未被尘世污染的净土，奉献给观众一颗澄静的赤子之心的感动。有人说，摄影有三个层次，第一层用摄影机拍摄，第二层用眼睛拍摄，第三层用灵魂拍摄。汪芜生无疑是用灵魂来拍摄的。（图103）

新山水摄影

风景艺术作品常包括许多含义，如历史、政治、文化、环境、哲学和艺术等面向。中国古代文人画家根据他们对山河的想象作画，产生了乌托邦式的自然影像，反映了人类与自然的主观和理想的关系。然而，20世纪末在中国出现的“新山水摄影”艺术家所创造的影像，则从一个新的角度，直接或间

图104 “山艺术”展的“新山水摄影”部分，图中展示作品从左至右为：宋代范宽（950—1032）《溪山行旅图》高仿图；杨泳梁（生于1980年）据此制作的《溪山行旅图》（“人造仙境”系列之二），2014；姚璐（生于1967年）《秋岭远眺图》，2008；洪磊（生于1960年）《安徽屯溪黄山》，2000。华美协进社中国美术馆陈列档案照。胡维智拍摄。*Art of the Mountain: Through the Chinese Photographer's Lens*, China Institute Gallery. Photograph: Perry Hu, 2018

接地表达了这些艺术家对生活环境的关切，所以更具有客观性。与以往其他类型的中国风景摄影不同，“新山水摄影”可能借用了文人画形式，但它的作品均包含一些与当今中国现实世界有关的内容。

因此，“新山水摄影”的首要目的不是要聚焦自然美景。尽管乍看起来，这些作品像文人画，但它们具有以不同方式让观者再次观看，会发现现实环境细节的延迟效果，迫使观者停止思考艺术或自然之美。“新山水摄影”艺术家不只是模仿中国传统绘画的形式和精髓，他们返回到过去是为了走向未来。从艺术的角度和其与当下现实的关系来看，“新山水摄影”是将中国风景摄影推向一个新方向的尝试。这些艺术家通过他们的作品表达了共同的心声。这些作品可作为镜像反映当今中国的现状，并提醒观者感知其生活环境的状况，以及人类保护环境的责任。

这一部分以洪磊、林然、卢彦鹏、邵文欢、塔可、肖萱安、颜长江、杨泳梁、姚璐、曾翰、高辉、封岩的“新山水摄影”作品，来反映当代摄影家对中国传统的文学艺术作品的领会，以及对社会现象、环境变化及未来的思考。（图104）

图105　美国华盛顿格伦斯通博物馆一景（展厅内不允许摄影）。海蔚蓝拍摄，2019

（3）展品说明牌

位于洛杉矶的盖蒂中心的J. 保罗·盖蒂博物馆早有一本著作，指导展览的成人观众说明牌的写法。（注82）但博物馆界有个争论，在美国争了不下二十年了。争论是：到底要不要展牌？要的话该写多少？现在有些博物馆的时尚是无说明牌，即让观众自己观看，从自己的感受中来得到审美体验，而不受策展人的介绍左右。

2019年3月，我去华盛顿附近一个“低调奢华”的私人博物馆“格伦斯通”参观。说其“低调奢华”，是因为这个位于马里兰州波托马克的私人当代艺术博物馆，为美国的亿万富翁密切尔·瑞尔斯和他太太艾米莉·魏·瑞尔斯创立，是当下被赞赏的美国著名三大私人美术馆之一。另外两家一家是纽约的弗里克收藏馆，一家是位于华盛顿的菲利普美术馆。格伦斯通博物馆距离华盛顿特区市中心约24千米，拥有二战后来自世界各地的艺术家的大约1300件作品，其以许多名家的作品、独特的自然景观与简约的建筑风格相结合而闻名。该博物馆于2006年首次开放，在其占地约93公顷的园区内，室内陈占面积于2013年至2018年的五六年间扩大了数倍。博物馆虽然免费开放，但每天限定参观人数，要预先在网上预约。当时，大约是二月份，跟他们联系时，排队等票的时段已经排到了四月份。上网搜寻的话，有一条很显眼的说明：“当您参观‘格伦斯通’时，我们邀请您与艺术、建筑和景观直接对话。地图和尽量少的指示牌会引导您在园内参观，但没有说明文字，您有完全的自由来按照您自己的方式去理解‘格伦斯通’。我们的知识讲解员可以回答您的任何问题。”这就是一个博物馆尝试不用展览说明，而让观众自己体验的类型。

我们因为难得去华盛顿，便找了博物馆界的同行，才如愿得到几张票，使我们可以在华盛顿期间去看一下。格伦斯通博物馆并不仅仅是一座建筑，而是由好几个分散在原野中的建筑组成。告知工作人员参观目的后，他们便用自己设计和制造的轻巧的电瓶车载着我们前往各个展厅，时间充裕且喜爱锻炼的人，则可以持着地图在园林里步行前往。其中一座主要的展厅，是灰色的直线条的现代简洁造型，展厅由好几个部分组成，围绕着中央的方形莲池。只是刚刚三月，农历不过才二月，睡莲还在“睡着”。（图105）展厅内是不许拍照的，这个规矩对于习惯看展览便拍照作为记录的我来说，实在有些不适应。所以看到的是些什么，也很难记住。那里的说明牌，只有艺术家的名字，作品的名字、年代和质地，并且，如果是在一间展厅里有好几件作品的话，这么简单的说明牌还扎堆地罗列在展厅最不显眼的地方，然后观众会在展品和这简单的说明牌间来回跑好几趟，来找看到的是什么。如果有问题，每个展厅配备的穿着统一灰色工作服的人员可以给你解释。这种尝试——几乎没有说明牌的做法，是想保证观众对艺术品的直观和原始的感觉。这一点挺好的，可以让观众更自主，可以相互对话、沟通、讨论等。不过，感觉还是不太方便。一般来说，观众不是搞这一行的，来博物馆就是要了解学习，几间展室就一个工作人员，如果来了很多观众，各有各的问题怎么办？

2019年6月初在华盛顿开亚洲艺术策展人讨论会，其中有一个草地自由午餐的机会，我跟芝加哥艺术博物馆的亚洲艺术部主任汪涛博士和辛辛那提艺术博物馆的亚洲艺术部主任宋后楣博士一起捧着午餐纸盒，啃着三明治，谈到这个问题。后楣说，不要展览说明，对当代艺术来说，或许可以，古代艺术品没有说明，观众就不知所云了。汪涛说，业界还在不断尝试，听说LACMA（洛杉矶县立艺术博物馆）这两三年来甚至不再有基本陈列，即按年代和类别的常设展了，而以临展特展为主，由策展人报题目，经策展团队认可即可实施。他俩都说，如果博物馆没有常设展，缺少对基本展品的有系统的说明和介绍，只是一味做大型临展特展，且没有或缺少足够的说明牌

图106　参观“孔子：其人其艺”展览的小学生在记录说明牌内容，纽约华美协进社中国美术馆。*Confucius: His Life and Legacy in Art*, China Institute Gallery, 2010

的话，是有缺憾的，也许展览把观众震撼了，但也给他们造成困惑且没有就近可以学习、解惑的地方。既然博物馆的天职是教育，常设展作为基础性教育的展览，其重要性是长久的，虽然主题或专题展独具特色，但博物馆应该结合这两者，从不同的角度对展品作介绍，这可能就是最适合的方案了。

一般我馆的实践，是每件展品都有说明的，文字包括两部分：艺术品的基本信息、艺术品的简单介绍。一般不超过一百字。这些多由策展人来完成。古代艺术家无法自己说话，除非有文字记载，所以多半由策展人通过研究来对作品加以解读和诠释。但是我在最近策划当代艺术展的时候，因为艺术家们大多健在，便也尝试由艺术家本人来介绍其创作灵感和心路。例如“山艺术：中国摄影家的镜像”一展，便是这种尝试。在图录部分，除了有艺术家自己想说的话，以及自己创作该件艺术品的想法，我作为策展人，有话想说时，就对那件作品再加上按语。希望这样，既能保留艺术家的原始创作思路，为今后研究者少些揣测之词，同时也多一种声音，增加观众观

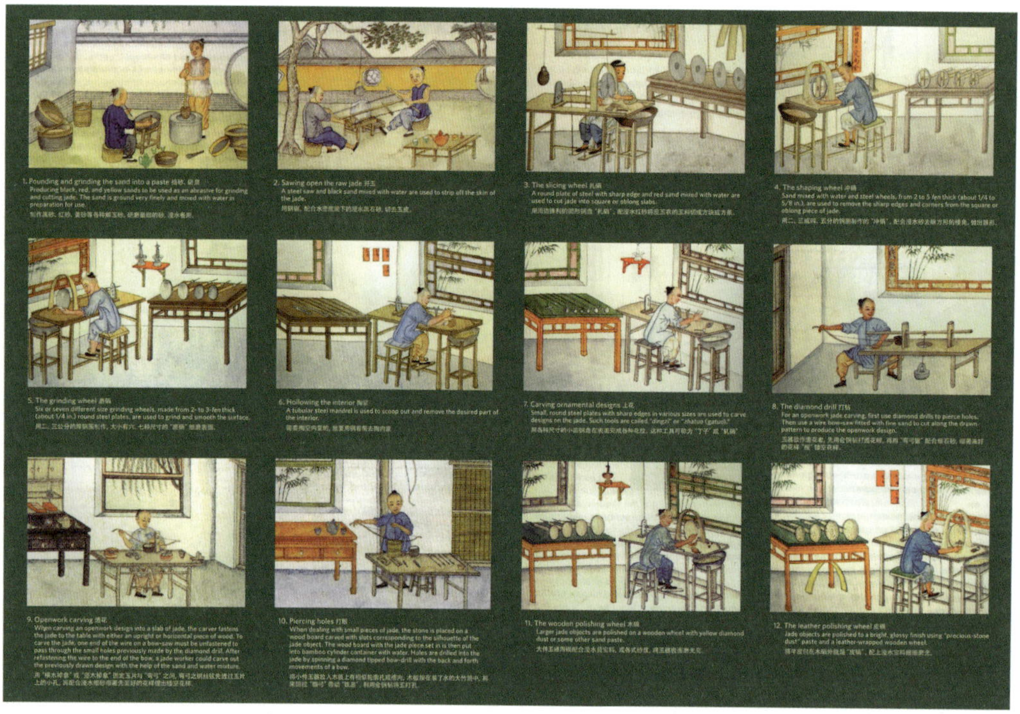

图107 〔清〕李澄渊《玉作图说》，采自纽约华美协进社中国美术馆《楚王梦：玉衣与永生——徐州博物馆汉代珍藏》展览图录第195–197页。From catalog of *Dreams of the Kings: A Jade Suit for Eternity, Treasures of the Han Dynasty from Xuzhou*, P.195–197, China Institute Gallery, 2017

赏艺术作品时的丰富性。

应该说，如果观众有足够的时间和自学自赏的能力，通过阅读展览的说明文字，从序言、各部分说明、各展品说明，以及配备的其他图表或视频等，对整个展览就会有足够的了解。这期间，观众面对艺术品，可以爱看多久看多久，怎么看、怎么想、怎么感觉都行，悠游其间，自得其乐。这也许是应该值得多加鼓励的方式，也是作为策展人和博物馆能尽到的教育责任。（图106）

（4）各类图表

这包括历史简表或相关列表、地图等。针对每个展览的内容，配备能够帮助观众深度理解展品的背景、原始语境或内涵的图表。我馆多年来以介绍中国古代艺术为主，所以历代年表是展览中必不可少的。另外地图也常常不可少，它可以标明艺术品的来源或地点。当然从一般的角度来考虑，则是想到观众来自世界各地，有些对中国

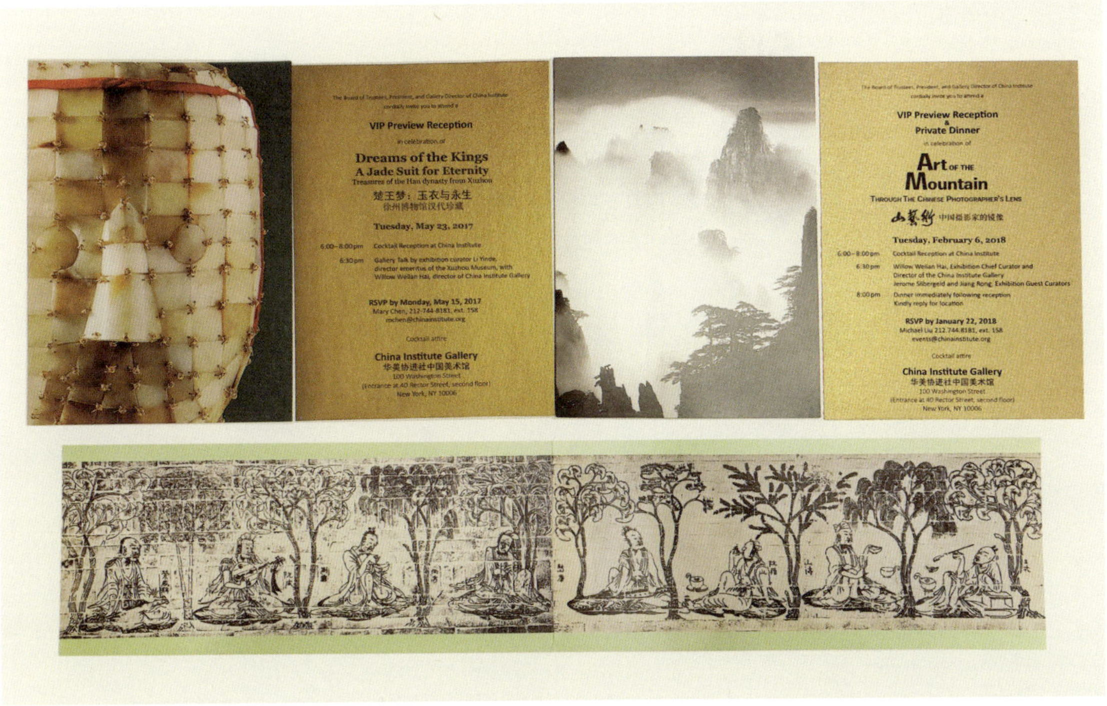

图108　“楚王梦：玉衣与永生——徐州博物馆汉代珍藏”“山艺术：中国摄影家的镜像”“乱世绝响：六朝艺术”展览请柬，纽约华美协进社中国美术馆。China Institute Gallery

有了解，有些或许是第一次接触中国艺术，所以时间、地点这两个历史要素的体现，非历代年表和地图无以交代清楚。因此办古代艺术展，这两项是必备之常项。除此两项外，则视展览内容需要而准备。在举办相关展览时，还应配备更具体的年表，例如2017年举办的“楚王梦：玉衣与永生——徐州博物馆汉代珍藏”的展览，便将12代刘姓楚王的名字、年代、关系这样的年表，也作为观众理解所展物品历史背景的线性思考的辅助品。此展重点是西汉的玉器。面对如此精美的玉器，已经让人预想到观众的问题，他们肯定会很好奇地问：这些玉器是怎么做出来的？所以，展览中选择了清代李澄渊作于1891年的《玉作图说》，将制玉的12个步骤，从捣沙研浆、开玉、扎碢、冲碢、磨碢、掏堂、上花、打钻、透花、打眼、木碢、皮碢，一一配着彩图和英文翻译，在玉器部分展示。（图107）

以上之浅见，简述了一个“经典”展览所必备的十个方面，若每部分都做到位了，其整体效果也就出来了。做一个好展览，其实是比“十月怀胎，一朝分娩”还要

图109　“山艺术：中国摄影家的镜像”宣传卡，纽约华美协进社中国美术馆。China Institute Gallery, 2018

长久、还要艰难的事。最后稍谈一下将这“经典”推介出去的一点考虑，虽然这是市场公关部门的专长，但在此提一下我所关注到的几点，或许也可为打造“经典”之作添筹加码。

首先，将打造的“经典”展览推介出去：请柬与宣传。

请柬：在互联网普及之前，展览的邀请函往往是展览亮相的第一张面孔，所以，邀请函的设计是应该费点心思的。现在很少有纸质展览请柬了，即使有，也可以视作“奢侈品”了。在这一行的三十年中，请柬就像约会的第一面一样，她的打扮穿着、气味，能够造成怎样的第一印象，是我常常考虑的。所以，选图、文字、颜色搭配、大小尺寸、配套的信封、回答的信封，包括纸质的轻重肌理，等等，都是有讲究的。一路走来，我还收藏了一些自认为设计得不错的请柬。虽然现在已经不再流行，但我馆还是坚持制作纸质的展览请柬，这是一种风格，更是一种品位，特以最近三个展览的请柬为例，见图108。

宣传：公关宣传的模式（媒体、网络、电视、社交平台等）；宣传小册；宣传卡及传单。在介绍中，最重要的是言简意赅地将展览的重点和灵魂点出，而避免冗长的不着边际的漫谈。在纽约，这种10.16厘米×22.86厘米（4英寸×9英寸）共4页的小

图110　“山艺术：中国摄影家的镜像”展览在纽约华美协进社楼房外的海报效果设计图，2018

册子，是从同样尺寸的卡演变而来，我们发现还是比较方便携带和好用的。纽约旅游部门帮忙散发和陈列的供游客索取信息的制品，基本也都是这个尺寸。（图109）还有一种是招贴图。楼房外的空间，是吸引经过者的最好宣传空间，我馆搬到曼哈顿下城后，这些大宣传招贴图，还引来了不少好奇者。（图110）

其次，还需指出，在设计制作所有与展览相关的印刷品，包括展览图录、展牌、说明牌、请柬、展览宣传的小册子或卡片等时，为突出展览给观众的一个整体印象，坚持统一的色调、统一的图像、统一的字体、统一的设计，使其做出来好像是“一套”的感觉。这种人为的“重复”效果，也是一种展览的修饰手法，即在反复强调其“重要性”，锁定一个与这展览有关的记忆。几个月下来，从会员收到请柬到来看展览，再到看外面的宣传资料、展览图录，前后贯通一气，也可谓是一种最后的“整体感”的追求吧。

顺便说一句，这样的考虑，也促使我在二十多年前开始主持华美协进社中国美术馆工作的时候，就确定我馆的展览图录从此就认定21.59厘米 × 27.94厘米（8.5英寸 × 11英寸）这一业界最常用的尺寸。几十年下来，将展览图录摆成一排，就成一个系列，而不是参差不齐。当然凡事总有利弊，这样或许限制了装帧设计师的发挥，但是从总体效果来讲，这种一个单位有成系列的出版物的构想，经年累月后就看出其整齐划一

图111　纽约怀古堂画廊和纽约蓝理捷画廊出版物封面，海蔚蓝拍摄，2019

的、独具特色的优势了。当然，我馆之出版物虽然每册尺寸相同，但是设计所用的背景色、图片、文字都有异，所以，摆成一排，五颜六色，还是有别。我很高兴看到我这积累为“一排”的想法。无独有偶，在纽约享有盛誉的亚洲古代画廊“怀古堂”，其堂主是学问非凡、人又可亲的罗浩、罗美兰博士夫妇，他们也有同样的构思，并且更甚。其中为业界很看重的“怀古堂”出版物，十几年中就一个规格，且每册都是同样的色调——一种高级灰，用稍厚而略有纹理的纸质做封面，封面正中掏出一个小小的如窗户般的空格，那窗户小到一如照相机的聚焦镜头，只展现那一期重点介绍的艺术品的图片。多年来就这一个模样，站在书架上，真的是整齐划一的一排高级灰，老远一瞄，就知道是“怀古堂”的图录无疑。另一家享有盛誉的中国艺术画廊“蓝理捷”，则选用了海军蓝这样的深蓝色为其展览图录封面，多年来也是一个格式一个调子，仅按每期重点替换图片，所以很容易一眼就认出是他家样式，这也是遵循了打造自己品牌的思路。（图111）

第五章

再现精彩——展陈艺术

展陈艺术是一门空间艺术，展陈艺术是一门装置艺术，展陈艺术是一门表现艺术。展陈艺术能赋予艺术品以新的生命，而绽放精彩。

首先说为什么是空间艺术。一个展览必定发生在一个空间之中，而这其中又包含无数空间的组合。展厅的空间、艺术品的空间、产生艺术品的空间、展示这艺术品及其产生的空间、艺术品之内涵可以延伸的空间、让观众想象的空间，听起来好像不搭界，但在展陈设计时确实需要多方考虑。而且，所有这些空间的考虑，其实早就应该在策展人的脑海里，那里是一个更为庞大的空间，让所有那些对空间的考虑，借助形象的思维和想象，将艺术品、信息、研究、叙述、表现都融汇到一个立体的整体的画面。那就是展览的展陈及其效果，应该首先出现在策展人的“脑屏幕”上。其次说为什么是装置艺术。当代艺术有一种形式叫“装置艺术”，可以用不同材质的物品，按照艺术家的意愿和诠释来摆放、吊挂、散铺、旋转、升降，借助电脑、视屏等方式来创作成作品。若从这样的角度看，展陈便是真正的装置艺术，展陈是用所有可能的、适当的手段和方法，把一个展览中所有的艺术品都“艺术地”和“有逻辑地”展现出来。然后说为什么展陈艺术是一门表现艺术。这是毋庸置疑的，或可以说，展陈艺术是一门“再表现艺术”，因为是用艺术品来表现某种观念，或说明某件事情。贡布里希在他的《艺术的故事》里，讲到表现形式的重要性。例如左右我们对一幅画的爱憎之情的，往往是画面上某个人物的表现方法。有些人喜欢自己容易理解，也能深深为其所动的表现形式。（注83）这正说明表现形式的重要，恰恰好比会穿衣服的人，总能在各种场合穿对衣服，得体而引人注目。现在也常常会听到业界和观众对展览的评介，除了艺术品好、内容好，展陈艺术，或通俗地说，布展布得好不好，也成为衡量一个展览优劣的不可或缺的一部分。

展陈艺术也可谓观念艺术与装置艺术的结合。就每个展览而言，都是在一个约定的空间，于所有细节的交融中来呈现各个展品的个性，又使之通过内容的整合与重构，成为浑然和谐的一个整体，来表现展览想说的事儿。这是一个脑与手、材料与技术的结合。在此，必须考虑的基本要素最起码有如下六点：1. 展陈的总体设想；2. 展览空间的营造；3. 先色夺目的展览色调；4. 展览材质的协调；5. 恰到好处的展陈辅助；6. 画龙点睛的展陈布光。

1.展陈的总体设想

前面已经一再讲到整体的事儿，这是一种思维模式，是能把事情做好的一种思维模式，有点“眼观六路，耳听八方”的味道，有点“八爪鱼”的味道，但又要知道在适当的时候将之收集于一体。做展览也不例外，正是因为每个展览都有各方面的梯队和上百万的细节要整合，所以对整体的把握尤为重要。这里有展览构思、展览图录、展览陈列等各自的整体考虑，更有将所有各部分汇合后的整体考虑，环环相扣，缺一成憾。展览陈列虽说是展览的一部分，但毫无例外也有它整体的因素，因其有专业的各种细节需要计划把握和统筹协调，所以也要纳入一个整体的考量。一如建筑的关键词是次序、比例和设计风格，展陈的总体设想也要考虑到许多方面，也许是数学关系，也许是由特殊的数学关系而产生的风格。丹纳说道：“我们先考虑视觉所感受的数学关系——大小物体可以构成一些由数学关系把各部分连合起来的总体。一块木头或石头必有一个几何形，或是立体，或是圆锥，或是圆柱，或是球体；每个形式外面的各点之间都有一定的距离关系……建筑便建立在这种由互相联系的部分所构成的总体之上。（这种由互相联系的部分所构成的总体，就是建筑得以建立的基础——从这种角度来看，展览的陈列布展，不下有建筑的特征。——笔者按）建筑师心目中有了某一个主要特征，比如希腊与罗马时代的宁静、朴素、雄壮、高雅等，哥特式时代的

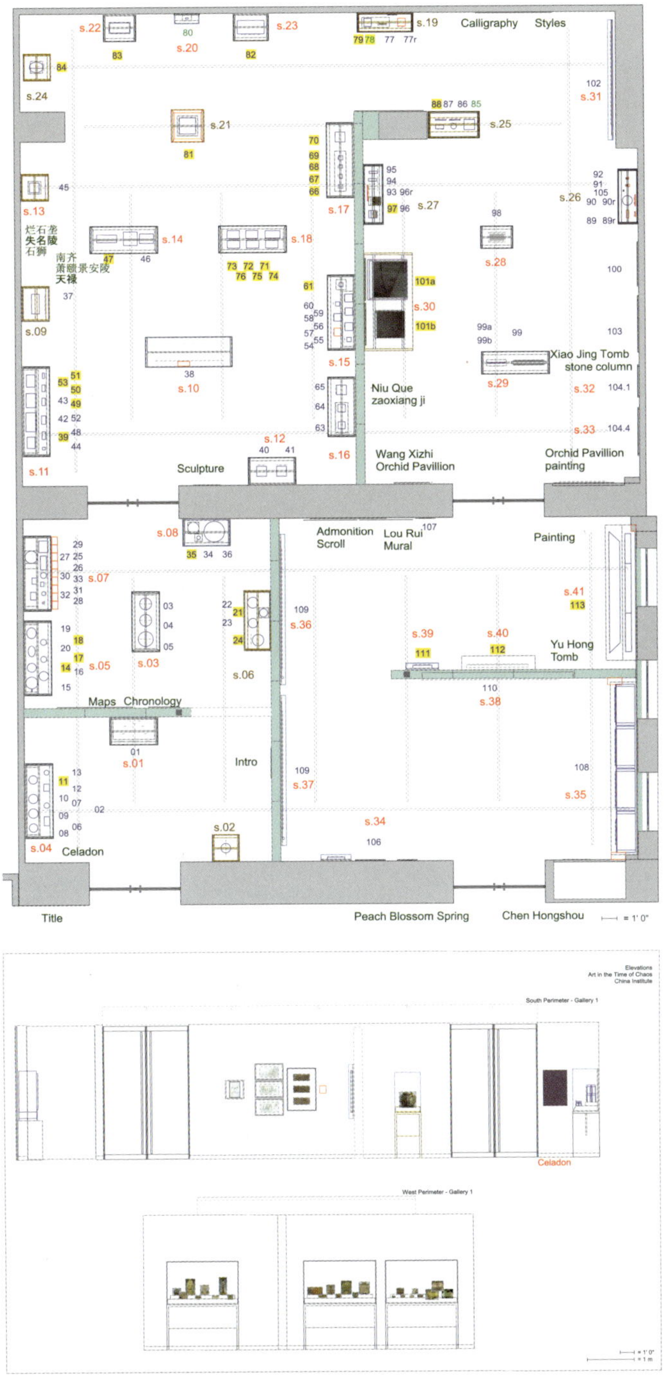

图112　“乱世绝响：六朝艺术”展览设计平面图和立面图，纽约华美协进社中国美术馆。胡维智设计。*Art in a Time of Chaos: Masterworks from Six Dynasties China, 3rd–6th Centuries*, China Institute Gallery. Designed by Perry Hu, 2016

怪异、变化、无穷、奇妙等，他就可以把各种关系：比例、大小、形状、位置，总之，一切建筑材料的关系，也就是某些大小的关系，加以选择、配合，来表现他心目中的特征。”（注84）

一件艺术作品的特征或一个展览的最佳效果，通过思考，依靠选择，依靠组合，最后要靠这种对整体或总体的把握，把各方面都安排得妥当合适，使各方面都各自舒服并且彼此舒服而达到协调。展览陈列，给一个展览以生命，就是一件艺术作品的诞生。对于展陈的总体设想，应该做到胸有成竹，心有意象。首先是明确该展的特征，明确想表达什么。然后按照展览的内容和匹配的艺术品，以及辅助的展板资料等，来分组分部分，从开端铺垫，娓娓而来，到高潮迭起，如何收场，余音绕梁，归去难忘……这从头到尾的展开和结束，其间需要处理各个部分的平衡，或需要的整体效果。此时，对于展厅空间应当有烂熟于胸的了解。“相由心生，境由心造”，于是在心里，就会把所有展品都划为小组，或分为主角、配角等演员表，把它们按先后次序排排坐好，再按照空间的可能性，计划它们出场的次序，将它们的走向路线规划好，或在墙上，或在墙下，或在中央，其相互间的关系，其一、其二、其三，应该都了然于心。依着这种对多维空间的想象或联想，可以在展厅平面图上草拟出展品或展品分组的位置。这时，通常可以与展览设计师合作。将策展人心中所期待的效果，跟设计师讨论，结合设计师的特长，将觉得最好的组合方式标到展厅平面图上，亦可做出剖面图，或展览设计师也可运用特别的电脑设计软件（CAD），做出360度可旋转的立体图。这些技术层面的帮助非常有益，但最关键仍然是策展人应该清楚地知道自己想要表现些什么，要先得到展览整体的大观，然后再做局部调整和完善。（图112）

其次是明确展陈的风格。上述展陈总体设想中，自然而然会涉及对展览特征的明确认识和各方面的总体考虑，在此再着意强调的，是对展陈风格的自觉认识和追求。在每个展览的展陈想象中，即深刻了解展览的内容品性后，设法从材料、颜色、柜形、辅助品、整合方式、灯光等方面，来打造铺设最能体现该展内容品性的一种展陈风格，或简，或繁，或简繁相间，或淡然有味，或浓烈抢眼。当然对风格的考虑，应当是“知展而设”，如此才能形成一个适合该展的展陈风格。

对每个博物馆来说，也可有意识地打造自己博物馆的展陈风格。既然每个博物馆都想给人留下深刻的印象，除了各馆独一无二的藏品可以争天下人之眼球，经年累月，以自己独特的展陈风格，亦可为独树一帜的渠道之一，这是博物馆的高级面子工程。因此，展陈的总体设想必须要清楚考虑的便是展览的特征、展陈的风格。

2.展览空间的营造

（1）空间的概念

地球对于宇宙，是在其空间；人对于地球，是在其空间。当人行走于地球上的时候，可能并不会去想到，我们是生存在一个空间里的，因为那好像是天经地义、自然而然的。而当我们盖个房子，造个园子，栏个马场，垒个猪圈，我们就清楚地意识到“空间”的存在了。最早的艺术，如岩画，如山洞画，可以在同一地点、同一画面上反复地绘画，那是种没有强烈场域或空间概念的行为。而当水彩纸出现，油画布出现，画框出现，便界定了画的空间；当雕塑的底座出现，便界定了雕塑的空间。所以场域和空间是人类后来的发明。（注85）空间与人，空间与艺术，因为有了界定，所以产生空间感，空间艺术也由此产生。

（2）展览的空间

就是在一个空间，营造一个展陈的环境，因此必须依照展览内在的逻辑和气质，制造出一个适合的展示环境及氛围。“相地合宜，构园得体”（注86），是古代造园艺术之第一步或总纲，即对一个空间进行全方位了解和考虑，“合宜”“得体”，既是纲领又是美学审度。展览亦然。如需寻找一个展示空间，则需对所展示的展品有相当的了解，有一个预想的效果，然后了解空间的位置、周围的状况、交通状况、空间的大小高度格局、空间内可以装置的条件、照明系统、展示环境系统（恒温恒湿）、警报系统、灭火系统、保安系统、电源连接系统、展品运输通道、观众参观的走向、接待人员的位置，甚而图录和伴手礼的位置，等等，最后再在空间内具体打造。总之，首先要对制作的展览有一种整体的逻辑空间感。

如自己单位已经有了一个空间，那么在做每个展览前，首先也需要对展览空间做一个全面的了解，或再了解。一是展览空间的外延，如展览空间的地点位置和其周围的景观或建筑，即展览空间的外部环境，虽然这可能不是展览的空间，但是，或许会对推介展览时做些广告之类有助，或甚而可以有助于做其他相关活动的想法出现。总之，这虽是展览空间的外延，但是想着点，有惊喜的收获也未可知。二是对展览空间本身的了解，如其面积大小、高度、通道走向、可以利用的墙面、是否可以加建墙面、在哪些部位可以加建、加建之后展览流线的走向等。在这些基本的展厅空间布局的考虑上，还应该随时结合展览的内容，根据内容的起承转合，看怎样分部分、怎样分段落，哪部分需要突出，在展厅的格局上是否给予更多空间，若是作为辅助展品的话是否就放置在较小部位或边角部位，以及除了隔出空间，是否需要展柜等陈列家当，怎样的形式合适，大小尺寸、摆放的位置、其与原有墙面或新建墙面的对应关系又是怎样的，等等。展厅外部的厅堂或走廊的空间也需考虑，因其与展厅很近，故也需考虑如何使用，让展览有预热或延伸的余地。讲到展览空间，一般最常见的是要制作展厅的平面图，并了解展厅天花板到地面的高度。策展人一般应该有将此平面图在脑子里转化成立体空间的想象力，而先期在脑子里营造一个展陈的环境，预想到展示的整体效果，然后才逐步加以落实。因为我馆的展厅是不变的，我甚至基于自己对馆内空间的了解，而从策展伊始，便将展示环境的营造、展览内容之各部、理想的展品该是怎样的，以及展品如何突出等各方面结合着来考虑了。

每个展览都是一个"造境艺术""空间艺术"的尝试。空间、场域、位置，其上下左右、高低揖让、疏密捭阖，皆视为个体的特征、个体与整体的关系，都应当一一有所交代和讲究。这里的经营摆布，要有分寸感和把握其气息品格，从明代的一本名著所述的一段话中，可以得到些许的启示。那是明代著名的吴门四家之一、江南风范领路人文徵明的孙子文震亨所著的《长物志》。他在《位置》一章中说道："位置之法，繁简不同。寒暑各异，高堂广榭，曲房奥室，各有所宜。即如图书鼎彝之属，亦须安设得所，方如图画。云林清秘，高梧古石中，仅一几一榻，令人想见其风致，真令神骨俱冷。故韵士所居，入门便有一种高雅绝俗之趣。若使前堂养鸡牧豖，而后庭侈言浇花洗石，政不如凝尘满案，环堵四壁，犹有一种萧寂气味耳。"（注87）

每个展览空间均因展而异，因此，对每个展览的了解越深入，对其空间处理的特异性就把握得越到位。

大约是2005年春天，在一次访问西安时，当地的同行提出是否有可能做皮影的展览。我那时还从没看过皮影的现场表演，所以脑子里几乎没有一个形象。当时渭南市博物馆界的孙慧兰女士立马打电话回渭南，嘱咐他们联络安排一个皮影班子，等我们开车从西安赶到渭南时，他们刚刚搭了台，接着专门为我们演出了一场。当时陕西最好的皮影艺术家潘京乐先生领衔演出了几个折子戏。（图113）

"这次秦中行，得知当年这个全国最流行的娱乐形式已经濒临消亡的边缘了。据说20世纪50年代初，皮影发源地的渭南华县尚有48个剧团，农家逢年过节，家中办各种事需要娱乐，就请个皮影班子来，有钱就可以演全本的戏，钱少就演折子戏。据说光是戏本，就有两三百种之多。今天电视、电脑把业余的时间都挤满了，一个县就剩下一个业余剧团尚在维持经营，还只是作为副业，要单靠演皮影，连肚皮都填不饱呢。今年已经77岁的潘京乐老人，渭南华县高塘镇南麦村潘塬人，从小迷恋皮影，是皮影班子中的'前声'，即主唱者，14岁就以唱碗碗腔而出名，人称'十四红'。虽然已经77岁了，但他一唱起皮影，尤其是悲伤的，仍泪容满面，声音凄切，令人肝肠寸断。他是全身心地投入，演一个角色就像一个角色，他说他的老师教他：演戏要演得好，就要成为戏中人。这样的民间演艺经验跟学院里教导演员'进入角色'又

图113　20世纪80年代陕西农民看皮影。张韬拍摄，约 1989年

图114　潘京乐（1929—2020）怀抱他师傅的师傅传下来的木月琴。张韬拍摄，2005

有何两样？！潘京乐是现在所存无几的国宝级表演家，张艺谋的电影《活着》中的皮影唱腔就是出自潘京乐先生。但面对他一生钟爱的即将消失的皮影，他百般无奈，即使国家出钱，即使他愿意无保留地教给后人，即使有人愿意来学，也没人看呀，再也没有那种几十家竞争，使各种技艺从雕刻到演艺都力求精益求精的氛围和需求了。皮影的黄金时代一去不复返了，最多只是保留一些片断，将来成为博物馆的一部分。一提起来，老人搂着他那百年的古老木琴，不胜唏嘘。（图114）现已经成为博物馆藏品的，是清代以来（极少明代）的皮影雕刻品，各种人物，帝王将相，才子佳人，宫殿楼阙，园林假山，造型绝不雷同，色彩艳丽温润，装饰繁复且富有寓意，简直不知这些民间艺人从哪里得到这样无穷无尽的想象力的！还有把牛皮、驴皮加工雕刻成这样百年不褪色的工艺品，需要怎样的技艺和耐心啊！这次在博物馆和私人处，看了不下百余件皮影作品，我最为吃惊的是第一次看到表现‘地狱’中遭受各种酷刑的皮影作品，狰狞可怖。不由想到唐代长安的吴道子曾绘有地狱图，图成后，观者震慄，甚至令屠户放下屠刀，不敢再做有伤生灵的事。吴道子的画如此富有神力，而从西安人制作的皮影中，见此栩栩如生的各类地狱造型，还有各类人物的造型和装扮，谁能说，这里没有历史和前人创作的影子呢？西安啊，西安，就光是皮影，其中又有多少故事，留待人们去发掘啊？！至于皮影传播到东南亚，或成为法国电影创始之灵感来源，等等，则又给皮影套上了神奇的光环。现代的人，如能静下心来，把皮影的各方

图115　“老故事：陕西皮影艺术”展览陈列档案照，纽约华美协进社中国美术馆。胡维智拍摄。*Enchanted Stories: Chinese Shadow Theater in Shaanxi*, China Institute Gallery. Photograph: Perry Hu, 2008

面都细细琢磨一下，该多好啊！我夸张地说，办了差不多大半辈子的展览——自然而然地想到了办一个展览，将皮影介绍给美国和其他世界各地的观众。虽然九牛一毛，但聊胜于无吧，暂且借此释怀，不负咱民间艺术家们的殷殷期望。”（注88）

所有这些“实战”的体验，都是我在总体策划和监制该展时，坚持要制造一个舞台效果的原因。几年后，于2008年春天终于在纽约做成了“老故事：陕西皮影艺术”展。我馆在一个呈凹字形的空间，特意制造了一个拉着紫红绒布背景的墙面，仿佛舞台上的大幕，中间为灯箱形的大展示框，展览中亦有一些展示框配置了灯管，好像灯箱一样来显示皮影作品，以给予观众些许皮影演出时的真实感觉。（图115）

再例如2012年在纽约开幕的“生死同乐：山西金代戏曲砖雕艺术”一展，策展伊始，我便理想地祈望能有一座完整的墓葬，在墓室中展现砖雕。当时山西博物院的石金鸣院长十分支持，提供了一座墓葬作为展品，我简直欣喜若狂，于是坚持要将这座小型墓葬在纽约完整复原，使人可以走进去感受。那也真是一个挑战，因为一开始我要求每块砖都要原装的，一座墓葬几百上千块砖呢。他们已经一块块码了号，可

图116 “生死同乐：山西金代戏曲砖雕艺术”展览陈列档案照，纽约华美协进社中国美术馆。胡维智拍摄。*Theater, Life and Afterlife: Tomb Décor of the Jin Dynasty from Shanxi*, China Institute Gallery. Photograph: Perry Hu, 2012

是怎么来组装，怎么来运输？这给山西博物院出了大难题，他们研究了几个月。每块砖都要运去大概太重了，这里面有许多问题，但是我很坚持。等我回去了，一看第一个方案不行，他们又花几个月，再出一个新方案，我为此跑回国两三趟，但一年多都无法解决这个难题。最后我不得不放弃每块砖都是原装的要求，只要求纹饰和戏曲形象部分的砖一定要是原装的。如此，每个墙面，包括拱形的墓顶，都以玻璃钢量身定制打成架子，留出纹饰砖的位置，等运到纽约后，按照墓葬尺寸，用木架辅佐着玻璃钢的各面，建起同样大小的空间，再把纹饰砖嵌进去，最后外面覆盖有机玻璃以作保护。为了能让观众走进墓室去感受，墓室一面的墙则与墓室分开一定距离，一如留出一个通道，也好像一个墓葬的解剖面一样。其效果可想而知，令有些人心生忌讳，不敢走进这墓室，但是这些特异性，使展厅空间布局得以改观，其效果就能挑起一个展览的“高潮”。如上所说，这些效果，基本上是我在总体策划展览的初始阶段，从考察展品、考察实际场所，以及对展示空间的了解中，结合着预先考虑起来的，因此我在策展过程中，有计划地寻找可能将之实施的艺术品，最后努力做成预想的效果。这是在强调认识展览空间对策展人的重要性，唯有“知己知彼”，才有可能多一点

掌握策展的主动权。（图116）

（3）艺术品的空间

每件艺术品产生之时，便占据了一个空间，因此对每件艺术品的了解，其个性怎样和以怎样的陈列手段来彰显这一个性，是展陈艺术中对每个个案的考虑。入行三十年了，我向来主张对每件艺术品的“立体陈列”和“隐形陈列”，即尽量让艺术品像人一样地“站起来”，使之充满“个性”，而展示的辅助材料则尽量地隐蔽，这是我对展陈艺术的两个基本理念，以求给艺术品全脸面、全身段亮相的最佳效果。每件艺术品由于其自身的体量，有它自身存在的空间和展示它所必须有的合适的空间，这后一个空间的概念，便是展示的空间，就是在特定的展览中，特意为这件作品打造的空间，将视其大小尺寸、高矮胖瘦、轻重分量，来决定需要怎样的辅助展示物品，以及摆放的地方和位置、摆放的方式。

单件艺术品的摆放。首先肯定要看这件艺术品本身的情况，再找合适的材料和辅助的方式来帮助它展现，即艺术品与衬托者的关系。例如对于单件的雕塑作品，可以用大小相匹配的底座或柜子来展示。前不久，纽约现代艺术博物馆有个展览“林肯·科尔斯坦的现代艺术”。林肯·科尔斯坦（1907—1996）是作家、批评家、策展人、风格品鉴家，纽约的一个文化人，他创办了纽约芭蕾舞剧团和纽约芭蕾舞学校，在纽约现代艺术博物馆早期的发展过程中，他为之策展、撰写展览图录，对其发展起了相当重要的作用。这个展览是介绍他的生平和收藏。其中一件青铜雕像是艾利·纳德尔曼（1882—1946）——出生在波兰的美国雕塑家的作品，题为《在外面的人》（图117），作于1915年，并在科尔斯坦于1948年策展的纳德尔曼的回顾展上展出过。这件作品的姿态是借鉴希腊雕塑的，但穿戴是美国民间艺术风格。雕塑家自称在这件雕塑作品上着重表现了弧线，来体现新鲜感和力度。我注意到的是这么一件雕塑和它的底座尺寸的关系。这个底座的尺寸，是精心考虑过的，安放在这个不超过76.2厘米（30英寸）高的底座，使人观看时略呈仰视状，底座边沿距雕像各边不超过10.16厘米（4英寸），好像是很苛刻地多一分少一分都不行了。虽然雕像的身体挺圆滚滚的，但其纤瘦的四肢和手上握撑着的细细的拐杖，又造成一种纤弱的感觉。试想，如果将它放在一个厚重而硕大的底座上，就会失去这尊雕像的味道。如此合身的底座，使这雕像好像随时都可以不费力就走下来的样子，而不是禁锢在一个宽大的底座上，需要挪动到边上才能下得来，所以感觉就轻盈灵活了。还有一个例子是大都会艺术博

图117　纽约现代艺术博物馆2019年的展览“林肯·科尔斯坦的现代艺术”，艾利·纳德尔曼的青铜雕像《在外面的人》陈列法。海水绘图，2020

图118　纽约大都会艺术博物馆塞浦路斯展厅古代头像陈列法。海水绘图，2020

物馆塞浦路斯展厅里的一件公元前6世纪的石灰岩石雕头像，翘起的大络腮胡子超出了残断的脖颈。（图118）如此这般比真人的尺寸大许多的头像，怎么展示？且看，在一个瘦高的方柱般的底座上，其顶端安放着断残的脖颈，而让那翘起的大胡子伸出底座之外，不仅使那胡子翘起的样子显得很优美，且与置于方柱上的后脑勺也相平衡。这两个例子，看似简单，但对底座与艺术品的关系——宽窄肥瘦、高低大小、展示的角度，都是精心计算过的，使艺术品在最合适尺寸的底座上，最具饱满性地展现，而不是失落在不相称的外壳中，这就像一个人穿了高级定制的衣服一样，合身得体，所以精神倍增。还有我在华盛顿弗利尔和赛克勒美术馆，看到的一尊4世纪的印度佛像石雕（图119）。虽然残缺，但因为佛像的双手是略向前张开的，因而将佛像置于底座上的位置稍稍偏后，即不在底座的横中心线上，也是考虑到了雕像的特殊姿态而做出的调整。在2016年大都会艺术博物馆“耶路撒冷：1000到1400年，天下之人”的展览里，有好几件柱头的雕塑被陈列在高于人的身高的位置，贴墙而立，基座是一种呈十字形交叉、上加盖板的样式，较之一般箱柜式的基座多了几分轻盈感，那个高度，也颇有回归石柱首原先位置的感觉。（图120）上述的四个例子，都是“裸放”，即没有玻璃罩的防护。如果是置于玻璃罩内，因为加了玻璃罩，艺术品的边缘到玻璃罩的间隔尺寸最起码需要放宽5.08—10.16厘米（2—4英寸），以免产生穿小鞋似的挤迫之感。总之，要将展品摆放得令人感觉舒适，就应该注意到展品与展柜各部所应有的间隔尺寸。

显示单件艺术品的最佳角度，方法不一。因为有的东西不是雕塑，看起来好像就没有立体感，怎么让它们在陈列时通过立体的表现，来展示其最精彩的样子呢？十几年前，我馆和南京市博物馆合作了一个叫作“金与玉：公元14—17世纪中国贵族首饰”的展览，展出他们馆藏的明代帝王贵族墓出土的金饰玉器等。那都是些尺寸不大的精品，让它们躺在展台上，一定都“睡着了”或“失落了”（get lost），不会起眼。按照我“立体陈列”的理念，我馆展览设计师对每件物品都精心研究，制作和选用不同的支架进行立体陈列设计和摆放，让它们都“站起来”了，并且其位置多放在与观众视平线基本持平的高度上，看起来，其精美便扑面而来，直入眼帘。这种陈列理念和手法，使当时南京市博物馆的同行很开眼界，赞叹不已。有一件小小的物品，虽然是十几年前的陈列了，但总让我记忆犹新，觉得我馆展览设计师手指的最后一下拨动，把那展品摆得妙不可言。那是件很实用的随身宝物，于1974年在南京江宁殷巷沐叡墓葬出土，为明代天启七年（1627年）之物。那是一个金质的圆筒，筒长8厘米，筒下端有个圆盖，上端有一孔，金链贯其中，连着耳挖、牙签、镊子和剔指刀四件用

图119 华盛顿弗利尔和赛克勒美术馆公元4世纪印度佛像陈列法。海水绘图，2020

图120　组约大都会艺术博物馆2016年“耶路撒冷：1000到1400年，天下之人”展古代石柱首陈列法。海水绘图，2020

图121 “乱世绝响：六朝艺术”展览中的北齐菩萨头像陈列法，纽约华美协进社中国美术馆。胡维智拍摄。*Art in a Time of Chaos: Masterworks from Six Dynasties China, 3rd–6th Centuries*, China Institute Gallery. Photograph: Perry Hu, 2016

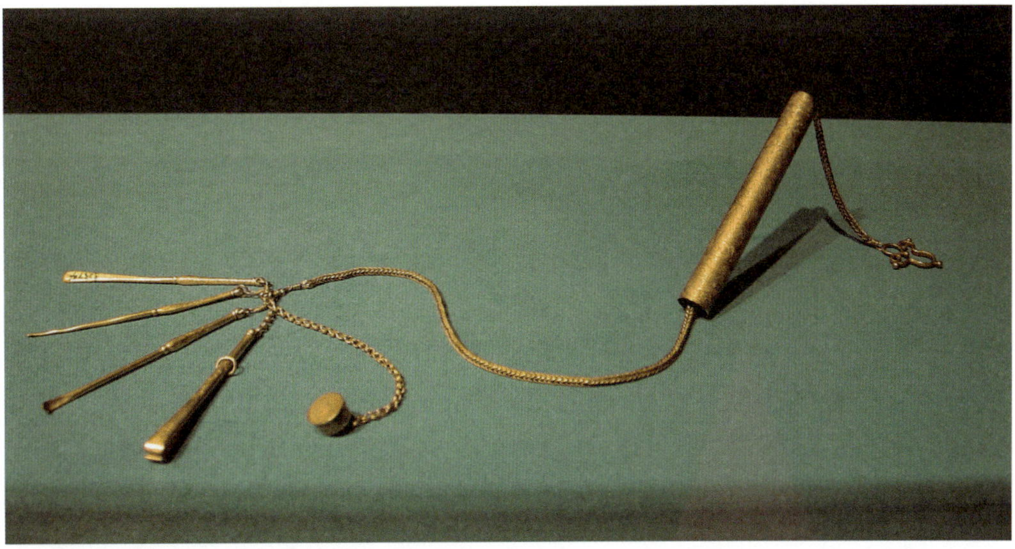

图122　“金与玉：公元14—17世纪中国贵族首饰”明代“金三事”的陈列法，纽约华美协进社中国美术馆。胡维智拍摄。*Gold & Jade: Imperial Jewelry of the Ming Dynasty from the Nanjing Municipal Museum*, China Institute Gallery. Photograph: Perry Hu, 2004

品，四件用品均扣于金链之上，不用时归于筒内，便于携带。明代称之为“金三事”或“金事件”，在造型和功用上都有新的发展。四件用品虽小，但皆有纹饰，筒身錾刻两个身着长袍的男子徜徉于山水间的图案。这么一件小东西，设计师用一个很不显眼的支架撑着而使之斜站着，他把那链条略带弧形地弯曲一下，好像不经意地甩开，其实是很精心地摆放，就这么一下，把这件不起眼的小东西，撩得人心生喜爱，不难理解它确是墓主人生前之爱物，须臾不可或缺。（图122）

所有这些细节，等到艺术品运到后再一一来做，是来不及的，所以在设计展览时，所有的细节都应尽可能地提前考虑周全，预先做好准备。我和展览设计师，就每个展览陈列的方案，都有不下十几二十遍的讨论和修正。在此基础上临时再出现些变化和调整，就可以从容应对。此外，每件单独的艺术品在整个空间的位置，与其他相邻之物的位置，也需在预先的全盘考虑之中。

（4）艺术品之间的空间

一个展览大多都是由许多展品组合而成的，除了要关注到每件展品的特征和特殊的展陈方式，下一步要考虑的还有展品的组合和展陈的组合方式。

展品的组合可以说是按照展览内容和陈述的需要来区分或展开的，可以考虑到展品的个性、共性及戏剧性。比如说按照内容的陈述，展品的1号至10号属于一组，11号至20号为一组，等等。那么这一组之间的艺术品如何排列，这一组和下一组以及其他各组的关系，哪个空间展现哪几组比较合适，一个空间内这几组间的关系怎样，这个空间与下个空间的几组之间的关系怎样，几个展厅内的物品如何串联，在内容展现上怎样照应，有没有最重要的部分，如何来突出，等等，都需要一一考虑和全盘考虑。

展陈的组合，若从科学的角度来说，实际是各个物体之间的关系，所有的环节都可以用数学关系来表达，所以有人说艺术与数学是相通的。举例来说，一个展厅之内能放多少幅画？怎么放？它们相互间的关系是什么？中间空多少才合适？挂多高才合适？说明牌大小如何？说明牌如何放置？说明牌跟展品的关系是怎样的？说明牌要在怎样的高度才适合观众阅读？更不用说，在一个空间之内做隔墙、做展柜，数量、高度、大小如何，如何放置，观众看展的走向如何等这些问题了。归根结底，都是一个数字，或可以用数字表达出来。这种种方面的安排和测定，可以由“目测派”凭经验来目测放置；但大多是要更精确地先行计算出各部分的数字，然后用卷尺量，用激光水平仪器（这是近几年来的新玩意）来定位标识。在我们的实践中，设计师和艺工们会按照空间、墙面，通过数学的测量并计算出相应的数字，然后标在那一空间的布展平面图上。如果是挂画的话，他们会先计算好那堵墙的尺寸，接着用尺量好，或用激光水平仪定位，然后用铅笔轻轻地在墙面上标出一个点，或用蓝胶带纸贴在那位置上定位，再把展品放上看是否合适，如果此时要做调整的话，就是最后的调整了。待左右衡量并最后确认其准确的位置后，才打上挂画的钉，然后准备保护措施——通常会在墙面上用一种叫Mila的透明塑料纸，按照画的大小，衬上一层。注意这层保护性质的透明纸必须小于画的尺寸，保证不露出画面以外，其作用是防止展出时间久了，画会碰到涂过漆的墙面，而对画造成伤害。如果是一件物品摆在台子上或柜子上的话，同理，也预先定位，一般用蓝胶带纸标识其位置，待试放物品合适后，或稍作调整确定其最终位置后，便会剪裁一片小于器物底部直径的Mila纸，垫在台子上或柜子上，然后才安放好器物，最后贴上说明牌并撤去那些用作标记的蓝胶带。（图123）

从实践中，我们也取得了一些常用数据，将之作为每次展览定位的指南。例如，以中等身高1.65米者为标准的话，其眼睛平视时的视线高度是在147.32—152.4厘米（58—60英寸）之间，所幸，这是一个适合大多数人的标准高度。所以，这个尺寸就会成为确定整个展厅所有画框中心高度的标尺（一间展厅定位的中心高度最好统一，

图123　包裹绒布的展览器座与蓝胶带、透明的Mila、遮光铁纱、木塞等布展辅助材料。海蔚蓝拍摄，2019

如定为147.32厘米（58英寸），那么整个展厅展品的中心高度就以此统一；如选择了152.4厘米（60英寸），那就依此统一。如此，不管画作大小高低，确定挂画的位置即画的中心都应该以这中心线的尺寸为标准）。与此相配套的展品说明牌的高度，其牌子上沿的高度就多在137.16—142.24厘米（54—56英寸），与画面中心位置的尺寸在5厘米左右，这是一般美国博物馆设置说明牌的高度。选择这个高度的原因，应是考虑到一般人的身高，若站着阅读，这应该是一个比较舒服的高度。最近有一个博物馆同行来看我馆的展览，赞赏之余，讲到大都会艺术博物馆当下正热展的“CAMP”时装展，虽令人叫好，但是说明文字弄在透明的有机玻璃上，难以看清不说，还放那么低，叫人必须得鞠躬地看，实在太辛苦了。可见在展陈上应该有些规律可循，作为博物馆通用之参考。

再说到每幅作品的间距。如果不计说明牌的位置的话，除非要制造由距离而造就的特殊效果，不然一般来说就都以10厘米左右为宜，否则就实在太挤了。另一种约定俗成的规则，就是让距离发挥作用，例如同一组的物品相互间的距离，可以是基本上等距离的，以维持其为一组的同一性；但与另一组物品的间距就要大于同一组物品相互间的距离，以这样不同的距离感（都是数字），来表示其为不同的组别。譬如说，挂第一组画，因其列为同一小题目内，共有十幅画，这十幅画之间，平均间距可以为5.08—15.24厘米（2—6英寸），按选择的数字来定；但是下一组不同题目的画开始时，其与上一组画之间的间距，可以是33—66厘米，以此不同的间距，来提示其组别的不同。总之，这许多布展的细节，都可以变成一系列的数据，按照各个展厅的空间和展品的特征来定。但要有相应的稳定性，比如说，定下所有展厅的中心高度为149.86厘米（59英寸），就应该全部统一，若实在因艺术品之差异，也最起码应该在相同的一间展厅，有一个统一的标准，以成全整体统一协调的效果。但在展陈中确实是有一般的、让大多数人都能感觉到舒服的一系列配套的数据的，若加以深究，其背后也确实有科学的数理依据，甚而有生理、心理与习俗等因素为支撑，而形成所谓的“黄金定律”。如上所述，在展厅高度为3米以下的空间，一般以视平线高度的147.32—152.4厘米来确定作品挂置时的中心位置，并以此来确定展品说明牌顶部的高度为137.16—142.24厘米。这都是从地面往上测量的数据，就是使人站着观画和阅读说明牌比较舒适的一组数据，或可作为这类“黄金定律”中的一例。（图124）当然，由于各个博物馆的展场空间结构、高度等的不同，这些数据也应该相应地做出调整。大都会艺术博物馆有本内参资料《展标/说明牌的准则指南》（注89），可见在此行当中，确实存在着一般的原则。即使各馆可以按照自己的情况来调整，但原则应该是不变的，那就是应该以观众观赏起来感觉舒适为度。

同样，如果是放展柜的话，在一个展厅内，能放怎样的展柜，展柜风格与展示物品如何协调，展柜的方向、展柜的高低大小、展柜相隔的最起码间距、展柜内部的位置分别如何；即使是一个展柜内放置了几件物品，这几件物品的位置、经营、比例、高低及相互间的关系，展柜内展品说明的位置和角度，也都需要考虑和调整。也许在一柜之内，各物平等、均衡地共享空间，等距离，等高度；也许一柜之内，突出一件，放在最高位置，占据最大空间，余为辅助。这里的种种，均可按照展览内容的阐述和对重点展品的介绍之需要而定。总之，展陈中如果各方面的数学关系处理得当，整个展览就会让人感觉得体且舒服。

（5）空间效果的制造

一个展览一台戏。一部戏，先不说所有产生的因素，仅从编写剧本开始，都是需要题材的处理、组织和设置安排的。一般包括：对事件的处理，如分幕分场；戏剧冲突的组织设置，如戏的开端、进展、高潮、结局；人物关系及人物行动发展的合理安排；等等。戏剧结构从纵向来看，有的剧作里有一条线索，有的除主线外，还有一条或两条副线；从横向来看，按照亚里士多德的说法，话剧分为头、身、尾三部分。除了戏剧的纵横线索，戏剧还讲起、承、转、合。它以全剧的高潮为中心点，分为上

图124　“山艺术：中国摄影家的镜像”第一展厅陈列档案照，此展挂置摄影作品的中心高度设置为149.86厘米（59英寸），单件展品说明牌的顶端高度是142.24厘米（56英寸），左图一为李学亮的《昆仑山下的民居》，左图二为王静的《世界之巅》，左图三为卢浩的《飞越喜马拉雅》，纽约华美协进社中国美术馆。胡维智拍摄。*Art of the Mountain: Through the Chinese Photographer's Lens*, China Institute Gallery. Photograph: Perry Hu, 2018

升部分和下降部分。戏剧动作以此为目的而上升，又以此为顶点而下降。上升是指戏剧动作（即事件）发展形势的上升，下降是指事件发展形势的下降。做一个展览，也要有这种戏剧的概念，把一个抽象研究的观点，在展览内容和展品分析的基础上，通过对展品的戏剧性的处理，来营造展览空间的效果，使内容和展品的介绍变得跌宕起伏，引人入胜。

首先是展览风格的制造。我给自己设定的展览风格是“清约典雅”，以突出展品的特色为首务，绝不是制造舞台美术，即不能以景盖物，不能喧宾夺主，而尽量将辅助展品展现的手法简约化，再简约化，直至“隐形”。因此，打造展柜，不会选择花里胡哨的类型，而会选书桌琴几之类的简约风格，其他的辅助装置都遵循这样统一的风格，甚至包括架高展品需要的底座等。这样可以使观众在一个整体的、感觉自然而然的展示环境中领略展品的精彩。我笃信“简约和宁静是衡量任何艺术作品真正价值的因素。但是简约自身不是目的，也无法独成一面，只有在不和谐因素和其他所有无意义的东西都被清除之后，它才真正成为一种具有优雅美感的整体。野花真的是非常简约”（注90）。

其次，通过对展品内容和展品特点的考量，每个展览都可形成一张演员表，在这演员表上的一系列角色，有明星、主角A、主角B、配角A、配角B、配角C、跑龙套的群众演员等。按照这个演员表和展厅空间的格局，来安排什么在先，什么在后，什么时候让明星出场，什么时候让主角出场，该如何出场，出场时有什么角色来烘托，这段戏文又如何引申到下一部分，这戏文又该如何结尾，并能回望全戏而留下余音。即使有了这些整体的考虑，也还是免不了在布展时的一些临时调整。因为当展品清单完成时，虽然可能已经尽量跟内容挂钩，而有一定的先后排列次序，但当展品到达，特别是一组展品间，绘画也好，器物也好，其位置的最后确定，还要考虑到上下左右、高低前后和相互呼应的视觉效果，并据此来加以微调，其次序可能并非完全按照展品清单的序列。

例如，我在做“楚王梦：玉衣与永生——徐州博物馆汉代珍藏”一展时，是这样来考虑的，在全部的四个展厅（部分）中，在第一展厅粉墨登场的，是楚王陵被发现的故事，从在农田里发现了陶俑后，考古学者追踪探寻多年，才终于找到的兵马俑坑说起。这个继西安秦始皇兵马俑和咸阳杨家湾汉代兵马俑以后发现的第三处大型兵马俑坑遗址，以一张放大的兵马俑坑的照片，交代了背景。在此氛围内，突出了三组兵马俑。一组是狮子山楚王陵出土的以“飞骑俑”率领的卫队（图125）：驾车的驭手俑、箭弩手、执戟俑。这十几件俑由我的展览设计师，设计成一个卫队的方阵，陈列在一个硕大的展柜中，像是迎面而来，煞是威武。另一组是羊鬼山的，据研究是楚王王后陵出土的卫士。最后一组是徐州北洞山楚王陵出土的绘彩陶俑。这三组陶俑各有特色，从艺术角度说，可以算是徐州汉代陶俑的代表。从陵墓的结构来说，这些陶俑都是楚王陵墓室外围出土的，所以首先介绍它们也合乎故事的展开。再者，其本身置于楚王陵外围的作用，就是楚王希冀其所具有的佑护功能。所以这部分，我命名为“王之卫士”。在这第一部分的结尾，是楚王陵发掘平面图，标志墓葬的结构，并以两幅照片来表现楚王陵墓道的发掘情况。如此，引申到第二展厅，先是楚王陵墓道的墓门封石的照片，接着是楚王陵墓室里发掘出土的实物。一步步地随着考古挖掘的发现，从墓道两边龛室中出土的内官俑、玉器、乐舞俑，再到正中间，也是该展的明星“金缕玉衣”。这第二部分，我命名为“永生之梦”。在金缕玉衣这里似乎已经达到了展览的高潮，但是，峰回路转，在这部分的结尾，我以一枚玉蝉为结束。蝉乃

图125　“楚王梦：玉衣与永生——徐州博物馆汉代珍藏”第一展厅陈列档案照，纽约华美协进社中国美术馆。胡维智拍摄。*Dreams of the Kings: A Jade Suit for Eternity*, China Institute Gallery. Photograph: Perry Hu, 2017

再生的象征，从而引到第三部分“玉之神往”，来对楚王陵玉器做更深入的介绍，引申到中国玉文化的源远流长和特殊的文化寓意。这部分将徐州博物馆所藏汉代最好玉器的各种类都做了介绍，最后以清代李澄渊的《玉作图说》来介绍古人制玉的技艺。除了玉器，古人期望的永生还有什么其他表现呢？于是展览继续前行，为了在另一个世界更舒适，楚王们所有生前生活所需之物，也需随葬，这是汉代的厚葬之俗。于是第四部分“事死如生”，是楚王王后们生前使用的洗澡盥洗用具、金腰带、铜酒器、铜灯铜镜、铠甲之类。[注91]展厅内参观完后，展厅外还有巨幅的狮子山王陵的发掘照片，展现了发掘这座埋葬几十米深的王陵的盛况，这使展览又回到了开端，成为又一个原点，再引人去想。在我设想的故事里，我自认为是把一个故事从头到尾说完整了，那就是切题地来介绍汉代的丧葬文化和对永生的期望。我馆的展陈，即按照我的设想来安排展览空间和制造效果。但当这个展览巡展到纳尔逊·阿特金斯艺术博物馆时，其策展人就按照其场地，对展品重新安排，并按照展品的质地来分组陈列了。所以说，策展是一个相当能够体现个人观念和风格的事。

再次，在空间效果的制造过程中，戏剧性的效果亦体现在对细节的关照之中。比如古人对器物的陈列心得，明人文震亨在他著名的描述明代文人生活风格的著作《长物志》中，曾说到家居“置瓶”，即放瓶子的艺术。“随瓶制置大小倭几之上，春冬用铜，秋夏用磁；堂屋宜大，书室宜小，贵铜瓦，贱金银，忌有环，忌成对。花宜瘦巧，不宜繁杂，若插一枝，须择枝柯奇古，二枝须高下合插，亦止可一二种，过多便如酒肆；惟秋花插小瓶中不论。供花不可闭窗户焚香，烟触即萎，水仙尤甚，亦不可供于画桌上。”（注92）虽然他说的是瓶子在家里的摆放，但看他选择材料，随季节而异；选择大小，随空间而异；还有物事本身与辅助器物之间的比例；等等，都予人以启示，可以作为制造空间效果时的参考。说到底，就是其中的理念，如经营位置、质地材料、大小高低、主次关系、形态姿势相互呼应、合适与否的把握度量等，都要达到平衡与和谐，这些对于展陈的空间艺术和空间效果的制造皆具参考价值。

例如，在做“乱世绝响：六朝艺术”展时，有个展柜放了许多件东西，鸡呀，狗呀，猪呀，骆驼呀，怪兽呀，高高低低，形态各不同。如果按照展品清单次序来排列，可能就不太好玩。实际上，任何地方，只要有三件以上的东西，其组合摆放的方式就最起码有三种。如何最合适又有生意？每人处理起来，可能都有不同的摆放方式，谁和谁挨着合适，看上去舒服而且也有意思，如果可能，还会造就一些戏剧性效果，比如说让它们彼此顾盼，彼此相悖，或同一方向前进等。在寻到最佳的效果前，可以先把这组展品按照清单排排坐，看看哪几个挨着会产生最好的韵律和视觉效果，想象怎样摆放能有效果，谁是第一谁是第二，它们在内容上和形象上的关联如何，等等，然后便可在内容允许的范围内微调，并照顾到整体的效果。像上面所说的那个展柜，最后的摆放，就打破了其本身的次序，而多让它们彼此相对，好像动物们都在彼此交谈聊天一样。（图126）

有时空间效果的制造，可以是非常简单的一个动作，脑子急转弯似的，有如仅仅牵动一根毛发，便有改观。前不久，我去看纽约现代艺术博物馆的“琼·米罗”一展，看那展厅故意摆成的一堵堵斜墙，是的，把墙摆斜了，一种“不同”的感觉就油然而生。那很简单的一动，是很不遵循传统习俗或惯例的，但就出效果了，甚而让人引申和联想到米罗在其艺术创作中的不拘一格，或许就是暗示着其与现代艺术标新立异的追求所具有的某种内在的关联。所以在这个展览中，斜墙的运用不但不会让人觉得奇怪，反而感觉仿佛就该如此。再看大都会艺术博物馆那以罗伯特·雷曼藏品命名

图126 “乱世绝响：六朝艺术”展柜之一，纽约华美协进社中国美术馆。胡维智拍摄。*Art in a Time of Chaos: Masterworks from Six Dynasties China, 3rd–6th Centuries*, China Institute Gallery. Photograph: Perry Hu, 2016

的第956室，展示的题材是15世纪意大利锡耶纳绘画学院的宗教圣女画，门框两侧一边一段白纱，用深棕色绸带拦着，悄悄地垂下。如此半遮半掩，顿时造就一种羞羞答答的香闺之感，用于此地此物，恰如其分。（图127-1、图127-2）

3.先色夺目的展览色调

走进博物馆或一个展示空间，扑面而来攫住感官的，可能首先是那个展览的颜色，或那个空间的颜色。这种感觉，可能很多人都会经历过。所以对于展览来说，选择一个合适的色调，真能起到“先色夺目”的效果。说起颜色，就可以说远了。

（1）一说颜色

世界是多彩的，我们因之而幸运，生活便可成为彩色的。而且据说以对颜色的感觉而论，女性比男性更幸运。首先，全世界4.5%的色盲中，男性占了大多数，每20人中有1人为色盲，而女性是每200人中有1人。其次，女性对颜色更为敏感。据说外

图127-1　纽约现代艺术博物馆“琼・米罗”展中的斜墙示意图

图127-2　大都会艺术博物馆第956室锡耶纳绘画学院展厅纱幔效果示意图。海水绘图，2020

国有个故事，三桶白漆放那儿，男人可能会说“三桶白漆”，女人可能会说“那桶奶白色的”“那桶杏仁色的”“那桶象牙色的”，都会有更仔细的区分。尽管如此，颜色也并不是我们肉眼看到的那么简单。在人类上万年的文明进程中，颜色早被注入了许多特殊的超出其自然属性的元素，无论来自历史、民族、个人、习俗等不同渠道，颜色都自有其重重的人造故事和文化密码，揭开幕来，就是一个神秘和有趣的色彩世界。

① 颜色的自然属性

我们透过眼睛欣赏着这个多彩的世界。当光线通过各种物体的反射，就进入我们的眼睛，到达眼球壁内层呈内凹球面的视网膜。在视网膜上分布着两种感光细胞，分别叫作视杆细胞和视锥细胞。其中视杆细胞约有1.2亿个，它含有一种叫作视紫红质的感光物质，对于弱光比较敏感，所以使我们能在夜晚和暗处看到东西。而视锥细胞有600万到700万个，造成了我们对颜色的感知和比较精细的视觉。人的视锥细胞的种类决定了人看到的颜色。视锥细胞中含有特殊的感光色素，可以感受到强光，但对不同波长的光线的感受不同，从而造成主观上的颜色差异。人眼可见的光波长为770到350纳米，在人眼中对应的颜色就是红、橙、黄、绿、蓝、靛、紫这7组，其中红色光波长最大，紫色光波长最小。在这7组颜色的范围内，人眼可辨别的颜色有上百种甚至更多，但不是每一种颜色都有对应的特殊的感光色素。有的科学家提出视锥细胞中有三种特殊的感光色素，分别对红色、绿色和蓝色的光线特别敏感，因此科学家将这三种颜色称为光学三原色，而视觉中的其他颜色是由这三种感光色素不同程度地混合作用形成的，当三种感光色素作用一样时，就会感受到白光。正常人有三种视锥细胞，是三色（红、绿、蓝）视觉者，因此除了色盲，一般人都能看到晴空是蓝色的，春山是绿色的，秋叶是红色的，冬雪是白色的，百花是五颜六色的，也能一下就看到雨后彩虹的七色。（图128）

②颜色有其象征属性

音乐有颜色吗？爱情有颜色吗？死亡有颜色吗？说来，是的，音乐是有颜色的，当听到《蓝色多瑙河》时，恐怕脑海中会出现那蓝色的河水，而“移情别恋”地会把音乐也当成蓝色的。更别说1924年由格什温创作的《蓝色狂想曲》，直接地把音符变成了蓝色。可想而知，当听到《黄河谣》时，那音乐一定也是染上了土黄色，逐着黄

图128　色轮，华盛顿纺织学院博物馆教育工坊。海蔚蓝拍摄，2019

河水滔滔而来的。这也许多少有些想象的因素，但是在纽约的库珀·休伊特国立设计博物馆中关于色彩的全方位的展览“饱和：色彩的诱惑和科学”里面，确实通过展示的几幅图，将西方音乐史上最重要的作曲家巴赫（1685—1750）的曲谱诠释成了色彩，那可能就是用比较科学的方法来证明音乐是有颜色的例子。（图129）爱情有颜色吗？当情人节大红色的玫瑰花售罄的时候，众人便心照不宣地都知道了爱情的颜色。虽然红色现在大多在情人节时代表了爱情，但其实这个可能是人类最先认识的颜色之一，自古至今其象征的含义随着历史的演变，在不同阶段不同民族中，有着不同的表述，可以代表生命、能量、吉庆、爱情，也可代表贪欲、愤怒甚至仇恨。再如一说到死亡，也自然就和黑色联系上了。从颜色的象征性来说，几乎每种颜色都有其象征性，是基于科学的，也是基于文化属性演变而来的，并逐步形成人类的某种共识。例如绿色，是色彩三原色中的蓝色和黄色对半混合生成的颜色，自然具有和谐的特色，它也是最容易被看到的颜色，因为绿色经过眼内的水晶体，恰好落在视网膜上。这个严冬过后春天来了的颜色，从医学的角度说，是一种治愈的颜色，适当地运用，可以消除神经紧张，改善心脏功能；从心理学上来说，它有平衡镇静，使人愉悦的作用；从文化属性来说，它代表着生机、朝气、生命、清新等意义，而成为有机、环保、永

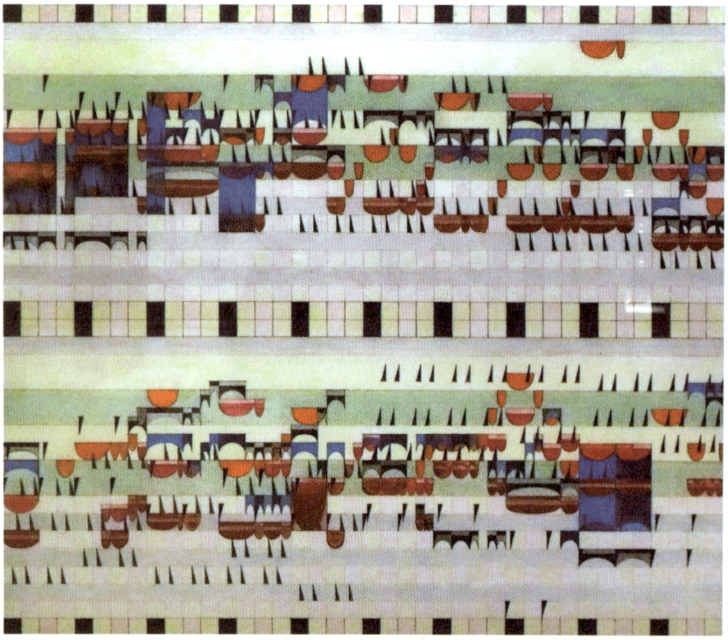

图129 纽约库珀·休伊特国立设计博物馆在“饱和：色彩的诱惑和科学”（*Saturated: The Allure and Science of Color*）一展中，以图片来诠释巴赫音乐的颜色。海蔚蓝拍摄，2019

生的象征。在公共环境中，绿色也是表示提示、安全状态和通行标识，这些都为全球所公认。

③颜色有其文化属性

文化记忆、心理记忆、民族记忆、时代记忆、个人印记等因素，日积月累，都为颜色的文化属性添筹加码。文化记忆，如红色在中国文化中备受青睐，过新年、结婚生娃、开店致贺，但凡喜事都少不了这红色。“红红火火”，是中国人对生命、对美好生活的希冀和象征。心理记忆，如到过中国的黄土高原，黄色就会成为一个心理联想的色彩记忆；到过地中海边，蓝色就会成为一个引人联想的色彩记忆。民族记忆，如中国六朝时代的贵族喜欢黑色，中国元代的蒙古人喜欢白色。时代记忆，如清朝皇家以明黄色为皇家专用色。个人印记，如20世纪最著名的法国时装设计师、香奈尔品牌的创始人可可·香奈尔，她的一款简约而优雅的小黑裙，自设计问世，便一路著名，之后，一提黑色的小裙子，似乎就很容易地联想到了可可·香奈尔，黑色便多少地烙上了她个人的印记。还有一家中文翻译为“华伦天奴”的意大利服装公司，由瓦伦蒂诺·加拉瓦尼于1960年创立，他家曾以设计红色礼服而著名，至今美国时装界人士，一说到红色礼服，就会提到他家，无形中，也就使红色成为他家的色标。（注93）还有一种个人印记的反映，就是颜色与性格的关系，喜欢什么颜色的人，约略能反映出一些性格特征，例如据说喜欢红色的人就比较外向和热情；喜欢白色的人就是理想主义者，但也许比较天真。

④颜色有其心理暗示

据心理学家说，色彩与光线一样，能影响到人的视觉神经、心脏、内分泌机能、中枢神经系统。常见的红橙黄绿蓝靛紫对人的生理具有不同的影响。我们一般都知道“红色让人兴奋，蓝色让人安静”。科学家说起来就复杂些：红色，刺激和兴奋神经系统，增加肾上腺素分泌和增进血液循环；橙色，诱发食欲，帮助恢复健康和吸收钙；黄色，刺激神经和消化系统；绿色，有益于消化和身体平衡，并起镇静作用；蓝色，能降低脉搏，调整体内平衡；靛蓝，调和肌肉，止血，并影响视听嗅觉；紫色，对运动神经和心脏系统有压抑作用；黑色，压抑精神，导致生病。由色彩产生的另一种心理现象，称作联觉现象，会使人因颜色而产生冷暖、远近、轻重的感觉。

颜色真的很神奇，貌似很简单，谁都能看到，却是那么的复杂，其背后的事儿，追究下去，简直深不可测。颜色本身在客观上已经具有那么多的复杂因素，再加上颜色在主观上形成的种种属性，没准，颜色可以是有乐感的，颜色可以是有脾气的，颜色可以是有表情的，颜色可以是有故事的，颜色可以是富有哲理的，颜色可以是有心眼儿的。总之，颜色和它所代表的人与事，都可以变幻无穷，难以捉摸，寓意深刻。

⑤中国人的色彩观

我们中国人对颜色的敏感，先从《千字文》说起吧。南朝时，深得梁武帝萧衍喜爱的散骑侍郎、给事中周兴嗣（？—521）集前人之大成，以一千个字浓缩中华民族几千年的智慧，一夜白头而成《千字文》，并从此流芳百世，此书成为千年间的启蒙课本。《千字文》开篇的第一句就说：“天地玄黄，宇宙洪荒。”翻译成白话便是：天是青黑色的，地是土黄色的，宇宙形成于混沌、蒙昧的状态中。前一句出自《易经》“天玄而地黄”，后一句出自《淮南子》高诱注的“四方上下曰宇，古往今来曰宙”以及《太玄经》的“洪荒之世”。“天地”这两个字在古汉语里意思很多，太空之天，与地球之地，只是其中之一的概念。但《千字文》以“天地玄黄”开篇，讲述天地自混沌的宇宙中开辟时，第一个说到的就是它的颜色，这可能是暗示着人类最初认识地球的状态，首先入目的就是颜色。

中国人的色彩观很早就具有文化上的复杂性。也许是从远古的观天象、察地理而来，将色彩与自然界的规律相联系。其中，中国先民关注色彩的一个重要途径，可能便来自对滋养民生的土地的观察。在各地理区域内土壤所呈现的不同土色，应是形成中国文化中“五色土”观念的源头，以后用于社稷的礼仪和墓葬的封土，寄托了许多美好的愿望，体现了原始的自然崇拜和一种民族的文化心理。古文献中的记载，如《长沙子弹库楚帛书》已出现“炎帝”的字样；约完成于公元前239年的《吕氏春秋》，已经试图将五方五色五帝与五行相结合。其百多年后，当司马迁在其《史记·五帝本纪》中讲到黄帝时，也指出黄帝和象征其土德的黄色，并在《史记·封禅书》中，记录了自秦襄公祭祀白帝和在秦朝期间，秦国君主陆续祭祀白帝、青帝、黄帝、赤帝，却没有黑帝的史实。直到汉高祖时，开始立黑帝祠，并命名为“北畤”，五色配五帝之说或许方才确立，并进而与五行五方相联系，在汉代及以后逐渐配备演绎，臻于完善，形成五色五帝五方五行说。有后人归纳的表格罗列了五色五帝相关的信息或可作为参考：

东方天帝太昊伏羲	属神句芒	青帝	木德	主春
南方天帝炎帝神农	属神祝融	赤帝	火德	主夏
西方天帝少昊金天	属神蓐收	白帝	金德	主秋
北方天帝颛顼高阳	属神玄冥	黑帝	水德	主冬
中央天帝黄帝轩辕	属神后土	黄帝	土德	主四方四时和五行

总之，在此并非研究这个课题，而只是粗略地以此为例，试图指出在中国文化中，自古以来便不是就色论色，颜色并不是肉眼所见的那么简单，而具有其自然属性、文化属性、社会属性，甚而神灵的属性。并且说起这来，不用扳手指算，就有几千年历史的积淀。因此色彩自远古以来的含义与表征，应成为中国传统文化中值得关注的一个要素。

对此，也有人试图从现代各种科学的角度来看待中国古老和深厚的色彩体系，例如董欣宾先生说过一句简单而复杂的话："中国画论讲究'青黄赤白黑'五色观念，以往人们认为仅仅是为了对应'五行'哲学，其实这是色彩的最高心理物理科学观。"因为"青黄赤"是色彩三原色，黑白都是"无色"，但实际上黑是七色彩的混合，白色是七色光的混合，所以两者都是色彩丰富、全面的极致状态，而被称为"极色"。因此，董先生认为中国的五色理论实际上包含了色彩学的全部内容。[注94]曾有一本被誉为"中国最美的书"的《中华五色》，是西安美术学院彭德教授历经三年不下楼而成的专著，从古典文献中稽古钩沉，梳理脉络，追溯源头，试图建立中国古代的色彩体系。

中国人爱色彩在许多方面都是显而易见的。例如从文学上来说，中国是个爱诗的国度，诗歌中对颜色的运用，比比皆是，且十分鲜明。中国最浪漫敏感的诗人屈原两千多年前就吟诵"青黄杂糅，文章烂兮"[注95]，可别误解，这里的"烂"字可是"灿烂"的"烂"，原本的繁体字笔画很多的，是"有光彩"的意思，自《诗经》就记录了有此含义的用法[注96]。这层意思后来大多是跟"灿烂"组成一个词来用，"灿烂"的意思，当然是谁都知道的。屈原对色彩敏感，以"青黄杂糅"四字，形象地描述了橘子这种"后皇嘉树""受命不迁"的南方名果的诱人模样。唐诗千年来是中国人的最爱，如那两句谁都能脱口而出的唐代杜甫的绝句："两个黄鹂鸣翠柳，一行白鹭上青天。"黄与绿，白与蓝的相伴。唐代白居易《问刘十九》的诗："绿蚁新醅酒，红泥小火炉。晚来天欲雪，能饮一杯无？"红与绿的直接对比。[注97]如宋代陆游的《钗头凤》："红酥手，黄縢酒，满城春色宫墙柳。"红绿黄，三色都是原色，鲜艳强烈。真如"诗中有画，画中有诗"，一篇篇都是如此的美艳如画。

中国也是个爱美术的国度，即使是黑色的墨，也要说"墨分五色"，更别说绘画中的青绿山水、金碧山水、工笔重彩，几乎都是原色调的浓烈的组合。触目皆画的视觉效果，少不了色彩的撩拨。著名作家张爱玲的文字曾如此写颜色："色泽的调和，中国人新从西洋学到了'对照'与'和谐'两条规矩——用粗浅的看法，对照便是红与绿，和谐便是绿与绿。殊不知两种不同的绿，其冲突倾轧是非常显著的；两种绿越是只推扳一点点，看了越使人不安。红绿对照，有一种可喜的刺激性。可是太直率的对照，大红大绿，就像圣诞树似的，缺少回味。中国人从前也注重明朗的对照。有两句儿歌：红配绿，看不足；红配紫，一泡屎。《金瓶梅》里，家人媳妇宋蕙莲穿着大红袄，借了条紫裙子穿着，西门庆看着不顺眼，开箱子找了一匹蓝绸与她做裙子。"在另一段文字中她说道："市面上最普遍的是各种叫不出名字来的颜色，青不青，灰不灰，黄不黄，只能做背景的，那都是中立色，又叫保护色，又叫文明色，又叫混合色。混合色里面也有秘艳可爱的，照在身上像另一个宇宙里的太阳。但是我总觉得还不够，还不够，像Van Gogh画图，画到法国南部烈日下的向日葵，总嫌着色不够强烈，把颜色大量地堆上去，高高凸了起来，油画变了浮雕。”（注98）

⑥人类对颜色的追逐

其实，对颜色的爱好和追逐是全人类的，历史记载了无数的例证：

A.寻找和制造颜色

全人类都有从矿物、植物中寻找和制造颜色的历史。（图130）古代矿物颜料可以从岩石、土质等中获取。例如，中国发现古人类遗迹的北京周口店，在距今三万年左右的属于旧石器晚期的山顶洞人的遗迹中，发现那时的山顶洞人制作的石器虽然不典型，但已经掌握了钻孔磨制技术，骨器和装饰品制作得十分精美，还懂得用赤铁矿粉末染色，这使得装饰品更加鲜艳美观。不仅如此，在山顶洞人的埋葬区内，还出现红色的赤铁矿粉，说明他们可能已经有原始的宗教信仰。有人认为尸体上及周围的赤铁矿粉象征血液，人死血枯，加上同色的物质，是当时人已经意识到红色的血液与生命的关系，于是可能寄托着希望死者在另外的世界中复活再生的愿望。这是目前发现使用红色的赤铁矿粉的最早的例子之一。此外，中国书画中的红色多来自赤铁矿粉和朱砂，蓝色多来自石青和孔雀石。中国书画不可或缺的墨，早期用的是天然的土质颜料如黑土、煤烟，汉代开始有人工墨，取自松烟，以松树烧取烟灰，合上胶和草药制成墨锭。据说陕西终南山山右之松好，烧制的松烟墨也好。虽然墨就是黑色的意思，但古代的墨可不仅是黑色的，还有彩墨、白墨、彩金墨、黄色墨、绿色墨、青色墨、红色墨、七色墨、红墨。现代矿物色在保持古代已有的几种矿物色外，通过纯天然矿物色、人工矿物色（新岩）、化学合成矿物色、水性色、金属色等，可以制造出几百种色相，大大丰富了天然矿物色的有限色相和种类，但是天然矿物色仍然是绘画中最高级的颜色。

植物颜料多为利用自然界之花、草、树木的茎、叶、果实、种子、皮、根提取色素而成，多作为染料之色。植物染料是中国自周秦至明清时期染色工艺的主流，明清时期用红花制成的胭脂棉大量输到日本，到了日本被称为“草木染”。中国常见的植物染料有如下几种：蓝色染料——靛蓝；红色染料——茜草、红花、苏枋（阳

图130　“敦煌：丝路佛光”展出中国古代画工所用颜料，纽约华美协进社中国美术馆。胡维智拍摄。
Dunhuang: Buddhist Art at the Gateway of the Silk Road, China Institute Gallery. Photograph: Perry Hu, 2013

媒染）；黄色染料——槐花、姜黄、栀子、黄檗；紫色染料——紫草、紫苏；棕褐染料——薯莨；黑色染料——五倍子、苏木（单宁铁媒染）。古代将正色的青、赤、黄、白、黑，称为“五色”，将正色混合可以得到“间色（多次色）”。青色，主要是用从蓝草中提取靛蓝染成的（荀子《劝学篇》：“青，取之于蓝，而青于蓝。”）。能制靛的蓝草有好多种（宋应星《天工开物》：“凡蓝五种，皆可为靛。”），古代最初用的是菘蓝，后来逐渐发现了蓼蓝、马蓝、木蓝、苋蓝等诸种可以制靛之蓝。赤色，古代将原色的红称为赤色，而称橙红色为红色。最初染赤色用的是矿物染料，如赤铁矿粉末，后来有用朱砂（硫化汞）的，但用它们染色牢度较差，自周代开始使用茜草，茜草根含有茜素，加以明矾为媒染剂，便可染出红色。汉代起，大规模种植茜草。但茜草不是正红而是暗土红色，所以后世逐渐发明了用红花来染色的技术，才得到了鲜艳的正红色。黑色，古代用来染黑色的植物主要有栎实、橡实、五倍子、柿叶、冬青叶、栗壳、莲子壳、鼠尾叶、乌桕叶等。中国自周朝开始采用，直至近代，才为硫化黑等染料所代替。掌握了染正色的方法后，再经过套染就可以得到不同的间色。至1834年法国的佩罗印花机发明以前，中国一直拥有世界上最发达的手工印染技术。

另一具有悠久历史的国度埃及，有一种著名的纸莎草纸画。这种世界上最古老的具有四五千年历史的纸画，以在尼罗河两岸采摘的纸莎草为原料，由著名埃及传统艺师精心绘制，题材多取自古埃及神庙和宫殿的壁画。纸莎草是一种水生植物，直立、坚硬、高大，好像芦苇一样生长在浅水中。在埃及，人们经常用来制作纸画以作为生活和买卖之用。纸画尺寸，可以在方寸之间，也可以是十米长卷。纸画与木乃伊一样长久，却比金字塔更加绚丽斑斓；传承数千年，唯其独有，久藏不变，千年不腐。在埃及，制作纸莎草纸画的每一个步骤，历经千年而未曾改变；并且，只有以尼罗河两岸采摘的纸莎草为原料，严格按照与古埃及完全相同的程序手工制成纸莎草纸，再由传统画师用纸莎草笔精心绘制，才能得以生成。纸莎草画所用的颜料五光十色，绿色来自绿松石，蓝色来自孔雀石，黄色来自藤黄，红色来自赤铁石，黑色来自煤精石，均是天然颜料。

欧洲艺术以油画为突出，油画的前身是15世纪以前欧洲绘画中的蛋彩画（坦普拉绘画技法）。14世纪末，尼德兰（荷兰）的两位画家凡·爱克兄弟找到了一种简便的用油溶化颜料作画的方法，创作了纯粹的油画。他们用一种“白布鲁日光油”和亚麻子油调和颜料，在经过处理的布或木板上作画，因为油画颜料干后不变色，多种颜色调和不会变得肮脏，画家便可以画出丰富、逼真的色彩。油画颜料就是从矿物质或土质而来的色料粉调和这些植物油做成的，油画颜料不透明，覆盖力强，所以绘画时可以由深到浅，逐层覆盖，使绘画产生立体感。自此，油画作为一个独立的画种在欧洲大陆流行开来。油画的发展在19世纪有了新的趋向，主要是油画色彩的变革。英国画家约翰·康斯坦布尔（图131）最早直接用油画颜料在室外写生，获得丰富的色彩感受，感性地获得了“补色”的原理，即后来的“色彩的补色”：色轮两极的颜色在并置时能互相提高明度和强度。这也被科学所证实。这个“补色”的发现和实践，开启

图131　〔英〕约翰·康斯坦布尔（1776—1837），《从主教花园望见的索尔兹伯里大教堂》，油画，约作于1825年。纽约大都会艺术博物馆，欧洲绘画第808号展厅。John Constable, *Salisbury Cathedral from the Bishop's Grounds*, ca. 1825 (public domain). The Metropolitan Museum of Art. On view at The Met Fifth Avenue in Gallery 808

图132　〔法〕克劳德·莫奈（1840—1926），《玫瑰色的克尔萨斯山》，作于1895年。吉莉安·赛克勒女爵士珍藏。米盖尔·贝纳维德斯摄影。Claude Monet, *Mount Kolsaas, effet roses*, 1895. Oil on canvas. 24 × 35½ inches. Dame Jillian Sackler Collection. Photograph: Miguel Benavides, 2020

了欧洲绘画的新时代。康斯坦布尔的作品启发了法国画家德拉克洛瓦，德拉克洛瓦以浪漫主义思想支配创作，根据当时的历史事件创作大幅主题画。他将补色关系更多地运用于创作的色彩表现，运用活跃的笔触，在画面的许多部位形成色彩的对比，增强了色彩的明亮度和华丽感，形成了震动当时画坛的风格。法国巴比松画派的许多画家在不同的自然气候条件下进行风景写生，他们认识到景物光源色、固有色和环境色之间的关系，认识到色调对于体现时间、环境、气氛，烘托艺术主题，构成画面意境与情调的重大意义。他们大量的风景创作，画出了大自然风、雨、晨、暮等特定的色彩气氛。

在此基础上，法国印象主义画家在色彩运用方面做出了具有创新意义的贡献。他们吸收了光学和染色化学的成果，以色光混合原理解决油画的色彩问题。莫奈、西斯莱等画家捕捉景物表面光线变化给人的瞬间色彩印象，用细碎笔触的厚涂法将对比色并置，他们认识到暗部或阴影并非黑色的浓淡变化，改变了用调和过的单一色彩画暗部的传统做法，在暗部和阴影部位也用色点并置。（图132）由于视觉生理的作用，并置的色点在一定距离外看去是透明的、有冷暖倾向的色块，并形成微妙的过渡。印象主义淡化了景物的体积感，强化了色彩因素，不再依靠明暗和线条形成空间距离感，而依据色光反射原理，用色彩的冷暖形成空间。印象主义的作品出现了前所未有的鲜明与生动，也表明色彩既有综合的，也有纯粹的表现力。文艺复兴时的色彩大师提香认为只需三种颜色就可画出十分丰富的色彩。即使是印象派色彩大师，其调色板上的色种也是很有限的，拉尔夫梅耶甚至认为应该把限制学生使用过多的颜色作为一条色彩教学的纪律执行。英国的佛里德里奇在他的《油画材料与技法百科全书》中列举了铅白、淡镉黄、土黄、朱红、玫瑰、群青、铬绿、凡代克棕和黑色等九种基本颜色，他认为实际上几乎所有其他颜色都可以由这九种基本颜色调和出来。

2019年1月，在纽约库珀·休伊特国立设计博物馆关于色彩的全方位的展览“饱和：色彩的诱惑和科学”中，它分七个部分来探讨颜色：捕捉色彩，制造色彩，在色彩间穿行，色彩的合作，视觉色彩，色彩与形式，消费选择。（注99）博物馆馆长在告观众的信中说，这个展览以富有启示性的展陈方式，会增强观众对色彩——这一设计领域最具威力的工具的理解和欣赏。展览主要从物理现象来探讨色彩，以及色彩对个人经验的深度影响。（图133）色彩学确实是一门科学，这个展览着重在科学层面的介绍，是一个挺好的入门教育。将来策展人的培养，或可将色彩学加入建议选修的课目。

B.彩色的普及

人类对色彩有偏爱。以前的展览图录只有几张手贴的彩图，珍贵得很，今天是每件展品都可印成彩图，全彩的展览图录似乎已成必然。以前老式电话屏幕都是黑白色的，今天我们几乎人手一部的手机，屏幕都是彩色的，而且还要比较哪家牌子的色调更鲜艳和清晰。因为有了前人对色彩的艰难追逐，所以我们现在使用色彩很容易，很方便。例如从黑白到彩色的摄影，当1826年由法国的尼埃普斯（1765—1833）

图133　库珀·休伊特国立设计博物馆围栏上的展标。海蔚蓝拍摄，2019

拍摄出世界上第一张照片，并由其合作者达盖尔在1839年获得法国科学与艺术学院认可的摄影术专利权时，摄影是黑白的，要做成彩色的话，还需要一个专业的画师用染料在照片上涂颜色。直到1907年6月10日，法国里昂人卢米埃尔兄弟，也是电影的发明者，发明了使用土豆淀粉和感光乳剂的“上色”方法，命名为“复古彩色底片”（Autochrome Lumiere）。与在照片上涂颜色的方法不同，通过这个方法得到的彩色照片更显得生动与有活力。虽然制作困难，价格昂贵，但世界上第一本彩色照片摄影书，据说就是用这种技术制作的。尽管1935年柯达发明了柯达胶片，给人们更方便更便宜的选择，但“复古彩色底片”的技术仍在法国持续到了1950年。相比较之下，我们当今使用手机和使用各种打印机，或在电脑上随意调整自己想要的颜色，随时都能满足我们对色彩的追求，这都是因为彩色得到了普及。

图134 纽约大都会艺术博物馆埃及展厅：狮身人面像雕塑。Sphinx of Amenhotep III, possibly from a Model of a Temple, ca. 1390–1352 B.C., New Kingdom (public domain). The Metropolitan Museum of Art. On view at The Met Fifth Avenue in Gallery 119

C.颜色象征性的异同

每种颜色都具有许多色调和象征性。即以蓝色来说，中国常会说海军蓝、天蓝、藏青、宝蓝、靛蓝、鸦青、黛蓝、花青等，词儿都美得很。在美国说到蓝色，也可看到很多色调的名称，例如：navy blue，iris blue，ink blue，indigo，citadel blue，dusk blue，aqua blue，tourmaline blue，whisper blue，fountain blue，champlain blue，bluestone，denim blue，aquamarine，cloud blue，royal blue，celestial blue，cottage blue，stellar blue，blue hydrangea，cornflower blue，sailor blue，storm blue，ocean blue，lapis blue，water blue，dark denim，blue slate，等等，常见的有十几种。就挑几个来说吧，navy blue，就是海军蓝；ink blue，就是墨水蓝；indigo，就是靛蓝；royal blue，就是宝蓝；celestial blue，就是夜空的蓝；ocean blue，就是大海的蓝。还有很好玩的，whisper blue，悄悄话的蓝，那就一定是很淡的蓝色了。

人类对蓝色的喜爱，很普遍，也出现得很早。埃及可能是最早偏爱蓝色的。如

图135 纽约大都会艺术博物馆埃及展厅：天空女神。Winged Goddess, ca. 1295–712 B.C. Late New Kingdom or early Third Intermediate Period (public domain). The Metropolitan Museum of Art. On view at The Met Fifth Avenue in Gallery 130

埃及古代物品中有一种蓝色的彩釉陶器，埃及人称这种蓝色为“人造青金石蓝”，由一种特别调制的化学釉料装饰而成。（注100）这种鲜艳的孔雀蓝色调的器物，非常醒目，似乎大有深意。例如有一件狮身人面雕像（图134），可能是神庙前的模型之一，年代是公元前1390年—前1352年，距今三千多年了，是阿蒙霍特普三世统治时期的物品。这种蓝色调的物品，在埃及至少到公元前3世纪还在延续，有神像也有物品，多为贵族阶层用于祭祀或随葬，其神圣的含义，可能与天空之神有关。在埃及著名的帝王谷，那个后来以发现图坦卡蒙王陵和金面具木乃伊闻名的英国考古学家霍华德·卡特（1874—1939），当他在1903年率领西奥多·戴维斯考古队发掘埃及第十八朝国王图特摩斯四世的陵墓时，发现陵墓里仍然保留了国王的许多丧葬用品。大多数的蓝釉陶器都在安置棺床的主墓室的侧室内被发现，这些具有自然品质的蓝色物品，很多上面都刻写了国王的名字“Menkheperure”，而使这些物品增添了神奇的力量。（注101）有一件精美的此种蓝色的展开双翼的天空女神（图135），也出土于帝王谷，大约属于公元前1295年—前712年的物品。据说，埃及的天空女神Nut，在太阳落山时，会吞食太阳，以使太阳在她的腹中安然度过黑暗的时光，然后在黎明时，让太阳重新诞生，而升起在天空。在墓葬的棺盖上，她的形象呈弧形，她的腹部连着棺，因为她的腹部孕育着太阳，如此将逝者与太阳的升起相连，显然有着期待死者像太阳一般重生的愿望。从埃及古人对自然的观察、敬畏，到建立对神的崇拜，并延伸到千古的墓葬文化，这件天空女神的蓝色在这里的含义，在时空、人文、象征性、民族心理上的多重作用，显然不言而喻，它不再是一个简单的蓝调的色彩了。对于埃及人来说，蓝色代表着天空、尼罗河，在埃及诸神中居于重要地位的Amun-Ra神，就常被描述为有着蓝色的皮肤和头发。蓝色因此得到引申，在埃及古代文化中有了驱邪、通灵、繁荣的含义。罗马时代，这种蓝色被称为“埃及蓝”，可能这种“埃及蓝”便是在那时被介绍到欧洲。在13世纪意大利遗址中发现了球状的这种蓝色釉料，可能就是埃及古代的外销品之一。（注102）

这种对蓝色的爱好，或许在大开放的唐代，由于东西方文化和物品的交流，是否也有从中亚带来的蓝调的物品，而影响了中国古人的品位？唐代文物中出现的低温釉彩的唐三彩，是那时代的新品种，而且是以蓝釉者为贵重的。那种靛蓝色调在中国新石器时代到六朝出土的文物中，似乎所见极少，以后或许可以继续顺着这一色彩的路子研究，看看中西文化艺术的影响过程是怎样的。唐代的河南巩县窑以唐三彩和其他绿、蓝、黄单色釉彩陶器著名，可能它也是最早制作青花瓷的窑口之一，但一度中落。到两三百年后的元代时，青花瓷已经烧造得相当精美。但直到因明代永乐青花而起的中国青花瓷热，才使它成为中国瓷器的品牌之一，而畅销西洋。青花瓷的蓝色发得好不好，要看其青花料的质量。青花料来自氧化钴料，也就是钴土矿，大体分为含锰量高、含铁量低的国产青花料和含锰量低、含铁量高的进口青花料。最好的青花料是来自古波斯的苏麻离青，次为来自新疆地区的回青，还有来自富含钴土矿的如江西赣州和乐平等地，以及浙江、两广、云南等地的各种国产青花料。官窑、民窑都有烧制，从上到下，甚至外销，广为欢迎，沿传不息。（图136-1、图136-2）

典型的蓝印花布，也以靛蓝色取胜。这种中国传统的手工印染工艺品，以江苏南通为主要产地之一，自汉代开始，已有一千多年历史。简单明朗的蓝白二色的搭配及图案都符合中国传统的审美标准，淳朴自然又千变万化。南通地区是中国主要的棉花产地之一，这里又盛产一种可以制作颜料的蓝草，有大蓝、小蓝，所以制靛业发达。蓝印花布在很长时间内成为人们的服饰、生活用品、装饰物品，用途广泛，并外销邻国。而中国著名的特种金属工艺品“景泰蓝”，也以蓝色取胜。这本是一种在铜质的

图136-1 元末明初著名青花瓷瓶“萧何月下追韩信”，南京市博物馆藏，私人资料照

图136-2 清末民初民窑青花瓷蝙蝠纹盘和鲤鱼纹盘，私人藏品资料照

胎型上，用柔软的扁铜丝掐成各种花纹焊上，然后把珐琅质的色釉填充在花纹内，进而烧制而成的器物，名为“铜胎掐丝珐琅”，俗名“珐蓝”，又称“嵌珐琅”。因在明朝景泰年间盛行，器型丰富，技艺成熟，使用的珐琅釉也多以蓝色为主，其工艺技术于此时达到了巅峰，故后人称这种金属器为“景泰蓝”。（图137）

图137　常州博物馆“寻觅，那一抹蓝：烟台市博物馆藏金属胎珐琅器精品展”，“炉瓶三事”说明牌。海蔚蓝拍摄，2016

中国自元明以来兴起的青花瓷，不仅让中国人上自贵族下至百姓爱不释手，也曾让16世纪以来的欧洲贵族爱得欲罢不能。现在华盛顿弗利尔美术馆最为人知的和他们引以为荣的“孔雀屋”（图138），就是英国运输大王佛瑞德瑞克·林兰德在19世纪70年代，用康熙青花瓷来装饰的他的房间。他打造了围绕四周的架子来陈列和展示，并邀请画家麦克耐尔·惠司勒来装饰这个房间，画家依照青花瓷的调子，选择了青蓝色和金色，便造成了如今我们能见到的“孔雀屋”。欧洲对蓝色的情结由来已久，法国枫丹白露宫，在巴黎近郊，自路易七世开始便是皇家避暑之地，庋藏了法国军队从圆明园抢来的许多珍宝，其名字的意思即为“蓝色之泉”的宫殿。喜欢蓝色的国家再如希腊，著名的圣托里尼岛的白墙蓝顶，是最入画的海湾景色，有人说那是希腊的乡土情结，因为它就对着爱琴海，是蓝色海洋文明的象征。（图139）

但蓝色在其他国家的文化中也与感伤和忧郁有关。简单地说说艺术上的例子，如巴勃罗·毕加索（1881—1973），这位西班牙画家、雕塑家、现代艺术的创始人，被认为是20世纪最伟大的天才。1900—1904年居住在巴黎期间，他经历了人生的低潮，这个时期蓝色主宰了他一切的作品，背景蓝，人物蓝，头发、眉毛、眼睛皆蓝，加之沉重、强烈而流动的线条，给人以不真实的、虚拟世界的印象，被称为“蓝色时期”，这是他第一次形成了自己的风格。在此期间，他对现实生活和普通群众给予了较多的关注，作品多表现一些贫困窘迫的下层人物，画中的人物形象消瘦而孤独，具

图138　华盛顿弗利尔美术馆孔雀屋。James McNeill Whistler (1834–1903), The Peacock Room, 1876–1877. Oil paint and gold leaf on canvas, leather, mosaic tile and wood (public domain). H × W × D (Overall): 421.6 × 613.4 × 1026.2 cm (166 × 241½ × 404 inches). Gift of Charles Lang Freer F1904.61. Freer Gallery of Art

有较强的艺术表现力。他笔下的蓝色，是贫穷和世纪末的象征。至于为什么毕加索会采用蓝色作为主调，一种说法认为他受法国画家莫奈和卡里埃的影响，而用这种色调加强了画面中的诗意成分。另一种说法则认为，他在这一时期，目击贫困、绝望与孤寂的人们，加上好友卡萨赫马斯因失恋而自杀的影响，蓝色的主调，加强了忧郁和悲哀的气氛。

再如美国的“蓝色”爵士乐。爵士乐是于19世纪末20世纪初诞生于美国南部港口城市新奥尔良的音乐类型，源自美国南部种植园黑奴的音乐。爵士乐讲究即兴，以具有摇摆特点的shuffle节奏为基础，混合了布鲁斯（Blues）、拉格泰姆（Ragtime）及其他音乐类型，是一种非洲黑人文化和欧洲白人文化“混血”的产物。布鲁斯是与宗教音乐相对的一种世俗音乐，作为一种看似简单实际变化无穷的音乐形式，一直是爵士乐的重要组成部分，它自身的独立性，也造就了今天的摇滚乐。一般布鲁斯的特点就是：它以每八或十二小节为一个乐段的音乐组成，歌词紧密，它的“忧郁（蓝色）”特色产生的原因是将音阶中的“mi”音及“si”音降了半音。萨克斯管是爵士乐的象

图139　希腊圣托里尼岛面对大海的白墙蓝顶建筑。何冶纯拍摄，2017

图140　美国爵士乐歌手Freddy Cole在纽约林肯爵士乐中心演唱。海蔚蓝拍摄，2017

征，它以呜咽凄婉、缓慢悠长的音律诉说着生活中的一切现象，以一种永恒的忧郁，撩动人们心底深处的各种情结。美国作曲家、钢琴家乔治·格什温（1898—1937），于1924年为保尔·怀特曼的爵士音乐会写了《蓝色狂想曲》，把德彪西和拉赫马尼诺夫的风格与美国的爵士乐风格结合了起来。《蓝色狂想曲》遂成为爵士乐和古典音乐创作技法相结合的典范之作，蓝色爵士乐开始成为美国的典型文化元素。这种将蓝色与忧郁感相连的传统，也出现在19世纪的欧洲，如拉斐尔前派注重对画中人物心理情绪的表达，较多画面以青、紫、绿的调子，构成感伤、静寂的意境。从那欧洲历史，再拉回到美国，在美式英语的俚语中有一句“Are you blue？”就是以蓝色来代表心情是否低沉的问句，很富有色彩感和人情味。（图140）

色彩自从有了与人的交集，就再也无法局限于其自然属性了。历经千百年的历史熏陶，可以说，色彩的历史就是一部斑斓的社会文化史，在不同的阶段、不同的地域和不同的社会历史语境中，对颜色的诠释和感受的不同，反映出种种不同的社会现实和文化特征。“比如现代人认为蓝色是深邃的冷色，可是在中世纪人看来，蓝色反而是暖色。颜色就像一束光线，当它投射到不同的幕布上，就会引发人们不同的想象与理解。……法国历史学家米歇尔·帕斯图罗（Michel Pastoureau）就热衷于此。他专门研究色彩、图画、圆桌骑士、钱币学、纹章和动物形象的历史。1982年起，帕斯图罗在法国高等研究应用学院担任西方符号历史学教授，同时也是法国纹章学会副主席、洛桑大学荣誉博士。他出版了不少有趣的学术著作，如《魔鬼的织物：条纹的历史》《熊：堕落的国王》《中世纪动物寓意集》《我们记忆中的颜色》《色彩列传》等。2016年，三联书店翻译出版了帕斯图罗教授的《色彩列传》中的三本，《蓝色》《黑色》《绿色》，分别探讨在西欧不同历史时期，某种颜色的意义的变化。在《色彩列传：蓝色》中，帕斯图罗教授试图告诉读者：颜色就像人，要获得尊重与地位，就必须在名利场中历经波折，一路奋斗。蓝色正是如此，它是现今欧洲人最钟爱的颜色，是欧盟的代表色，在现代服装业的地位举足轻重。但蓝色曾经其实是微不足道的'小透明'，古罗马人嫌恶蓝色，认为那是野蛮人的色彩；中世纪早期的画作中鲜有蓝色的身影，偶尔出现时也被用作魔鬼的形象，神学家对蓝色弃如敝屣；而从十二世纪开始，蓝色的社会地位突飞猛进，逐渐成为圣母、法国皇室、亚瑟王与贵族们的代表色；在十六世纪的宗教改革中，蓝色有幸避开了新教与天主教的争吵，成为一种'中立色'；浪漫主义对'忧郁之蓝、梦幻之蓝'钟爱有加，《少年维特之烦恼》使得蓝外套在时髦青年之间大为风行；到二十世纪，蓝色已经成为军装、制服、牛仔裤的标配色。"（注103）

有一位当代艺术家，甚至以他的蓝色闻名。那就是法国的伊夫·克莱因，他创作单色画，以鲜艳的颜色来代表各种感觉。他发明了一种标准蓝色，称作"国际克莱因蓝"，并将这种蓝色定名为革命的颜色，用一系列装置或行为艺术作品，如蓝气球、蓝色邮票、蓝色裸女等，希冀推动世界的艺术革命。且不论他的这些举动是否称得上"艺术"，但可见颜色除了本身的定义，还可被主观意志掌控利用，而成为某种象征。（注104）

总之，色彩的意味具有其深厚性和无限的延伸性，无论是从自然的角度或人文的角度，其丰富的程度，也许超过我们一般的了解和想象。说了这么多关于颜色的话，只是想说颜色看似简单，其实不然。因此，在展览中，选择展览基调就具有非同一般的重要性。正是因为色彩具有如此深厚的背景，其魅力和力量又几乎是人人皆可立马感受到的，因此，反过来说，我们在重新运用色彩来表达展览时，应该逆向地考虑到那些颜色初始之时的，或与社会历史或与艺术文化相关的各种因素，而试图让展览所选择的色调既有其"原生的含义"，又有其"文化的含义"，甚而达到"心理暗示"和"象征性"的深度和广度，而营造一个适合原来艺术语境的特殊环境，或一种可以让人联想到与艺术品相关联的思路，从而打造一个特定的展示环境和氛围。

图141　美国Benjamin Moore颜料试色纸墙。海蔚蓝拍摄，2019

因此，选择某种颜色时，并不是基于个人的喜好，而是必须考虑是否适合这个展览的气质，是否适合这个展览所想展示的作品。从形式到内涵，都要仔细体会辨别，一如品茶品酒，需要细心感受其差异，从而来比较和确定，因为每一种颜色里，都有几十种不同的色调。（图141）顺便说一句，任何颜色和色调，都有其存在价值。应该说每种颜色和色调都好看，关键是用在哪里，用于何时。因为不管哪种颜色，除了其自然属性，它的颜色应该都有可能造成一种相关的寓意，来暗示其所具有的文化属性、社会属性、个性属性、感觉属性，或在某种特定场合中的属性。或许牵涉到众所周知的传统，或许只是隐于其颜色之后的故事，但一定有某种因素足以应对和贴合这个展览的特别气质。所以，选择展览用色必先恰如其分，并引人入胜。当一个色彩，那唯一的适合的色彩，与展出的艺术品，从内容、情调、气味，一切都是融合的，天衣无缝，彼此相衬，而强强联手，必然平添不少展现的魅力。作为策展人，尤其是全面负责的总策划、艺术总监和制作人，从最初的一个想法到最后整个展览的完成，每一步都需介入的人来说，这是不得不考虑的一点，甚至从展览伊始，在不断熟悉展品、逐渐了解展览内容的同时，就要开始不断考虑和辨析，不断寻找和比较了。因为颜色实在太重要了，它几乎是比艺术品更能强烈地抓住眼球、掠夺感觉的第一道风景。

（2）二说我的选择：谈展色变，先色夺目

谈展色变——因为每个展览都应有自己独特的色调，即展览基调，一如每个人都有自己喜好颜色的衣服。先色夺目——因为色彩如此重要，展览的色彩基调或将控制观众的第一印象，更不用说颜色具有多重的丰厚的内涵。所以在选择展览基调时，就是一件很需要人费心的事。不说让别人一见钟情，至少也要能够吸引得别人走进来瞅一瞅吧。根据上面说了的那一大通话，看起来好像很简单的事情——不就是选个颜色吗？其实却颇费心思。而展览的基调怎样，决定了观者对展览的第一眼印象。那么，如何确定展览的基调？基本上可以从以下三个方面来考虑，并互相参照结合着来做最后的定夺：

①展览的社会和文化背景

整个展览的社会和文化背景，即展览想说的事是在怎样的氛围中产生的。李泽厚先生的《美的历程》——这本曾经风靡一时的美学著作——提到了青铜时代的诡异。“诡异”这两个字，当时给我留下了极深的印象，这种从美学角度搜寻到的时代气质，具有这样高度的概括性，令人脑洞大开。如此推演下去，便可有汉代的质朴，六朝的清雅，唐代的富贵，宋代的沉静，明代的萧散，清代的繁缛，“唐风汉韵”，即每个时代所特有的美感和气质。那么对应这种审美的，首先就表现在对色彩的选择上，每个时代都有其所爱。例如汉代红漆黑地的物品，例如六朝对青瓷色的偏爱，例如唐代多金碧山水的画作，例如现在全世界不论男女老少、富贵贫穷，很多人都穿的蓝色调牛仔裤。时代不同，自然许多方面，包括对颜色的审美观念、感受和习惯也不同。

②对展品色调的考虑

展品中的主色调是什么？譬如我做青铜器展览和青铜镜展览，那古旧的青绿色的调子，是展品的主调。在此或许可以有两种选择：一是和谐，即同一色调的范围内求衬托，但是如张爱玲说的，要两个绿在一起，越是靠近，推扳一点都会不合适，而且青铜器本来并非“青绿色”；一是对比，即以不同的色调，来陪衬青铜器的古锈的绿色调。我多选择一种略带灰色的紫色调来作衬托，这两个色调几乎是相对应的，因而可以相得益彰，并且，那紫色调也能增添几分青铜器的诡异感。2002年做“见日之

图142-1　"见日之光：卡特藏中国铜镜"陈列档案照，纽约华美协进社中国美术馆。胡维智拍摄。*Circles of Reflection: The Carter Collection of Chinese Bronze Mirrors*, China Institute Gallery. Photograph: Perry Hu, 2002

光：卡特藏中国铜镜"展（图142-1）时，那是一个由克利夫兰艺术博物馆来的巡展，当时展品还没到，一般我馆的展览都是从外单位组展或借展，所以展品都要到临近布展前的三个星期左右才运到，而展陈计划则得提前几个月做，所以常常是不得不在纸上埋头苦干，看照片，靠想象来完成。所幸，我们多年来如此小心翼翼地做展陈计划，还基本上能做到展品与展陈计划相符。当时还参考那本展览图录，那图录的底色是黑色的。虽然我做过几十个展览，但还从没用过黑色。我相信黑色肯定也有适合用它的时候，譬如现在博物馆里隔开一间做录像厅的，目前所见，全是黑色的，那可能是特例，不算正式展览底色的范围。于是我开始想，这青铜镜的展览选什么颜色为展览的色彩基调呢？为此我把图录上的青铜镜看来看去。这青铜镜除了日常为鉴之用，还有"照妖镜"之类的所谓防护辟邪的功能，也属于祥瑞之器。于是联想到祥瑞之色应该有些什么。红色，是最具中国特点的瑞色，常常用于节日、婚事、寿宴、高升等大喜之时，但它过于喜庆，且与青绿配在一起，可能会有我家乡民谣所说"红配绿（此处读作lù），丑得哭"的忌讳。紫色！不仅"紫气东来"是祥瑞，紫色也是一个富贵的颜色呢，据说唐朝高级官员皆服紫色。而且，紫色还具有一种神秘莫测的感觉，这就与铜镜的功能有着某种契合的气质。从颜色本身来说，青铜镜的色调多泛绿色调，与紫色恰可成为对比色，若以紫色为底色，便可将那青铜色衬托得很明显，相

图142-2 “沿着长江：湖南的古代青铜器文化”陈列档案照，纽约华美协进社中国美术馆。胡维智拍摄。
Along the Yangzi River: Regional Culture of the Bronze Age from Hunan, China Institute Gallery. Photograph: Perry Hu, 2011

得益彰。当然，如前所述，紫色也是有不下十种色调的。青铜镜有千年的历史，那一份历史的厚重还是需要考虑的，不可能用大紫亮紫，于是，在许多紫色调中，我选择了略带灰调的紫色，以象征历史的尘埃。开幕那天很有趣，先是纽约一家著名博物馆的中国艺术部门负责人，一走进来，就说：“哇，紫色！”然后，那晚来参加开幕酒会的人，都努力在自己的衣服、领带、装饰品、包包上找紫色的影子。从这一点上来说真够祥瑞的，大家都足足地兴奋了一晚上。差不多十年之后的2011年，在做湖南省博物馆青铜器展“沿着长江：湖南的古代青铜器文化”（图142-2）时，我再次使用类似的紫色调，也达到了预期的效果。

如果整个展览是色彩绚丽的油画展，那么可以挑选出现最多的一个色调作为展览的基调，即与之相和谐的色调；或一个与之截然不同的色调，即对比的色调，再结合第一因素的社会文化背景和当时的流行色来定，这样，一个展览的色调就会具有艺术品生成环境的象征性了。

③展览本身的气质

展览本身的气质，是从展品本身的特性和其生成环境中形成的。例如中国古代书画，是一种优雅，是一种心境，是一种格调，是文人风格，还是皇家风格？明确之后便可以主观地去寻找一个色调，让其起到“暗示”和“建议”的作用，使这展览的环境和氛围跟展品和展览的心性相连。比如，我在2004年做耶鲁大学“过眼云烟：耶鲁大学藏中国艺术珍品”展览时，展出的是文人所用的文房用品，如文人收藏的青铜器、瓷器、书画等文玩，我便选择了一个蓝色带灰的调子，源自白居易《琵琶行》“座中泣下谁最多？江州司马青衫湿”（注105）的诗句。“青衫”，常为文人所着的服色，那是从文人学士的长袍而来的灵感。选择了蓝色，但不是鲜艳的蓝色，而是略带灰色的蓝调子，是考虑到这些过去的物品，有了时间沧桑的痕迹。找到这个展览基调，可以说是主观性的，是策展人对这一展览的认知和理解。本来不知道什么是耶鲁大学的“校色”，直到客座策展人江文苇教授看到了我的选择，他惊讶地说这就是耶鲁大学的蓝色。很令人诧异，那真是不谋而合了。（图143）

再比如2003年我策划的第一个国际原创展览“故山青：南京博物院藏十七世纪山水画”，展览的题目经反复斟酌后，最终定“故山青”作为主标题。这“青”字，提供了选择展览基调的线索。如前所述，我自认为这个展览的“眼睛”或“灵魂”，是明代遗民画家对逝去江山之爱恋，对反清复明之期待，以及最后复明之梦破碎后逃遁到青山中去抚慰自己的伤怀。所以从这题目的“青”字出发，展览的颜色也选择了类似“春山”的绿色，将山水画作归于其“原生地”的环境中，不仅寓意“留得青山在，不怕没柴烧”，还有春风吹又生、生生不息这样的寄托。这些感受、情怀或对色彩的考虑，均是主观的，几乎是抽象的，只可感知，只可意会，而难以言传。但我自认为是找到了一个贴切的不可更改的展览基调，并期待能引人联想和思考。（图144）

记得2000年，我做了“黄土地的黎明：玫茵堂藏中国古代陶器”一展。这个展览用了“黎明”这个字眼，从文化史的角度来说，那是中国文化的初始阶段，展品中最

图143 “过眼云烟：耶鲁大学藏中国艺术珍品”陈列档案照，纽约华美协进社中国美术馆。胡维智拍摄。
The Scholar as Collector: Chinese Art at Yale, China Institute Gallery. Photograph: Perry Hu, 2004

早的陶器是公元前5000年仰韶半坡类型的陶瓶，那是中国人开始有半地穴室住房，有陶文的表述，是以农业和渔猎为生的氏族社会的阶段。按照文明的标记——必须有文字、城市式的居住方式和金属冶炼来衡量的话，这正是文明来临的时刻。“黎明”这个字眼应该说是展览的灵魂所在。所以我会从这一点出发来考虑其文化背景和可能具有的象征性的色彩。红日初升，喷薄万里，那热烈的橘红色系列，就朝我心里来了。再从器物的颜色来说，仰韶、马家窑那一路大多以土红色器身加黑色为主，龙山那一路多为黑陶，西周、春秋战国的硬纹印陶又多为灰色，并开始出现了施有不青不黄属于绿釉系统的原始青瓷，这些颜色在那橘红色的衬托下，很活泼，富有生气，这样从展览的气质上来说，也符合“黎明”的朝气和“日日新”的生命力。纽约向来以黑色著名，一般人的穿着是为黑色笼罩着的，我曾问一个美国人为什么，她说，黑色最容易搭，高楼大厦外，楼高遮日，是灰色调的，高楼大厦内，都是生意场的多，黑色很庄重，所以里外都很协调，而且从办公室到参加晚会，黑色可以一路到底，最得体适合，也最简单了。真的，只有在阳光灿烂的佛罗里达海边，才能看到五颜六色的服饰，在蓝天碧海、绿椰金沙之间，五颜六色好像是比较合适，要是移植到纽约，确

图144　“故山青：南京博物院藏十七世纪山水画”陈列档案照，纽约华美协进社中国美术馆。*Passion for the Mountains: 17th Century Landscape Paintings from the Nanjing Museum*, China Institute Gallery, 2003

实觉得不太协调。当然在博物馆里展览的基调色泽更是沉着得多。当时我的美国公关小姐见我用此颜色，大惊失色，说这样的颜色和用这样的底色做的请柬，会让媒体的人大吃一惊的。这确实太不像在纽约了，但是我坚持用此颜色，结果非常好，好像沉睡的纽约也终于给“黎明”唤醒了，也偶尔开始喜好亮丽的色彩了。展览开幕后，那年，纽约街头出现了不少橘黄色。（图145-1、图145-2）

（3）三说参考的实例

再举其他博物馆展览的例子来说明展览基调的重要性。2019年1月16日在日本东京国立博物馆平成馆举办的“颜真卿：超越王羲之的名笔”（*Unrivaled Calligraphy: Yan Zhenqing and His Legacy*），是2019年最重要的展览。据有幸前往的观赏者说和网上介绍，在第三部分介绍颜真卿的展厅，展品背后的展墙一律变为浓烈的红色，表现出颜真卿表达自我情绪的书写状态。颜真卿的《祭侄文稿》，这被誉为“天下第二行书”的杰作，写于758年，距今已有1200多年，是颜真卿对在安史之乱中遇害的侄子颜季明的悼文。755年安史之乱爆发，颜真卿与其堂兄颜杲卿共同勤王，抵抗叛军，其侄

图145–1 “黄土地的黎明：玫茵堂藏中国古代陶器”陈列档案照，纽约华美协进社中国美术馆。*Dawn of the Yellow Earth: Ancient Chinese Ceramics from the Meiyintang Collection*, China Institute Gallery, 2000

图145–2 展览请柬封面局部

子颜季明才十几岁，往返军中送信。不料第二年叛军史思明攻陷颜杲卿守卫的常山郡（今河北正定县西南），颜季明被斩首，颜杲卿被肢解，颜氏一门三十多口被杀。两年后，颜真卿才得以收到亲人的残损遗骸，悲愤难抑，他奋笔疾书，写下这篇名垂千古的《祭侄文稿》。“贼臣不救，孤城围逼，父陷子死，巢倾卵覆。”全文23行，268字（涂改30余字），仅仅七次蘸墨，第一笔蘸墨后连写53字，可谓激情汹涌，一气呵成，只为抒发心中悲痛，根本没有把它当作一次创作。文字排布时疏时密，情绪激越时行书直接变成了草书。写错的地方就随手涂去，墨干了也不顾，全文多次出现枯笔，更让人感到悲壮苍凉。更令人唏嘘的是，《祭侄文稿》并未为颜氏家族忠烈之举画下句号。23年之后，唐朝发生另一次叛乱，783年，叛乱的淮西节度使李希烈攻陷汝州。此时颜真卿已经75岁高龄，他毅然前往叛军阵营劝降，后被叛军吊死，享年76岁。如此悲壮的一家，如此的书法，字字血泪，因此此展厅的基调为浓烈的红色。此部分“颜真卿”的名字，在红色的底色中被照亮，而且在展柜上方配有高清翻印的图像，空间顶上数十片约一人高的红绸，上印放大的《祭侄文稿》墨迹，书写者所经历的锥心泣血之痛，在这如血的色彩中，让看展览的人感同身受。

2019年在纽约大都会艺术博物馆的“CAMP”一展，是继麦昆（Alexander McQueen，1969—2010）时装展以来又一个被时装学院隆重推出的展览。那展览的色调是够到位的，他们用了粉色。（图146）是的，粉色！展厅里，甚至展厅外的小卖部，全都是粉色！这个粉色，不知从何时开始，在美国文化中，是不约而同地被认为是代表女孩子的颜色，如同蓝色通常被认为代表男孩子一样。当然美国的历史只能在两百多年的范围内去追溯其缘由。若从欧洲的历史来看，粉色本是一个公共色，是谁都可以用的，蓝色也未必是代表男孩的专色。即使在1900年前后，美国著名女画家玛丽·卡萨特（1844—1926），还专门画过穿蓝衣戴蓝帽的小姑娘。但不知从何时开始，粉色的出现，变成一个性别的暗示，多代表小姑娘了。

在寻找答案时，我却意外发现另两个关于“粉色”的秘密。一个说在20世纪三四十年代二战时期，以宝蓝色为军舰外壳色的船只遭到了很多的炮轰，英国的议员路易斯·蒙巴顿在看到美国长岛南汉普顿一艘游船的颜色时得到启发，回去给海军的军舰用灰色加红色调成了一种粉色，被称为“蒙巴顿粉色”。据说被涂成此色的“肯尼亚”号，被昵称为“粉夫人”（The Pink Lady）的军舰，在1941年底的海战中，就逃过了重炮的轰击。另一个故事说，20世纪70年代，当美国饱受毒品和暴力之害的时候，一位名为亚历山大·舒奥斯的教授在1979年说他有个好办法，可以使人不那么暴

图146　纽约大都会艺术博物馆2019年“CAMP”展览入口示意图。海水绘图，2020

力激进，他提出的建议，就是“粉色”。后来两个监狱官——贝克和米勒先生，以他们调制的白漆加红漆变成的粉色漆，涂在他们的监狱墙上，据说犯人们在156天内都没有发生暴力行为，这种粉色被称为“Baker–Miller pink”，在20世纪七八十年代被广泛运用。（注106）联想到2018年时，我在飞机上看到《中国民航》杂志上介绍英国人保罗·史密斯，一个因粉红色而走红的时尚老顽童，他在论及一场席卷全球的粉红风暴时说道：“因为粉色就是让人开心的颜色啊！”

粉色的柔化效应显而易见，一看大都会艺术博物馆在爱瑞斯·吉拉德·堪通展厅的“CAMP”展，这样的一统“粉色”天下，顿时让人酥软。然而大多数人，包括许多美国人都不知道“CAMP”在此是什么意思。因为在美国，说到“Camp”，一般人肯定以为在说“夏令营”，但宣传里说这是个时装展，又是这样的粉色，肯定跟夏令营没有丝毫的关系了。展览是基于1964年苏珊·桑塔格的一本书《坎普札记》（*Notes on Camp*），她指出“Camp”是一种私人品位的、具有个性特征的时装美学类别。这个词最早是从法语“se camper”演变而来，意为炫耀、显摆，最早出现在1671年的一个戏剧《史嘉本的诡计》（*The Impostures of Scapin*）中。所以第一展厅内，有法国路易十四国王（1638—1715）打扮得像戏中人物“Scapin”和摆着那架势的油画，还有其他一些贵族的图像和油画。桑塔格女士称为“Camp People”的，实际就是一些爱好穿奇装异服来显示自己与众不同的人。所以男穿女装或色彩鲜艳、夸张的服饰，讲究男性的身材体貌、站立走动的姿态等，常被人诟病为同性恋者或混合性别者，但在时装界，则引发了许多设计者的热情。（注107）

色彩的魅力，有如万花筒，是客观的，更是主观的。最善于用色彩来煽情的野兽派大师马蒂斯，师承象征主义画家古斯塔夫·莫罗，莫罗对绘画色彩的主观性论述，很大程度上影响了马蒂斯。莫罗认为：美的色调不可能从照抄自然中得到，绘画中的色彩必须依靠思索、想象和梦幻才能获得。（图147）而马蒂斯说：“奴隶式地再现自然，对于我是不可能的事……如果一切我需要的色调关系被找到了，就必须从其中产生出生动活泼的色彩，合奏出一支和谐的乐曲……”展览色调的选择，可以说正是基于对各种客观因素的考虑后，所产生的“主观性”的选择，来自思索、想象甚至梦幻，而与展品合奏出和谐的乐曲。从色彩到交响曲，选择对了，展览色调就具有令人“一见钟情”和“回味无穷”的双重力量。

图147 〔法〕古斯塔夫·莫罗（1826—1898），《俄狄浦斯和狮身人面像》，油画，作于1864年。纽约大都会艺术博物馆。Gustave Moreau, French, *Oedipus and the Sphinx*, 1864(public domain). The Metropolitan Museum of Art. On view at The Met Fifth Avenue in Gallery 800

4.展览材质的协调

第一点，展陈空间的材质与展览格调的适得其所。

对展览材质的把握是基于对展览的时代气息和展品气质的把握。所以，展览空间的材质与风格便可以随着每个展览的不同而不同。一如人，长相不同，气质不同，喜欢的衣服材质、式样、风格也就不同，张冠李戴，就会感觉别扭。

以展陈空间的材质来论，试想一个展示空间的材质是平常粉刷了的墙，或粗糙的水泥面，或白色大理石，或裸露的红砖，或反光的玻璃，或照人的镜子，或铁板钢架，那么在这样的材质空间，怎样来展示展览？若展品是明代黄花梨家具，是中国大写意水墨画，是希腊罗马雕塑，是欧洲中世纪宗教画，又该如何展示？这里能够产生的效果不外乎三种：（1）协调；（2）不协调或曰对比；（3）协调与不协调的混搭。因此，可以按照想出什么样的效果来运用场地的材质特性。譬如说把黄花梨家具展示在钢筋水泥的大厂房似的空间，肯定感觉很怪异，但是如果就是要制造这种时空忤逆的乖张效果，也未尝不可。我馆展览空间是基本固定的，四堵墙壁之间，一块天花板之下，所以展陈空间的材质对展览格调的影响不是很明显。在看到纽约哈德逊园新开张的“大棚”展示空间后，我就有了些想法。“大棚”具有超出一般博物馆天花板的高度，天花板上钢筋水泥似的椽子都一根根地亮着，名为“大棚”，名不虚传，在一间展厅里，它还有着超出一般博物馆的大跨度，全然是工厂工棚的感觉。在这样的展示空间里，若放上中国山水画，放上希腊罗马雕塑，会是怎样的感觉？这就使我想到展陈空间的材质与展览格调的问题。怎样才能合乎展览的味道，这个空间或者需要改造，或者可以走另一条路线，即如上所述，可以造成完全不同的对比，虽然不协调，但毕竟“对比”也是一种修饰手法。当我看到“大棚”里的展览时，那些展览的展陈效果好像是率性的、实验性的，用金属材料搭成的架子通向钢筋结构的裸露的天花板，上面挂着不能称之为“精致艺术”的画作。这样的用材和搭配，我当时感觉倒是一种“适得其所”的选择，走的是“协调”的路子，金属架子与工业大棚的气息很是相投呢。（图148）

第二点，展品辅助材料与展品特性的适得其所。

展陈材料与艺术品的协调，举例来说，亚克力的硬塑料材料，是我馆几十年来极力避免使用的。原因很简单，因为我馆所做的艺术展览，展品大多为中国古代各类

图148　组约“大棚”“公开选拔群展2”，展览陈列照。海蔚蓝拍摄，2019

图149 陈列于绒布包裹后的基座上的器物效果。“金与玉：公元14—17世纪中国贵族首饰”陈列档案照，纽约华美协进社中国美术馆。胡维智拍摄。*Gold & Jade: Imperial Jewelry of the Ming Dynasty from the Nanjing Municipal Museum*, China Institute Gallery. Photograph: Perry Hu, 2004

艺术品，亚克力材料，这种近几十年来的工业产物，实在与几千几百年前的艺术品有太大的隔阂。将它压在画上，将玉器、铜器放在亚克力的座上，反正怎么看，都很戳眼睛，会下意识地心里发毛。所以，我馆一般选择土木棉麻质地的材料，尽量采用跟展品那个时代气息相吻合的材料。使用木制的三夹板、五夹板，制成小盒，包裹上与展览基调相匹配的细麻布或粗麻布（选择布料也是跟选择展览基调同时进行的一个步骤），展品于这样的基座上展示，就显得厚重又舒适多了。（图149）后文也将讲到中国书画的各种陈列，以作为例子。

5.恰到好处的展陈辅助

展标是领人入门的标识。我馆空间有限，而且以“清约典雅”为尚的展览风格，决定了我馆展标的简洁性。我馆展标就是按照墙面所能承载的高度、宽度，裁成一个152.4厘米×121.92厘米（60英寸×48英寸）的板子，再用丝网印刷（Silk Screen）的办法做成。在这有限之中，大多是在展标的色调搭配选择、字形字体的选择和其大小排列上仔细琢磨，基本上就是追求“开门见山”的效果。例如“乱世绝响：六朝艺术”这个展标的颜色搭配，就曾为中外多位艺术家注意到并赞赏。（图150）每个博物馆的展览设计中都对展标有讲究，特此举出近期看到的几个博物馆的例子。例如华盛顿弗利尔美术馆的“凤舞紫禁：清代皇后的艺术与生活”展，也很费心，他们利用入场方向，做成一个通道式的感觉，在尽头的展厅入口，又做出一个古建的门楣，好像引领着人走进一个古建式的空间，甚至在地面上亦把展题重复展现。这种重复和繁复的装饰效果，跟清代繁缛的艺术气质倒是很相称。（图151）纽约犹太博物馆在做“夏加尔、利西茨基、马列维奇：俄罗斯先锋派在维捷布斯克（1918—1922）”展览时，按照其空间，把一个大屏幕上的滚动图像，与一侧的展标相映衬来作为展览之开端。（参见图55）而纽约现代艺术博物馆在做琼·米罗的个展时，把艺术家的名字用很大字号的字母打在一堵墙上，相邻的是放大了的画家的特写照片。（图152）2019年秋天回国时，我看到常州博物馆的“龙腾中吴：常州古代历史文化”展，以数块屏风式的立式直板，前后错落地排成了两三排，展览标题的背景是淡化了的恽寿平的《湖山春暖图》（天津博物馆藏品）。据学者研究，恽氏此图约作于1682年，用于展标，有还原其时代地理环境之利，且以恽氏创建常州花鸟画派的功绩，以他的作品作为“龙腾中吴：常州古代历史文化”展标的背景，也很合适。这个展标，从形式到内容的考虑，以及形式和内容的结合，都值得借鉴。（图153）

展板，首先是展览前言，我馆仍然按照场地的条件印制展板。有许多博物馆则直接用丝网印刷的办法，将展览前言做到墙面上，字体可以按照墙面的尺寸所允许的比例做得更大，观众读起来会容易得多。展览各部分的说明文字，也是可以用展板的形式或丝网印刷的办法，在各部分开端前列出。大都会艺术博物馆2019年的“CAMP”展，在其分题的展板内容里，还掏出一个窗户似的空间来摆放展品。从形式上看，有新意；从实用的角度来看，唯一的不便，就是有人对那件东西感兴趣而去贴近了看时，会挡住其他人完整阅读展板的视线，急性子的纽约人，或是天涯来客，都是等不及的。（图154）

展览说明牌，前面讲到各馆不同的尝试，有些博物馆不要展览说明牌，有些只提供最基本的信息。我馆以教育为务，所以还是遵循博物馆一贯的做法，每件物品都加

图150　“乱世绝响：六朝艺术”展标，纽约华美协进社中国美术馆。海蔚蓝拍摄，2016

图151　弗利尔美术馆2019年“凤舞紫禁：清代皇后的艺术与生活”展览入口。*Empresses of China's Forbidden City*-5: Freer Gallery of Art and Arthur M. Sackler Gallery, Smithsonian Institution, Washington, D.C.

Joan Miró

前 言
PREFACE
龍騰中吴
——常州古代历史文化
Ancient History and Culture of Changzhou

图152　纽约现代艺术博物馆2019年“琼·米罗”展标示意图。海水绘图，2020

图153　常州博物馆“龙腾中吴：常州古代历史文化”展标。海蔚蓝拍摄，2019

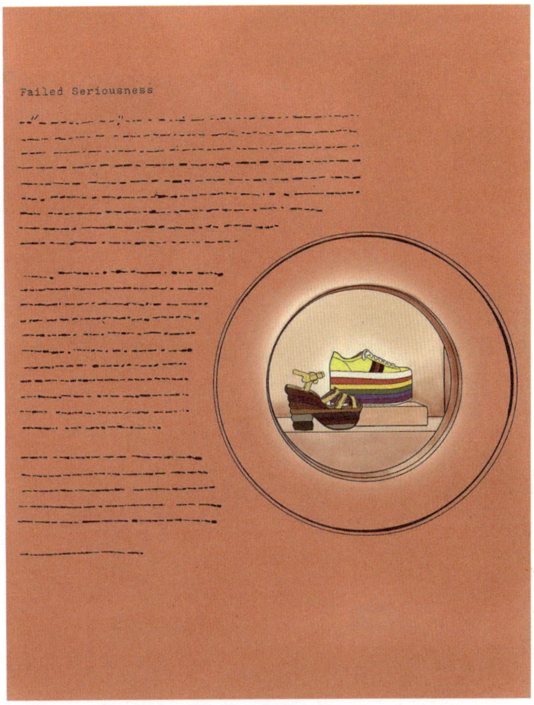

图154　纽约大都会艺术博物馆2019年“CAMP”展览，各部分子题展板介绍举例示意图。海水绘图，2020

以说明，每个说明牌上都包括基本信息和要点陈述两部分。展览说明牌的做法也是各有不同。一般来说，在一个特定空间内，场地大小和天花板高低，可以作为界定说明牌大小尺寸、字体大小的一个参考值。在此基础上，要关注到人们本身阅读的习惯，即在肩膀等宽、不需脑袋和眼睛转来转去的范围内，读起来是会比较舒服的。如果必须做成一个很大的说明牌，那也必须把文字排成两大块，以免观众难堪——一行读过去有一米之长，再回头来找下一行的衔接；或是说明牌的摆放有一定的角度。总之，必须考虑到观众阅读的舒适性和连贯性。

图版图表与摄影，作为展览的辅助视觉资料，在营造展览氛围、诠释展品的各方面都能起到很直观的作用。在此要注意的是两个原则：第一个原则“适可而止”，即在数量上、大小上、色彩上的选择要有分寸；第二个原则“位置恰当”，既然属于辅助性质，摆放在哪里最合适，需要与展品有关联，但在方向上、对应上、距离上又要恰到好处。这里以纽约亚洲协会美术馆2016年举办赵无极个展时，摆放的一幅摄

图155 纽约亚洲协会美术馆“赵无极”展陈现场照。海蔚蓝拍摄，2016。Installation view of exhibition *No Limits: ZaoWou-Ki* at Asia Society Museum, New York, 2016. Photograph: Willow Weilan Hai

影辅助图版的位置为例。这幅摄影图版与展厅的墙等高而融为一体，展现赵无极先生在其工作室手扶着他的画作。那是一幅黑白的图像，与展览色调的深蓝色迥然有别，虽然与墙等高，但其处于一隅的位置，加上颜色的区分，所以其作为展览辅助品的背景的性质很清楚。该图像中赵无极先生的姿态，与展厅的方向协调，好像赵无极先生开着画室门迎宾似的。如此放在这整个展览的第一部分，并且没有立即连接艺术作品，而是于文字说明的部分开始，在几个层次上都交代得比较清楚：既展现了其画室，又使展品有主次之别，加上赵无极先生以如此的姿态面对着展厅，真是用得很妙。（图155）

为增进展览的效果，视频与音响这些手段也用得越来越多了，其直观的体验，对观众了解展品很有帮助。但这些既然是辅助设施，原则上是以辅佐展品为主，所以其大小、位置在整个展览中的安排都需要围绕展品来考虑，而不能占据中心，也不要影响观众对展品的欣赏，除非是展品介绍的对象需要以大视频来展现。这些就要按照每个展览的需要来确定。

总之，作为辅助手段的上述种种，仍然要注意的是这些辅助设施在整个展览中的比例和安排，展板的大小、展览说明牌的大小、图版照片的大小位置、视频的大小位置等，既为辅助，便绝对不能喧宾夺主，始终要注意到这些只是绿叶，只能起着烘托展品这朵“红花”的作用。

6.画龙点睛的展陈布光

艺术作品中“光”的感觉，在西方艺术品中很受关注。在欧洲的油画中，画家强调光感，运用色彩冷暖对比、明暗强度对比、厚薄层次对比，来进行光感创造，制造和谐的光感效果。意大利画家卡拉瓦乔则打破他之前的这种和谐光感效果，而强化画面的明暗对比，用画面背景的大片暗部衬托前景明亮的人物。荷兰画家伦勃朗更是强调这种明暗对比的光感，把画中光感作为表现人的精神状态的一种手段，人在大块暗部笼罩中，唯有脸、手等在亮光中透露人物的神情和表现。西班牙画家埃尔·格列柯则将斑驳的光影作为他创作的背景，从间断错落的明暗分布中来安置景物和人物。法国印象派画家则关注光线变化对色彩造成的瞬间印象。在舞台上，光线更是制造变化多端的舞台效果的重要手段。总之，“光”是给予艺术作品以通电的魔性一招。

展陈艺术的最后一个“秘密武器”，便是“布光”。（图156）这不啻是给展览的“点睛”之笔。所以，待展品到位，待所有辅助的展板、说明牌、图版、视频等到位后，即开始最后的一道工序——布光。我们常用MR16式灯泡，并选择LED省电型的，有泛光（flood）、窄光（narrow）、非常窄的光（very narrow）、聚光（spot）等几种最常用的形制。艺术品，尤其是古代艺术品，在光线下暴露时间长了，会造成损伤，所以打在艺术品上的光线亮度，博物馆界是有统一标准的，其光照的亮度可以按艺术品的材质，一般以5到15个烛光（foot candle）的度为衡量。布光之后，现在博物馆一般都用声控系统，在无人观赏时，灯光会自动慢慢熄灭，等有观众进来，灯光再慢慢

图156 笔者与布展梯队在为“敦煌：丝路佛光”展商量布光事宜，纽约华美协进社中国美术馆档案照，2013

启动照明，以作为保护艺术品的措施之一。那么如何知道光线打得是否合乎标准呢？除了经验，也有专门的测光仪器来对准灯光打在作品上的最亮点，以及测量有没有超标，如果超过所需的度数，就要采取措施来降低光亮度。

布光是完成展陈的最后一步，对突出展览的特征起着“画龙点睛”的作用，以下从实践中总结出的要点，对布光或许会有帮助：

（1）如何用灯光来突出一个展厅最重要的展品？使一件艺术品富有立体感，一般来说最起码要有三个光源：主光源，从一侧布满全身；侧光源，从另一侧起辅佐效果（要不会有深深的影子）；聚光源，照亮要强调的部分。在一个展厅中，在平均光源照亮所有展品的光线水平上，以聚光源来突出最重要的展品，就能立刻突显该件展品的重要性了。

（2）如何用灯光来使同一展厅的物品各有其组，又顾盼生辉？一般来说，同一展厅应该有平均的光源亮度，打在每个展柜上的光线应该都是均匀的。若要追求戏剧效果，即在比较暗的整体背景中，以光线的魅力来突显展品，就要考虑如何设计能达到效果。例如，如果一个展厅有五个展柜，每个展柜有其布光的均匀效果，每个展柜内也可选出需要强调的展品，给予多一些的聚光效果，当每个展柜都仿佛有个主角站出来时，那五个展柜间会有一种无形的对话效应。此外，还要关注到五个展柜之间的布光，不是黑与白的直切，而是需要有灰色地带的过渡，如此，也需考虑以光线的效果将五个展柜的关系相联结，而避免“孤岛”效应，除非有必要制造那样的效果。延

图157 “乱世绝响：六朝艺术”展雕塑展厅的布光效果，陈列档案照，纽约华美协进社中国美术馆。胡维智拍摄。*Art in a Time of Chaos: Masterworks from Six Dynasties China, 3rd–6th Centuries*, China Institute Gallery. Photograph: Perry Hu, 2016

伸开来，在每个展厅的过渡区域，也要注意到适当的布光，将此纳入展厅布光整体化效果的考虑范围。

（3）整个展厅内各件物品的光不能打得这里太亮（too hot）、那里太暗（too dark），如何使整个展厅的布光协调？布光肯定是一个柜一幅画地进行，在初步做好一间展厅里对各个柜子各件展品的布光后，必须站在这间展厅的不同角度，对整个展厅布光的统一性进行观察和调整。太亮处，设法使之降低亮度；太暗处，设法使之增加亮度，直至整体感觉匀称，这是布光的最后一步。（图157）

（4）需要考虑到在没有展品的地方，给予观众通道一定的光源，其亮度可以控制在能见度以内，不需太亮，以免影响展品布光的整体效果；也不能太暗，要考虑到方便观众通行。

在技巧和工具上，除了灯泡本身度数的选择，我们常用一种细的铁纱网作为控制光源强弱的调节器。那细铁纱网买来时是一整片方形的，可以按照灯具的直径剪裁为相应的圆形片（参见图123），放在纸盒里备用，灯光若太亮了，就在灯具的灯泡前加上一片纱网，或加两片纱网、三片纱网，光线立即变暗，即可达到微调的效果。

光线不仅点亮了展品，而且它造就的立体感，使展品生辉，使展品彼此间产生对话呼应，使整个展厅在一个统一的光线效果中产生和谐感。为了突出展品，也可使其余部分稍暗，给予突出的物品以舞台聚光的效果。光线的匀称、过渡的统一性，需兼顾到各展柜间、各展厅间，甚至兼顾到辅助物品的布光，如展板、说明牌，以及观众通道等。总之，布光同样可以是在有主次、有明暗的韵律中，达到整体的协调。

最后，再次强调：善于运用光线，也能造就特别的展览效果。如大都会艺术博物馆的“CAMP”展，在展厅中一路走去，是比较明亮的常规式的布光，到了那最后一个展厅，则骤然不同。一是其大；二是其黑，陡地一片昏暗；三是中央巨大的方形陈列装置，以及四周墙面上下两排一个个的方形展示空间，从地板到天花板，各色的时装套在各式的模特身上，有的还在不停地转动，是那么的明亮耀眼！请君闭上眼睛，想象一下这效果吧。用光的夸张和强烈，确实会令人叫一声“哇”。对于这时装展来说，是合适的。用双层的展示空间展示时装未尝不可，因为没有很多具体深入的说明需要观众去阅读，要不，那上层空间的陈列细节根本无法看清楚。但如此装置和用光，出效果了，观众能很容易获得对时装色彩、风格的直观印象。加之本来时装走秀，就是模特们走在T型台上，只有T型台被照亮，只有模特们被照亮，观众都是坐在秀场的黑暗之中的。所以这间展厅如此之大，如此地运用光线来传达时装及其展示的特点，也可谓“适得其所”。（图158）

7.展陈艺术的最终效果

展陈艺术的最终效果，便取决于上述所有各部分的精益求精，其各部分的协调以及整个展览各部分整体的协调。整体性，是最终产生一个好的展览和具有展陈艺术效果的关键词。在此，我引用另一位美学家对整体性的阐述，希冀让这个“整体”的

图158　纽约大都会艺术博物馆2019年“CAMP”展用光效果示意图。海水绘图，2020

词留下深刻的烙印。克罗齐道：“艺术作品的整一性与不可分性。……每个表现品都是一个整一的表现品。心灵的活动就是融化杂多印象于一个有机整体的那种作用。这道理是人们常想说出的，例如‘艺术作品须有整一性’‘艺术须寓变化于整一’之类肯定语。表现即综合杂多为整一。……正犹如我们把无形式的铜块和最精彩的小铜像同丢在熔炉里一样。那些最精彩的小铜像和铜块一样被熔化，然后才能铸成一座新雕像。”（注108）如此比喻的话，策展人的脑子应该是这样一个能够熔化各种材料的大熔炉，从而得以铸造成一件新的艺术作品：展览。

在这一章即将结尾之时，特意把一篇专论中国书画展陈经验的文章贴录于此。那是2018年我有幸参加中国人民大学组织的“世界因遗产而璀璨——2018中国古书画鉴定修复与保护国际高峰论坛”国际学术讨论会，会上我谈到中国书画的陈列与保护，基本上说了我想说的事，其中有许多细节，可以作为展陈的个案来参考。

个案参考：中国书画的陈列和保护

中国书画在千年的历史中，作为中华民族的一种独特的艺术形式，不仅形成了自己别具一格的方法、内涵、美学取向，而且具有特别的装帧形式。一般来说，是众所周知的三种主要形式，即立轴、手卷、册页。

古人欣赏书画，若是挂在客厅的立轴、中堂，大约敲颗钉在墙上，用画叉竿子一支就挂上去了，便可让家人亲友观看；手卷和册页大约多为私下观赏的，或是三五知己，或是宴会雅集，文人学士展卷把玩，兴诗题跋。这种观画方式可从现存的绘画题跋中，或如《西园雅集》之类的绘画作品中看到。聚会完了，就放回樟木盒子，或裹进蓝布锦绢之囊存放。因此，当博物馆将这些本是多为私人观赏的艺术品面对公众时，便面临一个如何展示的问题。于是，八仙过海，各显神通。中国书画在展陈中有两点最重要：一是展陈的效果，一是书画的保护。常言道："人靠衣装马靠鞍""三分画，七分裱"。任何艺术品的展示，都得靠辅助的展示手段。若论展陈书画的效果，首先应该考虑的是如何保存其书画原本的形式，并展现其最精彩的部分。既然书画是主角，作为辅助展陈的材料，理所当然不能喧宾夺主。因此书画的展陈，在安全保护的前提下，应以最大限度地少用辅助材料为准则。

首先，所有书画如果不是在本馆内运作，而是由外馆运到展示场地的，需要停留48小时后方可打开，让其适应新环境的温湿度，以免纸、绢、装帧材料在突如其来的环境的急剧变化中遭受暗伤或损伤。

立轴的陈列与保护。一般来说，在立轴的天杆中央，已有一根用于悬挂的线带，应该说立轴是最易陈列的。在博物馆的做法，却不能像在家里墙上敲颗钉就挂上去那么简单。首先得确定其高度，这一悬挂的高度，是以整个展厅的中心高度为基数的，即观众视觉上最舒服的高度。按照美国博物馆的经验，一般是在147.32—152.4厘米（58—60英寸）之间。如果是常规高度的立轴，用其已有的悬挂线，其中心高度恰在这一范围左右的，那就很简单，按照画面中心，找到悬挂高度，定点钻孔，钉钉，挂上就行。如果是一幅过于高大的立轴，可能就需要调整画轴的两端来达到这一个统一的中心高度。立轴上端需要卷起时，有些博物馆是使用一种有机塑料筒，一侧开口将天杆和悬挂的线与别子插入其中，然后依着塑料筒，将画幅上方多余的部分卷起来后固定悬挂。那样应当是安全的，但直观上，有机玻璃的塑料筒太突出，有碍立轴本身的形式美。因此，多年来我主张凡是贴近展品的陈列材料，应尽量少用或不用有

图159　纽约华美协进社中国美术馆立轴陈列档案照

机玻璃，因为有机玻璃这一材料，在观感和触感上有违古代书画的材质和气质，并在观赏效果上造成隔阂，而坚持用自然本真的材料来展陈。我的展览设计师因此用了原木棍，5.08—7.62厘米（2—3英寸）的直径（按需要而定），抛光后，切割成比立轴天杆略宽的尺寸，依照天杆的宽度，找到中心和需涂抹颜色的点，即天杆宽度是约40厘米（16英寸）的画，这根木棍长度就是约56厘米（22英寸），两边各留约7厘米（3英寸）的地方涂成该展选用颜色的部分，并在这两边约7厘米的中心部位各钻一孔待用。用一层防酸绵纸把原木棍未涂颜料的约40厘米的部分包裹起来，这一片纸可略小于40厘米，这样就不会露出纸边，然后将它挨着天杆，小心地一起卷起来，卷到合适的高度，注意将卷有天杆的那一面紧贴着墙面朝上，好像卡住整幅画作一般，然后将原木棍的两端用螺丝钉在预留的孔中固定。待两边都固定后，立轴就稳定了，显露的是书画装裱的本身，原木棍两端与展柜的颜色相似，因此观众的眼睛看到的是画本身，而看不出多少人为的痕迹。如果立轴画的下端太长的话，可直接卷起，卷到需要的地方，将两端的轴头以粗铁丝弯成的圈固定。这个铁丝圈必须以透明塑料管包住，

图160-1 纽约华美协进社中国美术馆手卷陈列档案照

图160-2 纽约华美协进社中国美术馆手卷陈列示例图

以免损伤轴头，然后将其一端钉入柜墙，勾住和固定轴头。（图159）

整个立轴挂起后，一般还需要在画的左右两侧等距离地各加固两三个小“L”形的钉，一端钉入展柜，另一端罩上透明软塑料小管，若即若离地压着立轴的边沿。一是防止立轴挂的时间久了，边沿会略微弯曲；二是如果太贴近有机玻璃罩的话，在清洁有机玻璃罩外表时产生的静电有可能会吸附绘画，而不利于画的保护，这样就可使画与有机玻璃罩之间保持距离。在这整个张挂立轴的过程中，所有的钉眼都要预先测量，将画挂上定位后，要以铅笔标出需要的各点（展厅展陈期间，只许用铅笔），然后取下画作放置一边，等打眼、除尘结束后，再将画挂到位，并罩上擦拭干净的有机玻璃罩，作为最后的保护。

在这里要继续说明的是，许多博物馆有固定的展柜，所以张挂立轴时，基本上只需确定一个高度，就可在钉钩上挂画，一排一排的。我馆因为没有固定的展柜，所以在展陈方式上没有如此的方便。但有利的条件是，可因此造就每幅画的独立空间，为每幅画打造专属“画框”一般的展柜，而促使观众集中注意力观赏。对于立轴的展陈，我们一般是量体裁衣，在墙上四边筑起木框，这木框最起码要高于画面5.08—10.16厘米（2—4英寸），依画轴的直径而定，目的是保证有机玻璃罩的表面与画面间有一定距离。待画张挂好后，再将擦拭干净的有机玻璃板固定于木框上，然后外加跟展墙颜色相同的木檐条，遮住木框四周的钉孔，并可将钉孔点缀成与展墙相同的颜色。如此，人工之痕迹尽量缩减到最小，而使每幅画在专属的空间展现自己的面貌，又与整个展览浑然一体。

手卷的陈列与保护。手卷的展陈在我们的实践中有两种：一种是独立的，可置于展柜之中；一种是可依展墙而建。一般高96.52厘米（38英寸），展柜平台的深度则按画面的高度而定。将展柜涂成展览所需的色彩后，需等待起码一周以上，待漆色彻底干透。在平台上，一般可以直接平放手卷，也可再加一层裹着麻布的平板，以增加精致的效果并作保护。这一层平板有时亦可支到10—15度的斜角，让手卷略微斜倚着，特别是高度超常的手卷，又挨墙放的话，里面的画面就不太容易看到了，因此可以考虑采取这一有小斜坡的展示方式，并在这一斜坡状展板的底部设一台阶，让手卷坐于其上。（图160-1）

我们固定手卷的装置方法，也是从简。在手卷一端有别子处，以小片防酸绵纸裹着卷起，不仅仅是防其摆动露出别子，更主要是使别子不直接触及画面的任何地方，

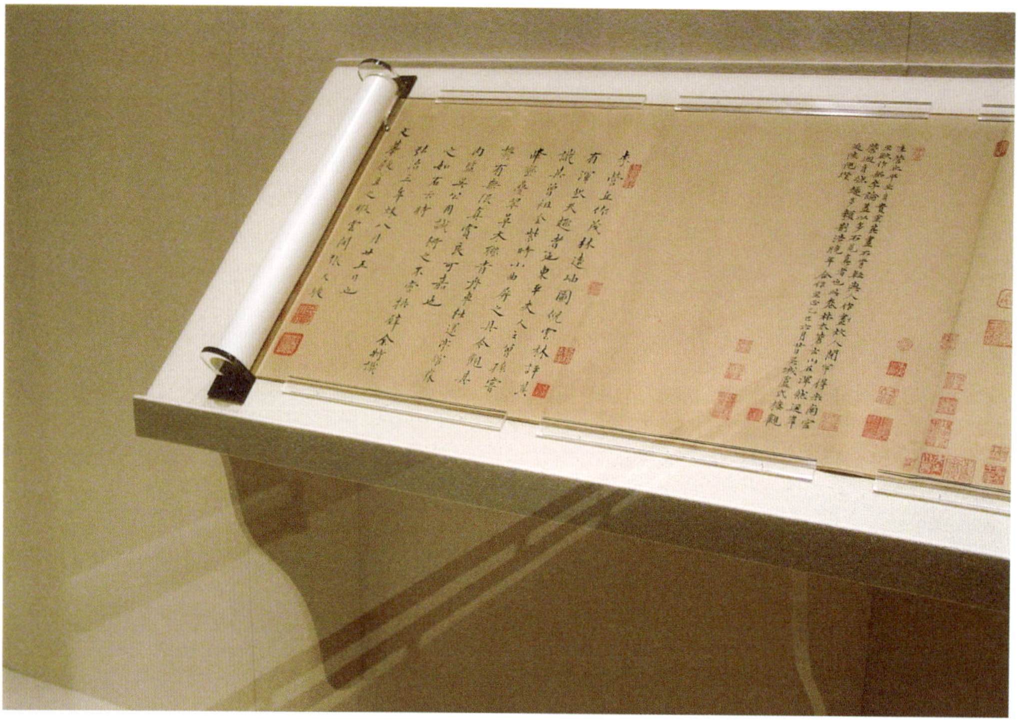

图160-3　所见其他书画陈列中使用有机玻璃材料的例子

哪怕是装裱的部分，卷起时也比较服帖。将宽约小于2.54厘米（1英寸）的本色麻带剪裁成高于手卷高度的尺寸，如果手卷高度为25.4厘米（10英寸），这条麻带则可剪成约40厘米（16英寸），两边各留7.62厘米（3英寸）。将这剪好的麻带从一开始便夹于手卷别子处一起卷起，直卷到需要展现的画面，将卷起的这一边，用麻带捋平，贴着柜面绷紧；在两边各留出的7.62厘米处，将毛头折起，然后用胖头钉钉住折好的麻带，在两边各钉三个钉，手卷的两边就可固定了。然后向左缓缓打开手卷，至手卷的另一边，因有实心的画轴，本色麻带无法用同样的方法卷进画轴，而需在外面斜拉着跨过手卷画轴，斜绷在画轴的两侧，将两端毛头折起后，用胖头钉固定。（图160-2）因为手卷尾部的轴心一般比较重，所以许多博物馆在这部分，多以有机玻璃的圆形支架来支撑。（图160-3）我们一般则以一枚或两枚8.3厘米或10厘米的长钉，套上透明塑料小管，紧挨着轴头来加固。此外，当展示的手卷较长，为避免其中间翘起，则可等距离地以小“L”形钉罩上透明塑料软管，若即若离地压着纸边。做法如同立轴两边的小钉。在此装置过程中，同理，手卷要摆放定位，打孔，除尘，清理，最后落实到

图161　纽约华美协进社中国美术馆册页陈列档案照

位后，才将擦拭干净的展柜用有机玻璃罩罩住。一般每个展柜的罩子会用三种不同的保险螺丝钉来固定。如果螺钉显露了，有碍整个展柜的面目，那么可将螺钉显露处涂以与展柜相似的颜色。如此，一件手卷的展陈就算最后完成了。

册页的陈列与保护。整本的册页，可能只能展封面，或中间的一页，或最多展对开的两页，然后平放或搁置在一个略带斜坡角度的展架上。一般博物馆的册页，为便于展示，多已经分开。有的为对面的两开，一为画，一为题诗，如此，这两开最好能装在同一个纸框中陈列。如果对面的两开，一为画，一为空白，便对折后装入纸框，或不对折，就两面皆装入同一个纸框。装入纸框的册页，便可挨墙直立陈列。先依册页尺寸，在墙面上打造一个木框，然后，将纸框下沿承坐在一个檐条上，早期我们也用过有机玻璃檐条来承放，但那有机玻璃总显得突兀。后来还是用木檐条，做出一个“L”形的台阶，将这木檐条预先漆成与展柜同样的颜色，使册页坐于其上，然后在纸框的上边和左右两边用罩有透明塑料小管的“L”形钉若即若离地压住即可。待在木框中的一幅或几幅册页装置到位后，再盖上擦干净的有机玻璃板，钉好螺丝后，覆

图162　纽约华美协进社中国美术馆特大横幅陈列档案照

盖涂有相似颜色的檐条以收尾。（图161）

特大横幅的陈列和保护。2016年在做“乱世绝响：六朝艺术”一展时，南京博物院有两件西善桥的“竹林七贤”拓片，已装裱成横幅，各高82厘米、宽238厘米，横幅上端等距离地各做了三个小绢环，可以钉住挂起，但考虑到时间长了，其中间部分可能就会塌下，引起画面窝卷，而伤害作品，影响观瞻。讨论之后，我们的方案是按照其尺寸，在墙上做一个木框，宽有250厘米，在框内的上下两边墙板上，等距离地排列小磁铁片来压住画的上下两边，使其平整。这首先需要用铅笔定位，然后在墙板上钉钉，并在画面与墙板接触处贴一圈MYLA——一种透明的硬塑料纸，置于艺术品与展柜接触的表面之间，以防展期过长，展柜颜料会因温湿度变化，而有可能黏附到艺术品上。画幅摆上后，在墙板钉钉的对应处，用小磁铁吸附，这样一幅长达两米多的横幅就平整地直立在墙上了。然后在展框左右两侧各有6厘米处，将横幅的轴干以硬铁丝做成环状，罩上透明软塑料管子，将铁丝裸露的两脚钉入轴干两侧固定，并于轴干下部加以用软塑料管罩着的铁钉支住。待全部到位后，盖上擦拭干净的有机玻璃板钉于木框之上，最后框的四周再覆盖与展柜同色的檐条。（图162）

照明是展示艺术品的点睛之笔，也是书画陈列的最后一步。现在博物馆一般都用声控照明，依有无观众自动给光。但首先仍要调整好每件作品合适的光线，以显示其精彩，并将亮度控制在5至15个烛光之间，这是美国博物馆界通用的一个标准。其他日常的保护，是温湿度的控制，一般是在50度左右，上下不超过5度（可依具体材质调整）。如需特别保护的，可在单独的展柜中置放Silica gel或beads——一种在独立展柜中局部调整湿度的材料。另外，展柜的护罩一般都是有机玻璃，擦拭时很容易产生静电，如艺术品太贴近，则会有被吸附的可能，所以，一般要使用专门擦拭有机玻璃的清洁剂，可抑制静电，以作日常的维护。

如此，在一个书画展室中，每幅作品既有自己独立的空间，又因所有书画的悬挂均以相同高度定位，并有相同颜色、相同装置材料、相同装置手法、相同灯光亮度，而使所有书画融入一个统一的整体效果，既突出了书画本身，又保证其安全。这便是我三十年来努力实践和倡导的展陈理念：其一曰“隐形展陈”，其二曰“立体展陈”，其三曰“个性展陈”；以及在我馆书画展陈中的运用，以供参考。（注109）

其实，各馆都会寻求最适合的方法来增进展览的展示效果，均可不断互相借鉴改进。譬如，2018年新装修的耶鲁大学美术馆书画的陈列（图163），就用了细亚麻布包裹着一个小铁条，穿进卷起的稍微空洞的手卷一头，以压住卷轴的开端；在另一端，则以同样包裹的小条夹住卷轴的两边。因为细亚麻布的色调与古代书法的为时间熏陶过的纸色很接近，那小条很窄，所以，几乎可以说是不露痕迹的手卷陈列方法，且手卷被固定的效果很是服帖平整。我当时大加赞赏。2019年6月，在大都会艺术博物馆展出的“源氏物语：日本经典的启示”展览，其中有一个手卷，是12世纪的《妙法莲华经·提婆达多品第十二》，在靛青的纸上，用金银作画和书法，非常精美。但其画面直接始自天杆，没有卷起固定的部分，所以，他们展示的方法是用一条约0.6厘米的透明纸条（估计不是塑料的，应该是具有防酸性质的特殊纸质，因其直接接触画面），自上而下压住天杆，然后将上下两侧固定于略微倾斜的背板上，手卷的系带则自然舒展地散落一侧，虽说自然，但那弯弯曲曲的样子，一定也是陈列者将之调整到一个较为优美的姿态。虽然其另一侧，仍然运用了厚重的亚克力的弧形托子，这有悖于我的展陈美学理念，但对于其天杆处的展陈方式还是值得参考的，故特意在此指出。（图164）

图163　美国耶鲁大学美术馆中国书法展陈列。海蔚蓝拍摄，2017

这一展览中，固定书画立轴轴头的办法，则是在轴头的一端，用一颗钉子似的材料来固定，虽然体积已经极小，但还是能露出痕迹，且显得太刚劲，与画风不适，所以还是感觉不太舒服。有关立轴轴头的固定法，美国西海岸圣巴巴拉艺术博物馆的策展人戴星舟女士曾介绍其馆里固定立轴的办法，就是用一个略呈弧形的托，垫上深色的柔软而起毛的纺织品，从下面兜住轴头，这样基本上可以做到不露痕迹。而我馆所用的套有透明塑料管的铜钩环抱轴头的做法，虽然痕迹已经很细微很不起眼，但是还是有点破坏画材质感。反正需要不断学习，陈列艺术也要不断精益求精，但以保证艺术品的安全和最佳展示效果为原则。

总之，展陈艺术如同一件艺术品的创作，既有细节，亦有整体，而必须在所有细节中考虑整体，表现整体。作为一个展览诞生的最后一道“工序”，展陈艺术必须

图164 纽约大都会艺术博物馆2019年“源氏物语：日本经典的启示”展览中，《妙法莲华经》手卷装置法以及立轴轴头的固定法示意图。海水绘图，2020

使用各种方法，使展品在各方面达到协调和统一，空间、高度、距离、明暗等彼此呼应，一切都努力做到恰如其分，恰到好处，以削一分嫌少、增一分嫌多的要求来求之。对整体的把握，先要胸有成竹，然后再协调各方面，调动各种手段来完成整体，突出整体的特征。如此，展览将浑然一体，熠熠生辉，又如玉般温润，令人亲近而感觉仿佛天生便该如此。

第六章

策展美学——境界、气质、品格、鉴赏、标准

老子在《道德经》中说：“大道泛兮，其可左右。”任何艺术都有一定的规律，驾驭着艺术的实践。中国艺术何其有幸，在1700多年前的六朝时代，就已有一些富有智慧的人如画家顾恺之、评论家谢赫等人，洞察艺术之奥秘，直切艺术之本质，对艺术的规律做了总结归纳，他们提出的美学观念一度成为指导艺术和品评艺术的金科玉律，对中国艺术乃至其他文化都产生了深远的难以估量的影响。

在西方，对艺术规律的探寻，似乎是依附着“学院”的建立和“学院派”这个提法来形成的。因为曾有人评价我所做的展览是“学院派”，所以，就此机会，也来稍为了解一下这个词的来历。“学院派”成为一个代表词语，标志着技艺到艺术的更高层次的转化和衡量，使艺术具有了社会教化职责，具有了社会话语权，并使艺术有了人道主义的精神功能，有了社会使命。简言之，匠人造就了艺术家，使艺术成为崇高。虽然这个词作为学派术语，但从艺术、文学、哲学或科学学科意义上讲，可以追溯到公元前4世纪希腊雅典的柏拉图时代，但直到16世纪意大利波伦亚的卡拉奇家族三兄弟创立了工作室，这才被称作欧洲真正美术学院的开始，并遵循意大利“学院派”奠基人法契诺的艺术主张，建立了完整的教育规范和程序，才形成欧洲古典学院派模式。其宗旨大致如下：（1）绘画与雕塑是知识和理智的产物（图165），其首先是一门学问而非手艺。因此，艺术家应是一个学者和有地位的人，而非技工。（2）艺术

图165 〔意〕弗朗西斯科·莫奇，青年胸像，1630—1640年。美国芝加哥艺术学院。Francesco Mochi, Italian(1580–1654). Bust of a Youth (Saint John the Baptist?) 1630/40 (public domain), Art Institute Chicago

与诗皆“模仿自然”。对此，由经验而建立的学科具有指导作用。（3）造型艺术和文学一样，应以追求改善社会的道德为目的，提高人的理想。（4）美是所有艺术品的最高目标。它是事物的一种客观性质，由秩序、和谐、比例、规矩所组成。（5）诗和视觉艺术在古典作品中达到了完美和明确的形式。一旦秘诀失传，艺术遂趋衰落。（6）艺术服从于完备的法则，它是合乎理论而可以理解的，能够明确地被陈述和进行教授。古典学院派的创立，把流散在希腊、罗马的美术实践经验和古典传统完美的规则加以理性地集中、修炼，使处在工匠技艺水平上的美术得到澄清。其归纳提炼的希腊罗马的审美原则，如构图对称、均衡、气势庄严、辉煌、崇高、技法精湛、刻画深入等，使人类开始真正用心去认识“美术”为何物。

古典学院派的艺术主张影响了17、18世纪的英国、法国绘画雕刻学院的建立，启蒙思想家强调以艺术的社会教育功能来鼓吹自由、平等、博爱等。这种以艺术崇高为尚的美学观，其影响覆盖了文学艺术。但丁在《神曲》中说“人应当追求真理与不朽”；安格尔在《安格尔论艺术》中说，在艺术形式上“要不断地临摹自然，学会认真观察自然物的能力”，去除媚美之风。学院派意味着人类这一文化模式的成熟，意味着技巧和形式的成熟，意味着对世界人生具有了明确意念，因而有能力把最深刻的时代精神在美术创作中完美地表达出来。

西方学院派的奠基者法契诺曾说道：“美是所有艺术品的最高目标。它是事物的一种客观性质，由秩序、和谐、比例、规矩所组成。”这个观念是有些年代了，但是过时了吗？尤其在眼下这个21世纪的世界艺术大狂澜的时代，在追求“观念、材质、社会批判”为要的当代艺术的时代。我坚信，既然艺术有其规律，那规律的客观性就由不得人，就会永远存在。王安石在《登飞来峰》的诗中道：“不畏浮云遮望眼，只缘身在最高层。”难道我们不应该高于尘世名利的追逐而把视野放得更深更远吗？当今的世界，也许前所未有地更加急迫地需要我们反省，需要我们回顾，需要我们重新“理性地”来检视艺术的定义、艺术的审美原则、哲学精神、价值取向、人道主义、教育功能和社会使命，振臂齐呼，我们必须复兴和倡导能使人类美好的理念和标准。艺术理应当仁不让。且让我们以“美”之不变，来应对世界之万变吧。如此，展览作为一件艺术作品，作为一种精神产品，具有其不可重复的特殊性，我愿在此提出“策展美学”一说，或为创始者，但不揣谫陋，直言所思，以供来者深究。

1.境界：策展的深度所及，就是你的展览境界

“境界”，这个在中国文学艺术乃至人格品鉴中最常提到的一个词，多代表一种最高的极致的追求，乃描述人类精神高度之专有名词，是人类对其个体生命意蕴的切己直观。众所周知，20世纪初中国著名的学者王国维有本论诗词的名著《人间词话》，其中的“境界”说，讲述了诗词学的“境界”。“境界”是《人间词话》的元概念，其中的“词以境界为最上。有境界则自成高格，自有名句”，实是王国维对其生命理念的诗学升华或结晶，旨在强调作品应表达对个体生命价值的诗性感悟，是脍炙人口的要旨。21世纪，上海复旦大学夏中义教授有一本好书《百年旧诗人文血脉》，还热情洋溢地探讨王国维《人间词话》中的精彩之处（注110）。他们都是讲诗，跟我策展又有何干？但我读了深有同感，干系太大了。那是“人文血脉”，不仅流淌在文学中，自然也在艺术中，自然也在每个人身上，自然也在每个展览中。

“境界”不仅存在于诗词之中，亦体现于生存之中，因而有“生存境界”之说。“此即王国维初撰于《文学小言》（1905）、后修订于《人间词话》（1907）、百年来脍炙人口的‘人生三境界说’：古今之成大事业、大学问者，必经过三种之境界。‘昨夜西风凋碧树，独上高楼，望尽天涯路。’此第一境也。‘衣带渐宽终不悔，为伊消得人憔悴。’此第二境也。‘众里寻他千百度，蓦然回首，那人却在灯火阑珊处。’此第三境也。……王是胎袭相关词句，让其游离原著本义，转而迭出‘人生三境’赖以构成的三级玉阶。此当属宋代诸公始料不及。本来人家是在写缱绻私情，近千年后被王国维拿去代言不无公共意味的‘忧生’情怀，怎么说也不是滋味。（艺术之再创造！！！——笔者按）但你又不得不赞叹王国维确有此‘铁腕’，硬将三首各具风韵的宋词精品，糅出一种幽邃丰赡之境。此境对‘成大事业、大学问者’心灵衍射所达到的价值纯净度、透明性与层次感，不仅是原著所缺，更是原著的全部分量叠加也不及的。这正符合西方的格式塔心理学原则：‘整体大于各部分之和。’（策展即如此！！！——笔者按）伸出一个手，五个指头有各自的功能叫‘原功能’；捏成拳产生的功能叫‘构功能’。‘构功能’源自对‘原功能’的有机整合，然在‘构功能’秩序中，‘原功能’又将被赋予新意。”（注111）

宋代禅宗把修行分为三个境界，说得好美：第一境界是“落叶满空山，何处寻芳踪”；第二境界是“空山无人，水流花开”；第三境界是“万古长空，一朝风月”。（图166）哲学家们虽然没有如此的诗意，可也看到人生的不同，德国哲学家尼采把人

图166 《无题》，摄影。海蔚蓝拍摄，2019

生分为三时期：合群时期、沙漠时期、创造时期。丹麦哲学家齐克果把人生分为三阶段：审美阶段、道德阶段、宗教阶段。中国哲学家冯友兰说过，哲学的任务不是增加关于实际的积极的知识，而是提高人的精神境界。他说到人生境界有四重：自然境界、功利境界、道德境界、天地境界。前两者是低级的境界，是人为生存而存在，是人现在就是的人；后两者，是人应该努力去成为的人。道德境界，需要有道德价值，所做的事情都要有道德的价值；人的最高的境界是天地境界，那是超越道德价值，超乎社会整体之上，而有博大博爱的宇宙胸怀。（注112）也有人更简洁地说这人生的三种境界是生存境界、精神境界和灵魂境界。

做人有境界之别，艺术作品既为个人之创造，自然有其境界，包含着个体生命的体验和表述，作者的境界自然通过每件艺术品流露出来，进而造就艺术品的境界。展览作为一件艺术作品，亦有境界。这种展览境界的冶炼过程是双重的，当策展人眼挑手拣，直面那些体现个体生命价值的艺术品，并能够深深地理解那些艺术品时，必定也能感受到原创者脉搏的跳动和心底的情怀，即策展人通过艺术家的作品流露的境界，便有一个感受和辨析艺术品境界的过程；然后在融合种种资料材料的过程中，寻找策展的要点，修炼到能够超越材料本身，而探求到更深层面的哲学、美学、人文以及精神的价值，而进入策展的境界。如此含英咀华，提炼和上升到策展人自己所能够达到的某种高度，展览便借着艺术作品原本的境界，以及策展本身融会贯通和拓展超越艺术品本身的境界，而达到了展览策划者所欲追求的另一重境界。所以，策展的神来之笔，不论是探讨“生存境界”，还是“诗意境界”，或创作者的“艺术境界”，最终都将由策展人的策展“境界”而表现在展览的“境界”上。有境界的展览，必使展览得其三昧，令人咀嚼再三。

2.气质：策展的内涵所示，就是你的展览气质

前人很早就注意到人的不同气质，而从医学、心理学等学科中来探寻原因。如古希腊医学之父希波克拉底曾提出气质体液说，认为人体内部具有血液、黏液、黄胆汁和黑胆汁四种体液，它们相互混合的程度决定人的气质，他把人的气质分为四类：多血质（开朗）、黄胆汁（性急）、黑胆汁（抑郁）、黏液质（迟钝）。在20世纪初，体液说被近现代医学所抛弃。1902年，奥地利病理学家卡尔·兰德斯坦纳（Karl Landsteiner，

1868—1943）从输血失败的原因中发现人类具有四种血型。1927年，日本一位哲学研究者古川竹二，发表了《血型与性格学的研究》的系列论文，就此引起血型热。1971年，日本记者能见正比古写了《以血型了解缘分》的书，又掀血型狂潮。在探讨人类气质的论题上，还有巴甫洛夫的高级神经活动学，以及A.H.巴斯和普洛明提出气质的EAS模型，等等。虽然有点莫衷一是的感觉，但有一点是确定的：气质是由人的内在因素决定的，不管是形成于先天还是来自后天的修养。

对一个人来说，气质（Temperament）是表现在心理活动的强度、速度、灵活性与指向性等方面的一种稳定的心理特征。人的气质差异是先天形成的。气质作为人的个性心理特征之一，在社会的表现就是一种内在人格的挥发，比如从修养、品德、举止行为、待人接物、说话的感觉等所表现出来的恬静或急躁、温文尔雅或粗鲁低俗、豪放大气或拘泥小节等。所以，气质并不是自己所说出来的，而是自己长久的内在修养平衡以及文化涵养的一种结合，是持之以恒的结果，是自然的流露。人们常有“这人气质好”“一个人的脸上，有她读过的书”“腹有诗书气自华”之类的说法，可见气质是存在的，而且并不是不可见的形而上，而是形而下的某种积累的升华。故人之为人必得养气，孟子在《孟子·公孙丑上》中说道：“我善养吾浩然之气……其为气也，至大至刚，以直养而无害，则塞于天地之间。其为气也，配义与道；无是，馁也。是集义所生者，非义袭而取之也。”孟子的这种浩然之气，就是正气与道德，一种顶天立地的男子汉精神，文天祥的《正气歌》、岳飞的《满江红》就是一个个鲜活的代表。

中国诗文悟得此道，并且讲究此道由来已久。魏晋南北朝时代的魏文帝，也是“建安三曹”之一的文学家曹丕（187—226）在《典论·论文》中说道：“文以气为主，气之清浊有体，不可力强而致。譬诸音乐，曲度虽均，节奏同检，至于引气不齐，巧拙有素，虽在父兄，不能以移子弟。”“文以气为主”的“气”，已不再是一个单纯的哲学范畴，而是具有明显的美学意义了。它首先明确地将“气”的概念引入文学领域，并在中国文学批评史上产生了重大影响，它第一次明确强调了作家的个性、气质与文学创作是不可分割的，把作家的“气”视为文章的生命，自觉地抒发个人的情感，追求文学创作的个性，因此，“文气说”的出现促成并标志着“诗言志”向“诗缘情”的转变，昭示着一个人的觉醒和文的自觉时代的到来，并把文学创作推向了唯美的时代。[注113]那能说出“先天下之忧而忧，后天下之乐而乐”的范仲淹（989—1052），正是印证了曹丕“文以气为主”的概念。范仲淹非凡的胸襟，使他诗

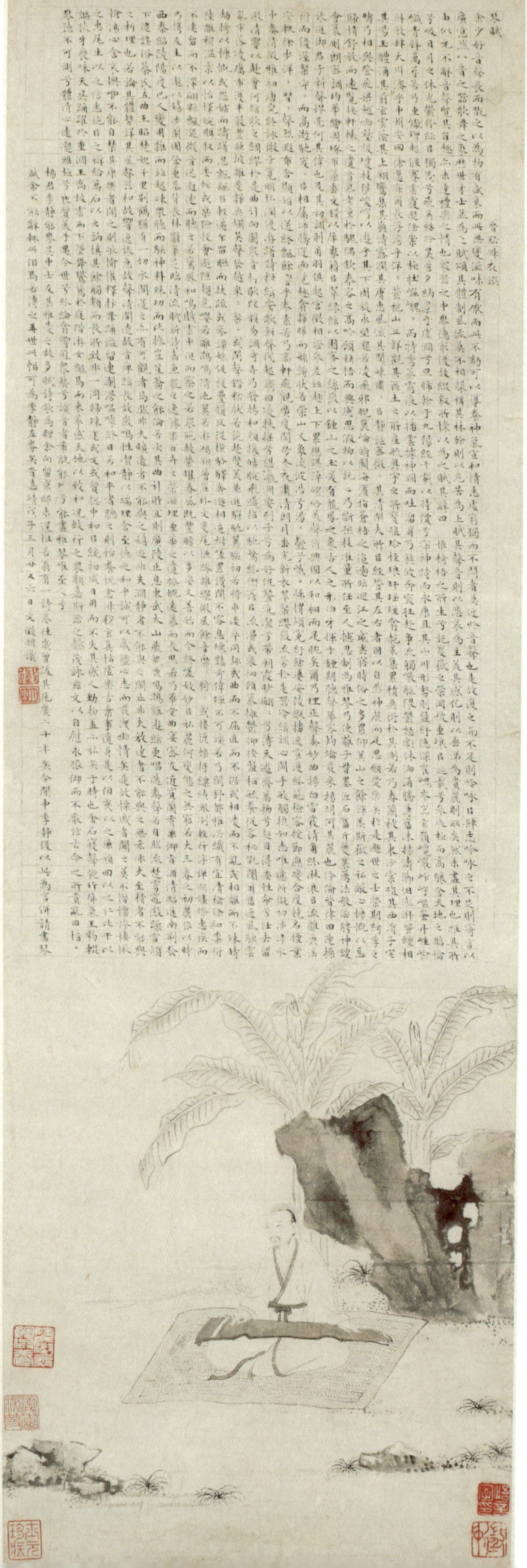

图167 文徵明（1470—1559），《蕉石鸣琴》图轴，纸本墨笔，84厘米×27.2厘米。无锡博物院藏并承蒙供图

作的冲动与意向，都能秉承大道之气，感于万物并通过万物体现出来。即使是他的怀旧诗（如《苏幕遮·怀旧》《御街行·秋日怀旧》），也都具有宏大的时空背景，与他人“小园香径”“庭院深深”的狭隘环境和靡靡缠绵迥然不同。

中国绘画讲究此道，唐代画家张璪有一篇画论叫《绘境》，应该很精彩，但已失传，只在唐代张彦远的《历代名画记》中有记载，说到当朋友惊讶于张璪的绘画作品时，张璪把自己的绘画之妙归于“外师造化，中得心源”的八字要诀（注114）。此乃张璪从观察自然中悟道得法，融天地人三方之精英而得到的“意象”思维。绘事乃直抒胸中丘壑，故以养气养心为首务。如水墨大写意是中国画的重要表现形式，其仿佛不经意的挥洒，体现的不仅仅是视觉的冲击力，更是画家积生命之力的自由表现而散发出的独特神韵。如果胸无大气，心无意象，何来之神韵？所以中国古人讲究搦管之中追求笔意、笔力、笔韵、笔趣。笔意就是意在笔先，以一种特定的情感、意念去驱使笔墨，才能因意成象，以象达意；笔力是内在的力度或功力和用笔的力量或气力；笔韵是韵味和韵律，从用笔的虚实轻重、疾徐顿挫中创造动感和节奏感；笔趣有处理笔的生熟、巧拙、老嫩的意趣和好笔偶得的天趣，除了天分，更是仰赖平时的学识、修养和苦练。（图167）所以明代袁宏道（1568—1610）曾论：“世人所难得者唯趣，趣如山上之色，水中之味，花中之光，女中之态，虽善说者不能下一语，唯会心者知之。”画中有画，只能说是画匠，画中唯有趣，才是丹青圣手。技进乎道，“道”乃本质。所以中国古代画家历来都更强调“读万卷书，行万里路”。画乃画外之功夫，而以涵养情操、拓展胸怀、蕴积正气为尚。

其实，任何伟大的艺术家都需要有内涵或有思想。“米开朗琪罗说过：‘画家作画不是使手而是使脑。’达·芬奇在作《最后的晚餐》一画时，站在那堵墙前呆视了许多天，也不动手着一笔，惹得慈悲圣母修道院的长老大惊小怪。他有句话表明这个态度：‘大天才的心灵最活跃的创造，是当他们外表上最不起劲做工作的时候。’”（注115）

文如其人，画如其人，同理，展览亦如其人。展览内涵的丰厚瘠薄，气盈气虚，全靠策展人饱读诗书、凝思静虑、修炼提升，全靠《大学》中所谓的一样：“如切如磋，如琢如磨……如切如磋者，道学也；如琢如磨者，自修也。”齐白石曾说：“苦把流光换画禅，功夫深处渐天然。”火候到了，展览的气质也都能从展览各方面自然而然地显露出来，一如清水出芙蓉。

3.品格：策展的境界气质，就是你的展览品格

中国古人爱讲“品”，爱讲“士品宜从高处立”，爱讲“格”，以“品格”来品鉴艺术和人物。因此，画有“画品”，人有“人格”，作文也都有“文格”（注116）。那么，展览有品格吗？凡事既立，皆应有品有格，展览一无例外。

1500多年前的南齐时代，当时的一个知识分子——谢赫——他是画家和评论家，撰写了《古画品录》，将他精心挑选的27位画家，以他总结归纳的绘画“六法”为经纬来鉴析。经他品味一番后，这27位画家被分为六品（虽然历来对其画家的分品有所争议）。他最推崇的、被列为第一品第一等的是陆探微［吴（今江苏一带）人，生卒年不详，南朝宋明帝时宫廷画家］，他的评价是：“穷理尽性，事绝言象，包前孕后，古今独立，非复激扬所能称赞，但价重之极乎。上上品之外，无他寄言，故屈标第一等。”为谢赫穷其词藻来赞誉，并觉得屈就作为第一品第一等的画家陆探微的画作，于今没有真迹存世，陆画的庐山真面目，只能从与其同时代的其他相关画作中来揣摩，有人从在南京附近出土的六朝时代的著名的“竹林七贤”模印砖画来揣测陆画的面目和风格。据说他是以张芝的草书书法入画的第一人，画作尽赅“六法”，画风“秀骨清像”。但重要的是，谢赫之“六品”，开启了为画家和画作的品鉴之风；更重要的是，他强调了好画的要点，不是在技术层面的，而是在“穷理尽性，事绝言象”。这就大有深意了，所指向的是穷尽对象的内在精神气质，而达到上乘的理想境界，并非只是对事物的表面刻画描绘。一个画家能做到此，如果没有天生的才分和悟性，如果没有如今所说的哲学、美学、文学、历史、心理学等各方面的后天的全面修养，乃至对人性的深刻认识，没有其人格的超然高蹈，再加上其画艺画技的娴熟纯粹，怎能有所表现呢？中国绘画之精妙，于毫素笔墨之间，以一画之形，便映照了宇宙之思绪、人性之善恶，实在是令人叹为观止的奇迹。在六朝的最后一朝陈代，姚最撰写了《续画品》，以续谢赫之所未及。在其所选的20位画家中，包括谢赫、张僧繇，甚至包括外国旅居中国的画家。差不多同时代的，还有南朝梁代的庾肩吾，撰写《书品》一卷，将123位书法家分为上、中、下三等九例，为他列为上之上等的有三人：张芝（字伯英）、钟繇（字元常）、王羲之（字逸少）。在综述了书法自秦汉以来篆隶的演变后，他以如下的文字来赞赏他精选的三位上之上等的书家：“若探妙测深，尽形得势，烟华落纸，将动风彩，带字欲飞，疑神化之所为，非人世之所学，惟张有道、钟元常、王右军其人也。”（注117）不由令人感叹，艺术之杰出者，

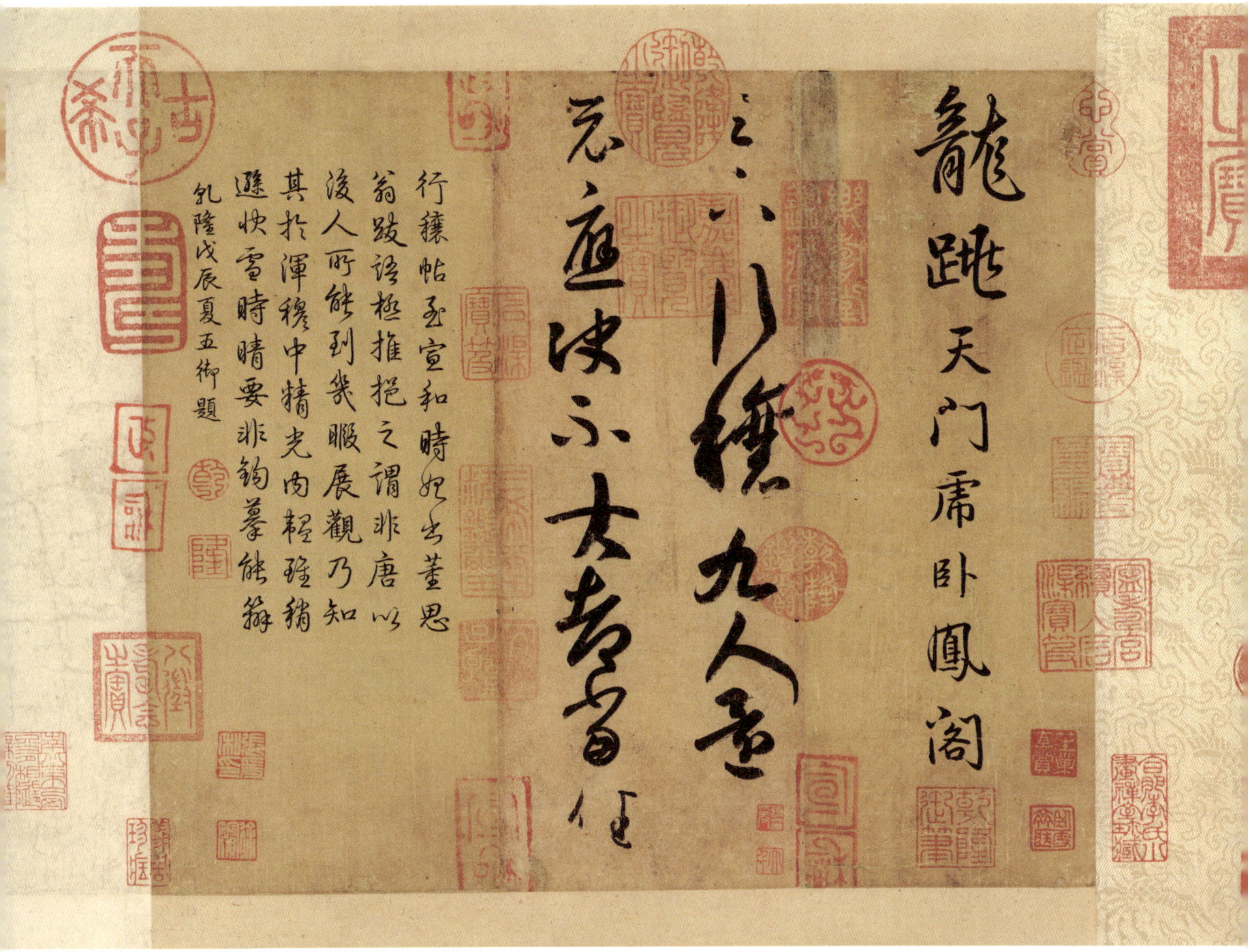

图168　王羲之《行穰帖》（局部），唐双钩填墨，30厘米×372厘米，美国普林斯顿大学藏并承蒙允准用图。Wang Xizhi *Ritual to Pray for Good Harvest*. Princeton University Art Museum. Bequest of John B. Elliott, Class of 1951 [1998–140.1 (scroll)–140.2 (fabric wrapping)]

皆在“神”矣！（图168）

“品”的提出，由谢赫著录的《古画品录》开启先河，自此品鉴艺术家和艺术作品的风气延续流传，代有人出。几百年后的唐代，张彦远在其《历代名画记》卷二，于绘画之优劣而建立五等品鉴标准时，极其推崇“自然”。其曰“夫失于自然，而后神失于神，而后妙失于妙，而后精精之为病也，而成谨细。自然者为上品之上，

图 169 石鲁（1919—1982）《芙蓉荷花·行书四言联》，水墨设色纸本，181 厘米 ×78.3 厘米，中国嘉德国际拍卖有限公司（China Guardian Auctions Co. Ltd.），2011

神者为上品之中，妙者为上品之下，精者为中品之上，谨而细者为中品之中，余今立此五等以包六法”（注118）。唐代的文学家韩愈曾撰《画记》，记载他到达河阳（今河南孟州南）时，与两三个好友拿出画来观赏，论及画之品格。具体地来说，古人是怎样“品”画的呢？找了一段宋人品鉴赵昌所作《菡萏图》（荷花）的记录来作为例子：“菡萏图：赵昌作。昌善画花。设色明润，笔迹柔美，国朝以来有名于蜀。士大夫旧云，徐熙画花传花神，赵昌画花写花形。然比之徐熙则差劣。其后，镡宏、王友之辈皆弗逮也。莲、荷花生泥污之中，出于水而不着水。昌此花标韵清远，能识此意耳。”（注119）看他短短92字，首先是观察绘画本身的表现，从作者到画之设色和用笔；其次是与前人、与同侪的比较；然后是理解作者对被画对象的了解，这也就要求品鉴者本身具有某种学识，这样才能感受到画家对被画对象的了解和体会，并因此看出画者是否能够表现和达到一种意趣。经过如此初步的分析，可知品鉴艺术品还是有具体思路和方法可寻的。通过比较和理解，作品的“质量”和“格调”，就会成为品鉴作品品格的最主要的两把界尺。

中国古人还讲“人格”，并常将文学艺术上的表现与作者的“人格”相联系。讲“人格”，是从人的品性、行为举止和性格来考量的。诗意的中国，常常是很诗意地将“青竹”“秋菊”“冬梅”“水仙”“莲荷”等，来比喻和赞赏高洁的人格。（图169）科学地来说，“人格”也是存在的。一些国家自20世纪以来流行人格测试，在心理学基础上，借助一些科学的方法来探测人的品性和性格，常用的人格测试，有NEO-PI、卡特尔16PF、艾森克的EPI、明尼苏达多相人格测试（MMPI）等，被作为各单位在涉及人事和辅佐选择职工的参考。谈及“人格”与文学艺术的关系和关联，有以弗洛伊德为首的心理学说来阐述和支持“人格”对文学艺术的影响。在中国，这也是一个历来备受关注的论题，百度学术网上，记录有6894篇（截至2019年9月2日）的相关论文，从这个庞大的数字中也可见一斑。其实，我们最常听说的如“文如其人”“书如其人”“画如其人”，就是说的“人格”与文学艺术之间的关系。

总之，“品格”不仅是存在的，而且是一个复杂的存在，与其各自的专业衡量有关，更与作者有关。当任何一种物类有了相当数量的积累之后，比较、鉴别、评价的需要便会油然而生，对“品格”的关注，也就会提上议程。

展览的品格，虽然尚且没有人来如此地倡导或品鉴和著录，但展览的品格倒是确实存在的。观赏每个展览，仔细品味，其味道格调就都会令人感到不同。哪怕是同一个命题，出自不同的手笔，品味之下，都可见差异。喜欢中国文学的读者，应该知道中国近代文学史上有两篇很有名的散文，记载了两个文人朋友同游历史名胜南京秦淮河的事，他俩以同一题目来写那个夏日的夜晚荡舟秦淮的感受，1924年1月25日登在了《东方杂志》上，题目都是“桨声灯影里的秦淮河”。他们一个是朱自清，一个是俞平伯，两人写出了两篇不同风格的好文章。展览也是如此的。即使使用相似的艺术品来展示，但是如何构思，如何说法，如何展示，如何提升，可能每人来做都会不同的，各人的品性、境界和气质，自然而然会形成不同的品格。虽然猛一眼看去，都是艺术品，甚至很相似，但仔细看进去，就会看出不同，体味出差异。说来好像有些玄乎，但实际上的感悟，可以借鉴上述宋人品鉴绘画的那三个步骤，并将其作为踏入品评之门的指南，然后借鉴古人以“质量”和“格调”两把标尺作为基准的衡量方法，于是清浊、雅俗、高低、上下，各个展览的品格区别或能显现。所幸，对“品格”的品鉴，前人所论甚众，所以还是有径可寻的。

4.鉴赏：策展的总体表现，就是你的鉴赏对象

凡事皆应有标准。一如中国老话说“没有规矩，不成方圆”。策展美学应该是品鉴展览的标准和理论基础。据说英国前首相丘吉尔热衷于绘画，曾署上真名，将画作送展，两次被拒，一次在匹兹堡卡内基博物馆，一次在美国的一个艺术博物馆，他们给的理由很一致：我们有明确的专业标准！虽然展览自开始至今有百多年的历史了，大家对什么展览好，什么展览不够好，都有共识，但是至今还未见到一个全世界皆可作为准绳的“展览标准”提出，一如电影界有奥斯卡，体育界有奥林匹克，一个专业内有可以比较评判并激励优秀的标准。中国每年有“十大精品展”的评选，应该具有一定的标准。但相信随着展览的日益增多，策展学将成为一门学问，对展览的品鉴也应该建立相应的标准，使之成为一个专业，使之专业化，并转而促进此专业的精进。

谈起美来，众口难调的是对于某物美不美的鉴赏的趣味大不相同。（注120）就像中国俗话所谓“萝卜青菜，各有所爱”，或是像鲁迅先生说的“焦大不爱林妹妹”。品鉴展览，也是有各种美学概念上的类别的，比如说经典型的、通俗型的、娱乐型的、应景型的，在各个类别中，还可有美丑优劣、深浅雅俗的不同。策展人各异，追求各异，格调各异。有人可能喜欢“山中何所有，岭上多白云”（注121）似的展览品格；有人可能喜欢“五步一楼，十步一阁，廊腰缦回，檐牙高啄，各抱地势，钩心斗角”（注122）似的展览品格；有人可能喜欢“一川碎石大如斗，随风满地石乱走”（注123）似的展览品格；有人可能喜欢“大红公鸡哎呀窗台上站，如今大闺女哎呀爱打扮”（注124）似的展览品格。如此，可以举出多类，在展览的领域，同样可以八仙过海，各显神通。此处，仅以自己多年的实践，以被誉为学院派的“经典型展览”为例，来浅述自认为的“经典型展览”所应该具有的品格和气质。

中国的六朝时代是一个令人倾倒的时代。这个在中国历史上和文学艺术史上都卓尔不群的时代，虽然是一千五六百年前的事了，但是其美学建树直切艺术的本质，成

为不可移易的金科玉律，影响和造就了中国的文化艺术特征。这个超迈高蹈、风流倜傥的时代，都是些怎样的在精神上和在为人上都有所追求的人物啊。六朝时对人的品鉴之风盛行，作为记录时人言谈名作的《世说新语》一书，有上中下三卷，而把“德行”作为开卷第一篇，可见即使乱世，作为社会之基础、为人之基础的仍然是“德行”。这值得千秋万代的人，特别是执政者深思再三，倡导什么，就会造就什么，从而严肃对待人生，对待使命。

中国古代评价一个人，历来以“德行”为首要，而一个杰出的人，在六朝时人的评价中，除了“德”，便是在“形”“骨”“神”各方面皆有表现的。讲“形”，在《世说新语》的《容止第十四》中，记录了好几个脍炙人口的例子，例如“竹林七贤”之首的嵇康，论道：“嵇康身长七尺八寸，风姿特秀。见者叹曰：萧萧肃肃，爽朗清举。或云：肃肃如松下风，高而徐引。山公曰：嵇叔夜之为人也，岩岩若孤松之独立，其醉也，傀俄若玉山之将崩。”（图170-1、图170-2）据记载，当时的美男子潘岳每次出行，妇人看到“莫不连手共萦之”，而奇丑的左思每次出行，都遭妇人唾弃，大庭广众之下，这虽然有点过分，但见世俗对“形”、对“美形”之共识和追求。（注125）若引申到书画，对“形”的讲究，多是从笔法上体现出来的。康有为的《广艺舟双楫》是中国书学史的名作，从人类的文字起源谈起，比较了各民族文字的异同，认为中国的象形文字所重在形，所贵在目，形态之美备矣，如他论“六朝笔法，所以过绝后世者，结体之密，用笔之厚，最其显著。而其笔画意势舒长，虽极小字，严整之中，无不纵笔势之宕往”（注126）。讲“骨”，书圣王羲之评价陈玄伯“垒块有正骨”，而别人评价他则是“羲之风骨清举也”（注127）。“骨”字的提出，于人，言其性格的刚直果断，正气凛然；于文，言其“结言端直，则文骨成焉”（注128）；于书画，言其笔力刚健，力透纸背，结构章法，固若金汤。讲“神”，这是六朝时代品鉴人物时最常见到的一个词，无疑反映了当时的理想追求和美学审度。如著名的“竹林七贤”之一的王戎，评价晋代位居三公之一的太尉王夷甫时，说“太尉神姿高彻，如瑶林琼树，自然是风尘外物”。顾恺之曾为之画像，据顾恺之《王夷甫画赞》“夷甫天形瑰特，识者以为岩岩秀峙，壁立千仞”。甚至对小儿之评价，都乃不乏此“神”字，如后来成为清谈名士的卫玠，在他五岁时，就被评为“神衿可爱”“神爽聪令”（注129）。

六朝整个时代对人的“形”“骨”“神”有品鉴赞赏之风气，并将之标誉为时代的旗帜，如此，怎能不影响到艺术的追求和成就呢？因此，佳画必须“传神”的概念，由六朝四大家之一的顾恺之先事提出，也就在情理之中了，这正是那追求

图170-1、图170-2 南京博物院藏“竹林七贤”嵇康模印砖画及拓片，“乱世绝响：六朝艺术”展品档案照，纽约华美协进社中国美术馆。*Art in a Time of Chaos: Masterworks from Six Dynasties China, 3rd–6th Centuries*，China Institute Gallery, 2016

神超形越的特殊时代的产物。顾恺之不仅说到好画之要，意在传神，他还提出“迁想妙得”“以形写神”的美学概念，来直观地讲述如何得到其“神”，如何表达其“神”。他所提出的这个艺术作品必须“传神”的概念，乃是追求艺术的极致，因而成为千古至理，从而为千年以来中国艺术的追求明确了方向，而使中国艺术别具神采，一鸣惊人。“形”“骨”“神”，亦成为品评人物、文章、书画的三个美学概念。

顾恺之之后的百年，南齐的谢赫在他的《古画品录》一书中，总结了“图画六法”：“夫画品者，盖众画之优劣也。图绘者，莫不明劝诫，著升沉，千载寂寥，披图可鉴。虽画有六法，罕能尽该，而自古及今，各善一节。六法者何？一气韵生动是也，二骨法用笔是也，三应物象形是也，四随类赋彩是也，五经营位置是也，六传移模写是也。”（注130）六法在中国的历史地位崇高，不论画家或理论家，皆奉为圭臬，因其涵盖了从实践到鉴赏的所有方面。明代便有人分析，六法中，从第一所论的“气韵生动”到第六所论的“传移模写”的顺序，是美术鉴赏的思路；反之，从第六的“传移模写”到第一的“气韵生动”，是绘画实践的过程。无论创作还是品鉴，都已入六法之瓮中，如此高度的概括性和精辟性，已经一举直捣龙府，谁人能出其右呢？

六法中，把“气韵生动”列为第一，若以鉴赏思路来论，这便是最终的衡量标准。“气韵”乃作品的精气神，即把艺术对象的精神生动地表现出来，而使作品具有感染力。而其他的五项，都是达到这最终效果的铺垫。艺术作品非具此“气韵”而不活。这一点，西方也是早就有人看到的，法国史学家兼批评家丹纳曾举一个非常形象的例子来说明这一点：“卢浮宫美术馆有一幅丹纳的画。丹纳用放大镜工作，一幅肖像要画四年；他画出皮肤的纹缕，颧骨上细微莫辨的血筋，散在鼻子上的黑斑，逶迤曲折，伏在表皮底下的细小至极的淡蓝的血管；他把脸上的一切都包罗尽了，眼珠的明亮甚至把周围的东西都反射出来。你看了简直会发愣：好像是一个真人的头，大有脱框而出的神气；这样成功这样有耐性的作品从来没见过。可是凡·代克的一张笔致豪放的速写就比丹纳的肖像有力百倍；而且不论是绘画还是别的艺术，哄骗眼睛的东西都不受重视。”（注131）虽然他没有明确提出“传神”这个概念，但是他说的是那回事。请记住“不论是绘画还是别的艺术，哄骗眼睛的东西都不受重视”，时间如大浪淘沙一般滤去表面的炫目，而将最动人心魄的东西永驻。

对展览的品评，亦可以此为鉴。虽然六法讲的是绘事，但其所叙述的过程，从认识对象（应物象形）、采用方法（随类赋彩）、勾画特征（骨法用笔）、构图画法（经营位置）、创作发挥（传移模写）到鉴赏品味（气韵生动）（注132），几乎可以说是所有艺术品创作时都会经历的。如此而论，绘画六法或可成为审美的一般法度。尤其“气韵生动”，即一件艺术品的精气神的融汇体现，如同中外审美的共识，就应该成为最高的水准。

5.标准：策展的品鉴标准，就是好展览诞生的前提

2019年我看到一则消息，介绍经过三十多年拼搏，从无到有，如今能够站在世界电信行业前列的华为，早在近20年前就提出自己的TD-SCDMA标准，来跻身国际市场。因为有了远见，因为有了标准，所以能制造产品，足见标准的重要性。兹借他山之石，可以攻玉，不揣简要，拟归纳以下的“策展六品”，作为策划展览和衡量展览的标准：

（1）立意别致：策展的立意是否有别致之处，或新颖之处，或具有更完整更全面的角度。

（2）选品精良：展品是否在可能的范围内，选择了足够分量和足够新的资料来说明其立论。

（3）研究有成：是否具有艺术性和学术性的研究、深入的观点、清晰的表述、足够的信息量；是否具有宏观的考量和微观的对每件展品的研究和阐述；是否具有令人举一反三、扩展学问的引导。

（4）表述清晰：是否将该展的艺术性与学术性的特点通过图录的平面装帧艺术方式，将内容和展品都表述得清楚和美观；是否将展览内容精炼地向观众表述；是否有相关的讲座、讨论会，将这一议题从更多的方面来加以阐述和介绍；是否有展览之外的相关的观点或视野，能够促进该领域前行。

（5）展陈恰当：展陈的效果是否恰当地表现了展览，包括空间构造、展品流线走向、色调与布光、细节与整体的处理、观众观赏之便利、展览效果的整体把握；说

明文字和辅助设施是否恰到好处，以及是否足以达到教育和欣赏的功能。

（6）形神兼备：诗有“诗眼”，文有“文心”，展览亦应有“展魂”，那是从艺术品和内容的相融中，由策展人寻找到的由这些艺术品所反映的历史、人文、艺术的规律，或具有普世性的文化节点、生命智慧、伦理情操，而洋溢着的一种特别的展览格调和气质，充满着足以升华人性的精气神。

在这“策展六品”的基础上，可以中国六朝时代以来品鉴人物、文章、书画中所说的“形”“骨”“神”作为“三得”，来综合品鉴一个展览是否“得其形”“得其骨”“得其神”。“策展三得”：“得其形”者，必精选展品，恰当展陈；“得其骨”者，必构思谨严，叙述丰厚；“得其神”者，必融形于骨，言及追求。当然，毋庸置疑的，最佳者必是“策展六品”加“策展三得”皆完备者。

另一个实际的谁都可见的衡量标准，即受众的评价或可作为评价展览的一个参考值。一般展览都以参观者数量的多少，作为一个最直接的衡量展览好坏的标准。大都会艺术博物馆在其百余年的历史中评出十大热门展览，被选中者都是以单展超过70万的人次为标准的。我馆除记录参观者的数量外，还倾听其意见和建议，设置了观众留言本和观众建议表格。

策划和制作一个好的展览不容易，每个馆都应该首先明确本馆的定位，制订长线计划或长短相辅的计划，努力制作一些能够具有深远影响的展览，讲究境界、追求品格。并注意保留和积累自己展览的档案，建立自己的策展史，以便回眸，以便展望，以便切磋交流，以便哪一天在更大范围内能够有为人类造福的策展史的编撰、研究和传承，这也是一种当代历史和当代文明的创建。

第七章

美育于展——展览与教育

1.获取知识的方式

人们是怎样来认知自己和这世界的呢？美学家克罗齐说，人们认识的方式不外乎两种：直观的和概念的。而“直觉知识与理性知识的最崇高的焕发，光辉远照的最高峰，像我们所知道的，叫作艺术与科学……直觉的知识（表现品）与理性的知识（概念）……人的全部认识生活就在表现与概念这双度活动中翻来覆去……纯粹的或基本的知识形式有两种：直觉与概念——艺术与科学与哲学。历史介乎二者之间，它好像是与概念摆在一起的直觉的产品，即一方面把一些哲学的分别接受过来，一方面仍是具体的和个别的艺术产品。一切其他形式的知识（自然科学与数学）都不纯粹，因为夹杂有起于实践的外来的成分。直觉给我们的是这世界，是现象；概念给我们的是本体，是心灵”（注133）。

艺术作品的诞生，就是具有超出常人敏感度的艺术家们将直觉的（即表现的）知识和审美的（即艺术的）热情，以冷静和静穆的态度创造艺术作品的过程。艺术作为解放者，人在他的印象上面加工，他就把自己从那些印象中解放了出来。把它们外射为对象，人就把它们从自己里面移出来，使自己变成它们的主体。说艺术有解放的和净化的作用，也就等于说“艺术的特性为心灵的活动”。活动是解放者，正因为它征服了被动性。（注134）

2.什么是美育?

美育，别名“美感教育”，英文名称是“aesthetic education”，狭义指“艺术教育”，广义指“把美学渗透于各科教学后的教育”。（图171）实际这是使人成为应该成为的人的一种教育，使人更富有感受能力，更具有才艺和创造能力，更具有作为人所应该具有的情操，或简言之，如何使人成为一个“大写的人”。美育实践和美育意识萌发很早，两千多年前孔子建立的教育体系中倡导的“六艺”——礼、乐、书、数、射、御，即可视为专门的美育课，奠定了中国古代美育的思想基础和美育传统。古希腊的哲人苏格拉底、柏拉图、亚里士多德等，都规定教育的内容不仅要有哲学、科学、道德、体育，而且要有美育。音乐教育尤其受到柏拉图的重视，以音乐“作为滋养”，“浸润心灵”，使性格变得“高尚、优美”，因此音乐成为必修课。亚里士多德更全面地总结了艺术审美教育的功能：“教育”“净化”“精神享受”，认为音乐和诗（悲剧）能提高认识、陶冶感情、审美娱乐、振奋精神。这些基本观点，成为西方古代美育传统的思想基础，产生了深远的影响。中世纪时的宗教神学家把古希腊罗马的教育内容归结为“七艺”——文法、修辞、辩证法（逻辑）、算术、几何、音乐、天文，并贯彻到宗教学校教育中。

但“美育”作为一个概念提出，是在18世纪50年代鲍姆嘉通建立“美学”学科体系之后，由席勒提出来的。在席勒用书信体写成的重要美学著作——《美育书简》中，他已经不限于教育的角度，而是从变革社会、实现人性复归这样更广阔的范围论述美育。他看到资本主义物质文明所带来的人性偏枯的事实，提出通过审美自由活动，来培养全面发展的完全的人。席勒把审美教育看成是人性复归、道德完善乃至社会变革的唯一途径，完全离开政治革命、经济变革这个前提，因而只能是一种唯心主义的空想。但是他对资本主义异化现象的敏感与批判，对审美教育特殊规律及其重大社会意义的认识，是一次历史的进步。席勒美育思想，对中国近代美育思想的发展产生过巨大的影响。最早把“美育”介绍到中国的是王国维，而真正倡导美育并建立中国近代美育体系的人是蔡元培。蔡元培把康德、席勒美育思想与中国“礼乐相济”的传统融会贯通，在中国较早地提出“美育”为五大教育之一。他在《教育大辞书》的“美育”条目中说：“美育者，应用美学理论于教育，以陶养感情为目的者也。”这个定义概括了美育与美学和教育的关系，但是并没有明确美育的特殊性质，容易使人误认为美育就是美学教育。而美学教育是实施美育的必要条件，却不是美育本身。

图171　坐校车来华美协进社中国美术馆参观的小学生。时位于旧址曼哈顿历史街道保护区内的东65街125号。海蔚蓝拍摄，2014

因为美学教育乃是美学理论、美学知识的教育，它与以抽象的概念、范畴为媒介，以理服人的一般理论、知识教育没有什么本质区别，而美育则是以感性的形象体系为媒介、以情感为特征的。

在这样的认识过程中，视觉艺术占了很重要的位置。“感性”“形象”“情感”这些关键词，导向美育的特殊性。例如，如何来告诉人们艺术是什么呢？美国大都会艺术博物馆于2012年出版了一本小书《艺术是……》，从其300万件艺术品和17个部门的展览中，选择了200种艺术品，跨越了各个时代与各种形式，从古代雕像到中世纪织锦到巴洛克乐器到印象派画作再到当代时装，来引导人们如何从不同角度来观察艺术品。在这本小书里，对“艺术是什么”就有两百种解释，比如小书的第一幅便说“艺术是练习”，选了米开朗琪罗《利比亚女先知》的素描习作；接着说“艺术是娴熟”，选了荷兰画派维米尔的《持水壶的少妇》油画；然后说“艺术是一个故事”“艺术是一种印象”“艺术是发明”“艺术是简约”“艺术是繁复”“艺术是温柔”“艺术是对称美”“艺术是构图美”“艺术是象征”“艺术是描述”“艺术是记忆”“艺术是华而不实”“艺术是质朴无华”“艺术是哲学”“艺术是信仰”“艺术是运气”等，虽然基本上都是观察者的主观想法，有涉及艺术形式的，涉及艺术手法的，涉及不同情绪的，涉及美感的类型的，涉及艺术功用的，但是这种简单的用词与艺术品的形象联系到一起，对于任何初涉艺术的人来说，都会从那两百种将艺术比拟为一种什么东西的图文中引起共鸣，找到自己的所好。（注135）这就是美育的优势：看得到、摸得着、有感受，甚至可以动手试试，都是很直观的。

所以展览作为一种立体的、多彩的、多形的，甚至声形并茂的教科书，能把学习的各种方式融合于一个展览中，看、听、问答、动手实践，难怪博物馆是与学校课堂教育并重的另一个课堂，并由于其具有感性、实验性与互动性的优势，成为美国从幼儿园开始便注重使用的一个教育体系。对于一般观众来说，博物馆也是最佳的去处，形象地去了解历史，直观地去感受美或丑，从而或可引发更深层次的思考和领悟。博物馆的教育功能应当越来越强化。经济学家与教育家米尔顿·弗里德曼在2000年出版的著作中认为，美术馆及相关类似的机构需要渐渐转型为信息的提供者，以不同方式将艺术作品展示出来，并让观众们在其独立自由的时间与地点以其独立自由的选择，去进行自主学习与体验。听来与我的感觉和提倡不谋而合。

因此，促进全民的美育工作，应该是博物馆的首选，应作为决策的基石。在二十年前的美国博物馆馆长年会中，有人已明确地提出这一点：博物馆不再是贵族上层收藏家的聚会点，而应该面向大众的利益。博物馆的展览当然要看到门票效益或参观者众多的效益，适应观众的需求是一个做法，但是，娱乐性或许有吸引观众走进博物馆的功能，但也有引向通俗和庸俗的嫌隙。从长远看，深入的、具有学术性和艺术性的展览，应该成为博物馆的脊梁骨。建立自身的艺术品格，创造高质量的展览，应该从艺术和学术两个层面都把艺术的故事说好了，都把艺术背后深刻的人性揭示了，给予观众“含金量”多的展览，给予观众与艺术品进行内在沟通的能量，久而久之，观众的品鉴能力就能增强，对艺术的深度欣赏力就能建立。人一旦有了深度的认知，就有能力分辨封闭狭隘的观念和谬论，而具有博大的胸襟和人生智慧，而降低盲目躁动的概率。博物馆应当严肃面对如此重要的教育职责，严肃对待自己的每一个展览。

3.启发美智，艺术教育当仁不让

知识易学，文化难修，美感的培养更是难上加难，何况还有提倡“丑”和“丑学”的。当然，“美”“丑”是一对美学概念，无丑不足以论美，无美不足以论丑，各自有标准和公众的认同，或许为标新立异，或许可作为美的参照系数。古代美术是“美术”，当代爱叫“艺术”，一是不论材料、概念和制作都更加宽泛和交错了，二是也有意识地不再以“美”感为先。艺术不再以“美”为主要追求，这一点，在现代艺术以及当代艺术中常常可见。最著名的是杜尚的《小便池》，我并不认为那是艺术作品，更遑论美不美了。但他挑战了“什么是艺术”的命题，从其敢于思考的角度而言，是有大开脑洞的效果的。但艺术并不是“破四旧”的视觉工具，它应该富有更神圣的使命。在社会教育，特别是青少年教育中，我还是主张先让他们了解什么是经过时间考验后还被认为是美的，是经典的。让他们有一个可以比较的标尺，使他们有一个立足的坚实基础，而后有底气去冲锋，寻找“自己”。就像中国人写书法，要先临摹前人大家，揣摩书法的章法笔法、精气神韵，然后笔端自有芳华气度，游龙走兽地自由穿行。否则岂不有沙滩楼阁、空中烟云之虞?

进入博物馆领域不久，除了有机会策划中国新年展，还有一个机会，是让我来负责艺术教育。因为每个展览，都有许多纽约的中小学生来看（图172），特别是在纽约小学三年级学生的教学日程上，春天的学期，常是教到中国历史，所以老师们都喜欢有个中国展览，可以带孩子们去亲身体验。1992年，我创立了“从艺术中发现中国”（DCTA，Discover China Through Art）的艺术教育项目。这个项目由三部分组成：第一，听讲解员介绍展览；第二，看一个20分钟左右的视频录像；第三，动手做手工。其中视频录像和手工实践的设计都是与展览的内容相关的。比如在中国新年展来参观的学生，首先看中国新年展览上跟中国年俗有关的艺术品、工艺品，听那些中国新年习俗的介绍；接着看一个短片，看中国人怎么庆祝新年，如年前大扫除、做年夜饭、除夕放鞭炮、初一拜年、走亲戚等；然后，给他们40分钟的时间学两个字：“春”“福”，教他们用毛笔先在白纸上练习，然后给他们一人两张预先裁好了的红

图172　来华美协进社中国美术馆参观“山艺术：中国摄影家的镜像”展览的小学生。马玥拍摄，2018

图173　华美协进社中国美术馆“从艺术中发现中国”（DCTA）艺术教育手工作坊，第一次写新年红斗方的学生们。纽约华美协进社中国美术馆档案照，China Institure Gallery, 2013

纸斗方，教他们斜着对角放好，然后把“春”“福”两字各写在纸的中央，还关照他们回家要倒着贴，这意味着“春”到了、“福”到了。这些很基本很简单的事，小孩子们都很喜欢，他们大多第一次来，第一次接触中国文化，第一次握毛笔，有许多的“为什么”：毛笔是什么做的？为什么是尖的？墨是什么做的？为什么不喜好颜色？为什么要用红纸？为什么要这样别扭地握毛笔？为什么？为什么？在无数个“为什么”里，就以回答“为什么新年喜欢红色？”“怎么形成的？”这两个问题来说：哦，那是中国人最喜欢的颜色，可能从很久很久以前的远古时候就开始啦，它象征着鲜血，象征着火焰，因此代表生生不息的生命，因为赋予它的这种强大的生命力量，使它具有驱邪避恶的象征性，而成为最喜庆的颜色。中国新年一片红，是欢庆生命的又一年开始啦。看到孩子们欢欢喜喜地拿着自己写的红纸斗方回家，虽然不知道他们回去是否会贴在自家的门上和窗上，但最起码在到访的那天，他们知道了红色在中国文化中的吉祥含义和中国人认为其美的原因，当他们再有机会接触到中国人和中国文化时，便不再陌生，而会说：哦，我写过这个字，是中国过新年用的，中国人喜欢红色是有他们的道理的。人们就此得以彼此靠近和增进了解。（图173）

这个项目不仅让孩子们亲身体验，也引导鼓励孩子们的创造性。例如瓷器是中国的发明，华美协进社中国美术馆做过好几个各类陶瓷的展览。在我任职期间，我们就做过与远古陶器、德化窑、德清窑、吉州窑、外销瓷、当代中国陶瓷艺术等相关的主题展览。配合这些展览，艺术教育的项目"从艺术中发现中国"在手工作坊这部分，常会让学生们用一种速干的瓷土，感受自己捏制瓷器的过程。学生们会从刚看到的器物中，凭自己的喜好，捏成各种东西：小盘、小碗、小罐，或他们想象的其他造型。我们的这个艺术教育项目还有一个极受欢迎的手工课，就是中国水墨山水画的尝试：毛笔的特殊形状，水墨的浓淡干湿、粗细疾徐，线条、块面、墨点搭配在一起能产生的效果……孩子们学得都很专注。有些作品，在他们第一次的体验中，在那40分钟内，几乎做出了大师级的效果，好似凡·高的画作，真是让人吃惊。（图174）整个过程的关键，就是不要过多地干预，示范之后，让他们自己大胆地去感受，笔怎么动，加水多或少会怎样，让他们通过手、脑的配合，在实际操作中感受艺术是怎样开始的，可能怎么做的，其他艺术家的东西怎样，自己的东西怎样，怎么样用自己的作品来表达。总之，面对着纸、墨，手握着毛笔，在示范一些基本步骤之后，就鼓励他们，这里有无限可能，自己大胆尝试吧。作为艺术教育家，更多的应是这样一句话：好，再试试。

这个艺术教育项目，28年前在纽约博物馆界是唯一一个如此设计的项目。项目将展览和实践从听讲、观看、实践这三个部分结合在一起，让来参观的团体从一个展览中获得全方位的感受。28年来，这也一直是华美协进社中国美术馆最受欢迎的项目。不仅仅是知识，更重要的是种种亲力亲为的感受。那种感受怎样悄悄地进入孩子们的心里，他们感到美了吗？他们感到优雅了吗？他们得到鼓舞了吗？从此面对没有做过的事，也有勇气去尝试吗？我们不得而知，但他们来了，他们听到的，他们看到的，他们动手做的，在所有这些过程中，他们确确实实地感受到了。艺术教育的功能，不仅仅是这些，艺术的感染力是很难预料的。很多年后，有个姑娘寄卡片给我，很骄傲很高兴地告诉我，她像我一样做了策展人。也有几个人告诉我，从到华美协进社中国美术馆实习，就此走上了艺术的路，现在在某某画廊、在某某拍卖行做事了。2019年2月在华美的职工餐厅，有一个中年男人，很面熟，常来听讲座的。我们都在打水喝，他突然眼睛闪亮地对我说："Willow，你不知道你怎样感染了别人。"我睁大了眼

图174 纽约布鲁克林577中学8年级学生Patricia Finochio（13岁）的山水画，参加华美协进社中国美术馆“从艺术中发现中国”艺术教育手工作坊时所作。马玥拍摄，2008

睛，听着他突如其来的兴奋的语调。他继续说道：“自从去了你的远古陶器展，我开始收藏了！家里（他挥手在空中往周围画了一大圈）都是陶瓷器。有件东西我要请您看看是什么时候的，我认为是六朝晚期的。我的生命从此改变啦。我现在来学书法，以后要收藏书画呢。”他是如此兴奋，我当然很为他高兴，也很为自己的工作感到自豪。

在人类认识自己的路途上，英国人高尔顿（1822—1911）测量人类的智能并予以量化的想法，在20世纪初由法国人比尔将之实施于国民义务教育，也为挑选其他各类人才提供参考指数、智能商数（Intelligence Quotient，一个德语词汇，简称智商）起了很大的参考作用，韦克斯勒成人/儿童智力量表的测试结果也相当广泛地运用于有需要的地方。普通人的平均智商为100左右，爱因斯坦的162分便是极高的天才指数，因而受人赞赏。1991年，由美国心理学家彼得·萨洛维创立的“情绪商数”（Emotional Intelligence 或 Emotional Quotient，简称情商，英文简称EI或EQ）是属于发展心理学范畴的，指自我情绪控制能力的指数，并被认为是智力能力扩展表现的因素，其重要性被越来越多的人意识到。一般认为，情商具有五个向度：①自我察觉（精准的情绪自我察觉）；②自我规范（积极、适当地控制和表达情绪，使情绪成为可控的）；③自我激励（调动情绪，达成自我激励、自我驱动，实现目标）；④同理心（共情能力强，通过细微的信号，敏感地感受到他人的需求和欲望，识别他人的情绪，是很好的“聆听者”，当别人在倾诉时，能巧妙地回答，表达理解、尊重对方的诉求，善于调控他人的情绪反应，帮助别人表达情绪）；⑤现实检验能力（精准和客观地检验现实环境中的资源、有利与不利的事物，而对现实能保持乐观主义，积极地接受变化，综合各种资源灵活应对多变的环境和压力，成功地解决问题而不失控）。看来，情商更多地是在认识自己，培养自己，激发自己的潜力，并培养自己与外界及世人打交道的能力。所以有人认为，在这样的教育中，博物馆和艺术能起到特殊的作用，因而对艺术教育刮目相看，欲将博物馆与艺术作为启发情商的首选教育场所和媒介之一。

2019年5月14日，孔子的第78代孙，也是世界孔子宗亲联谊会的负责人孔维众先生来访。孔维众先生在参观华美协进社中国美术馆“山艺术：中国摄影家的镜像”展时，热情地介绍他的“生命教育”工程。我也介绍了华美协进社中国美术馆四分之一个世纪以来备受欢迎的“从艺术中发现中国”的艺术教育项目。这个自1992年创立的艺术教育项目，在当时是纽约博物馆界的唯一，如今也鲜有同样的例子。我们交流了对艺术教育的重要性的看法，他说到情商的重要性，艺术在培养人、激励人的创造性中能起到重要的作用，而在即将来临的人工智能世界里，人的创造性将成为最大的财富。我们很高兴相互之间对情商的重要性有共识。孔维众先生说他将在他的“生命教育”的工程中增加艺术教育的内容，建立与博物馆互动的多种课目。这或可作为重视艺术教育的一个例子。

4.服务社会

博物馆和展览，是现代文明中真正能够体现民主的公共化空间。博物馆的藏品没有国界，博物馆的展览没有边界，博物馆的观众没有限制，通过安检，就进入世界大同、人人平等的共享空间，共同越过千年，共同跨过五洲，彼此凝视，彼此浏览，彼此欣赏，彼此对话，这真是现代文明不可思议的功绩。

这样崇高的使命，应该为博物馆从业者所牢记。如前所述，博物馆的宗旨，是自其诞生之日便注定的。不管是如大英绅士们为社会求知好学者所设而经由议会通过，还是卢浮宫从血腥的断头台斩断皇室的独享到国民议会宣告将其归于民众；不管是大都会新兴商人阶层对艺术文化的重视，还是中国学习西方建立博物馆以开启民智，博物馆诞生之因或许各个有别，但其宗旨归于唯一，即服务于大众，希冀增长学问，改良人文和社会。如大英博物馆馆长著书、大都会艺术博物馆馆长导览，都是躬身亲为的服务，将他们自己对艺术品的精选和体会与大众分享。更不用说，将有产阶级所藏之物与大众分享，特别是源于皇家收藏的博物馆，能够将那些本来只为少数人欣赏的宝藏，如俄国女皇叶卡捷琳娜说只有老鼠和她才得以欣赏的艺术品，展示给大众，这实在已经是人类文明史上的一大进步。

首先，展览是为观众服务的本体。那怎样让展览吸引人，怎样让展览受到欢迎？随着科技的发展，视频、触屏和放映机被广泛运用，扩展了观众除面对面观赏艺术品以外的体验。近年来，博物馆界也流行让观众自己体验。这种理念自然有它合理的地方，因为体验是最能激励人的好奇心和归属感的。说到体验，不由地令人想到那个有名的故事。1799年，年轻的刚30岁的拿破仑，模仿马其顿国王亚历山大大帝和罗马帝国的尤利乌斯·恺撒大帝，到埃及吉萨的高达146.5米（因年久风化，顶端剥落10米，现高136.5米）的胡夫大金字塔中的国王室，在10米×5米的墓室中，独自待一晚。据说虽然他早上自金字塔走出时面色苍白，神情恍惚，之后在埃及打了败仗，在军事上大败而归，但在接下来的几个月中，拿破仑实现了政治上的腾飞。11月，他发动著名的“雾月政变”，接管了革命政府的一切事务，开始为期15年的独裁统治。体验，“沉浸式体验”，能够怎样地改变人，莫过于斯了。

所以，当今博物馆界流行让观众体验，从多方位地来感受艺术品，“沉浸式体验”，不能不说是为观众的一个考量。公关人员也总说，先吸引他们走进来，再教育。展览确实需要考虑到观众的欣赏能力，但并不应该是一味迎合大众的趣味。作为策展人，或许较别人先有机会来学习研究，理当具有先学者、先行者的良知，将艺术品中的智慧、品质和真善美，通过对比性的例子，揭示人性的终极关怀，引导大众向着光明、乐观、和平，做好自己。文化人的职责，应该牢记心间。因此，好的展览必有自己的主见和责任，必能让大众，不管任何肤色者都能够找到照亮心灵的那一束光。这是策展人的职责。从展览的方式来说，则要把握运用那些工具的“度”，举例说触屏毕竟是触屏，可以把一件东西360度地旋转审视，可以放大了来看图案铭文，但要理解艺术品，还是要看到实物，仔细考察，了解许多跟艺术品相关的事，甚至上升到人文素养和情操，这不仅是培养真正的艺术鉴赏，也是揭示真正艺术品的力量。因此，展览不能喧宾夺主，让观众停留在好玩的兴趣表层，而必须引导到更深层的思考，让观众真正“沉浸”在艺术品之中的体验。好的展览不仅仅要抓眼球，更要走进心灵。

展览的阐述就能起到很大的教育作用。语言是具有力量的。所以如前所述，展览的各种说明牌编写的好坏，就使观众的收益程度大有悬殊。授业解惑（教），自我揣摩（学），是教育的两条主要的路子。如前所述，华盛顿的格伦斯通博物馆和有些博物馆馆长主张让观众自己审美体验，而不著一字。但据我三十年来的实践，以及观众的反馈，得出的结论还是希望有人引导解说。有一对美国老姐妹，每次都来参观我馆的展览，她们会随身带着可以折叠的凳子，看到感兴趣的作品，就坐下来抄那说明。观众如此重视，所以说明牌的写法应该更有讲究。那些听过策展人特别讲解的观众更是赞叹，自己看的话就得不到这么多理解。所以如何解说亦有讲究，而不是背说明牌。在此，“教”和“学”的结合很重要，一如中文字，本来这两者是相连的，“教学”难分，彼此消长。

有一个很感人的故事，至今令人难忘。2001年9月11日，那一天整个世界都震撼了，纽约华尔街世贸中心的双子楼，于一瞬之间被夷为平地！纽约瘫痪了！交通中断，无数的人无法回家。许多从废墟走出来的人，满身灰土，面无表情地默默行走在大街上。经历过那场劫难的人们，心灵受到了永远难以弥合的创伤。本来9月12日是华美协进社中国美术馆“精致的瞬间：西湖和南宋艺术”展的开幕式，也不得不延期到两周后才开。那是个很不容易办成的展览。不仅是早期的绘画都是很难得地从美国的私人藏家和博物馆借来的，而且期间发生的种种细节，也平添许多困难。好不容易安顿好所有细节，开幕之际，又因世贸大楼的灾难而临时改变，开幕的种种事宜又得重新安排，顿时增添了额外的工作。在寂静和担忧中过了两个星期后，展览终于对公众开放了。那是个很受人欢迎的展览。雪莲（Sharen Crain），当时我们的一个董事，有一天特意跑来告诉我，在“9·11”之后，在废墟残垣、浓烟黑尘的记忆之后，在令人失魂落魄的震撼之后，看到这个展览，静静地，在一片如初夏般的浓荫中（我选择了绿色的展览基调），精美的绘画，碧波的西子，飘香的金桂，泛舟的诗人，对月的举樽，让她感到了和平、美好和希望。听她如此说的时候，谁的心里不会被感动呢？！（图175）

图175　“精致的瞬间：西湖和南宋艺术”展览陈列档案照。纽约华美协进社中国美术馆。*Exquisite Moments: West Lake & Southern Song Art*, China Institute Gallery, 2001

展览的效果是不可预料的。一个展览对外公布后，来参观的人自然是形形色色，可以说是来自四面八方，世界的各个角落、各个阶层、各个行业、各色人等。在纽约这个艺术之都，有几百家博物馆画廊展览日日开放，能够到我们美术馆来的，必有特别的兴趣。拿我们举办过的一个展览来说，即2018年至2019年的“山艺术：中国摄影家的镜像”，这是个当代摄影展，从观众的留言本上看，好像世界各大洲的人都来过。例如有来自美国科罗拉多州的一对夫妇，说去过中国的黄山，看到楼下墙上展览的招贴图就走进来了。他们去黄山的时候恰好碰上大雾，待在山上两天，什么也没看到，只感到云里雾里的仙气，看到摄影作品，看到对黄山的介绍，才得知黄山的真面目，他们不住地称赞黄山的美，好像在这摄影展里才如愿以偿。又例如有一次，在展厅前碰到一个人，他肤色黝黑，但不是非洲人。因为平常很少见到这样的观众，询问后得知，原来他来自中国的邻国尼泊尔，在纽约是工程师，十分喜好山，尼泊尔就多山嘛。他说，展览很好，都说中国的山多，结果还有这么多文化。还有一次在电梯里碰到的一对来自英国的夫妇，他们说在酒店看到“山艺术：中国摄影家的镜像”的介绍，喜欢山，就跑来看了。山，连接了人们，中国山背后的文化感动了人们。前面已举过一些例子，不妨再把留言本上于2018年11月3日来参观的这两位纽约观众的话跟大家分享一下：“我们怀着敬畏的心情观赏了整个展览。这些摄影作品和展品说明，帮

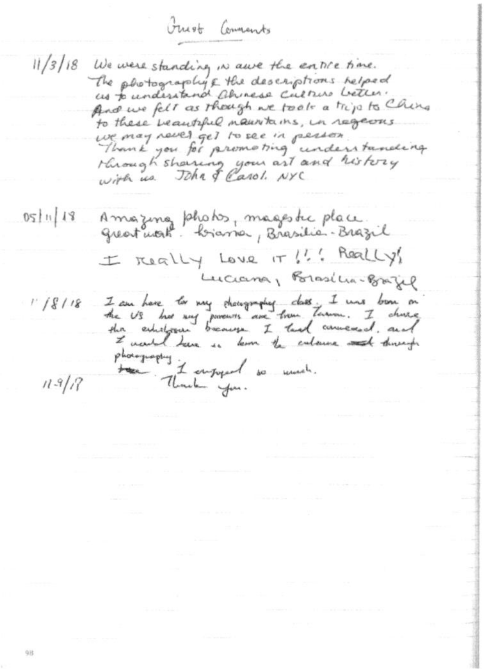
Guest Comments

11/3/18 We were standing in awe the entire time. The photography & the descriptions helped us to understand Chinese Culture better. And we felt as though we took a trip to China to these beautiful mountains, in regions we may never get to see in person. Thank you for promoting understanding through sharing your art and history with us. John & Carol. NYC

05/11/18 Amazing photos, magestic place great work. [illegible], Brasilia-Brazil

I really love it!!! Really!

Luciana, Brasilia-Brazil

11/8/18 I am here for my photography class. I was born in the US but my parents are from Taiwan. I chose this exhibition because I [illegible] and I [illegible] to learn the culture through photography. I enjoyed so much.

11-9/18 Thank you.

图176 参观“山艺术：中国摄影家的镜像”展览后的观众留言簿评语选例。纽约华美协进社中国美术馆档案资料。*Art of the Mountain: Through the Chinese Photographer's Lens*, China Institute Gallery, 2018

助我们更好地了解了中国的文化。我们就像是在中国的大好山河游历了一番，去了那些难以亲临其境的地方。感谢你们与我们分享中国的艺术和历史，增进了（我们对中国的）理解。——约翰和卡罗尔，纽约市”（图176）

到博物馆看展览的公众有几种类型，博物馆要有针对性地接待。一是散客，即观众自己买票或领票参观。这需要通过各种渠道宣传，把时间地点，在网上也好，在电话录音也好，在宣传册页也好，或在其他各种公示的场合也好，都讲清楚，以免观众白跑一趟。二是参加定时定点的导览的观众，例如纽约大都会艺术博物馆定时有讲解员带队，买了票进馆后，就可到公示牌集合等待。三是预约参观的团体，一般是由博物馆的专人和教育部门联络，再跟团体来预约接待。四是特别的需要私人导览的观众，在美国博物馆界，对高级会员、赞助者或有可能作为赞助的候选人，会精心安排策展人来给予私人导览。五是参加配合节假日的特别活动的观众。我们单位作为在美国专门介绍中国艺术和文化的先驱，以它超过半个世纪的馆龄和经验，常常配合中国

图177　华美协进社中国美术馆举办的每个展览，都有专为纽约教育工作者举办的免费开放日，并安排专门讲解。图为正在观赏“乱世绝响：六朝艺术”展览和聆听中国书法演变介绍的老师们。胡维智拍摄。Photograph: Perry Hu, 2016

的各种节日，以及参加美国博物馆系统的博物馆开放日，对公众开放展览。纽约的博物馆，有些一周内最起码有一个晚上是免费对公众开放的，例如我馆每周四从下午5点到晚上8点免费开放，摩根图书馆和博物馆每周五从晚上7点到9点免费开放，其他博物馆则提供某一晚乐捐形式的开放，例如惠特尼美国艺术博物馆每星期五晚上7点到9点半让观众按能力乐捐入场费的形式供人参观。

大约从2018年开始，纽约公共图书馆发起了“文化通道”的项目，读者可以上网注册去领免费参观各博物馆的票。我馆也是参加这个项目的博物馆之一，一张票可以允许一家四口去看博物馆。每个单位每个月，大概可以发放100张免费票，这也是一个鼓励民众去博物馆的方式。位于华盛顿，其麾下有许多著名博物馆的史密森尼学会（Smithsonian Institute）还在十五年前发起“全美博物馆日”，其正式名称是“史密森尼杂志博物馆日”（Smithsonian Magazine Museum Day），常在九月的第三个周六，2019年是在9月21日。是日，参加“全美博物馆日”的博物馆对观众免费开放，但观众要预先上网订位取票。2019年美国有1600家博物馆参加，光纽约就有116家参与。

既然博物馆成立的初衷，便是为大众，那么可以说博物馆的公众服务将成为越来越主要的考量因素，从设施到各种服务。除了展览，一系列配套的活动也将有助于服务公众。（图177）近年来，随着对中国文化的关注，更多的博物馆界同行受到影响，即使他们不是以中国文化的介绍为主，但也应景适时地利用中国的节日，做各种活动，不仅吸引中国观众，也吸引其他国家的观众走进博物馆。举例来说，因为华人增多及中国文化的传播，纽约从2016年开始，所辖五个区（曼哈顿、皇后区、布鲁克林区、布朗克斯区和斯塔滕岛）的所有公立学校的孩子们，都可以在中国新年这一天放一天假。从此，中国新年在纽约成为法定的公立假日。孩子们开心，那天不用去上学了；要上班的大人们发愁，那一天该怎么办。如果说二三十年前，华美协进社是新年期间全纽约绝无仅有的几家“大单位”组织新年活动的话，那么如今已经是赶不上其他单位了。比如大都会艺术博物馆，就捡着这个时段大做文章。2019年的春节，大年初一的那天，可以说中国新年的热气在大都会的每个角落都腾腾地上冒。观众买了门票（纽约居民免费）后，便可以参加各种手工作坊，可以排队领票看定时的表演。那天真的是挤得水泄不通，纽约人，或能够到纽约来的世界各地的人，都可以到大都会去，热热闹闹过大年，还可以拿着有新年图案的红纸，圆的方的小塑料灯笼，把中国年味儿带回自家去。就在这一年，纽约州参议院于6月18日通过议案，将2019年的10月1日定为“中国日”，10月的第一个星期为“华裔传统周”，希望借此增进纽约州与中国的友谊，纪念当地华裔在该州发展过程中做出的贡献。这些新设定的跟中国有关的日子，一定会使人们对中国乃至中国艺术和文化的关注和兴趣跟着水涨船高。渴望将来有更多的观众来参观展览，更多的学生将博物馆中国题材的展览作为学习中国历史的课堂，从对艺术品的关照中来了解中国的人和文化。

作为展览的外延节目，并且属于比较专业的对公众的服务项目，便是国际学术研讨会。我馆每一个原创展览，都会组织国际学术研讨会，邀请中美双方学者就本展览相关的议题，交流和探讨各自的最新研究心得，以多方位地加深对展览的了解。例如我馆近年来举办的两场国际学术讨论会，都邀请中美学者和相关专家，各自提供不同论题，来进一步探讨与展览有关的各方面。例如2016年的“乱世绝响：六朝艺术”展的国际学术讨论会，其议题涉及古代中国的“黑暗时代”、5至6世纪草原文化的精英、北魏平城、乱世之时的佛与菩萨、六朝家庭生活和社会价值。而从中国来的学者们则带来最新的资料，如南京与马鞍山的六朝新发现、六朝南京的对外交通和交流、私人收藏的六朝精品、南京新发现的三座六朝墓、山西新发现的北朝壁画等。2018年举办的“山艺术：中国摄影家的镜像”展不仅邀请了博物馆策展人、大学教授等学者，还有自由策展人和艺评家、摄影收藏家、银盐印刷专家、摄影家等各个专业的人士，从各自的角度探讨中国摄影在20世纪以来的追求以及将来的愿景。配合每个展览，我馆总是安排有“策展人讲座”的活动，在每个新展开幕后的第二天晚上，对公众介绍该展览的要点和展品的精华，作为导览，也作为鼓励观众进行更深层探讨的对话。

近年来，我注意到中国博物馆除国际研讨会以外，也设计许多连锁活动和文创产品。例如2019年1月，上海博物馆配合展览举办的董其昌书画国际研讨会，邀请了海内外90多位学者出席，参会人数近400人，是目前规模和影响力最大的董其昌学术研讨会，在社会各界引起强烈反响。展览期间，上海博物馆为观众配备专业讲解队伍，印发免费的特展教育小册子7万册，制作微信语音及图文导览；举行各类精彩纷呈的文化活动，其中包括特展讲座10场、古乐演奏7场、上博奇妙夜3场。此外，上海博物馆还出版了精装和简装两个版本的配套图录，以满足不同读者的需求。上海博物馆文创中心为本次特展开发定制了50余种、160余款文创产品，开幕后，系列文创产品累计销售额超过1300万元。3月10日是展期的最后一天，上海博物馆为本次展览精心策划了一次闭幕之夜活动——“董其昌和他的江南：上海博物馆奇妙夜”。活动通过艺术夜话、江南丝竹音乐演奏、珂罗版体验等形式，为展览画上圆满的句号。这也是上博2019年第三次围绕董其昌书画艺术大展举办“奇妙夜”活动。博物馆，尤其在大城市，已经成为城市消费的一大门类，成为人们所不可或缺的一部分。

当然类似这些吸引观众的活动都很有必要，是服务社会的举措。但只有优秀的展览，才是博物馆的顶梁柱，作为策展人，作为博物馆的领头人，这一点是需要永远清醒地记着的。我们美术馆观众留言本上的留言，更是印证了博物馆的神圣职责，在为大众服务时，除了娱乐，更要走心，这才是正道。我很喜欢位于密苏里州的纳尔逊·阿特金斯艺术博物馆，那是在美国收藏中国艺术品名列前茅的著名博物馆，当然也有世界其他各国的珍藏。我常喜欢引用其刻在希腊式殿堂般建筑的白色大理石门楣上的一段话，那是法国大作家维克多·雨果说的：“灵魂比现实更需要理想。因为现实，我们存在；因为理想，我们活着。”其博物馆的口号即“以艺术之力量沟通社会之精神”。（注136）艺术是人类灵魂的体现，艺术使我们更理想地活着。现实地存在，理想地活着，生命，如此才能圆满。这是为人人的艺术。博物馆责任重大，应该成为通识教育、专业教育和性灵教育的基地，成为激励理想、供给精神食粮的神圣殿堂。

第八章

策展运作——团队与效益

一个能够留下印象的展览，是需要一个团队的精诚合作才能诞生的。而博物馆、美术馆，还不仅仅是只做一个展览，那是一年几度、成年累月地经营，因此，团队的合作就至关重要。这里仅以我馆的运作为参考，看让一个博物馆转动起来所需要的基本人员结构和操作模式，并兼及一般博物馆系统的模式。

1.基本团队

基本团队包括馆长（总策划、策展人及艺术总监）、助理馆长、艺术教育主任、协调馆员。我馆的这四个职位为全职岗位。

华美协进社中国美术馆，隶属于华美协进社，为民间的非营利文化机构，可属于美国的小型博物馆类型，但“麻雀虽小，五脏俱全”。由于我馆没有自己的收藏，因此要不断寻找和惠借合适的展览或展品组展，一年做出两个主题展并包括展览图录的编写制作，工作之重，不言而喻。我自己担任华美协进社中国美术馆馆长，除负责该馆的日常运作管理外，还兼及总策划、策展人、主编与出版者、艺术总监与制作人、募捐者等的工作。我馆另外三位全职职工，一位是助理馆长，兼及登记员的职责；一位管理运作艺术教育项目；另一位负责馆内其他相关事务。每每中国同行来，看到我们四人就撑起了一个博物馆各方面的工作，常常觉得不可思议，说我们以一当十呢。具体来说，上述各职的主要职责范围如下：

馆长：美术馆或博物馆定位、掌舵和决策者。馆长在为该馆定位和制订长远的计划以外，需建立和把握本馆的标准，建立本馆的风格和特色。主要职责为负责日常行政管理运作，包括按照博物馆之所需整合梯队，聘请人员，明确各部门各人的职责和相互间的合作关系与程序，建立各部门与各人的管理体系和规则。制订长远的基本的展览和活动的模式，例如，一年应该有几个计划中的展览、出版物、学术研讨会和其他活动，建立一个常规的模式，并结合可能出现的临时机会以组展和组织活动，保证美术馆或博物馆的持续亮相。制订年度预算，检视和把控年度预算在各方面的运用情况，并为各个展览项目和活动筹款，通常的募捐渠道包括：馆内运作如门票、巡展费、图录及礼品簿等；寻找私人基金会、政府文化基金、私人募捐以及美术馆之友的支持；寻找商家赞助；等等。与博物馆界的沟通和交流，保持和业界以及学者、艺术家、相关艺术服务行业的对话。给策展人建议一些展览的议题，或也可偶尔亲自策展。关注和实施公共宣传的各种手段，如广告、网页、微信、新媒体等，扩展观众的来访数量。对馆内建筑、设施、保险、警报系统、维修等各方面的事务的了解和核准。对馆外各参与梯队的协商、合同、合作和总管督导。

总策划与策展人：总策划人，是把握展览整体者，应该是提出展览立意，全面地思考到与展览相关各部分，如展品、艺术家、研究、内容、出版物、相关活动、展览陈列、表现形式、梯队成员等的人，然后由梯队去逐一落实相关的各项。策展人，可以是协助总策划人落实每个展览项目的人；也可以是在不断寻访艺术品的基础上，提出一个展览项目，然后专注于选择、研究、表述、建议展览陈列方案并协助布撤展、参谋教育活动并对访者介绍的人，是维持博物馆不断产生展览的重要职位。一般的博物馆在馆长以下，均另有策展人，如纽约的亚洲协会博物馆，其馆长虽也参与策展，但常规的是另有两位策展人，一个负责古代艺术，一个负责当代艺术，并相应地配备两个登记员，一个负责古代艺术品的管理，一个负责当代艺术品的管理，此外，另有专门负责其洛克菲勒藏品管理的人员。大型的博物馆，馆长之下有许多部门，就专业来说，一般按照艺术的地域，如亚洲艺术、欧洲艺术等来设各个部门，各部门设立主管，管理一个部门的运作，其亦可策展，但旗下必有一到数位策展人。策展人在博物馆界设有不同等级：助理策展人（Assistant Curator）、副策展人（Associate

Curator）、策展人（Curator）、资深策展人（Senior Curator），总策展人（Chief Curator），总策展人亦常常兼有管理其他策展人的职责。

艺术总监：保证一个展览和展览相关各部分完成者。一个展览，一般来说，由最主要的三部分组成：展品的完善，展品的陈列，展品的介绍。艺术总监尤其对将展品变为一个展览负有全责。这便涉及了解展品，监督展览设计，了解布展所需的人力、物力，以及做各种准备，包括制订工作的大概日程计划，打造展墙和空间的整合，各种展柜、罩子、器座、支架的制作，布展所需的器具、灯光、材料等，展览图标、说明牌系列的制作，以及整体效果的把控，等等，直至展览全面完成。在大型博物馆，展览出版物由专门的职工负责，从文稿、图片到与设计师、印刷厂合作，乃至将图录印制完成。在我馆，因没有专门的出版部门，所以策划、主编、出版图录的一系列事务，也自动地纳入了艺术总监的责任范围（上述两职的职责在我馆均由我负责）。

助理馆长（Assistant Director）兼登记员（Registrar）：我馆所设的助理馆长直接是我的左右手，协助馆内各种日常事务，尤其是馆内每日设备系统、安全系统的检视维护，馆内开销的进出记录和信用卡报告，联系各方会议日程，准备各种会议材料，申请赞助材料，等等，并协助展览所需的研究资料和图片的搜索及准备，还负责登记员的事务。登记员是管理艺术品或展品者，可直接协助策展人的工作，特别是在有收藏的博物馆内，因其职责是负责对展品的登记、保管、出借、运输、保险等，以保证展品的安全、信息精确、运输顺利等一系列事务。展品需要涉及的所有合同，如外借、巡展等，也是由他们来完成，可以说他们是艺术品的守护者。这个职业，在美国博物馆界亦有不同等级：助理登记员（Assistant Registrar）、副登记员（Associate Registrar）、登记员（Registrar）、资深登记员（Senior Registrar）、总登记员（Chief Registrar）。在我馆频繁与中国博物馆界合作的过程中，与中方博物馆、运输公司、来美人员之间所需的各种事务，也常由这一职位者负责协助和督察。

艺术教育主任（Manager of Art Education）：主管我馆的艺术教育工作，负责设计配合每个展览的艺术教育活动，接待来访的学生和公众团体。我馆自1992年创建“从艺术中发现中国”的艺术教育项目，配合每一个展览，接待自幼儿园小朋友到老年组的不同团体，尤其以纽约五个区的三年级学生为最多，因其三年级课程的世界历史，恰好教到中国史，中国艺术展览就成为最形象的教科书，让孩子们感受到中国。这一职位者，便从设计配合每个展览的艺术教育节目开始，准备背景知识、展览要点、关键词汇、相关图像、相关视频、相关手工课的设计和材料，联系和发展讲解员，宣传每个展览的艺术教育节目，制作宣传页，邮寄或发邮件，登记来访的团体，安排讲解员，准备为每个来访团体所需的空间以观看视频和做手工课，并准备服务后的评价表格。准备每两年一次的学生和老师的艺术作品展示空间，搜集作品及信息，准备展示空间的说明、展标、开幕活动等。积累和管理来访团体的信息，以便不断跟进，并协助申请赞助艺术教育基金。

协调馆员（Gallery Coordinator）：我馆相关事务的管理者。销售我馆五十多年来出版的展览图录，运作美术馆之友一年六次的活动，如我馆特别的贵宾开幕式、访问博物馆特展或库房、访问拍卖行或画廊、艺术之旅、与策展人及艺术家的对话，以及编写制作通讯简报和年度报告。协助组织与我馆展览相关的国际学术研讨会和策展人讲座，以及一年一度的兰亭雅集活动，准备材料并推动我馆展览巡展至美国其他博物馆和单位，管理美术馆的网页和档案。

在我馆如此的基本人员架构里，展览的开始一般是这样的：当客座策展人有一个展览议题时，会先跟我沟通一下，然后我会告知其按照我单位的要求，做成一个展览申请报告。这个报告一般由展览的意义（为什么要做这个展览）、展览的构思（展览将从几方面来展示）、展览图录可能的大纲（有些怎样题目的论文，图录部分是常规的对每件展品的介绍）、展品清单（虽然是初步的）、策展人的资质介绍（策展人简介）、有无可能巡展、该展的预算以及可能的募捐方式（详见本书第402页附录华美协进社中国美术馆展览申请报告）几部分组成。这个报告通过各种渠道最后交到我这里，我先和单位的高级职员商讨，看这个申请的展览是否对我单位各个活动有帮助，另外根据募捐部门发展部的建议，看这提交的展览是否有可能找到经费，然后在大家支持的基础上，由我提交给由专家和教授组成的艺术委员会来讨论，得到他们的参谋和建议。最后，基于上述所有讨论和建议，再由华美协进社社长和我来共同决定是否要做这个展览。一旦决定，便将展览列入实施的日程（一般到开幕，最起码要三到五年的预备期），首先是建立募捐对象的清单，包括基金会、特定的个人，然后逐步去运作。基金会则按照其要求提供相应的申请文字、预算、策展人信息和图片等；特定的个人呢，则通过不同方式去逐步洽谈，我馆也会在适当的时段给向来支持美术馆展览的朋友们发去信函，请求赞助。在美国，为展览寻找募捐者是一个非常重要和艰巨的工作。展览这部分，就由策展人继续去完成展品的筛选，展览大纲和内容的逐步完善，以及待展品定下后的研究与论文的写作。工作的日程，是早就制定并通知各个参与者的，因此，到某一阶段，论文者交付其论文，登记员协助索取所有图片的版权、信息，申请书号等准备工作。接着为制作图录，包括展览图录的编辑、翻译、文字修正校对、设计、印刷制作及运输。展览的部分，待确定展品后，与藏家、艺术家或博物馆核实所有展品信息、保险价值、运输细节等，然后签订合约，并按照展览制作的日程，到一定阶段联系安排运输展品，与合作单位和运输公司不断地洽谈确定，直至运到位之后开箱拆卸，并对每件展品做检视记录报告。同时，一般在展览开幕前的6到10个月，便开始与展览设计师沟通，开始一遍遍地完善设计方案，如何组合，如何摆放，展厅的临时墙面是否要调整，打什么样的柜子，展览、灯光基本色调的试验，展标的设计，展览内各种图版、表格、说明牌的设计制作，等等，并待展品运到后，开始实际的布展。展览的公关宣传，从确定展览的标题到与公共梯队做出对外宣传的文档，以及所有宣传的图像选择和文字等，一般也有6个月左右的提前量，同时要开始做预算和预计效果的报告、编写中英文新闻稿、准备新闻发布会等。展览开幕的一系列准备工作，从邀请客人到准备酒会或晚宴，都要一一与相关梯队和人员合作。最后，只有当展览开幕后，一个展览方可告完成。而艺术教育和公共教育的节目则要在此时登场。我馆一般在开幕后第二天，有对讲解员的培训和对公众的策展人讲座，并在其后的时段，有国际学术研讨会或策展人系列讲座来配合展览。这是我馆展览运作的一个大概情况，无数的细节难以一一道来。在中华人民共和国成立70周年的国庆阅兵仪式中，三军仪仗队的服装很靓，引起关注，据制作者江苏阳光集团介绍，做一套三军仪仗队的服装需要400道工序，我不由地想到，不知有谁计算过，将一个展览做出来，需各方梯队和人员好几年的精诚配合，恐怕不下上万道工序吧。

如果是独立策展人提出展览议题或展览报告，一般来说，跟我馆的合作会按照以下的步骤：如果其议题有值得继续的可能，会鼓励独立策展人按照我馆的格式，并协助其做成我馆的展览申请报告，然后履行上述与我单位高级职员、艺术委员会、社长和馆长讨论等诸道程序。如果通过了，就可以列入我馆展览日程了，我馆就会和独立策展人商谈其合同，明确其作为客座策展人应该负的责任和应该完成的事项（完善展品清单、撰写论文、撰写各展品说明等，并提供策展人讲座及对贵宾和会员的展览介绍演讲等），必须完成各项工作的时间，以及其策展待遇和其他事项，包括策展费用和能够得到的展览图录等。签约后，就按部就班地执行。

其他博物馆内，听说也是有常规的会议日程，由各个专业部门按期讨论部门内策展人员提交的议题，然后通过集体讨论，如果确定的话，就报给上一级主管。具体的操作，每个馆大约都有自己的一套程序。

2.外围梯队

外围梯队包括学术顾问、客座策展人、展览设计师、布展梯队、编辑、装帧设计师、公关人员、运输梯队、艺术保险、保安、讲解员与义工。

在我馆有限的全职人员之外，每个展览的完成，也是有外围梯队合作的，除学术顾问的参谋以外，所有这些外围梯队的参与者都基于一份工作合同，是以每个项目为基础的，或是一个展览的策展，或是一个展览的设计展陈，或是一本展览图录的编辑出版，或是一本展览图录的装帧设计，或是一个展览的公关宣传，等等，均酌情处理。

学术顾问。我馆在多年的实践中，有一个由美国高校、博物馆、收藏界的中国艺术史专家和董事会成员组成的艺术委员会，每年需要开两次会，帮助审阅我馆收到的或提出的策展报告，给予意见和建议，以供华美协进社考虑，然后由社长和中国美术馆馆长综合各方面条件做出决定，将适合的展览立项纳入我馆的制作计划。多年来，许多在美国的中国艺术史界的著名学者、收藏家都曾作为我馆的艺术顾问，他们从自身的专长出发给予的对各个展览报告的建议，反映了他们看待中国艺术的不同角度和理解，集思广益，有助于我馆在选择和介绍中国艺术展览时，具有更加全面的视角。并且通过这委员会，也能与美国的中国艺术史界保持对话。除此之外，我馆也幸运地能与美国博物馆界的同行或业界的专家们随时联系，得其建议和帮助。

自20世纪90年代，我馆开始跟中国博物馆界有比较频繁的合作，从而产生另一种更为灵活的学术顾问的形式。首先，各级文物局的专家们，包括国家文物局专家库成员，在相当长的时间内作为我馆在中国的学术顾问，为我馆出谋划策，释疑解难，推荐联络。其次，与我馆合作的中国博物馆的馆长们都非常支持我馆的展览，常常亲自陪同跑遗址、看工地、看库房，并在不断商谈的过程中，配合我馆的要求完善展览合同，并督促相关工作者按照合同落实各项事宜。接着是各博物馆保管部门的同行，他们更是直接承担许多琐碎的细节工作，寻找展品，反复地选择落实展品，查核信息、锁定图片，处理成百上千的邮件、电话，从组成展品清单，到打箱、准备通关文件、安排运输；从按照清单做展品的说明、图片的拍摄，到安排落实护送展品的人员的事宜，很多细节都是在这些同行耐心、细心的费时数年的努力之后，才得以逐一落实，保证展览的完成。再者，中国高等院校的教授学者们、卓有见识的收藏家和艺术家们，都不断给予有关展览和艺术方面的建议。在过去二十多年与中国博物馆界、艺术界的合作过程中，有幸借得诸位之力，以及没有能够一一提及的许多师友同行之力，我馆得以相对及时地了解中国考古界、艺术界的动态，并把握能够策展的各种可能性。这种非馆内体制而基于各个项目的学术顾问方式，比较灵活，且针对性强，很有成效。

客座策展人。客座策展人可以提交展览申请报告，并由我馆呈交给艺术委员会讨论，然后由华美协进社和我馆决定后，就与之签订客座策展人合同。合同将界定其职责和工作计划以及工作报酬：如于何时提交完善的展品清单、何时交付论文、何时交付展品说明，并需提供对展览的讲解和对公众的策展人讲座内容，以及其对出版物的权益等。这种外单位的或自由策展人的客座策展人因为不在单位上班，其基本职责即以上述诸事为要。而展览的制作和图录、说明牌的制作，均由我馆完成。待我馆收到客座策展人所提供的展品清单后，便与各展品所有者联络，签订借展品协议，索要各种资料图片，约定展览设计师商讨陈列事宜，联络运输保险等事宜。其交来的论文和展品说明文字，也由我馆联络翻译、编辑，进入编制展览图录、制作展板和说明牌的程序。

展览设计师与布展梯队。我馆长期聘用一位独立展览设计师，不仅由他负责展陈设计，而且由他来寻觅所需的布展梯队，一般是3到5人，视每个展览的不同需要而定。如此，每个展览由我馆与之签订工作协议。工作协议会罗列他将负责的事务：设计展览，设计展柜，负责联络制作展柜者或自己监督艺工完成，材料费、颜料费、灯光材料及布光等费用的预算，找艺工及艺工工作费用的预算，制作展览说明牌及展陈所需的各类图表，整个过程的时间预测等，然后再报价。待财务部门和上级核实通过后，便开始实施展览设计的各个步骤。

展品的尺寸、组合、顺序及重点展品，这几点对设计师来说是最基本和重要的信息，将指向他设计的思考。首先，对于设计师来说，要了解展品，因而待最后展品清单确定后，登记员先核实所有展品的具体信息，再将这些信息提供给设计师，相应的图片也要提供给设计师，以方便其进行设计。例如书画作品的话，画心尺寸、装裱后的外围尺寸，包括轴头一头到另一头的尺寸；装框的话，框的最外围的尺寸；雕塑的话，最高最宽最厚处的尺寸；等等，以此类推。这些外围的尺寸尤其重要，直接关系到其展示空间的大小高低的设计方案。然后是要和策展人沟通，按照策展人的构思，按照内容的结构，讨论展品应该如何组合，这一组合是哪组在前、哪组在后，其可以相对应地安置吗？还是一前一后比较好？这些很琐碎的细节，都会直接影响对展陈设计，展览最后的流线效果，内容上是否能解释清楚，是否能让观众走得顺、看得明白等的考量。当然，重点展品的陈列，也是一个重要的关注点，也是必须列入展陈设计考量之中的，待把这亮点的位置确定后，再围绕其来安排其他的组合。

另外，说明牌的位置和制作，尤其是比较大的说明牌和图表应该摆在哪，大小怎样，也需要同时兼顾着考虑。所有这些考虑，会由设计师用展览平面图先表现出来，标出上述考虑到的各个部分在展厅的位置。此时可以比较形象地看到整体的展品陈列的位置，在此或在此之前，如果策展人有强大的想象能力，应该在脑海中就有一个立体的画面，现出每个展厅的效果。幸运的是，现在有一个电脑软件——计算机辅助设计（CAD），可以将平面图做成立体的，可以调成展览设定的颜色，虽然不是百分之百的准确，但可看到一些效果，并可拉近放远地看，也可扫视般地旋转。所以，展览的立体效果是可以预先估计到，并加以调整的。即使是这些在纸上或电脑上进行的事，也需要不断完善，使之尽量接近最后真实的效果。然后等展品运到，开箱检视展品，取出展品待陈列，这时就希望所有展品的尺寸大小等都如所期待的没有变化，否则打好的柜子，可能就放不下，隔好的墙，或许就太小，出现这些误差的话，就会直接影响展陈的如期进行。所以，展览设计师前期的工作非常重要，常常来回核实，总不下十遍，得把所有能想到的细节都过一遍，防患于未然，才能保证展品运到后，准确地陈列在为它所设计的空间内。

这个梯队，帮助我馆落实展陈的所有细节，直到完成布光的最后工序，甚而展厅的整理清洁工作，而交给我馆一个崭新的展览。

编辑/翻译。华美协进社中国美术馆是在业界较早以中文来介绍展览者。二十多年前，我开始为每个展览编译展览概况，或制成宣传页，附于展览图录中，以帮助阅读中文的观众。后来逐步开始将展览图录做成中英文双语，而且展览说明牌上也最起码以中文将基本展品的信息写出来，这无疑增加了一两倍的工作量。除我自己亲自翻译和编辑外，当制作大部展览图录时，我馆也开始聘请自由工作者来负责中英文的双语翻译。英文编辑则是必需的，即使是在美国土生土长的作者，也是需要英文编辑的。所以，我馆历来聘请英文编辑，来把关图录和所有展览的英文说明文字。这些文字将是直接面对美国观众的，一定要以观众们熟稔的语言来解读。聘请的编辑和翻译，都是按照项目的大小，即图录的文稿数量、预估的字数、展品的数量、预估的说明牌的数量，来协商拟定一个工作合同，明确职责和工作的各个阶段完成时间及最终完成的时间，然后协商一个总价，就让编辑和翻译努力按部就班地去执行。一般是一个英文编辑、一个翻译，都是按展览签署工作合同。

装帧设计师。装帧设计师也是按照每个展览协商签订一份工作合同。我馆也长期聘请负责展览请柬和图录的设计师，并由他负责寻找联络合适的印刷厂家，询价、取得报价、协商价格。因我馆没有专门的部门和人员负责出版的事务，所以出版的这一块，也一向由我负责，从整个图录的策划、主编，到与装帧设计师一同选图、调整版面，从而定下从封面到封底的设计方案。直至送到厂家，等待和看完样本，签署完可以印刷的文件，方告结束。

公关人员。公关宣传对于展览介绍至关重要，尤其纽约有这么多的博物馆和展览，寻找对口的公关人员是必须的考虑。我馆亦长期聘请一个私人公司，因其对纽约的艺术媒体有多年的经验和积累，这一长处，很契合我馆所需，所以合作至今已有二十年。一般在一个展览开幕前五个月左右的时候，其时展览应该基本定型，只待逐步落实各部分了，我们会首先开一次会，给他们介绍这个展览是讲什么的，有什么重点文物、重点艺术品，并给他们提供可能有的图片。他们当时或许会有些问题，因为他们作为当地的美国人，可以从他们的理解来试水一般美国观众的反映。于是我们商谈讨论，找到一个如何对美国观众介绍的说法，应该向哪些媒体和社团做宣传，等等。然后他们回去草拟一份工作计划，内容大概为：从此刻起到展览开幕前的每个月的工作流程；写作宣传文稿，发给或邮寄给清单上的媒体人，并扩展到跟展览内容相关的可能感兴趣的媒体和社团；展览开幕后对媒体的跟进，按报纸、杂志、电视、网络等类别，罗列他们打算联络的媒体记者等；以及报价。这份工作合同待双方同意签署后，他们会准备两份东西，一份是该展览的图片精选，一般就一页，有六张图左右，配上基本的信息，供媒体选用；另外一份是宣传文稿，一般有三到四页，由他们撰写，包括展览介绍、展览策展人介绍、美术馆馆长的要点提示、与展览相关的活动、展览的地址、展出时间、联络方式等信息。这份宣传稿，当然要经由我馆的审核，并通过上级领导的认可，最后才同意他们寄发给相关媒体。这份宣传稿应该成为介绍该展的通稿。除用宣传稿宣传展览以外，在每个展览开幕前，组织新闻媒体界来预览，也对宣传展览很有帮助。纽约博物馆界有新闻媒体预览展览的习惯，一般是从上午9点左右到中午12点，配以简单的茶水早点。由策展人介绍展览，或回答问题。给媒体提供一个比较专注的时段，让他们可以仔细观摩展览，与策展人交流，并允许其拍摄或提供给他们所需要的展品高清图片。

运输梯队。我馆长久以来以介绍中国艺术为主，跟中国多家博物馆的合作有二十多年的历史了。所以，在中国和美国都有长期的运输合作伙伴。一般展览确定后，在开幕前五六个月，便开始将最终展品的清单（包括尺寸等细节）、装箱单以及每箱的重量，提交给中方的汉森珍品（北京）国际货运代理有限公司，由他们来估算运价，然后提供一份运输费用的报告，待双方协商落实签署后，他们会与中国的博物馆协调检视展品和打包装箱，办理运输手续，中国国内报关、验关、通关，订舱位以及负责送上飞机等事宜。在美国则同样有一家运输公司——近年来合作比较多的——常驻纽约的RBA运输公司。这些运输公司都会根据展品和装箱的状况，报出其从机场出关手续开始到送至我馆的费用。同样，在其书面报价通过后，中美双方的运输公司会对接，落实展品运到时的所有细节，保证将展品运到我馆。这些也都是基于每个展览而定的工作合同。

艺术保险。这是按每个展览展品的艺术保险价而定的。我馆多年来一直与美国历史悠久且较有口碑的亨廷顿·梯·布劳克艺术保险公司合作。按照每个展览，我馆提前将展品清单和价格以及需要保险的时段报给他们，以便他们提供一个保险的价位，然后签约实施。

保安人员。我馆没有任何在编的保安人员，而是按照展览的需要，寻找外包的保安人员。纽约有多家保安公司可以选择。他们一般是按小时计工的。可按照展览需要，约定所需保安的时段，与其签订合同。每个班次有签到本，最后按照其工作时间计算费用。

讲解员与义工。我馆的讲解员是按照每带领一个团队来计算的，是一种松散的合同工制度。先是在每个展览开幕后，有专门给讲解员的培训，并提供相应的学习资料，包括展览图录。待有参观团体预定后，就联络讲解员，看谁有空来带领那个团体。在讲解时，是鼓励他们按照内容自由发挥的，毕竟每组参观者的年纪、经历都不同，鼓励他们酌情处理，并鼓励他们与参观团体互动，借助问答的方式来灵活地将展览的精彩阐述出来。义工们在展览开放期间有不同的值岗时段，帮助我馆照看展厅，并回答参观者的任何问题。

以上就是我馆各方所需人员的基本结构。以少数的全职职工结合学术顾问和外围临时工作合同的方式，或可作为美国小型博物馆的一种运作模式。但即使这样，也可看到一个展览的制作完成，以及一个美术馆或博物馆不断创造展览、不断运营的复杂性。“众人拾柴火焰高”，实在是只有依靠各个参与梯队的精诚合作，以及总体管理的到位，才能环环相扣地完成每个展览。

3.影响与效益

一个展览的影响，最显而易见的是参观的人数与评价。听说大都会艺术博物馆所评出其历史上的十大热门展览，都是每个展以70万人次的参观量来衡量的，首先是1978年至1979年的埃及“图坦卡蒙的珍宝”展，有超过130万的观众；其次为1963年的“蒙娜丽莎”展，有超过107万人参观；2015年的“中国：镜花水月”展（图178）排列第五，有超过81.5万人参观。（注137）展览的影响力以人数来计算，当然是很自然的事。由此带来的连锁反应，例如门票收入，展览图录的销售，文创产品的销售，咖啡店、快餐店的销售额，都会水涨船高。在美国，许多博物馆都要为展览募捐，来参观的观众多了，一个展览对社会的服务效益也随之增长，加上观众的评价好，再加上媒体评价、业界评价等，这种种都会成为增进赞助者信心，从而乐意给予赞助的有利因素，进而使博物馆或美术馆建立起一个长青形象。除明显的通过销售渠道可见的效益外，这种从赞助渠道所得的效益也是连锁反应和涟漪反应，或许不仅就一个展览，还可能惠及一系列的展览，以及博物馆的基本建设。

一个展览，还有其潜在及深远的影响，那便是对社会和人的熏陶。来参观的人，无疑开阔了眼界，至于有无启迪、有无见识、有无改变，那便因人而异了。在那几十万人中，说不定就能产生艺术家、艺术史家、博物馆策展人、新闻艺术评论家、收藏家或胸怀开阔、知书识礼的文明人。这种人文的影响是长远的，在潜移默化中，或许就是十年磨砺出一剑的效果，其影响难以言说，但其影响必定深远。

图178　纽约大都会艺术博物馆2015年“中国：镜花水月”展厅一角示意图。海水绘图，2020

4.投资与回报

对博物馆界的投资和回报和与商界的运作是有所区别的，但可以简单地从下面三点来考察。

非营利机构的运作模式。美国博物馆一般都是非营利机构，有些有早年博物馆建立时创建者留下的建设基金，资本不能动，但是可以每年使用其利息部分，作为项目的种子资金或基本运作的费用。有些没有这样的优势，则一切运作费用都要靠募捐。其募捐求得赞助的经费来源不外乎以下几个主要渠道：

（1）董事会的资助。作为董事，是需要缴纳董事费的，各个博物馆对董事费的缴纳额度会有不同的标准。一般在非营利机构有个部门叫“发展部”，这个部门的主管和单位的领导联手督促每年董事费的支付。

（2）会员费。每个机构都会积极建立自己的会员群，设立基本会员费和不同等级的会员费。会员的工作，在美国的非营利机构，一般也是隶属于发展部的。他们会制作会员小册子，列举会员的不同等级和费用及福利。同时会管理会员的会费，以及通过写感谢函、发会员证、运作服务会员的各项活动，如圣诞节发送圣诞问候等，来维系会员们的兴趣和热忱。

（3）运作盈利。如门票、展览图录、文创产品、咖啡厅、巡展费用、出借藏品、使用图片费用、参观团体的费用、讲座费用等。

（4）基金会的赞助。一般非营利机构都在发展部下，雇有专人向基金会写报告申请赞助。各基金会都有自己的运作模式和接受申请的具体要求，一般可以上网查询，大多数基金会是需要引荐的。然后可以按照其网上的要求，准备文档图片等资料按时递上申请。

（5）私人的赞助。爱好各种艺术的人士很多，我馆尤其关注热爱中国艺术者，在不断的活动中，培养赞助者和后备赞助者的兴趣。就每一个特定的题目，选择可能的有兴趣者，写信介绍，或单独约出来介绍，总之，需要慢慢培养私人赞助者对本馆本项目的兴趣和信心。

（6）工商公司的赞助。一般也是由发展部统筹物色合适的赞助者，专业人员则会准备好PPT等介绍材料，由发展部门去联络有可能赞助的工商公司，设法引起他们赞助的兴趣。

（7）政府部门对艺术文化项目的补助款。美国虽然没有文化部，但有联邦政府设立的一些对文化事业赞助的补助款可以申请。这是面对美国全国的，什么单位都可以申请，例如NEA、NEH，但其获奖比例极微，还有纽约州的NYSCA、纽约市的DCA，每年都有小额补助款可以申请。（注138）这种补助款申请的工作，一般也是隶属于发展部，由专人担任，但若是为美术馆的展览募捐，每个展览的具体介绍，包括图片、文字、预算等，还需由美术馆来提供。

公益性赞助的回报。首先，在美国，对所有非营利机构的赞助，都可以在缴纳税收时得到优惠。董事们缴纳的董事费、会员们缴纳的会员费、私人赞助的费用、工商公司的赞助，都有一个扣税的优惠。如果支持了自己心仪的博物馆和展览，又有一定的纳税的优惠，就会使人产生对社会和人文的责任感，也使一部分资金能用到合适的地方，这是一些人所乐意资助的原因，所以形成了一个良性循环的系统。

多元而长远的效益。如果说各个机构有热心的董事们和私人对文化事业给予的赞助，是他们的一种“投资”的话，那么他们收获的也许是他们对社会做出贡献的荣誉，以及通过这个高端的文化平台而建立的高层次社会交际网络。在当今如此讲究人脉资源的时代，有些回报和连锁反应是难以用金钱来衡量的，有些也并不是一下子就能看到的。对于工商行业来说，他们的赞助除扣税方面的优惠外，能够让参观者知道他们公司的名字（所以，像大都会艺术博物馆动辄有几十万人来参观，就具有很大的吸引力），具有一种“广告”的效益。对于一般观众来说，缴纳几十元、一百元，成为会员，给了博物馆支持，也是对社会做出了一点贡献，作为社会的公民，很应该感到欣慰；同时也可享有博物馆给予会员的种种优惠，例如可以随时免费进场（排短短的队，或不用排队），购物打折，享受特别的开幕酒会，享受跟著名学者、艺术家交流的机会，等等。可以在自己喜爱的博物馆享受各种活动，遇见兴趣相同的朋友，也应该是人生的一大快事。

第九章

发展的眼光——策展的前景

1.策展人职业的刚需

时代在发展，在不可逆转地发展。“不同于以往‘策划展览’的概念，如今的策展已经超越美术展的范畴。赋予作品甚至商品一个故事，创造情境，并且提出自己的看法，设置价值，分享联结，这就是21世纪的策展。基于策展人的价值观与世界观，从犹如恒河沙数的信息洪流中淘选，赋予其新意并与他人共享。信息爆炸无处不在，过滤信息的策展人，价值越来越高。这是一个信息泛滥的时代，也是一个最需要策展人的时代！”（注139）可知，策展人很重要，策展人具有责任心和使命感更重要。

2019年伊始，网上有一篇热文，讲到美国政府投入了大量金钱来研制和运用量子计算机和人工智能产物。量子计算和人工智能时代，一个新的人类技术革命的时期已经开始，不远的将来，人类将面临新的生存挑战。据统计，在美国登记的720个职业中，将有47%（在中国或许更多，有70%）的现有职业为人工智能的造物所取代。在这种时代，人工智能或将挑战仍在延续的人类生命，要在地球的各个角落仍然维持生计的话，学者们开始预测将来可能有的三种解救方式：（1）要么积累财富，成为资本大鳄；（2）要么积累名气，成为独特个体；（3）要么积累知识，成为更高深技术的掌握者。虽然我更担忧整个人类的和平和生存，但若按照上述学者们的推演，策展人一职或将跟其中的第2条“成为独特个体”与第3条“成为更高深技术的掌握者”沾边，而成为一个在这场已经跨入门的技术革命中的幸存职业之一。策展人，以对艺术品的眼力，对学识的见解，对重构的创造，对展示的制作，对公众的沟通，对人类人文进步的职责，等等，使其具有一种多元再创的特殊性，这一职业恐怕是很难为人工智能所取代的。但无疑，对策展人所需要的各方面的素养，也许提出了更高的要求。除了积累知识，在掌握更高深技术这一点上，作为一个策展人，也可借鉴譬如广角摄像头、传感器、面部识别器、命中率等技术上的玩意儿，采纳其不同的角度和优势，或可皆为策展人所借鉴，在策展思路和方法上，或在展陈方式和运用上，广采博收，举一反三，从而在艺术和人生的原野上，以一个个优质的展览，独辟蹊径。

且不论在与人工智能时代较量的时刻，策展人将以其独特性而成为将来幸存的“古老职业”之一。最近看到中国文物报社、中国博物馆协会保管专业委员会和徐州博物馆发起的征集文物展览运输安全问题论文的通知里说，现在中国进入博物馆快速发展的新阶段，中国一年内有两万六千个展览产生，再推而广之，即以全球无法计数的各式博物馆、画廊与展示空间的需求而论，策展人也将不乏用武之地。这是一个策展的时代，策展人把知识、艺术、科技、人文拧在一起，而以一个艺术的形式“展览”，公之于众，影响世界。那么，将来展览的发展会是怎样的呢？

2.博物馆的联手合作

博物馆系统的展览前景，是与将来博物馆发展的可能性密切相关的。这世界的规律，按照牛顿曾经解释《圣经》中的话“必有多人来往奔跑，知识就必增长”来看：如书中的话是真实的，那么必须要发明一种新的旅行方式，人类的知识要增加，在某一日，人类可以每小时旅行80千米。当年牛顿如此想象的时候，是被视为疯子的。而今，我们的高铁可以每小时开到300公里以上，飞机自不用说了，以后还将要有时速达1万公里以上的飞机，更不用说立时三刻便可以彼此呼唤的网络了。全世界的大流通，应该使人类增加知识的可能性增加了N倍。博物馆界的联手合作，将是一种方式，在将来更多地被运用，以组合文化个体或碎片，而拼合成一幅幅较完整的图片，来探索人类之间的关系，从增进相互间的了解中，寻求终极的相互理解、共识和包容，使人类能够和平友好地同居于一个地球上，和平友好地同向往一个宇宙，肯定地，这是美好的愿望。但是博物馆所能够起到的作用，也不容小觑。

在此平台化、云化的时代，全球化的趋势不可逆转，博物馆从各自的固守世界到伙伴开放。博物馆的发展，以我之拙见，一是加强联手合作；二是更加突出各自的特色。在此先说博物馆的联手合作。

博物馆合作的基础：（1）馆长的联盟。在美国博物馆界，馆长们是有年会的，以此来讨论所感兴趣的诸多事宜，也借此时机彼此沟通，当然会下也彼此联络和交往，但是是属于不同方式的联谊和联盟。中国博物馆界除有正式的年会和各种会议外，还有馆长间非正式的圈子，可以不时相聚或电话沟通，有了展览可以互通信息，及早寻找合作伙伴，并交换对博物馆发展前景的看法和预测，提出可能尝试的方式，确定各馆的行进方向。（2）策展人联盟。如前所述，美国博物馆界AAM麾下的策展人联合会每年都召开策展人年会。还有亚洲艺术策展人年会，每年由不同的博物馆做东主持，来讨论更具体的展览事宜。无论博物馆馆长们还是策展人们，均通过正式和非正式的各种渠道来分享资料源、人才源、展览源、活动源（讲座、国际研讨会等）。将来的这些会议，正式的或非正式的，都应该将联手合作的可能性作为一个长久的话题来讨论。

跨馆跨界的合作，具体来说，是各馆藏品资源的整合、展览选题的整合、人才资源的整合，即从各自为政、遍地开花的传统模式，到每年组织花会似的大型项目，以更整体宏观的角度来探讨历史、人文、艺术、习俗、美学等诸类课题。其或有以下几种比较可行的模式：

其一，可以在一个命题之下，将散落各馆的有关展品齐聚一室，从各方面加以探讨欣赏，以期从更宏大深入的角度来追寻其上下左右，乃至更深层的含义和影响。这并非什么新鲜模式，只是这一模式，应该在将来更加得到强调和实施。因为这种集诸家之力的展览，虽然难度更大，但是对于复原和重构文化的原生态或完整景象，或对其的深度解读，都具有不可比拟的功力。

实在幸运，2019年伊始，刚好出现了一个最好的例子——“颜真卿：超越王羲之的名笔”（注140）。其于1月16日至2月24日，在日本东京国立博物馆平成馆举办。虽然说以“颜真卿”为名，但实则其177件展品，包括自王羲之以来的中华民族千年书法大家的杰作，探讨的是中华民族书法史上的许多大事，甚至兼论日本的书法家，而论

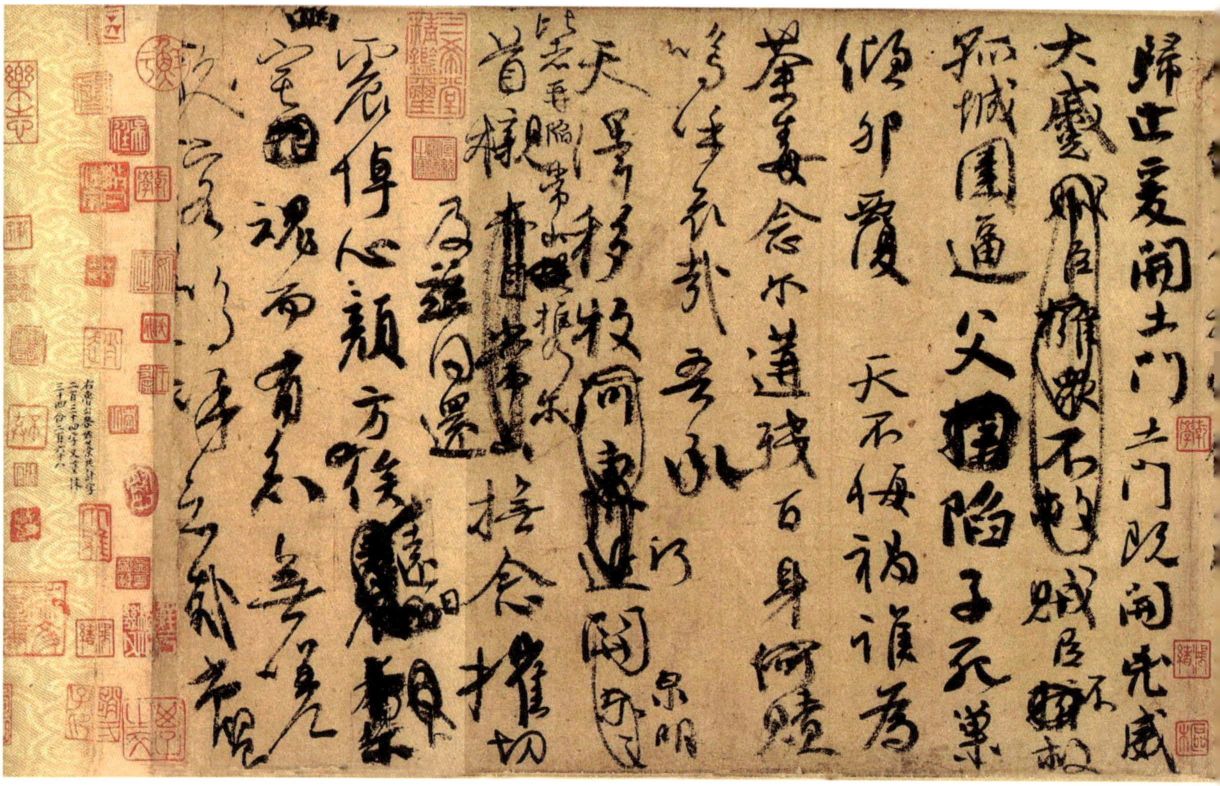

及中国书法之影响。这也许是2019年全世界范围内，介绍中国艺术的最重要的一个展览。若按照我的展览分类来说，它实在应该归入“专题展”的特展门类，因为其所探讨的事远远超过了一个简单的主题。整个展览汇聚了中国和日本各博物馆及私人收藏的书画珍品，除了颜真卿早、中、晚期的书法代表作，八十年来以为早毁于战火的宋代画家李公麟的《五马图》也第一次惊现；还有为真伪辩论了大半个世纪的“天下第一草书”——唐代怀素和尚的《自叙帖》；被誉为“天下第二行书”的颜真卿的《祭侄文稿》（图179），因从台北“故宫博物院”飞越海洋第一次借到日本，更是引发了一场轩然大波。

据有幸前往的观摩者和在网上分享的文章介绍，展览将177件珍品，分为六个篇章来介绍。第一部分介绍中国书法从篆书、隶书到楷书的变迁；第二部分介绍安史之乱后的唐代书法；第三部分介绍颜真卿的书法；第四部分介绍唐代书法在日本的接受情况；第五部分为宋人对颜真卿的评价；第六部分为颜真卿对后世的影响。整个展览梳理了中国书法史，理出了一条理解颜真卿的历史文化地位的清晰脉络，从对比日本书法的状况，又折射出唐代书法，尤其是颜真卿书法在日本得到崇尚和产生影响的清

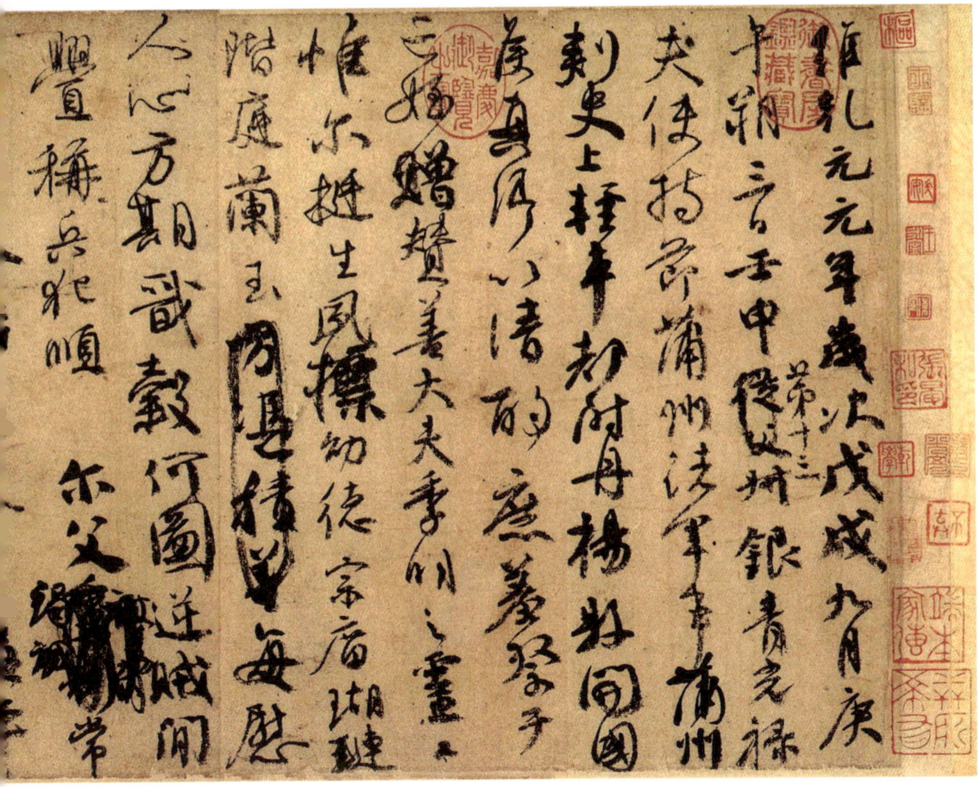

图179　颜真卿（708—784），《祭侄文稿》，麻纸墨迹，28.3厘米×75.5厘米，台北“故宫博物院”藏

晰脉络。很难想象，如果不是汇集了中日两国最好的书画藏品，怎么能够说得清楚这些想探讨的问题？其一，展览中集聚诸家收藏——能够有26组颜真卿书法作品，得以将其早、中、晚期的书法演变交代清楚；其二，除颜真卿作品外，与其同时代的多位书法家如欧阳询、虞世南、褚遂良、柳公权等代表作的展出，不仅全面地展示了唐代书法的成就，也烘托了颜真卿书法别具一格的地位，尤其是《祭侄文稿》，将这位忠烈之臣的铁骨红心和浩然正气表现至极；其三，其他自宋元明清乃至日本受颜真卿影响的后世书家的名作，反映了千年以来颜风不灭。整个展览，从一个名家开始，而从历史的多重角度，历史的绵延不绝，以点带面，纵横捭阖，展览的气势自然浩大广博又深远悠长。这种撷英聚萃、集思广益的优势，自然非一家博物馆能够承担。

这类合作模式的展览，或可在艺术品状况允许的条件下（古代书画作品一般在展出三个月后，要“休眠”两三年，是例外），巡展到合作者的下一站，这也是一个行之有效和受到欢迎的交流合作方式。

相信将来，由多家博物馆合作，发掘专门的论题，无论是东方艺术品在某一专题下的整合，还是东西方艺术品在某一专题下的比较与整合，或是人类历史上某一阶段艺术品之比较整合，等等，都将有助于重新衡量和解读人类的艺术文化，解读人类思维与生活方式形成之因，解读人类文化早就相互交流碰撞的路程，从而智慧地引导人类可能走的路，真正地将人类所创的文明为人类所享用所学习，从而促进人类的相互尊重和了解。并或可意识到，原来我们彼此如此相近，我们虽然各有不同，但希望生活美好应该是人类的共性，那就应该“天下一家”，共同为创造和平美好的生活努力。这种美好的愿望，或许，就可借着各馆策展人的协作和馆际间的合作，通过一系列专题展来体现和发声。

其二，就是可以拟定一个专题，然后在博物馆各自的展场各自制作，于同一时段或相邻的时段来展现。我曾经尝试两次，但都未成功。比如说，2008年1月31日至5月11日，在华美协进社中国美术馆，我主持制作的中国皮影展“老故事：陕西皮影艺术”对公众开放了。早在策划该展之初，即2005年左右，我了解到皮影在东南亚流行，当时想到如果距我五条街之遥的亚洲协会博物馆，也可以在同一档期介绍亚洲皮影艺术，那么在那个展季，纽约的观众就可以围绕“皮影”这个题目，有更多的纵向与横向延展式的了解。由此，我们可以在展览中增加一部分介绍皮影与亚洲艺术的关系，以及皮影艺术在中国和亚洲其他国家人们生活中的运用。但这个提议未被亚洲协会博物馆采纳。

大约也是2005年，我开始主持策划“末帝宝鉴：辽宁省博物馆藏清宫散佚明清书画”一展（展览于2008年秋天在华美协进社中国美术馆展出，图180），这是以《石渠宝笈》著录的书画为主的一个展览。当时据初步了解，知道如普林斯顿大学艺术馆、纽约大都会艺术博物馆、波士顿美术馆、弗利尔美术馆、纳尔逊·阿特金斯艺术博物馆、克利夫兰艺术博物馆等，都收藏着很好的为《石渠宝笈》著录的书画，若是能够同时在各自的博物馆展示，那么对中国明清书画收藏和研究，结合着《石渠宝笈》所述，或许能够从更多方面来展开。但这提议，也因博物馆有各自的考虑而未能实现。然后，我退而求其次，试图邀请上述各博物馆的学者写篇简介，就其馆所藏《石渠宝笈》著录的书画作品进行介绍，可以放在我主编的展览图录《末帝宝鉴：辽宁省博物馆藏清宫散佚明清书画》之中。如此，便可期待在一册之中，使读者可对美国博物馆内所藏《石渠宝笈》著录的书画有一个大概的了解。后来，我仅幸运地得到两篇论文，一篇是普林斯顿大学刘怡玮博士的《流落异乡为异客：从清宫到普林斯顿大学艺术馆》；一篇是时在波士顿美术馆的史耀华博士，现在为纽约大都会艺术博物馆亚洲艺术部书画策展人所写的《我们眼中的乾隆：波士顿美术馆鉴赏趣味转化的研究》。

图180 “末帝宝鉴：辽宁省博物馆藏清宫散佚明清书画”展览陈列档案照，纽约华美协进社中国美术馆。胡维智拍摄。*The Last Emperor's Collection: Masterpieces of Painting and Calligraphy from the Liaoning Provincial Museum*, China Institute Gallery. Photograph: Perry Hu, 2008

这两篇论文，无疑拓展了对这个题目的深入认识，或可影响到思维方式的洞开。我至今非常感谢他们，并深感欣慰。

从理论上来说，我这一拟想的模式——在同一论题下联合几家博物馆，展品在各馆但同时展出，由领头者负责展览图录的编著——如果假以时日，将之作为一个大伞之下的几个子项目的形式，有一个领导者，得到某个高瞻远瞩的基金会的赞助，应该也是可以实施的，那就必须要小心地挑选值得讨论的论题和有做长线的准备。

近两年来，在这种全球博物馆兴起且需更多联盟的基础上，相关的一些作为也开始跟进。例如由南京市委宣传部与国际博物馆协会联合成立了“国际博物馆信息中心”，并产生了《艺术博物馆》杂志，杂志以国际性、前瞻性、专业性为出版理念，是国家级博物馆权威期刊。还有国际艺术博物馆学院，是中国第一个专业的博物馆学院，是南京艺术学院新设立的二级学院，将与联合国教科文组织、国际博物馆协会等机构展开深度及战略合作，同时加强与国际著名院校、学术研究机构、国际博物馆、国际专家合作，意欲打造成全球博物馆领域的权威机构。（注141）

3.公私博物馆的视野和重新定位

博物馆，特别是私立博物馆还在不断地出现，但不论公立的或私立的，博物馆都将成为人类历史的立体档案馆和文化教育的前沿阵地。据2018年的《美国博物馆指南》（*Dictionary of American Museum*）统计，收在其书中的美国博物馆约有1.5万家。中国近年来的博物馆事业可谓蓬勃发展，据高德地图前两年的统计，有超过5万家博物馆了。加上其他各国的博物馆，世界上有这么多的博物馆，用“万花齐放”来形容都快嫌不够了。这么多博物馆怎么做？怎么做得出色？我的答案是：各博物馆必须有自己的视野，必须明确和坚持博物馆各自的定位和标准，发展或巩固自己收藏的特色，除基础性的常设展览外，一定要打造独具特色的展览，引导观众走向深层的修养，创造博物馆自己独一无二的标签。这应该是博物馆自始至终要关注的，并期待因此而得以独立于世。既然博物馆是以展览来打造自己的，那策展人作为创作展览的主角，无疑也将面临新的挑战和更高的要求。

比如说，2018年有一家美国的博物馆在检视他们的藏品后，其馆长开始关注将东方艺术品的入藏围绕着园林的命题来发展，以成为其馆东方艺术的特色。初听之下，好像有违一般博物馆希望收集高档藏品以增加其知名度的运作。但是再想一下，如果在目前情况下，其馆藏品只属于中间等级，要收藏到超过其他博物馆的藏品，用令世界瞩目的藏品，如波士顿美术馆众所周知的宋元绘画，弗利尔和赛克勒美术馆的青铜器、玉器等，来立足于博物馆界，已经很难了，即使有这样的机遇，经费也与20世纪前半叶那黄金的收藏时代不能相比了。所以如果能够开拓一个主题，以那个馆来说，便是开辟一个“东方园林”的命题，整合本馆的旧藏，增添与这一主题相关的藏品，并围绕这一主题来做展览、做活动、做研究、做出版，逐步将这方面做深入了，也是可以形成其博物馆独一无二的特色，而吸引感兴趣的人，并使之成为世界研究和展示园林的中心的。我倒认为，这在将来，特别是那些馆藏品不够傲岸的馆，可以重整本馆藏品，结合本馆藏品，重新为博物馆定位，寻找自己的突破口，建立一个具有特色的命题，而在综合性博物馆的基础上，打造具有自己特色的标杆品牌，从而在博物馆界占据引人注目的一席之地。

4.受宠的专题展和主题展

专题展与主题展都是以主题为中心，其不同之处，是专题展较主题展更为广博深刻，或许其题目之下还包括几个子题，并且专题展会更深入地研究某种艺术的现象和其相互间的关系，追踪其大背景的艺术史或人文史上的意义和特定时代上的转折意义，直探无数主题之后的发展规律，可称之为“智性型展”。在博物馆诞生至现在的百多年间，各种展览的类型虽然会、也应该同时存在，以服务于大众，但是，不时规划更具深度的专题展，撑起博物馆的脊梁，与其他类型展览组成长短大小不一的多种配合，应该为博物馆和策展人列入其工作日程或长远计划，这也将是逐步接受博物馆熏陶的观众的精神与灵性的需求。对于这类展览来说，寻找富有价值的命题，最是关键。

主题展据说在中国已经风靡。2019年1月31日，《人民日报》即有文章讲到中国近几年来兴起的主题展览热：“‘展览热’里的制度自信”；“从历史的长河回望历史，以时代的情怀致敬时代。‘伟大的变革——庆祝改革开放40周年大型展览’持续引发参观热潮。截至1月29日，现场观众人数突破300万，网上展馆点击浏览量超过3.67亿次，被海外媒体誉为‘令人难以置信的展览文化’”；“国有大事办展览，把握大势看展览。主题展览可以说是中国特色的‘中国制造’‘中国经验’，如今已经融入老百姓的日常生活。展览是一条纽带，把国家发展脉搏与千家万户的命运相连”。接着看网上介绍，该展在春节期间日进6万人次，节日的五天内（2019年2月5日至9日）就来了超过30万人次，创造了中国国家博物馆参观人数的纪录。这个展览的举办背景，是回顾自1978年12月18日至22日，在北京举行的中国共产党第十一届中央委员会第三次全体会议（中共十一届三中全会），这是实现了新中国成立以来的具有深远意义的历史伟大转折，开启了中国改革开放的历史新时期，至2018年12月18日，为隆重庆祝改革开放40周年，而经国家各部委联合举办了这一大型展览。“伟大的变革——庆祝改革开放40周年大型展览”作为最高档次的一个国家级展览，在中国国家博物馆展出，自2018年11月13日开幕，至2019年3月20日结束。

图181 丹佛艺术博物馆“光之展”（*The Light Show*）陈列现场一角。海蔚蓝拍摄，2019

该大型展览的主题和定位为：以习近平新时代中国特色社会主义思想为指导，以改革开放40年的光辉历程为主线，紧扣“坚持和发展中国特色社会主义”这个主题，聚焦大事、要事、喜事，多角度、全景式集中展示改革开放40年的光辉历程、伟大成就和宝贵经验；着力增强历史厚度、文化深度、感情温度，努力为展览深刻的思想性寻求完美的艺术表达。该展设计了“伟大的变革”“壮美篇章”“关键抉择——党中央推进改革开放的战略擘画”“历史巨变”“大国气象”“面向未来”6个主题内容，分为6个展区27个单元，运用历史图片、文字视频、实物场景、沙盘模型、互动体验等多种手段和元素，设置展线1865米，展出照片1600余张、文摘30多幅、图表160多个、显示屏近100个，规划展示较大模型70余件、大型沙盘15件、重点实物近700件，设计互动项目近80个，各类展览要素总计超过10000项。并在展陈上精心设计了主体色调、平面布局和展示流线，规划安排了各单元的展示亮点，做到既相对独立又相互呼应。

这个大型展实际上应该属于专题展，是某一历史时刻和特定历史状态下的产物，其几个子题目之下也分述了许多不同的方面。该展参观者众多，也可从一个侧面印证，展览作为一种形式，在社会和文化中所能起到的不可替代的作用。这是21世纪将持续热门的雅俗共赏的教育和娱乐的形式。

最近两三年来，美国各地博物馆也有各种尝试，试图以专题或主题展的形式，将其馆内的各类艺术藏品，不管中西、古今、材质、典雅或工艺、静态或动态，都包容在一个主题内，来展现其相关的各个层面，调动馆里的各个专业策展人合作，可以说是一种“三个臭皮匠，抵个诸葛亮”似的集体策划展览的类型。之前有机会看到的科罗拉多州丹佛艺术博物馆的一个展览，名为“光之展”，便是全博物馆各部门策展人齐力合作的一个展。（图181）在“光”的命题下，该展把所有有关“光”的层面，都用不同的艺术品来表现。展览的前言说道：“光是一种强有力的自然现象，自人类于地球上出现以来，便周旋于人类的经验之中，它是生命的一个重要因素，标识了时光的韵律，激发了人类的虔诚。古希腊神话说太阳的升起就是太阳神阿波罗驾驶着金马车驰过了天空。（中国远古神话传说中太阳的形象，则是三足金乌。最早神话中的十个太阳，每天早晨轮流从东方扶桑神树上升起，化为金乌或太阳神鸟在宇宙中由东向西飞翔，到了晚上便落在西方若木神树上，后来给后羿射掉了九个，只给人类留了一个太阳照耀大地。——笔者按）[注142]光能够显露事物，也能够被接收，光能影响我们的情绪和改变我们对世界的认识。这个展览将展示‘光’是怎样影响了我们的世界，并具有怎样的隐喻。当艺术家安塞尔·亚当在其山水画里捕捉到自然光的永恒美丽时，设计师托德·布杰则利用当下的科技来制造光的变幻效果。对他俩来说，光都展现了我们生活于其中的世界的诗意。”于是这个展览有五花八门的各种展品。谈到光的运用，如皮影，如镂空的物品，如摄影作品，如灯笼之类的物品；谈到反光，如以发亮的金属物品制作的艺术品；谈到透光性，如中国的玉器。甚而联想到得道悟禅似的心灵之光，而有西藏的沙画、曼德拉图案，以及表现修道院的油画；还有那暗无光亮的地方，然后就包括了与地狱有关的艺术作品。光对于人来说，是因为有了眼睛才看得见的，于是还有一件硕大的当代陶瓷作品，由千只眼万只眼组成。人们每天要照的镜子，其产生也是光学的原理，所以有一件20世纪70年代鲁卡斯·萨玛拉斯（生于1936年）的作品《木框中的镜子》，上下左右全为镜子的小通道，可以让人从这头走到那头，那四面八方的镜子，随着人的走动，折射出支离破碎和种种重叠的效果。（图182）通道门口有人把着门，要体验的人都要套上鞋套，每次只许进一人，孩子们乐得宁愿排队，也要试上两三次。展览还是挺有创意的，只是这类展览，容易流于宽泛松散，如果加上展品的编缀整合和解说不到位的话，便很容易导致展览像蜻蜓点水般不够深入，或是让观众看西洋景般的新鲜，或让观众产生“丈二和尚摸不着头脑”和不得其要的感觉。我想这除了整体的构思和表现上需要深入探究和清晰表述，大约有两个主要的表面上的解决办法，或许可以稍稍帮助一下。首先，在前言中可以把要说的几个子题部分先概括地提一下，也许能帮助观众对展品的选择之因有个整体上的了解，也看到这个主题与所有这些展品及各部分之间的关系。“整体性”是一个有用的词，一个有用的思维方式，观众也是很需要的。其次，各个展陈部分的空间统筹，除了使各部分的展品相对靠近，用不同的展览基调色彩来作间隔，也会是一个有效的手段。当然，如上所论，内容上的深度发掘和扣题发挥，无疑是在“质”的层面上的保证。

对于博物馆系统来说，尤其自己馆内有各种藏品的，应该有长远的眼光和计划，以各个不同的独特的艺术、艺术史和人文方面的专题展览，从多种角度来打造博物馆品质的“智性型”展览，打造自己博物馆的“经典”系列，深刻，深刻，再深刻，不仅是让人体验，让人长知识，更重要的是让人寻找智慧。为己安身立命，与世协调共进。

5.体验型展览的走俏

实验展。随着机器人的发展，许多劳力的工作逐渐被取代，这会逼迫人类追求更富有智力和创造性的工作，艺术家的时代将继续并将持续发展。人人皆是艺术家的日子即将到来，于是展示的需求将日增。在这样的一条生产线上，艺术家展示的欲望，以快速的“实验展”的形式展示，恐怕是最恰当和最富有时间性的。这种展览基本上是展现这艺术家的尝试，是个体的案例。即使在这种个体感觉的各种再现中，艺术家也常想得到观众的理解和赏识，因此，与观众互动体验的各类展览便会油然而生，这是展览成长过程中的步骤。我前面提到的2018年在纽约感受的两个当代艺术展，都是中国艺术家们展现自己仿佛随手涂抹、随意搁置的物品的现场，还邀请参观者互动，

图182　丹佛艺术博物馆“光之展”，观众体验鲁卡斯·萨玛拉斯的作品《木框中的镜子》。海浪拍摄，2019

图183 刘丹的作品《九面老人石与变体山水》在波士顿美术馆“新墨”展览中。谢柏轲拍摄。Liu Dan, *Ten Differentiated Views of the Honorable Old Man Rock*, Photograph: Jerome Silbergeld, 2010

好像其作品中的一个角色一样，由互动来助其艺术作品达到完整的效果。有些艺术家，则玩当场表演的艺术，赤脚持帚，在铺地的宣纸上扫地一样地玩书法；有些不同门类的艺术家，玩音乐的，玩绘画的，组合一起，即兴地互相发声或作画；等等，我都看过，很直观，很有趣。这种实验或体验性的展览，或许令人好奇，但总觉得仿佛两岁之娃在摇晃着，咿呀着学步一般，于是期待其今后的成长。

还有一类，是艺术家与博物馆的互动型的具有实验性质的展览。博物馆给予艺术家灵感启迪是众所周知的。几年来，不断有类似的展览问世，例如波士顿美术馆2010年底举办的“新墨”（Fresh Ink）的展览，邀请了十位中国当代著名的水墨画家，画家从其馆藏品中挑选一件古代艺术作品作为灵感之源，而再事创作。这十位艺术家的背景、绘画手法都各不相同，如刘丹、李华弌、张宏、丘挺、曾小俊都是山水画家且作画费时较长；徐冰和秦风则喜爱大幅而迅疾的作画方式，更贴近当代艺术之风格；喻红、刘晓东、李津则更多关注社会百态。其中山水画家李华弌（生于1948年）选择了波士顿美术馆著名的南宋画家陈容的《九龙图》（1244年）为其创作之源，画出了《龙舞山脊》的山水画。刘丹（生于1953年），在美国以画石而著名，选择了美术馆所藏的《老人石》为灵感之源，创作了《九面老人石与变体山水》，以九幅石画立轴和一幅长达9米的水墨山水长卷，来表现其感受。（图183）喻红（生于1966年）选择了馆藏著名的唐代张萱的《捣练图》为灵感之源，画出了21世纪的《春恋图》。徐冰（生于1955年）则选择了享有盛誉的中国绘事之课本《芥子园画谱》，画出了他的长卷《芥子园山水卷》。（注143）

艺术家与博物馆的互动，还有另一种模式，如2019年纽约古根海姆博物馆，为庆祝建筑师法兰克·赖特为其设计的船形似的博物馆大楼建成开放60周年，推出六名在其馆有过个展的当代艺术家，由每人策划一层的展览，展品选自其馆藏品及艺术家自己的作品，展陈在其六层楼里。这个名为“艺术执照”（*Artistic License*）的展览邀请的六位艺术家中包括中国艺术家蔡国强。邀请著名艺术家结合其馆藏品来策展，虽然不是首创，但也令人对这类“非品牌”“非风格”的艺术特展别有一番感受。从艺术家角度来解说博物馆和藏品对其艺术成长之路的影响，也是一种变化和很有意思的尝试，虽然艺术家的角度可能和学者有别。（图184）

博物馆的体验。博物馆界近几年来，也颇有提倡“体验”为主的呼声，并且这将成为博物馆努力打造的一个愿景，将来会在许多展览中增加这种令人体验的设备。世界著名的纽约现代艺术博物馆在其2019年更新展馆的公示中说：“今年10月，请拭目以待一个全新的现代艺术馆，令人惊叹的展厅和提供表演及其他活动的空间，会将博物馆转化至一个新的面貌。每一次的参观访问，都将给来访者带来发现新事物的机会，与艺术品相亲近，令人迸发好奇心、争论和灵感，与艺术和思想相联系。”（注144）

“体验”是十分重要的与艺术交结的方式，很直观，很直接，令人一脚就可以踏进去，然后就可能获得难以忘却的感觉和回忆，在其人生中生发出难以预测的种种前景，几乎就是一种神奇的“化学反应”。如前文提过的最富有历史传奇意味的“体验”，即远征埃及的波拿巴·拿破仑，1799年8月在吉萨胡夫大金字塔中的国王室里独自待了一晚的故事。而对于拿破仑为何渴求在金字塔过夜的最可信答案，来自记者彼得·汤普金斯《大金字塔的秘密》一书：“拿破仑希望像亚历山大大帝那样在‘国王室’独处。”拿破仑终其一生痴迷于其他伟大政治人物，希望能够追随亚历山大大帝

图184 纽约古根海姆博物馆2019年“艺术执照”展场入口示意图。海水绘图，2020

和恺撒大帝的脚步，后两者据称也曾为了“寻找自己”而在金字塔中度过一夜。这个最著名的“体验”的例子，当然很难让大众去亲历，但是可以从中略见“体验”所能起到的不可名状的作用。

随着科技中各类工具和新鲜设备的出现，人们在博物馆领略各种体验的机会增多，体验的范围扩大。比如说，2019年初我去看纽约库珀·休伊特国立设计博物馆一个介绍颜色的展览，展览的一侧便设一个独立的小暗房，中央为一台平面荧屏的机器，参观者可以用电子笔触及屏幕，调和各种颜色后作画，然后，所绘图案在环绕机器的四面墙上，可以同时映现出来。看到自己的涂鸦之作能够立刻得到展示，令人感觉很爽。又比如说，2019年8月我去看纽约布鲁克林大桥下的“DUMBO”。那是最近几年热闹起来的地方，有从外州运来安在东河边上的旋转木马；有在过去的大库房云集了各种吃货的大卖场；也有布鲁克林历史学会的展厅，里面基本以图片和视频来介绍布鲁克林的移民史和以生蚝为主业的历史，还有著名的布鲁克林大桥的建造史。调动所有有关的影视资料，是可以让观众互动的，一旦站在那设定的屏幕前，观众的

图185　在纽约布鲁克林历史学会展厅，尝试让自己作为观众进入其设置的电影的互动节目，结束后得到夸奖“GREAT JOB”。海蔚蓝拍摄，2019

形象就可以融入以往的电影或电视中，我也忍不住尝试了一下。（图185）华盛顿国家美术馆的日本艺术大展，也是在展览末端的一角，用两堵矮墙加两个小矮墩隔出一个空间，里面横放一条长凳，让观众坐对墙上悬挂的两幅立轴，立轴画心处其实是两个屏幕，在投影仪的光影下，绘画中的蝴蝶可以飞出画面，把画变活了。在那坐下歇歇脚，换换视角，看到一幅花鸟画中能够有蝴蝶飞出来，也是很有趣。

其实应该说，无论是谁，走进博物馆，本身就是一种巨大的体验。与历史为伍，与世界为伍，走进博物馆就是人生探险的开始。如果博物馆能够提供各种设备仪器，来增进来访者的各种体验，效果更好，但那仅仅是第一步，或其中的一步，当观众感兴趣后，如何有第二步、第三步，甚而更远的步子来继续那些不能取代的严肃的更有深度的展览内容和思考？如何使观众从体验中走向丰富甚而升华？唯有让人增进知识，培养深层思维，体会到智慧，或让人从与历史与艺术品的相伴中，像拿破仑那样考虑“寻找自己”，博物馆才能对人和社会做出更大的贡献，否则博物馆就将成为冬有暖气、夏有冷气的高级娱乐场所。所以，目前所见，这些配备的“体验”用的工具，无论是电脑、PPT、视频、触屏，一般都在展览的一角，处于辅助的地位。而在美国博物馆界策展人之间也好，艺术教育者之间也好，也都将“设置多少这样的体验工具才算合适”这一问题提到了议事日程。可见，如何把握一个“度”，怎样做才“合适”，是很要紧的。同行们对此的关注和准确地提出问题，不由又印证了中国古人的“中庸”之说，其乃“平衡”的智慧，其灵光或许能普照万物，也能为此寻找到合适的途径，并成为所有世人作为护航之灯塔。

当然，当代艺术的展览，因其发生在当下，是在不断地进行中的，所以对实验体验的考量，会与介绍传统艺术的展览有别，或许可以另当别论。因为实验体验本身，就是当代艺术爱把玩的一个类型，也是使人人在将来可能成为艺术家的前奏，就好像每个孩子都经历童年，童年时候都乐意到沙坑里去滚一下、抓一把沙子一样。2019年6月至9月在纽约新美术馆展出的展览“玛塔·米努金：无序重启”（*Marta Minujin: Menesunda Reloaded*），展出了阿根廷著名的概念和表演艺术家玛塔·米努金（生于1943年）于1965年创作的成名作《无序》（*La Menesunda*），通过迷宫式的不同空间（共有11个房间）、不同场景（由语音解密，通向另一个场景，有上下楼、粉色房间、冰柜式房间、窥视孔等），每次只有一人通行其间的方式，运用实验剧场、电影电视、广告、雕塑等元素，创造出一个个完整的环境，来给人“沉浸式体验”的感觉。这就是这类展览所强调的：满足新时代的消费文化、大众传媒和城市生活。其方式颇像在好莱坞影场，或是迪士尼乐园有的惊恐场面的体验，这个是“社会化”或“艺术化”了的场景。这个艺术家于2017年在德国卡塞尔文献展上用10万本来自世界各地的“禁书”，制作成的还原希腊帕提侬神庙的大型装置作品《书之帕提侬神庙》，也十分抓人眼球，刺激感官。以艺术与技术的交汇为重点作为展览和活动方向的纽约新美术馆，又与苹果手机合作，推出一种新的艺术体验：AR × ART，结合艺术家、策展人、电影制作人和教育工作者，游走在城市景观中，用智能手机为体验媒介，与艺术家和艺术作品沟通。苹果公司会给每个参与体验者发一个体验用的苹果手机和Beats耳机，然后让其跟随导览者边走边聊边观看艺术作品。好像是鼓励人们甚至不用去美术馆，仅仅通过手机和AR，通过观者自己的听觉、视觉和触觉，就可以和作品产生直接互动。[注145]这种虚拟的数字游戏，会让人如何着迷和导向怎样的新的艺术趋向，尚未可知。但纽约新美术馆作为纽约唯一专注于当代艺术的美术馆，是喜爱当代艺术者可以造访、可以体验的去处。

6.网上数字展览

互联网和智能手机的普及，不仅让世界变得更为“若比邻”了，而且简直到了不需敲门，便可随时登堂入室，把酒言欢的地步。

（1）制作网上展览。摄影、电脑制作等的技术优势，使得人类分享生活、文化、艺术、习俗等的需求，成为可以分秒来计算和实现的现实。以手机拍摄制作微展，并公开分享于各个不同的群和圈子，将成为人们生活中的一部分。在这遍野的“网上展览”中，这些对于策展人来说或许可作为了解艺术界和有关业界的前沿和动态的资料，或许也可成为做出更严肃更深入展览的导火线和源泉，这得靠策展人的触觉，靠策展人的思索和把握。

（2）将实体展览做成数字化网上展馆。即以中国于2018年11月至2019年3月的最热门的为国家所推荐的展览来说，网上介绍，“伟大的变革——庆祝改革开放40周年大型展览”委托了中央广播电视总台中国网络电视台做了数字化网上展馆，与实体展馆同步推出，打造足不出户、永不落幕的展览，为的是扩大大型展览的社会覆盖面，让受众能够随时随地体验展览。2018年11月30日，该展网上展馆全面上线。网上展馆以央视网为依托，采用360度全景和3D模型技术手段，运用多媒体互动叠加图文、音视频等多种形式，再现了该展的全貌。同时，还突破实体展的时空局限性，利用图文、视频、三维模型等，对重点展品进行延展和补充，加强了可视化的网络互动体验，使展览内容更丰富多样。网上展馆解说词的制作采用了先进的语音合成技术，全部由电脑和软件来完成。网上展馆支持多种设备和终端，只要扫描二维码，就能通过电脑、手机、平板电脑等顺利打开，通过轻点鼠标、触摸手机，就能够360度领略展览的精彩内容，弥补大家不能实地观展的遗憾，也能让看过展览的观众重温精彩内容，还能通过线上线下的互动，使人获得沉浸式、漫游式的情境体验。

我馆目前也在更新网页，50多年来所做过的100多个中国艺术的主题或专题展览，只要有资料可以整合，就都将做成线上导览，以方便世界各地对中国艺术和文化感兴趣的人随时浏览。如此，真的没有“撤展”的麻烦了，也真的是“永不落幕”了。

7.科技的运用

现代科技的日新月异，引发了前所未有的工具革命和观念革命。即使泛泛地经过，也会注意到这两年来博物馆界的一些变化。

例如科技产品的运用：（1）触屏，约二十年前已经知道有人在研究，将物品点击，可以360度地旋转、拉大、放远等；将研究的资料放入触屏中，可以纵向或横向地帮助观众理解艺术品，如纵向地说一种颜色在一百年间于不同物品上的运用，横向地将那个阶段的同一颜色物品罗列，点击一物，便跳出来。（2）VR眼镜，带上之后，人就置身于一个模拟的立体空间中，可以行走、转弯，让人有多维空间的生动体验。（3）iPad。2018年秋，我馆与美术馆之友去纽约鲁宾博物馆。这是一家私人博物馆，以一对美国夫妇收藏的西藏物品为基础而建立的博物馆。当时正有一个“第二佛陀”（或称“莲花生大士”，*The Second Buddha*）的展览。策展人给了我们一个特别的导览，我们走到其中的两幅唐卡立轴前，见各自面前设置了一个小站台，上面各有个iPad，拿起iPad打开后对准画面，那画面背面的纹饰便在iPad上显示出来了。非常清晰，真是神奇的“神器”，不仅能放大画面，而且能透视到画的背面，让我们轻而易举地看“透”了这件物品。就在展厅，就在这画的面前，我们的好奇心，我们的探索心，一一地都能得到极大满足。2019年的苏富比“查特沃斯的宝藏”销售主题展上，也用了这样的“神器”，并且又加上耳机，让观者戴上耳机，用iPad对准那满墙的花鸟画，不仅能看到鸟的动态，还能听到鸟的歌唱声。（图186）

再说到数码色彩，这一数码时代的产物，就是技术和数学相结合的产物，在电脑上操作时，不再需要像19世纪时的艺术家那样要有对色彩的基本知识，甚至要研制颜料，而只需要在电脑上操作实验，这约始于20世纪60—70年代。第一代产生于电脑的数码色彩很惊人，“psychedelic hues”，被认为是一种革命。那样艳丽和明亮的数码色彩，用于电脑的动漫制作等，实际也要花费很多时间。20世纪80年代到90年代，数码色彩开始规范化。自20世纪90年代末开始，数码色彩更主张个人风格，特别是约瑟夫·皮特（Joseph Peter）提出“有创意的破坏”的口号成为一种时髦，一些前卫行业和网商的流行色彩，就告别了以“原色”或“正宗”的概念来衡量的时代。数码彩色设计的前景，是我们将为“设计思维”而掌控，而以网上数码色彩为游戏的时代。（注146）

图186　纽约拍卖行苏富比“查特沃斯的宝藏”展，正在体验的观众。海蔚蓝拍摄，2019

再以“伟大的变革——庆祝改革开放40周年大型展览”一展为例，这个国家级的展览，显然运用了数码色彩来增加展览靓丽的效果，并调动了到目前为止所能运用的各种科技手段，来增进观众观展的体验。据网上介绍：本次展览广泛运用“互联网+”、VR、AR等手段，营造立体展陈体验空间，实现艺术与技术高度融合，使受众通过眼观、耳听、体感等多种方式互动参与和感受。除内容展区设置互动参与项目之外，还专门开设了“大美中国”影像长廊，还有由故宫博物院等联手打造的《清明上河图》的穹幕影院，采用一镜到底的技术手法，将原作画面还原成视觉上可移动的立体空间，再现北宋汴梁码头的场景，观众可以“坐”上汴河之舟，领略“两岸风光天下无”的繁华盛景。无疑，数码色彩的靓丽，增添了魅力，成为吸睛之举。

技术的运用，使新的语汇得以产生和流通。即以emoji表情而言，当2016年6月21日，由统一码技术委员会（Unicode Consortium）宣布又有72个新表情加入emoji表情团队，使之达到1602个之多的时候，表情符号不仅正在侵占整个网络世界，甚而进入博物馆界。Culture Themes在庆祝72个新emoji表情加入团队时，宣布将6月22日定为emoji

与博物馆日，而命名为MusEmoji，并在发起这一活动时介绍："尽管我们当中的很多人还是会用'：）'表情来传达我们的情绪，但是不容置疑的是，越来越多的人表现出对emoji表情的狂爱，所以我们想一起来看看当emoji与博物馆碰撞会有哪些灵感与创新"；"当你看到关键词#MusEmoji的时候，你联想到了博物馆的哪些艺术品呢？你能用emoji描述一件作品或者一座美术馆吗？或者，更具挑战性地用emoji进行艺术创作"。恕我不敢恭维，好玩是好玩，但是不是有点"幼儿园情结"了？这实在是有把艺术引向庸俗化的嫌疑，实在不是让人感受艺术的正路。

顺便再说一下智能机器人，其可能很快就会在博物馆普及。记得2018年夏，我参观南京的六朝博物馆，一进大门，一个蓝色的机器人就在大门一边迎迓。看多了盛装浓抹的姑娘迎宾，看到发出刚硬的嗡嗡声的机器人，也挺新鲜的。同行的一位董事马上说"嗨，我们将来也可以在大门口弄两个"。2019年，我去华盛顿的赫施霍恩博物馆（Hirshhorn Museum），它是以介绍当代艺术为著的。也是一进门就有个孩子般高度的机器人在致欢迎词，这个机器人是白色的，似乎更苗条干练，还能微微地如绅士般地向客人鞠躬。闭上眼睛想象吧，将来博物馆的门口都有两个机器人，以其刚硬的嗡嗡的声音来迎宾。

借助智能科技，或可看到艺术品的过去面貌，或细致的面貌，但它只是也只能起到工具的作用，如同先进的机器一般，如同显微镜一般，帮助人类去认识，或满足人类的征服欲，即使是数码色彩、激光声控，光鲜炫目，摇曳心神，但恐怕多是机器和工具的作用。以新式机器和工具提供一时之娱，恐怕永远无法满足人类的求知欲、深度思维和灵性的需求，所以人类自应有立足大地的能量，有开发人类深层思维及创造的无穷勇气和毅力，以成为一个身心完整的人。

8.艺术教育的普及与深入

蔡元培（1868—1940），这位前清翰林，中国近代著名的民主革命家和教育家，曾任中华民国教育总长、北京大学校长、中央研究院院长等职，他曾提出著名的"五育并举"的教育方针，这"五育"为军国民教育、实利主义教育、公民道德教育、世界观教育、美感教育。其中美感教育是蔡元培一个非常有特色的教育思想，尤其以

“以美育代宗教”的口号闻名于世。蔡元培“以美育代宗教”的思想，在其多篇文章中都有体现，特别是1917年他在北京神州学会的讲演词，后发表于《新青年》杂志中的《以美育代宗教说》一文，最具代表性。虽然蔡元培并未就此写成专著，但“以美育代宗教”的思想贯穿于蔡元培一生。早在新文化运动中，他就不止一次地提出“以美育代宗教”，强调美育是一种重要的世界观教育。

一个多世纪过去了，虽然“以美育代宗教”的思想还未达成共识，但对艺术教育在培养人、治疗人等方面的作用，无疑得到越来越多的肯定。尤其这一个多世纪以来，恰是博物馆最蓬勃发展的时段，蔡元培提倡的“以美育代宗教”的教育思想，有了无数的实际教学的课堂，博物馆已经成为地球上最民主的公共空间。何况博物馆的职责，从建馆伊始，便是开启民智。美国商界有句话说“顾客是上帝”。博物馆也好，其他任何机构也好，在展览的领域里，应该说“观众是上帝”。将来博物馆的公众项目将更丰富，现在已有这样的趋势，将公众喜闻乐见的表演、时装、聚会、美食等在博物馆的同一个屋顶下进行。如英国的泰特现代艺术博物馆，以可以让人在里面躺着晒太阳为乐。足见博物馆也颇有万花筒一样的效果了，让人参与体验，然后各得其所，这实在是21世纪文明的新产物。

对公众服务的开放和周到，将成为各博物馆的首务。首先是对空间的整顿、常设展的更新、观众参观浏览的方便、为观众设计的互动体验节目的增加等。例如大英博物馆，20世纪时见证了公共服务领域的大规模发展。1903年出版了第一部博物馆的简明指南，1911年委任了第一位导游讲解员。到了20世纪70年代，人们积极规划翻修美术馆，修建了用来陈列帕提侬神庙雕塑的杜维恩展厅（Duveen Gallery），并成立了一间教育服务机构出版公司。1973年，博物馆的图书馆成为新机构——大英图书馆的一部分。这个新机构自此一直保留在博物馆当中，直到1997年，书籍从布卢姆斯伯里搬迁到了位于圣潘克拉斯的新馆。女王伊丽莎白二世的大中庭被建在了原图书馆的位置，是博物馆1997年来公开的扩建项目。它占地0.8公顷，是欧洲最大的有顶广场。大中庭中央是重建的阅览室，在大中庭的周围和下方有一些新建的美术馆和一所教育中心。2003年，博物馆庆祝建立250周年，重建了最古老的国王图书馆，并推出了一项新的常设展——“启蒙运动：探索18世纪的世界”。

图书馆常与博物馆不可分割，且不论早期有些博物馆就是从收藏书籍开始，例如大英博物馆和北京故宫博物院都曾有图书馆部分，并与之合并。因为图书馆亦是人

图187 纽约弗里克研究图书馆。海蔚蓝拍摄，2019

类顶级文字殿堂和知识的圣殿，不仅仅是多少代以来积攒的书籍本身，还有为保存这些具有神圣意义书籍的建筑，都成了人类文明的表征。它与博物馆相辅相成，视觉的盛宴到思维的盛宴，缺一成憾。除了上述的大英博物馆和北京故宫博物院，还有同样著称于世的英国伯明翰图书馆、捷克布拉格国家图书馆、奥地利阿德蒙特修道院图书馆、奥地利圣弗洛里安修道院图书馆、瑞士圣加仑修道院图书馆、美国纽约摩根图书馆。不同年代、不同风格、不同色调的图书馆建筑，有着直达灵魂的美感。千百年来没有被淘汰的著作是一代又一代人选择的结果，这些书不仅仅是文字，更是生命，而这些生命对读者的生命来说，是一种引领。读书养气，历来为中国文人所推崇。阿根廷著名作家博尔赫斯在《关于天赐的诗》中写道："天堂应该是图书馆的模样。"要研究艺术品，当然不能少了图书馆。从总体上来看，博物馆的建立，也有着和图书馆并存共进的历史，不仅上面提到的大英博物馆和北京故宫博物院的历史如此，而且至今仍然有许多博物馆有很好的图书馆，纽约就有家很好的博物馆，即图书馆与博物馆合二为一的摩根图书馆。大都会艺术博物馆也有沃森图书馆。沃森图书馆于1964年建立，藏书18.5万余册，是世界上收藏艺术、考古书籍最完善的图书馆之一，供研究生、专业研究人员、访问学者使用。图书馆藏幻灯片29万张，黑白照片25万张，彩色

图188　苏州网师园殿春簃，为纽约大都会艺术博物馆阿斯特庭院苏州园林“明轩”的原型。陆有璐拍摄，2020

照片6000张，介绍世界艺术发展史。纺织品研究室有各种纺织品1.5万件，是时装设计人员理想的研究之地。再例如，位于纽约第五大道70街的弗里克收藏馆，这个私人博物馆不仅以西方艺术品著称，而且还有一个相当规模的研究型的图书馆，书籍内容涉及从5世纪到20世纪的西方艺术家。（图187）书籍承载着生命，艺术品亦如是，两者共同引领着生命的涵养与升华。我以为，天堂的模样，应该是图书馆连着博物馆外加后花园。如此说来，纽约的大都会艺术博物馆可谓是一个理想典范，除了它以超过300万件的世界各国的艺术品收藏为骄傲，以沃森图书馆为世界最佳艺术资料图书馆，它还借得万亩中央公园的绿荫，拥有希腊式典雅的殿堂建筑，还有阿斯特庭院仿造中国苏州网师园的“明轩”园林。不管是从繁华的纽约街头走来，还是穿越博物馆内世界各地的艺术品，或体验过种种技术物品的新鲜冲击，一踏入典雅的“明轩”，不啻为踏进人间天堂，叠石流泉，芭蕉向天，回廊曲径，天竺遗珠，真是个令人发呆的好地方。（图188）

博物馆将愈加成为艺术教育的重要基地，这基于近几十年来对人本身认知的进步。通过科学家们越来越多的研究，人们了解到，人的创造能力的引擎，大多与

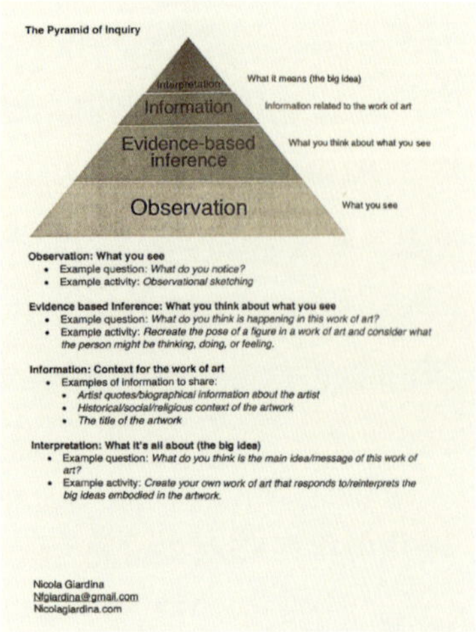

The Pyramid of Inquiry

Observation: What you see
- Example question: *What do you notice?*
- Example activity: *Observational sketching*

Evidence based Inference: What you think about what you see
- Example question: *What do you think is happening in this work of art?*
- Example activity: *Recreate the pose of a figure in a work of art and consider what the person might be thinking, doing, or feeling.*

Information: Context for the work of art
- Examples of information to share:
  - *Artist quotes/biographical information about the artist*
  - *Historical/social/religious context of the artwork*
  - *The title of the artwork*

Interpretation: What it's all about (the big idea)
- Example question: *What do you think is the main idea/message of this work of art?*
- Example activity: *Create your own work of art that responds to/reinterprets the big ideas embodied in the artwork.*

Nicola Giardina
Nfgiardina@gmail.com
Nicolagiardina.com

图189–1　埃及金字塔。海蔚蓝拍摄，1999

图189–2　妮可拉的金字塔式提问图。Nicola Giardina, 2019

情商（Emotional Quotient）直接有关，因而有研究表明，人的情商的高低远比智商（Intelligence Quotient）的高低更重要。情商高低直接关系到人的心态、生活状态、自我调节、与人与社会的相处，乃至创造性，而博物馆的艺术教育是训练培养人的情商极佳的教育方式。美国博物馆向来是与学校的教育联合起来的，老师最爱带学生到博物馆去。而且各个博物馆内部都有专门的部门来设计和实施针对学生的艺术教育项目。此外，纽约博物馆界还有一个专门的团体，叫作“纽约博物馆教育家圆桌”，每年开一次会，交流各自的经验、提出新的建议等。2019年5月13日召开的圆桌会议，旗帜鲜明地以“昨天，今天，明天”作为主题。在一天的讨论日程中，有26个议题和经验分享，涉及如何组织学校团体参观博物馆；如何鼓励老师和博物馆对话；如何丰富博物馆的展览小册子；如何让二年级的小学生参与艺术插图；语音介绍要说什么和怎么说；如何重述一个故事；如何与孩子们讨论严肃的问题，如气候、种族等；如何从过去的学习中来调整现在，并改变将来；我是谁；如何从博物馆的体验中与社会教育课相联系；做好无法收藏的博物馆艺术教育史；他们是谁；通过艺术来理解；我们的圈子：记住、表现和启迪；博物馆的科技：何时合适，何时不合适；博物馆将来的义工系统；教育部门的春季大扫除；个案研究：与年轻人一起，由年轻人制作，为了年轻人；等等。（注147）

还有些图表简明地展示如何引导孩子们在博物馆的观察和学习，这是经过了很仔细的考虑的，值得借鉴。如纽约一个艺术教育家描绘的“金字塔式提问”（图189-2），把孩子们带到博物馆去参观，可分为四个部分来引导：在金字塔最厚实的基础上的是“观察：你看见了什么”。然后第二层是“在有证据基础上的推理：你以为你看到了什么”，请注意其措辞，“在有证据基础上的推理”，是要学生仔细观察艺术品而找到各种证据后，才可形成推理，并不是凭空乱想。而且，请注意，说到的还是“你以为你看到”，请注意“你以为”这三个字在此的运用，说明即使是同一件艺术品，每人的观察和体验或许是不同的这一客观事实。第三层是“信息：与该艺术品相关的信息”。第四层，在金字塔尖上了，是“解释：这件艺术品的含义是什么？想法是什么”。（注148）在以上所有的观察和学习的步骤后，才引导学生到达解释的层次。一步步地走来，这里不仅仅是一个操作的步骤，更重要的是一种客观的具有逻辑性的思维模式的训练。这个纽约博物馆教育家们的圆桌活动，得到了纽约州政府的支持。开启民智，建立相互了解的平台，激发创造，提升人文人性，在如此全球化的时代，艺术教育将成为博物馆最特殊的直接造福社会的渠道，其对社会的潜在影响和贡献是难以衡量的，因而具有长线的无穷潜力。

9.艺术的实用化——文创

这是博物馆的副业。国外博物馆均有礼品店，不仅让参观者有个伴手礼和念想，而且也确实能资助博物馆的运作。中国近年来文创的热闹，非同寻常，大多博物馆都按照自己馆藏的特色来开发文创产品。文创无可厚非，从整体上看，考虑到消费者的消费水准、消费习惯，打造新颖而有纪念意义之物是主旨，这也是建立观众与博物馆缘分的一个方法。从种类来说，除明信片、书签、茶杯、T恤衫、雨伞等小玩意外，或可将它做得更大气，把几千年来积累的中国艺术之美，用于美化当代的生活，增进生命的品质。文创产品甚而可以包括大件的物品，如家具、壁纸、室内装饰，到园林，到整个生活旨趣和情调，从博物馆的经典藏品中，都可以找到提升人们品位和情操的例子。各馆的文创也可以按照馆藏的优势，形成各馆独自的风格，打造各自的特色品牌。文创也是大有发展空间的。

当然，博物馆界从业者，尤其是博物馆的决策层和策展人，应该清醒地认识到博物馆服务于众的宗旨、主次、本末之概念。博物馆的美育职责，应该是博物馆的运作之本。在全球名利化、浮躁化的当代，博物馆位于教育的前沿，理应以北宋思想家、政治家、文学家范仲淹（989—1052）为榜样，借鉴他“先天下之忧而忧，后天下之乐而乐”的经世济时情怀，借鉴他“宗经复古，文质相救，厚其风化”的文学思想，从历史传统中汲取人之立于世的优良品性，以人为本，而做艺术系统的梳理、学术系统的梳理、精神系统的梳理，多以“经典”的“智性”展览，来撑起和巩固博物馆的脊梁。有一位博物馆界同行的话说得很中肯：“一座理想的美术馆（博物馆亦如是——笔者按），应该具备成功的诸多因素：有丰富而灿烂的馆藏，有优质而轰动的展览，有顶尖前沿的学术研究，有成熟且有成效的平台，有成功且富有特色的公关美学教育。只有不断具备和完善这些要素，一个美术馆才能算得上不辱使命。”（注149）与我有一面之交的文友傅靖生先生，在2019年1月1日的群发微信中，讲到博物馆的事，号召道：“诸君，带晚辈去看，告诉他们娱乐是要被克制的，只有人性的情操才是立足安于社会之本。后人要知史，不知史则不知耻。”我深以为然，故录于此以为鉴。

结语

在以上林林总总分述的基础上，在此结语处，想再强调以下三点：

1.论策展的多样性

策展是一门学问，既然是学问，必定有它的原理。初察中外展览，走过了相似的发展过程，虽然中国博物馆策展的起始晚于西方，但大约都从早期的献宝展，到归类做主题展，到更深层次、更宏大的专题展，显示了人类有挑战未知领域的需求，思辨能力、鉴赏能力、表述能力等都在不断深入精进。虽然专题展不易操作，或可能代表了一种经典学院派展览的趋势，但是这类展览应该是博物馆界的重量级类型，应该汇聚所有策展人的智慧。首先，制作长远的计划和目标，锁定本馆重量级展览的方向，而持之以恒地打造成系列，使博物馆拥有特殊的镇馆之展，也使博物馆能借此打造自己的品牌，树立其在业界和世界的地位。同时，应该注重本馆有特色的具有基础教育性质的常设展，以更加全面地持久地服务于民众，服务于社会。随着当代艺术的普罗化，各类体验展、现场展、互动展可能都会在博物馆出现，只是需要明白展览的不同类型和层次，需要明白和坚守展览的最终追求。

将来博物馆的方向，除打造各自博物馆独一无二的特色外，可以在更大范围内，扩大博物馆间的联手合作，制订长远规划，围绕着服务于民生的宗旨，整合资源，结合收藏的优势，制订展览的十年、二十年的战略计划，设立更深刻的论题，来融合各馆藏品的优势，来共同探讨人类历史与文化、艺术的重大课题，同时与各馆的短期目标相结合，并可以考虑各类展览的混合式，或坚守独树一帜的个性式，真正把艺术融入和造福于人类的生命工程。博物馆应该成为人类的“生命源”。

2.策展人的基本修养

在以上提供了许多例子的基础上，再次于此提纲挈领，予以归纳。

什么是策展人？准备研究学问时，像学者；找心仪的展品时，像猎手，像收藏家；分析展品时，像考古学家；重构展品时，像小说家，像编剧；发掘展览深意时，像历史学家，像哲学家，像思想家；编著展览图录时，像作家；督察梯队完成布展时，像导演；对公众宣传时，像演说家……但不管像什么，策展人就是策展人，这是一个神圣的职位，站在为大众服务的前沿，站在继往开来的历史的前沿。

策展人要做什么？当然是做展览。不管这展览的念头是怎样来的，寻找展品，或在已有的艺术品中选择；寻找主题，考虑怎样诠释主题；写展览申请报告，从考察的艺术品中整合出初步的展品清单，制订初步的展览预算，考虑可能的相关教育活动；讨论通过后，继续完善展览构架，拟定展览图录大纲，完善展品清单，处理各方面所需的行政步骤，确定梯队各人的职责，策划相关的活动，如可能的国际学术讨论会，为展览的制作找资金；深入研究展品，完成论文、书稿和展品说明，完成展览设计方案，完成对外宣传的公关合作；做出展览图录，做出展览陈列，准备开展的各项活动；开展，以及策展人讲座、讨论会、对特别观众的导览。总之，策展人要找好的艺术品，要找好的命题，要写出好的展览图录，要将所选的艺术品很好地展现，做好展览。

策展人需要的素养。包括使命感和敬业精神，专业知识和学术见解，艺术的感悟和重构能力；对操作和解决各类事务的执行能力；对形成自己展览风格的定位和要求。策展，是一门值得终身历练的艺术。

做一个策展人。近几年来，除一些高校的博物馆专业、文博专业以外，各种机构也都组织策展人培训班，可见这方面需求之迫切。如2016年中国文联曾组织中国中青年策展人来美国考察培训，到了纽约一些博物馆，也到过我馆。当时我馆正在展出“乱世绝响：六朝艺术”，因为是中国艺术，又是从中国组展，而我又是个在此负责此事的中国人，所以一聊起策展的各方面，感觉很有共鸣。

其实，做一个真正的策展人并不是容易的。中国有句老话说：玉不琢不成器。美国也有个吉格勒定理，提出者是美国培训专家吉格·吉格勒，他说：“除了生命本身，没有任何才能不需要后天的锻炼。”此乃水无积无辽阔，人不养不成才的说法。一如运动员要天天训练，歌唱演员要天天吊嗓子，策展人是当今一个热门职业，要做一个真正的策展人，当然也要练功，练神功。

作为策展人，其一，应该具有职责和使命感。策展，恍如站在一个神圣的祭坛，沟通艺术与人，与世界，与历史。艺术品一如浩瀚的大海，而最好的艺术品，都是不离真诚，不离追求的，那是生命超越物质而升华的极致追求，那是需要百里挑一，甚而万里挑一的。作为策展人，站在鱼龙混杂、浩如烟海的艺术品之中，当然要有自己的见解和立场，来选择，来梳理，来表达，来追寻艺术品及其产生的背景，进而寻求规律，从而分享给大众。这是何等的职责，岂敢轻慢之？

其二，需要学识修养和想象重构。西方的策展人一般都是艺术史学博士，或长期从事艺术品相关工作的人士，对艺术品的了解自然超出常人。对艺术品的理解，不只限于艺术品本身，还关乎其背后的来龙去脉，其在社会、历史、文化坐标中的位置，都需要时间去研究探索。

其三，在种种学识和见解中，对以艺术品重新组构一个展览的想象力和创造力，也是策展人需要练就的功力。也许有些艺术家的气质，是策展人必须具备的素质，因为策展人是以“艺术品”来创作展览艺术的。这个素质，如同丹纳所分析的：“艺术家必须是个生性孤独、好深思、爱正义的人，是个慷慨豪放、容易激动的人。”（注150）所以当他看到某些艺术品的时候，他会有一种感觉甚而是冲动，他会为那艺术品感动。如果他尚未被感动，他怎么让艺术品感动别人呢？但他不能停止在感动上，那种感觉要通过以学者般的好想事儿的习惯和严谨来考察其各个部分的特征和关系，探索其内在的逻辑理路，并竭尽所能地来寻找其内在的震撼人的力量或“本质”，并将这种本质通过展览的各个方面表现出来。这时他又必须考虑到技术和美术的层面，并且考虑到观众的层面，而将他所想说的话，以平易近人的口吻和平实朴素的文法，像和朋友聊天一样地告诉大众，不是絮絮叨叨，而是把经过他反复咀嚼过的认为是精华的因素，最“本质”的亮点，清晰明确地呈现给大众。他要对他所说的话负责。当他如此做的时候，他又应该是一个学者，不是八股式的学者，而是能将艺术品了解透彻，又能将之说得栩栩如生的艺术学者。展览确实是艺术，作为一件艺术品，那是策展人学识、理智和情怀融会贯通的产物，并借助著录、装置艺术，来表现其所选择的艺术品及其所论述事物的本质。

策展人，如此崇高和专业的行当，要做好不容易，但也并非不可企及。据说通过科学的研究，从数据中得出了一万小时定律，不管何种专业，非要有一万小时的努力，方可成为某行业的“专家”。一万小时，不吃不睡的话，就是四百一十六天；要吃要睡的话，按每天工作十小时算的话，要一千天，就是差不多三年时间。实际要掌握一门技能，努力达到这时间是可以成为专家了。但对于艺术的修行来说，虽然时间有所保证了，但仍然是不够的，艺术需要人一生的修行。这个规律只是激励人们，不懈的努力，是可以臻于专业水平的。如此，是有奔头的，努力吧。

3.策展学的建立

随着各种类型的展览在各种场地的兴起，丰厚的展览的实践基础，足以使之成为一门独立的学科，来研究、探寻策展自身的规律、原理和法则，来传导策展精益求精的理念、方法和技能。博物馆专业在美国以哈佛大学在20世纪20年代者为最早和最有影响，现在全球许多综合性大学都设有博物馆专业。但是策展学还未见有独立者。展览作为博物馆的核心，自有其专业的做法与衡量。百多年来，世界上无以计数的各类展览，已经累积了丰富的资料，足以铺垫建立策展学的基础，使策展学能够成为一门学科，而日益精进。这一学科，我郑重建议可以围绕以下五个方面来建立：

展学，即预备策展所需要的学问：相关知识的积累，基础课和专业课，观摩实习，了解策展的原理，寻找主题要点，挑选作品，构思、表述和执行能力的培养。

展术，即展陈的艺术：对空间艺术、色彩艺术、装置艺术、灯光艺术的学习，介入展陈设计的实践，对展览整体感的培养。

展宣，即宣传展览的艺术：一方面是市场公关这一部分的专业运作，一方面是艺术教育和为公众服务的节目。这两方面都有各自成为专业的门道，需要学习和实践。

展鉴，即展览品评的理论与标准的建立、研究和运用，以及对展览鉴赏资料的积累和比较。

展史，即对策展思路及制作、展览历史、展览记录，以及特别课题的分类追踪和研究。

艺术说到底，是关乎人；策展人所做的展览，自然，也是关乎人。人类有追求美好生活的天性。艺术的本质应该在于对真善美的人性的追求。世界的希望也正在于每个人的素质和涵养的提高。这是每一代人应该坚守的，这是策展的终极挑战。无论东西，皆归于一。佛家所谓“一即一切，一切即一”，“每个人都是那个一，都是那个可以创造一切的一”，只有自己是和谐的，才能带动出更多的和谐和愉悦。（注151）所以中国古代的生命智慧，总是强调将为人的修身养性、厚德载道放在人生的第一位。在西方，那块伦敦威斯敏斯特大教堂的无名墓碑，以其毕生的自我感悟留言于行将就木之时，许多人看到都深受感动，遗憾感叹未能早早获知。那碑文最重要的信息便是：从做好自己开始。（注152）

这警世恒言，曾经启示了南非的政治领袖曼德拉的自我修行，首先改变他自己的思想和处世方式，再改变他自己的家庭和亲朋好友，几十年后，终于改变了他的祖国。他“以毕生的修为，播下一颗菩提种”。当今之世界，应该以“德育救世”，“克己复礼”；应该以“美育育人”，“修身养性”。每个活在这世界上的人，都有责任努力向善，做好自己，才能构筑世界的和平与美好。博物馆则理应成为弘扬美育和德育的课堂，成为滋养人类心灵的殿堂。策展人则理应成为站在这圣殿的当代祭司，不辱使命。大哲学家黑格尔曾说：“一个民族，总要有一些仰望星空的人，这个民族才有希望。”当今之世界，需要仰望星空的人，我愿“策展人”成为这样的人。

1.怎样准备展览申请报告

兹以华美协进社中国美术馆展览申请报告为例。

China Institute Gallery：华美协进社中国美术馆*

Exhibition Proposal：展览申请报告

Exhibition Title：展览题目

Curator(s)：策展人名字

Proposed Exhibition Dates：展览日期

Date Submitted：申请报告递交日期

All proposals must include the following elements：所有展览申请报告必须包括以下材料：

- Cover letter describing the curatorial intent of the exhibition：描述策划该展的意图的封面公函
- Completed application form (please see below)：填写申请表格（见以下各项）
- Project budget (listing both expenses and potential contributed support)：该展览项目的预算（包括支出和可能得到的赞助）
- Resume(s) of the exhibition curator(s)：策展人简历
- A checklist of proposed objects/artworks：提交展览的展品清单

（1）Working Title and Exhibition Description, 1–2 pages：展览的初步题目和展览的描述，1至2页

（2）Proposed Exhibition Dates：提交展览举办的日期

（3）Source of Exhibition Items (collectors, institutions, etc.); include draft exhibition checklist and a PPT with minimum of 20 images：展品来源（收藏家、机构等），包括展品初步清单和最少展示20件展品例子的PPT

（4）Exhibition Curator(s) biography and/or CV：策展人传记/简历

（5）Catalogue: essay contributor(s) names with brief details of content：展览图录论文者的名字和论文内容简述

（6）Has the exhibition been presented by or is it under consideration by another institution? If yes to either, please provide more information：如果展览由其他机构展示或被其他机构考虑承办，请提供具体信息

（7）Project Budget including itemized expenses and proposed sources of funding：该展览项目的预算，提供各项细节及预计得到赞助的来源

（8）Potential traveling venues：提交该展览可能巡展的地方

（9）Recommendations for public programs and speakers to accompany the exhibition：与该展览项目相关的公共节目和讲演人的提议

* 华美协进社中国美术馆以原创的具有艺术性、学术性的中国艺术主题展而闻名。有兴趣呈送展览申请报告者请上官网浏览，以了解该馆对展览水准的要求和期待。

2.神奇的蓝胶带与其他布展小贴士

策展人其实也需要关注许多书本和艺术品之外的细节，尤其是跟布展有关的事儿。多年前，每次我们和中国的博物馆合作展览，中国同行来参加布展时，都会为一件小东西而惊讶，那就是“蓝胶带”，据说在中国暂时还没看到。这是一种纸质的胶带，单面胶，有不同的宽度，一般以2.54厘米（1英寸）和5.08厘米（2英寸）的最多。虽然也有公司制作成绿色的，但仍然以蓝色的最流行。其有胶的一面，可不像那种透

明胶带的胶那么黏，正因为如此，这蓝胶带既有黏性，可以贴到几乎任何地方，又不会在揭下时，把另一方撕裂损伤。所以，这小玩意实在太有用了，或者说我馆聘的布展梯队的艺术家们太知道如何运用它了。是的，我馆外聘的布展梯队，从展览设计师到做支架的助手，都是艺术家、诗人。这个小小的蓝胶带在他们手里，于布展之时，简直好像须臾不可或离。当然他们还有许多从工作中总结出来的小窍门，在此我先说一说这神奇的蓝胶带：

（1）定位。因其为纸质的，一撕便可得到，在墙面上以卷尺测量确定画框的高度、距离时，可以撕好几片蓝胶带，对准边线以定位悬挂的位置。确定器物摆放在架子上时，用蓝胶带标出其前后左右。或用蓝胶带纸拉成一条，好像界尺一样，在一定距离内，可以等距离地标出所需放置物品的位置。

（2）标签。其蓝色的纸质一面略显纸质感，并非光溜溜的，所以，便于用铅笔书写作记号或标签（顺便说一下，在博物馆布展期间，或在库房观赏艺术品之时，唯一允许使用的笔，是铅笔），然后可以立即黏附在所需记录的物品之上。而且对于定位和标签的作用来说，当需要将蓝胶带揭下时，又很容易就揭下了，不会弄得撕破“脸皮”。

（3）说明牌的保护层。如果说明牌是纸质的，且要贴在墙上的，一般是用双面胶带，但如果直接用这种黏性很强的胶，很容易把说明牌或平整的好墙面给撕裂了。如果在贴双面胶带前先在说明牌背面贴一层蓝胶带，再在墙面上贴蓝胶带，那么说明牌背面所用的双面胶带实际就位于说明牌与墙面的蓝胶带纸之间了，这样可避免万一要挪动，或最后要取下时，撕坏说明牌或破坏墙面。

（4）除尘之秘密武器。说来难以相信，在布展时的第一大“敌人”是灰尘。墙上要挂框，要用电钻打眼，灰尘产生了，让它们纷纷扬扬落下来再吸尘吗？展柜要放有机玻璃罩，连接处要钻孔，电钻打眼，又有灰尘产生，抹一抹，让它们落到地上去吗？我馆的布展梯队，都用蓝胶带粘住一个信封，在该打眼的下方接着，灰尘就落入信封里了，而不是飘飘洒洒地落地上去，再让踩得乌七八糟，或飘浮在空中。当有有机玻璃罩时，由于静电的原因，灰尘最喜欢黏附其上不肯走了，所以布展空间要尽量避免“扬尘”，以减少跟灰尘的恶战。有时即使一个平面，柜面已经清理过了，还是有一些灰尘不知从何而来，用防止静电的清洁液擦不行，刷子也不行，软的毛笔也不行，因为那灰尘还会落在其他地方。那就试试蓝胶带吧。将蓝胶带折成所需要的大小，或搓成一条，将有胶的一面露出，小心地对准那灰尘俯按下去，那灰尘就黏附在上面了，然后就可以保持那个部位的整洁了。

最近刚看到一个正在走红的黑人艺术家Mary Quinn，惠特尼博物馆正在做介绍他的展览，他的作品看起来好像是拼贴画，是用油画、水粉、炭笔等混合材料制作的画面。他可会运用这蓝胶带了，他把不需画上油彩的地方，用这神奇的蓝胶带这样贴，那样贴，然后涂上各种他想涂的颜料，最后撕去，就出现他要的效果了。这是最近才知道的神奇的蓝胶带的又一个用途。

2019年9月13日全书初稿于曼哈顿荷风堂；2020年3月2日改定

注释

注1. 据美国IMLS（Institute of Museum and Library Services）2014年统计的“博物馆全集数据文件（Museum Universe Data File）”。其中植物园约占2.4%，艺术类博物馆约占4.5%，儿童博物馆约占1%，历史遗址约占48%，历史博物馆约占7.5%，一般性质博物馆约占33.1%，自然历史博物馆约占0.9%，科技博物馆约占1.1%，动物植物园约占1.4%。

注2. 尼采：《悲剧的诞生》，刘琦译，作家出版社，1986，第4页。

注3. 在此套用牛顿的名言。他说过：“与神的伟大创造相比，我只是一个在海边拾取石子和贝壳的小孩子。真理浩瀚似海洋，远非我们所能尽窥。”

注4. 英文名称备考，Bruce Altshuler：The Avant-Garde in Exhibition: New Art in the 20th Century；Harald Szeemann：When Attitudes Become Form at Kunsthalle Bern, 1969；Independent Curators International。

注5. AAM，全称为American Association of Museums。参考Curators Committee网页：The mission of the Curators Committee (CurCom) is to support the work of curators through programs, activities, and advocacy. CurCom advocates for curators at the national level, sponsored annual professional recognition and competition awards, provides fellowship opportunities for curators and promotes the development of curatorial program sessions for the Alliance's Annual Meeting in the areas of acquisition, research, interpretation, exhibition, collection care, and ethics。

注6. 2019年2月2日《纽约时报》。“Metropolitan section”, Journey of discovery with the *New York Times*, Introducing “Explore”: A curated collection of dream trips from the team that brought you TASCHEN's best- “36 Hours” guides.

注7. 贡布里希：《艺术的故事》，范景中译，生活·读书·新知三联书店，1999，第15页。

注8. 夏中义：《百年旧诗人文血脉》，上海文艺出版社，2017，第354-355页。

注9. 同上书，第30页。

注10. 俞剑华：《中国绘画史》，东南大学出版社，2009。

注11. 这三本书的英文名称如下，Laurence Binyon（1869–1943）：*Paintings in the Far East*；James Cahill：*Chinese Painting*；Richard Barnhart et.al.：*Three Thousand Years of Chinese Painting*。

注12. 以上中国绘画展的英文依次备考如下，C.C. Wang：*Album Leaves from the Sung and Yuan Dynasties*；Richard Barnhart：*Wintry Forests, Old Trees: Some Landscape Themes in Chinese Painting*；*Views from Jade Terrace: Chinese Women Artists, 1300–1912*；Vito Giacalone：*The Eccentric Painters of Yangzhou*；Dr. Klaas Ruitenbeek：*Discarding the Brush: Gao Qipei (1660–1734) and the Art of Chinese Finger Painting*；Dr. Hongnam Kim：*The Life of a Patron: Zhou Lianggong (1612–1672) and the Painters of Seventeenth-Century China*；Dr. Claudia Brown：*Scent of Ink: The Roy and Marilyn Papp Collection of Chinese Painting*；Dr. Jonathan Chaves：*The Chinese Painters as Poet*；Willow Weilan Hai Chang：*Passion for the Mountains: 17th Century Landscape Paintings from the Nanjing Museum*；Willow Weilan Hai Chang, Yang Renkai, David Ake Sensabaugh：*The Last Emperor's Collection: Masterpieces of Painting and Calligraphy from the Liaoning Provincial Museum*。

注13. Margery F. Masinter, *Sarah & Eleanor, The Hewitt Sisters, Founders of the National's Design Museum* (NewYork: Cooper Hewitt), p.20.

注14. 相应的英文词汇为：Art；Ideas；Inspiration。

注15. 张子康：《跨界生存：美术馆新思路》，转引伦敦艺术工会主席乔治·高德之语，中国青年出版社，2014，第14页。

注16. 相应的英文词汇为：Concept；Insight；Cutting point；Perspective；Selection；Interpretation；Installtion；Exhibition。

注17. 白川静：《汉字百话》，郑威译，中信出版集团股份有限公司（CITIC Publishing Group），2014，第170–171页。

注18. 喻守真编注《唐诗三百首详析》，中华书局，1957，第14页、第221页、第260页。

注19. 夏中义：《百年旧诗人文血脉》，上海文艺出版社，2017，第276–283页。

注20. 伏尔泰：《风俗论：论各民族的精神与风俗以及自查理曼至路易十三的历史》上册，梁守锵译，商务印书馆，2006，第41页。

注21. 海蔚蓝：《故山青：南京博物院藏十七世纪山水画》，华美协进社中国美术馆，2003，第158页。

注22.《纽约时报》2003年9月19日，“故山青：南京博物院藏十七世纪山水画”展览评论。*New York Times*, Mr. Holland Cotter , “The World According to Some Glorious Chinese Misfits”, Art Review, E36.

注23. 吕澎：《20世纪中国艺术史》，北京大学出版社，2007，第737页。

注24. 恽格：《恽南田文集》“南田画跋”，中国文联出版社，2008，第104页。

注25.《俞心樵谈话录》。微信消息来自俞心樵工作室，俞心樵为当代艺术家和诗人。

注26. 据说，能称上当代艺术者，须具备如下三点：观念、材质、对社会的批判。备考。

注27. 张彦远：《历代名画记》卷一〇，收入谢赫等撰《四库艺术丛书：〈古画品录〉（外二十一种）》，上海古籍出版社，1991，第812-354页。

注28.《纽约时报》2013年4月16日，“敦煌：丝路佛光”展评论。*New York Times*, Holland Cotter, “Dunhuang: Buddhist Art at the Gateway of the Silk Road”, Art Review, April 16, 2013.

注29. 海蔚蓝等：《敦煌灵感：当代中国艺术的再创》前言，华美协进社中国美术馆，2013。笔者为该展的领衔策展人、艺术总监和制作人，客座策展人为普林斯顿大学谢柏轲（Jerome Silbergeld）教授。

注30. 海蔚蓝等：《敦煌灵感：当代中国艺术的再创》，华美协进社中国美术馆，2013，第9页。

注31. 海蔚蓝等：《山艺术：中国摄影家的镜像》，纽约华美协进社中国美术馆，2018，第154页。笔者为该展的领衔策展人、艺术总监和制作人，另两位客座策展人为江融、谢柏轲。

注32. 观众留言打油诗：Roses are red, violets are blue. Wonderful Asian Art, just for you.

注33. Justen Ladda : I love your show. Like all the others you curated, it presents us with the most beautiful aspects of Chinese culture and spirit. From his email of 2019.8.11.

注34. 笔者为“乱世绝响：六朝艺术”展的领衔策展人、艺术总监和制作人，其他客座策展人为龚良、石金鸣、白宁、朱安耐。

注35.《纽约时报》对“末帝宝鉴：辽宁省博物馆藏清宫散佚明清书画”的展评。*New York Times*, Karen Rosenberg, December 5, 2008.

注36. 以上提到媒体及个人的英文名称备考：*Asian Art Newspaper*；*Wall Street Journal*；*New York Times*；Mr. Holland Cotter。

注37. 笔者为“末帝宝鉴：辽宁省博物馆藏清宫散佚明清书画”展的领衔策展人和艺术总监，客座策展人为杨仁恺、江文苇。

注38. 霍兰德・考特，《纽约时报》对“乱世绝响：六朝艺术”展的整版评论《中国历史，书之奇石》。*New York Times*, full page review by Holland Cotter, “Chinese History, Writ in Stunning Stone”, 2016.11.18, C24.

注39. 方闻（Wen Fong）先生（1930—2018）是普林斯顿大学教授、纽约大都会艺术博物馆的特别顾问，也是谢教授和许多在美国搞中国艺术史的博士的导师。

注40. 以上英文名称备考：Inter-American Foundation；American National Geographic Society；*Life*；Harry N. Abram Inc.；*Living Maya*；Anisfield-Wolf Award。

注41. 夏中义：《百年旧诗人文血脉》，上海文艺出版社，2017，第65页。

注42. 大都会艺术博物馆“中国古代艺术之廊”（Arts of Ancient China Gallery）。夏洛特·韦伯（Charlotte C. Weber）亦一向支持华美协进社中国美术馆的展览，借此机会，向她致敬。

注43. 2019年6月，大都会艺术博物馆中国绘画厅的山水展览“溪山无尽”，是用了前亚洲艺术部主任和顾问方闻教授的书法命名的，并特别将此展览作为对他的纪念。在此着意指出，以示我对前辈的致敬。

注44. 在此特别感谢湖南省博物馆提供了该展的提纲文字。

注45. 引自北京故宫博物院“陶瓷馆”网页，https://www.dpm.org.cn/pavilion/23459.html?_t=1523579162，访问日期：2019年1月10日。

注46. Teresa Tse Bartholomew: *I-Shing Ware*; China House Gallery, China Institute in America, 1978.

注47. Julia B.Curtis: *Trade Taste & Transformation: Jingdezhen Porcelain for Japan 1620–1645*. 其他英文名称备考：Stephen Little，Mary Ann Rogers；私人收藏：Butler Family Collection，Sir Michael Butler，Peggy and Richard M. Danziger，China Institute Gallery，2006。

注48. King Tut: Treasures of the Golden Pharaoh, Ten-City International Exhibition Tour.

注49. 贡布里希：《艺术的故事》，范景中译，生活·读书·新知三联书店，1999，第15页。

注50. *Alexander McQueen: Savage Beauty*, 2011. Brooklyn Museum: *Frida Kahlo: Appearances Can Be Deceiving*, 2019.

注51. 弗里达喜用的露华浓（Revlon）产品：Everything's Rosy；Ebony；Frosted Pink Lighting；Frosted Snow Pink；Crimson。

注52. 此展各部分的英文标题备考：Roots；Gringolandia——南美洲人对美国的一种叫法；Marriage；Art and Revolution；Picture and Mexico；The Blue House；Disability and Creativity；Fashioning Gender；New York Exhibition；Art and Dress。

注53. 参考上海博物馆官方网站的介绍。

注54. 该展览中展出的画家如下：Paul Baudry保罗·博德里；Frédéric Bazille弗雷德里克·巴齐耶；Eugene Boudin欧仁·布丹；William Bouguereau威廉·布格罗；Jules

Breton朱尔・布雷东；Carolus–Duran卡罗勒斯・杜兰；Paul Cézanne保罗・塞尚；Jean Baptiste Camille Corot让・巴蒂斯特・卡米耶・柯罗；Gustave Courbet古斯塔夫・库尔贝；Charles–François Daubigny夏尔–弗朗索瓦・多比尼；Edgar Degas艾德加・德加；Eugène Delacroix欧仁・德拉克洛瓦；Henri Fantin–Latour亨利・方丹–拉图尔；Hippolyte Flandrin伊波利特・弗朗德兰；Eugene Fromentin欧仁・弗罗蒙汀；Jean–Léon Gérome让–莱昂・杰罗姆；Eva Gonzales伊娃・冈萨雷斯；Ernest Hebert欧内斯特・赫伯特；Johan Barthold Jongkind乔安・巴托尔德・荣金德；Edouard Manet艾德华・马奈；Jean Francois Millet让・弗朗索瓦・米勒；Oscar Claude Monet奥斯卡・克劳德・莫奈；Camille Pissarro卡米耶・毕沙罗；Pierre Puvis de Chavannes皮埃尔・皮维・德・夏凡纳；Pierre Auguste Renoir皮埃尔・奥古斯特・雷诺阿；Gustave Ricard古斯塔夫・利卡德；Pierre–Etienne–Théodore Rousseau皮埃尔–埃提奈–西奥多・卢梭；Alfred Sisley阿尔弗莱德・西斯莱；James Tissot 詹姆斯・蒂索；Constant Troyon康斯坦・特鲁瓦永；James Abbott McNeill Whistler詹姆斯・阿博特・麦克尼尔・惠司勒。承蒙海曙红翻译。

注55. 此处举例的大都会艺术博物馆“耶路撒冷：1000到1400年，天下之人”展览中五件展品的英文名称为：（1）Map of the Holy Land, from Chronia Majora, Opaqa watercolor and ink on parchment. Written and illustrated by Mattew Paris (ca. 1200–1259), Corpus Christi College, University of Cambridge；（2）Bowl with a Woman Spnining, Tin–glazed earthenware；（3）A Knight of the d'Aluye Family after 1248–by 1267；（4）Ceramic Lantern, early 13th century. The domed lamp's combination of ogival arch and rose window, emblematic of Islamic and Christian architecture respectively；（5）“The Archangel Israfil”, from Aja'ib al–Makhluqat (*The Wonders of Creation and Oddities of Existence*) by Al–Qazwini (1202–1283), late 14th–early 15th century Egypt of Syria. Opaque watercolor and ink on paper. British Museum, London。

注56. 迈耶・夏皮罗：《艺术的理论与哲学：风格、艺术家和社会》，沈语冰、王玉冬译，江苏凤凰美术出版社，2016，第37页。

注57. 刘大同：《古玉辨》，引自微信公众号“尽藏”。

注58. Discovery Time Square; Madame Tussauds; Ripley's Believe It or Not! Discovery Times Square's exhibitions: *Titanic: The Artifact Exhibition*; *Leonardo da Vinci's Workshop*; *King Tut*; *Terracotta Warriors: Defenders of China's First Emperor*.

注59. 世博会名称：The Great Exhibition of 1851 at Hyde Park；World's Fair: Columbian Exposition或简称 World's Columbian Exposition。

注60. 以上所述英文名称备考：Park Avenue Armory；Seventh Regiment Armory；Armory Show；International Exhibition of Modern Art。

注61. 以上所述英文名称备考：Brian and Anna Haughton；Haughton's International Asia Art Fair；Fuller Building, 40 E. 57St，New York；Asia Week。

注62. 以上各博览会英文名称备考：a. Art Basel；b. Frieze Art Fair；c. TEFAF；d. The

Armory Show；e. FIAC；f. Art Dubai；g. Scope Art Show (International Contemporary Art Show)。

注63. 上述英文名称备考：a.Paul Cezanne's Retrospective at the Salon d'Automne, Paris in 1907；b. The Sonderbund Exhibition in Cologne, Germany, or: Internationale Kunstausstellung des Sonderbundes Westdeutscher Kunstfreunde und Künstler (International Art Show of the Special Association of West German Art Lovers and Artists)；c. The International Exhibition of Modern Art, The Armory Show；d. First Russian Art Exhibition in Berlin；e. The London International Surrealist Exhibition；f. International Exhibition of the New Realists in NYC；g. Live in Your Head: When Attitudes Become Form (Works, Concepts, Processes, Situations, Information) at Kunsthalle Bern；h. China Avant-Garde Exhibition in Beijing；i. Magiciens de la Terre (Magicians of the Earth) in Paris；j. Documenta in Kassel, Germany。

注64. 侯瀚如、奥布里斯特：《策展的挑战：侯瀚如与奥布里斯特的通信》，顾灵译，金城出版社，2013，第36-47页。

注65. 同上书，第45页。

注66. 同上书，第13-14页。

注67. 同上书，第46-47页。

注68. 谢赫：《古画品录》，收入谢赫等撰《四库艺术丛书：〈古画品录〉（外二十一种）》，上海古籍出版社，1991，第812-813页。

注69. 赵汀阳：《天下的当代性：世界秩序的实践与想象》，中信出版社，2016，第280-281页。

注70. 侯瀚如、奥布里斯特：《策展的挑战：侯瀚如与奥布里斯特的通信》，顾灵译，金城出版社，2013，第53页。

注71. 赵汀阳：《天下的当代性：世界秩序的实践与想象》，中信出版社，2016，第232页。

注72. 丹纳：《艺术哲学》，傅雷译，人民文学出版社，1997，第29页。

注73. 以上所述的三个展览的英文名称备考：*Dawn of the Yellow Earth: Ancient Chinese Ceramics from the Meiyintang Collection*；*Art in a Time of Chaos: Masterworks from Six Dynasties China*；*Dreams of the Kings: A Jade Suit for Eternity, Treasures of the Han Dynasty from Xuzhou*。

注74. 朱良志：《世界莲花里——试析〈河上花歌〉并八大山人的实相无相观》，载《八大山人研究》，安徽教育出版社，2010，第285-286页。

注75. 陈儒斌微信公众号“纽约艺术观察”2019年5月26日发表的文章《纳利·华德回顾展 看他满腔的情感如何表达》。

注76. 2017年美国博物馆界三个汉代展英文名称：旧金山亚洲艺术博物馆*Tomb Treasures: New Discoveries from China's Han Dynasty*；大都会艺术博物馆*Age of Empires: Art of the Qin and Han Dynasties*；华美协进社中国美术馆*Dreams of the Kings: A Jade Suit for Eternity, Treasures of the Han Dynasty from Xuzhou*。中文名称请依各馆自己之定名，此为参考。

注77. Philippe Couplet: *Confucius Sinarum Philosophus.*

注78.《纽约时报》"孔子：其人其艺"展评论，2010年3月26日。*New York Times*, Holland Cotter, "Envisioning an Abstraction who was a Man", March 26, 2010.

注79. China Institute Gallery: *Selections of Chinese Art from Private Collections in the Metropolitan Area*, 1966; *I-Hsing Ware*, 1978; *Kernels of Energy, Bones of Earth: The Rock in Chinese Art*, 1985.

注80. 以上由华美协进社中国美术馆出版的书目英文名称备考，Willow Weilan Hai Chang：*Passion for the Mountains: 17th Century Landscape Paintings from the Nanjing Museum*, 2003；Willow Weilan Hai et.al.：*Art in a Time of Chaos: Masterworks from Six Dynasties China, 3rd –6th Centuries*, 2016；Li Yinde：*Dreams of the Kings: A Jade Suit for Eternity, Treasures of the Han Dynasty from Xuzhou*, 2017；Willow Weilan Hai et.al.：*Art of the Mountain: Through the Chinese Photographer's Lens*, 2018。

注81. 有关《亚瑟王：剑的传奇》的电影介绍是这样的：*King Arthur: Legend of the Sword*. Rbberd of his birthright as the heir to the throne, Arthur is brought up in the back alleys. All that changes when he pulls the sword from the stone.

注82. *Complete Guide to Adult Audience Interpretive Materials: Gallery Text and graphics*. The J. Paul Getty Museum, 2011.

注83. 贡布里希：《艺术的故事》，范景中译，生活·读书·新知三联书店，1999，第23页。

注84. 丹纳：《艺术哲学》，傅雷译，人民文学出版社，1997，第29页。

注85. 迈耶·夏皮罗：《艺术的理论与哲学：风格、艺术家和社会》，沈语冰、王玉冬译，江苏凤凰美术出版社，2016，第1–8页。

注86. 计成：《园冶图说》，赵农注，山东画报出版社，2003，第43页。

注87. 文震亨：《长物志》，胡天寿译注，重庆出版社，2017，第237页。

注88. 引自《秦中行》，笔者2005年草拟的未曾发表之工作纪行。未能将潘京乐先生介绍给世界，成终生之遗憾，谨在此长篇累牍地引用当年的笔记，聊表敬意和追思。

注89. 大都会艺术博物馆早年的专业系列丛书之一。*Standards Manual of Signs and Labels. Professional Practice Series*, AAM, Metropolitan Museum of Art, 1995.

注90. 弗兰克·劳埃德·赖特：《建筑之梦》，于潼译，山东画报出版社，2011，第5页。

注91. 该展四个次主题的英文名称：The King's Guards；Dreams of Eternity；Rapt by Jade；Life in the Afterlife。

注92. 文震亨：《长物志》，胡天寿译注，重庆出版社，2017，第241页。

注93. 加布里埃·波纳·香奈尔（Gabrielle Bonheur "Coco" Chanel），1883—1971；瓦伦蒂诺·加拉瓦尼（Valentino Garavani）与Valentino Fashion Group。

注94. 参考微信公众号"天地居"2016年11月2日发表的郑奇文章《1985年董欣宾说〈易经〉也讲了中国画造型法则》。

注95. 屈原：《橘颂》，载马茂元选注《楚辞选》，人民文学出版社，1958，第168页。

注96. 辞海编辑委员会编《辞海》缩印本，上海辞书出版社，1979，第1558页。

注97. 喻守真编注《唐诗三百首详析》，中华书局，1957，第278页。

注98. 张爱玲：《穿》，载《流言》，皇冠出版社，1968，第12–13页。

注99. Cooper Hewitt National Design Museum：*Saturated: The Allure and Science of Color*；该展分为七个次主题：capturing color；creating colors；navigating color；color collaboration；color optics；color and form；consume choice。

注100. 这种蓝色彩釉陶器称为Faience，埃及人称为iryt（artificial）hsbd（lapis lazuli），化学釉料：calcium copper silicate。

注101. 纽约大都会艺术博物馆埃及展厅，公元前1400年—前1390年图特摩斯四世墓中的物品。

注102. Kassia St. Clair, *The Secret Lives of Color* (New York: Penguin Books, 2017), pp.196–197.

注103. 魏巳然：《蓝色是最温暖的颜色》，http://www.anyv.net/index.php/article-1105494，访问日期：2019年5月11日。

注104. 潘公凯：《现代艺术的边界》，生活·读书·新知三联书店，2013，第76–80页。

注105. 喻守真编注《唐诗三百首详析》，中华书局，1957，第98页。

注106. Kassia St. Clair, *The Secret Lives of Color* (New York: Penguin Books, 2017), pp.118–121.

注107. 大都会艺术博物馆于爱瑞斯·吉拉德·堪通（Iris B. Gerald Canton Exhibition Hall）展出的"CAMP"展览，基于苏珊·桑塔格（Susan Songtag）的书《坎普札

记》（*Notes on Camp*）。

注108. 克罗齐：《美学原理》，朱光潜译，外国文学出版社，1983，第27–28页。

注109. 以上为笔者在2018年中国人民大学组织的“世界因遗产而璀璨——2018中国古书画鉴定修复与保护国际高峰论坛”上的发言稿全文，为本书略事修订。

注110. 夏中义：《百年旧诗人文血脉》，上海文艺出版社，2017，第60–61页。

注111. 同上书，第54页。

注112. 参考微信公众号“哲思学意”2019年6月24日发表的文章《冯友兰：功利是人生的低级境界》。

注113. 鹤鸣九皋：《“文以气为主”——曹丕“文气”说的理论意义》，http://blog.sina.com.cn/s/blog_502cc2240100hykt.html，访问日期：2019年8月10日。

注114. 张彦远：《历代名画记》卷一〇，收入谢赫等撰《四库艺术丛书：〈古画品录〉（外二十一种）》，上海古籍出版社，1991，第812–353页。

注115. 克罗齐：《美学原理》，朱光潜译，外国文学出版社，1983，第17页。

注116. 龚自珍有言“文格渐卑庸福近”，载夏中义《百年旧诗人文血脉》，上海文艺出版社，2017，第12页。

注117. 庾肩吾：《书品》，收入谢赫等撰《四库艺术丛书：〈古画品录〉（外二十一种）》，1991，第812–1至812–15页。

注118. 张彦远：《历代名画记》卷二，收入谢赫等撰《四库艺术丛书：〈古画品录〉（外二十一种）》，上海古籍出版社，1991，第812–294页。

注119. 李廌：《德隅斋画品》，收入谢赫等撰《四库艺术丛书：〈古画品录〉（外二十一种）》，上海古籍出版社，1991，第812–944页。

注120. 贡布里希：《艺术的故事》，范景中译，生活·读书·新知三联书店，1999，第20页。

注121. 陶弘景：《诏问山中何所有赋诗以答》，载逯钦立辑校《先秦汉魏晋南北朝诗》，中华书局，1983，第1814页。

注122. 杜牧：《阿房宫赋》，载姜涛等编《古文百则》，辽宁人民出版社，1980，第303页。

注123. 岑参：《走马川行奉送封大夫出师西征》，载喻守真编注《唐诗三百首详析》，中华书局，1957，第69–70页。

注124. 马政川：《陕北文化研究丛书：神府山曲·酒曲》，陕西旅游出版社，2005，第82页。

注125. 刘义庆：《世说新语》，上海古籍出版社，1982，第323–334页。

注126. 康有为：《广艺舟双楫》，孙玉祥、李宗玮解析，北京图书馆出版社，2004，第3页、第222页。

注127. 刘义庆：《世说新语》，上海古籍出版社，1982，第261-262页。

注128. 刘勰：《文心雕龙·风骨》，载詹锳义证《文心雕龙义证》，上海古籍出版社，1989，第1041页。

注129. 刘义庆：《世说新语》，上海古籍出版社，1982，第234、246、218页。

注130. 谢赫：《古画品录》，收入谢赫等撰《四库艺术丛书：〈古画品录〉（外二十一种）》，上海古籍出版社，1991，第812-3页。

注131. 丹纳：《艺术哲学》，傅雷译，人民文学出版社，1997，第12-13页。

注132. 刘永鹏：《试论谢赫绘画“六法”》，《艺术评鉴》2016年第6期。

注133. 克罗齐：《美学原理》，朱光潜译，外国文学出版社，1983，第32-39页。

注134. 同上书，第28页。

注135.《艺术是……》（中文版），纽约大都会艺术博物馆，2014。

注136. 法国作家维克多·雨果“The soul has the greater need of the ideal than of the real. It is only by the real that we exit. It is by the ideal that we live”；博物馆口号“Where the power of art engages the spirit of community”。

注137. 据《艺术新闻》（*ARTnews*），大都会艺术博物馆历年来评上榜的十大热门展览：1. *Treasures of Tutankhamen*, 1978-79. 1,360,000 visitors；2. *Mona Lisa*, 1963. 1,077,521 visitors；3. *The Vatican Collections: The Papacy and Art*, 1983. 896,743 visitors；4. *Painters in Paris*: 1895-1950, 2000-01. 883,620 visitors；5. *China: Through the Looking Glass*, 2015. 815,992 visitors；6. *Origins of Impressionism*, 1994-95. 794,108 visitors；7. *The Horses of San Marco*, 1980. 742,221 visitors；8. *Picasso in the Metropolitan Museum of Art*, 2010. 703,526 visitors；9. *Alexander McQueen: Savage Beauty*, 2011. 661,509 visitors；10. *Jeff Koons on the Roof*, 2008. 657,801visitors。

注138. 美国联邦政府文化赞助基金会：NEA（National Endowment for Art），NEH（National Endowment for Humanity），以及纽约州的NYSCA（New York State Cultural Affairs），纽约市的DCA（Department of Cultural Affairs）。

注139. 佐佐木俊尚：《策展时代：点赞、签到，信息整合的未来》，沈泱、沈美华译，中信出版集团，2015，勒口文字。

注140. 日本东京国立博物馆：*Unrivaled Calligraphy: Yan Zhenqing and His Legacy*, 2019。

注141. 英文名称：International Museum Observatory；*Art Museum Magazine*；International School for Art Museology。

注142. 袁珂：《中国神话传说词典》，上海辞书出版社，1985，第191页。

注143. Boston Fine Art Museum: *Fresh Ink: Ten Takes on Chinese Tradition*, 11.20.2010–2.13.2011. 李华弌：*Nine Dragons*，*Dragon Amidst Mountains Ridges*；刘丹：*Honorable Old Man Rock*，*Illusions of the Old Man Rock I–X*；喻红：*Court Ladies Preparing Newly Woven Silk*，*Spring Romance*；徐冰：*The Mustard Seed Garden Manual of Painting*，*Mustard Seed Garden Landscape Scroll*。

注144. MoMA in 2019 doing renovation and their public announcement on line say: This October, we'll open a new MoMA. Stunning galleries and spaces for performance and events will transform the museum. Along with these physical changes, we'll be showing our collection in new and unprecedented ways to bring more voices and perspectives to our galleries. Every visit will be an opportunity to discover something new and to connect to art and ideas that spark curiosity, debate and inspiration.

注145. 纽约新美术馆（New Museum）：*Marta Minujin: Menesunda Reloaded*；其他作品：*El Partenon de Libros*；艺术体验：AR（Augmented Reality）× ART。

注146. Carolyn L. Kane, "Designing Digital Color," *Design Journal*，Summer 2018 (New York, Cooper Hewitt).

注147. New York City Museum Educators Roundtable, conference: "Yesterday, Today, and Tomorrow", 2019.

注148. Nicola's Pyramid Suggestion: Observation: what you see; Evidence–based Inference: what you think about what you see; Information: Information related to the work of art; Interpretation: what it means, the big idea.

注149. 张子康：《跨界生存：美术馆新思路》，中国青年出版社，2014，第28页。

注150. 丹纳：《艺术哲学》，傅雷译，人民文学出版社，1997，第21页。

注151. 佛涛：《佛涛心语》，华夏出版社，2012，第85页。

注152. 参见《光明日报》2014年7月1日16版的文章《〈大学〉与威斯敏斯特大教堂的无名墓碑》。这块墓碑的全文如下：

When I was young and free and my imagination had no limits, I dreamed of changing the world. As I grew older and wiser, I discovered the world would not change, so I shortened my sights somewhat and decided to change only my country. But it, too, seemed immovable. As I grew into my twilight years, in one last desperate attempt, I settled for changing only my family, those closest to me, but alas, they would have none of it. And now, as I lie on my deathbed, I suddenly realize: If I had only changed myself first, then by example I would have changed my family. From their inspiration and encouragement, I would then have been able to better my country, and who knows, I may have even changed the world.

译文：

当我年轻时，我的想象力从没有受到过限制，我梦想改变这个世界。当我成熟以后，我发现我不能改变这个世界，于是我将目光缩短了些，决定只改变我的国家。但是，我的国家似乎也是我无法改变的。当我进入暮年后，我发现我不能改变我的国家，我的最后愿望仅仅是改变一下我的家庭。但是，这也不可能。当我躺在床上，行将就木时，我突然意识到：如果一开始我仅仅去改变我自己，然后作为一个榜样，我可能改变我的家庭。在家人的帮助和鼓励下，我可能为国家做一些事情。然后谁知道呢？我甚至可能改变这个世界。

参考书目提要

[1] 司马迁. 史记[M]. 北京：中华书局，1959.

[2] 刘义庆. 世说新语[M]. 上海古籍出版社，1982.

[3] 谢赫，等. 古画品录·外二十一种[M]. 上海古籍出版社，1991.

[4] 刘勰. 文心雕龙义证[M]. 詹锳，义证. 上海古籍出版社，1989.

[5] 计成. 园冶图说[M]. 赵农，注. 济南：山东画报出版社，2003.

[6] 文震亨. 长物志[M]. 胡天寿，译注. 重庆出版社，2017.

[7] 马茂元. 楚辞选[M]. 北京：人民文学出版社，1958.

[8] 喻守真. 唐诗三百首详析[M]. 北京：中华书局，1957.

[9] 白川静. 汉字百话[M]. 郑威，译. 北京：中信出版集团股份有限公司，2014.

[10] 弗兰克·劳埃德·赖特. 建筑之梦[M]. 于潼，译. 济南：山东画报出版社，2011.

[11] 尼采. 悲剧的诞生[M]. 刘琦，译. 北京：作家出版社，1986.

[12] 贡布里希. 艺术的故事[M]. 范景中，译. 北京：生活·读书·新知三联书店，1999.

[13] 伏尔泰. 风俗论：论各民族的精神与风俗以及自查理曼至路易十三的历史[M]. 梁守锵，译. 北京：商务印书馆，2006.

[14] 丹纳. 艺术哲学[M]. 傅雷，译. 北京：人民文学出版社，1997.

[15] 迈耶·夏皮罗. 艺术的理论与哲学：风格、艺术家和社会[M]. 沈语冰，王玉冬，译. 南京：江苏凤凰美术出版社，2016.

[16] 克罗齐. 美学原理[M]. 朱光潜，译. 北京：外国文学出版社，1983.

[17] 佐佐木俊尚. 策展时代：点赞、签到，信息整合的未来[M]. 沈泱，沈美华，译. 北京：中信出版集团，2015.

[18] Kassia St. Clair . The Secret Lives of Color[C]. New York：Penguin Books, 2017.

[19] Michel Pastoureau. Red：The History of a Color[M]. translated by Jody Gladding. New

Jersey: Princeton University Press, 2017.

[20] 侯瀚如，奥布里斯特. 策展的挑战：侯瀚如与奥布里斯特的通信[M]. 顾灵，译. 北京：金城出版社，2013.

[21] 康有为. 广艺舟双楫[M]. 孙玉祥，李宗玮，解析. 北京图书馆出版社，2004.

[22] 夏中义. 百年旧诗人文血脉[M]. 上海文艺出版社，2017.

[23] 朱良志. 八大山人研究[M]. 合肥：安徽教育出版社，2010.

[24] 潘公凯. 现代艺术的边界[M]. 北京：生活・读书・新知三联书店，2013.

[25] 吕澎. 20世纪中国艺术史[M]. 北京大学出版社，2007.

[26] 张子康. 跨界生存：美术馆新思路[M]. 北京：中国青年出版社，2014.

[27] 赵汀阳. 天下的当代性：世界秩序的实践与想象[M]. 北京：中信出版社，2016.

[28] 佛涛. 佛涛心语[M]. 北京：华夏出版社，2012.

[29] 海蔚蓝. 鸡年吉祥：中国新年的传统[M]. 纽约：华美协进社中国美术馆，1993.

[30] 海蔚蓝. 十二生肖：庆中国新年[M]. 纽约：华美协进社中国美术馆，1995.

[31] 海蔚蓝. 故山青：南京博物院藏十七世纪山水画[M]. 纽约：华美协进社中国美术馆，2003.

[32] 海蔚蓝，等. 末帝宝鉴：辽宁省博物馆藏清宫散佚明清书画[M]. 纽约：华美协进社中国美术馆，2008.

[33] 海蔚蓝，等. 敦煌灵感：当代中国艺术的再创[M]. 纽约：华美协进社中国美术馆，2013.

[34] 海蔚蓝，陈建明. 美洲原住民：玛雅、印加和北美土著，杰夫・佛可思的摄影[M]. 南京：江苏美术出版社，2013.

[35] 海蔚蓝，陈建明. 汽车摄影：美国的车文化[M]. 南京：江苏凤凰美术出版社，2014.

[36] 海蔚蓝，陈建明. 沃霍尔与摄影[M]. 南京：江苏凤凰美术出版社，2015.

[37] 海蔚蓝，等. 乱世绝响：六朝艺术[M]. 纽约：华美协进社中国美术馆，2016.

[38] 海蔚蓝. 中国艺术在美国：华美协进社中国美术馆的五十年[M]. 纽约：华美协进社中国美术馆，2016.

[39] 海蔚蓝，等. 山艺术：中国摄影家的镜像[M]. 纽约：华美协进社中国美术馆，2018.

后记

没想到，不知不觉就做了一辈子的艺术和文物展览。感谢上苍赋予我这“为人民服务”的使命，让我得以把中国艺术与文化的心香撒些在西方。回首来路，也有风雨也有晴。成事不易。但只有永不言放弃，排除万难往前走。

拙著初名《策展人说》，最后定名为《策展哲学》，乃因交稿之后，跟个美国小伙子张海青（Jeffrey Haiqing Chang）聊起，他问我书名，问书里说了什么，我说那是讲策展和展览的事，视野、角度、选题、选材、构思、阐述、制作、陈列、审美、教育等。他兀地就总结道：“You are talking about the philosophy of exhibition.（你这是在说展览的哲学。）”我大以为然。接着看到林语堂先生的话：“今日我们生活在一个将知识分段化的时代，知识的统合已成为不可能的，但是知识的统一，这正是哲学以往的宗旨！”策展人或许正可在某种程度上，通过策展，以展览的形式，统一知识，展现历史，揭示人文，继续这种哲学的追求。

我深深感谢我的家人；我深深感谢我的老师，特别是蒋赞初先生、梁白泉先生、杨仁恺先生、翁万戈先生（Wan-go H. C. Weng）、王己千先生（C.C. Wang）、王方宇先生（Fred Wang）、王一羽先生、张浦生先生、张彬先生、孟昭庚先生、张树栋先生；我深深感谢我的同行和战友，特别是徐湖平、陈建明、石金鸣、龚良、白宁、鲁文生、刘伯勤、赵丰、赵力光、王鼎志、樊锦诗、罗华庆、林健、殷志强、张敏、李银德、孟宪民、刘谨胜、张建新、曹志君、吴阗、陈卓、钱玲、万全文、李建毛、吴伟峰、王纪潮、梁育军、刘宁、游振群、宗时珍、黄雪寅、娄婕、顾苏宁、魏杨菁、徐佩佩、魏道邻（Torrey L. Whitman）、白倩（Janet Baker）、朱安耐（Annette Juliano）、戴星舟（Susan Tai）、周汝式（Ju-hsi Chou）、胡维智（Perry Hu）、钟美梨（J. May Lee Barrett）、妮可儿·丝卓斯（Nicole Struss）、潘薇、张力、徐衍佳；我深深感谢我的朋友，特别是刘丹，还有苏妮娅和密歇尔·游斯比夫妇（Sonia and Michel Yuspey）、雪莲（Sharen Crain）、莉莲·史洛斯（Lilian Schloss）、柯安霓（Anita Christy）、玛丽·海伦·卫尔（Marie-Hélène Weill）、葛海伦（Helena Kolenda）和王满晟、亨利和吉米·威尔登（Henry H. and June Weldon）、安思远（Robert H. Ellsworth）、吉莉安·赛克勒（Dame Jillian Sackler）女爵士、王培君（Miranda Wong Tang）、徐祺（Angela Hsu King）、特蕾萨·瑞丽（Theresa M. Reilly）、赵应美玉（Laurie Ying）、比尔·凯瑞（William Carey）、冯英祥夫妇（Winnie and Michael Feng）、罗伯特和凯·高夫妇（Robert and Kay Gow）、杰夫·佛可思（Jeffrey Jay Foxx）、马修·艾德隆（Matthew Edlund）、张蕾（Beatrice Chang）、玛莎·苯吉敏（Martha Benchmen）、赵宇泽、樊军、李瑞林、程征、卢浩、潘公凯、李立言、冰凌、汪班、张纪纲、张家瑄、何冶纯、邓仕勋、陈儒斌、王庆祥、陆楣、张胜和、张玮、郭桢，还有许多名字恕我不能一一提及。我心中对他们永怀感恩。

值此拙著付梓之时，我要特别感谢南京大学/西安美术学院周晓陆教授的推荐和建议，感谢广西美术出版社邓欣总编和李钟全老师的赏识，感谢卫颖涛编辑排版团队的辛劳，感谢所有提供图片的单位和个人，感谢海水绘图，感谢广西美术出版社将此拙著出版问世并推介给社会。

此事完毕，不由想到六朝时代的刘勰在其所著《文心雕龙》里的结语："生也有涯，无涯惟智。逐物实难，凭性良易。傲岸泉石，咀嚼文义。文果载心，余心有寄。"学无止境，艺海无涯。但愿这本拙著能有点用处，我就满心欢喜了。艺术的灵魂是真善美。但愿艺术的真善美能让每个生命都更加光彩。

我也深深地感谢你们，我的读者。

海蔚蓝（Willow Weilan Hai）

2020年3月2日，纽约荷风堂

图书在版编目（CIP）数据

策展哲学 /（美）海蔚蓝著 . — 南宁：广西美术出版社，2021.9

ISBN 978-7-5494-2406-1

Ⅰ . ①策… Ⅱ . ①海… Ⅲ . ①展览会－策划 Ⅳ . ① G245

中国版本图书馆 CIP 数据核字（2021）第 172366 号

Philosophy of Curation

策展哲学

CE ZHAN ZHEXUE

著　　者：海蔚蓝
出 版 人：陈　明
终　　审：邓　欣
图书策划：黄　玲
责任编辑：卫颖涛　霍晨洋
装帧设计：陈　凌
封面设计：孟远烘
排版制作：李　冰
校　　对：梁冬梅　吴坤梅　卢启媚
审　　读：马　琳
责任印制：王翠琴　韦　芳
出版发行：广西美术出版社
地　　址：广西南宁市望园路9号（530023）
网　　址：www.gxmscbs.com
印　　刷：广西壮族自治区地质印刷厂
开　　本：787 mm × 1092 mm　1/16
印　　张：27.5
字　　数：300千字
版次印次：2021年9月第1版第1次印刷
书　　号：ISBN　978-7-5494-2406-1
定　　价：180.00元